高等院校小学教育专业
融媒体教材

石正义◎主编

小 学
教育政策与法规

第 ❷ 版

北京师范大学出版集团
BEIJING NORMAL UNIVERSITY PUBLISHING GROUP
北京师范大学出版社

图书在版编目(CIP)数据

小学教育政策与法规 / 石正义主编. —2版. —北京：北京师范大学出版社，2024.8
高等院校小学教育专业规划教材
ISBN 978-7-303-28792-5

Ⅰ. ①小… Ⅱ. ①石… Ⅲ. ①小学—教育政策—中国—高等学校—教材 ②小学—教育法—中国—高等学校—教材 Ⅳ. ①D922.16

中国国家版本馆 CIP 数据核字(2023)第 022124 号

教材意见反馈 gaozhifk@bnupg.com 010-58805079
营销中心电话 010-58802755 010-58800035
北师大出版社教师教育分社微信公众号 京师教师教育

XIAOXUE JIAOYU ZHENGCE YU FAGUI

出版发行：北京师范大学出版社 www.bnupg.com
　　　　　北京市西城区新街口外大街 12-3 号
　　　　　邮政编码：100088
印　　刷：天津中印联印务有限公司
经　　销：全国新华书店
开　　本：787 mm×1092 mm　1/16
印　　张：23.25
字　　数：482 千字
版　　次：2024 年 8 月第 2 版
印　　次：2024 年 8 月第 1 次印刷
定　　价：49.00 元

策划编辑：王建虹　　　　　　　责任编辑：吴纯燕
美术编辑：焦　丽　　　　　　　装帧设计：李尘工作室
责任校对：李向昕　　　　　　　责任印制：马　洁

目　　录
CONTENTS

第一章 教育政策概述

本章重点 ▶ ·

- 教育政策的概念、本质与特点
- 教育政策的功能
- 教育政策的价值基础
- 改革开放以来我国义务教育政策的价值取向

第一节　教育政策的本质与特点

何谓教育政策？教育政策在国家政策体系中具有怎样的地位？教育政策的功能与作用是什么？了解教育政策，首先要建立对教育政策的本质与特点的清晰认识与理解。

一、教育政策的概念

教育政策属于公共政策的范畴，具有公共政策的属性和特征。教育政策是国家政策系统的一部分，是国家政策在教育领域中的反映，也是一个相对独立的政策子系统。教育政策引导和规范公共教育行为的价值追求与行为准则。

（一）政策

在西方英语的语言和话语体系下，其词汇中原本没有"政策"（policy），只有"政治"（politic），后者源于古希腊语中的"politeke"，意为"关于城邦的学问"。随着近代西方政党政治的发展，逐渐由"政治"（politic）一词演变出了"政策"（policy）一词，包含"政治""策略""谋略""权谋"等诸多内涵，一般用以指称政府或政党组织为某一特定目的所采取的行动。[①]

政策的内涵十分丰富，表现形式多样，它作为一门科学，是从 20 世纪 50 年代开始发展起来的，不同学者从不同的角度对政策的本质进行了解释和假设，大致可以分为三类：第一类认为政策是某种有目的地进行价值分配，以处理问题或实现既定目标的计划，如政策科学的倡导者美国学者拉斯韦尔（Harold D. Lasswell）和亚伯拉罕·卡普兰（A. Kaplan）认为政策是"一种含有目标、价值与策略的大型计划"[②]。哈曼（G. Harman）和我国学者孙光等支持这种观点。第二类认为政策是某种行为准则、计划、法规、文件、方案或措施等，即某种由人们来执行或遵守的"文本"，如美国学者伍德罗·威尔逊认为"政策是由政治家即由具有立法权者制定的而由行政人员执行的法律和法规"[③]。我国学者王福生、林德金、陈振明，以及工具书诸如《辞源》等都赞同这种对政策的解释。第三类认为政策是一个"动态"的、不断发展变化的、复杂的过程，如詹姆斯·E. 安德森认为"政策是一个有目的的活动过程，而这些活动是由一个或一批行为者，为处理某一问题或有关事务而采取的"[④]。

从中外学者对"政策"内涵的界定和解读可以看出，从广义上讲，政策是个人、

---

① 范国睿等：《教育政策的理论与实践》，2～3 页，上海，上海教育出版社，2011。
② H. D. Lasswell & A. Kaplan, *Power and Society：A Framework for Political Inquiry*, New Haven：Yale University Press, 1970, p.71.
③ 伍启元：《公共政策》，4 页，香港，商务印书馆，1989。
④ 詹姆斯·E. 安德森：《公共决策》，唐亮译，4 页，北京，华夏出版社，1990。

团体或政府等为了达到某个目标，实现某种目的所提出的各项有计划的活动的总称。从狭义上讲，政策是政府、政党和其他政治团体等具有公共权力的主体在一定的历史条件下和社会环境中，为了实现其政治、经济、文化、社会、科技、教育等各项发展目标而提出的政治性的行为依据和准则。它是一系列计划、法律、措施、规章、规则、条例、策略、方法的总称。狭义内涵的"政策"等同于"公共政策"，二者具有相同的范畴结构和方法体系。本书所讨论的政策是狭义的政策。

公共政策就其本质而言是一种对人们行为产生引导与约束作用的价值准则与规范，具有以下几个方面的特点：①正式性与强约束性。正式性是指这种价值准则与规范是由正式组织机构制定与颁布的。强约束性是指这种价值准则与规范比较稳定，对每一成员都具有约束与影响作用，带有一定的强制性。②由掌握公权力的机构制定与组织实施。掌握公权力的机构主要是国家机关，包括立法机关、司法机关和行政机关。③广泛的社会适用性。公共政策具有非常广泛的社会适用性，其社会适用性大小与制定主体密切相关。

(二)教育政策

随着现代国家的兴起和现代教育的发展，教育的公共性特征、教育活动的公共性质、教育问题的公共性日益增强；教育研究对象及方法论愈来愈成为公共议题，体现出复杂性思维特质；教育理论研究中公共理论的介入和教育实践与社会变革的关联不断得到强化。与此相对应的是，国家在承办教育、管理教育、评价教育等教育发展方面的权力和义务日趋增大，教育政策作为国家、政府、政党利用其公共权力制定的公共政策在教育领域中的作用日益加大。

教育政策本身是一个较为复杂多样的概念。目前我国有关教育政策的定义主要有：

(教育政策是)政府或政党制定的有关教育的方针、政策，主要是某一历史时期国家或政党的总任务、总方针、总政策在教育领域内的具体体现。(叶澜《教育概论》)

教育政策是教育行政机关针对目前社会需求及未来发展趋势，拟定方针与方案，经由立法或行政命令之合法化程序，以作为教育机关执行的准则。(颜国梁《教育政策执行理论与应用》)

教育政策是负有教育的法律或行政责任的组织及团体为了实现一定时期的教育目标和任务而规定的行动准则。(成有信《教育政治学》)

教育政策是一个政党或国家为实现一定时期的教育任务而制定的行为准则。(袁振国《教育政策学》)

教育政策是一种有目的、有组织的动态发展过程，是政党政府等政治实体在一定历史时期，为实现一定的教育目标和任务而协调教育的内外关系所规定的行动依

据和准则。(孙绵涛《教育政策学》)

教育政策是国家或政党为实现教育目标而制定的行政准则。(萧宗六《教育方针、教育政策和教育法规》)

(教育政策应是)国家为完成一定教育任务,实现教育目标,而协调教育的内外关系后作出的一种战略性、准则性的规定。(孙绵涛、邓纯考《错位与复归——当代中国教育政策价值分析》)

首先,教育政策是一种有关教育的政治措施;其次,教育政策是有关教育权利和利益的具体体现。(张新平《简论教育政策的本质、特点及功能》)

教育政策是负有教育的法律或行政责任的组织和团体为实现特定时期的教育目的,在管理教育事业过程中制定和执行的,用以确定和调整教育利益关系的行为准则。(范国睿等《教育政策的理论与实践》)

从我国这些学者的界定来看,教育政策的主要含义包括三个方面:①教育政策的制定主体是国家和政党;②制定教育政策的目的是实现一定时期的教育目标和教育任务;③教育政策是规范教育行为和调节教育利益[1]的行为准则。

根据我国学者对政策的理解,结合教育活动的自身规律,我们认为教育政策是国家和政党为了实现一定时期的教育目标和任务,通过一定的程序制定的调节教育内外关系的行动依据和准则,表现为教育路线、教育方针、教育战略、教育规划、教育决定、教育法律法规等形式。

(三)教育政策与教育方针的关系

人们常常把教育方针和教育政策连在一起使用,它们之间究竟是一种什么关系呢?弄清这个问题,对进一步明确教育政策的内涵有重要的意义。

目前,我国学术界对教育方针有两种比较权威的说法:一种认为教育方针是"国家和政党在一定历史阶段提出的教育工作发展的总方向,是教育基本政策的总概括"。另一种认为,教育方针是"国家在一定的历史时期,根据社会经济发展的需要,通过一定的立法程序,为教育事业确立的总的工作方向和奋斗目标,是教育基本政策的总概括"。这两种说法有些细微差别。譬如,对于教育方针的制定主体,前者认为是国家或者政党,后者只提国家。另外,后者还特别提出依据立法程序来制定教育方针,使之反映到有关教育的法律中去。不过,这两种意见从整体上看还是一致的。它们都强调教育方针是有关教育工作的总方向,是教育基本政策的总概括。从上述有关教育方针的两个定义中,我们不难得出这样一个结论:教育方针与教育政策本质上同属一个理论范畴,都是代表一定集团、阶层、阶级利益的政治实体所确

---

[1] 教育利益,亦称教育的效益、教育的效用,是指教育活动对受教育者和社会产生的效用和满足程度。一旦一个人和社会从教育活动中获得一定的满足,便得到一定的教育利益。对个人来说,经常指教育活动为个人带来的精神利益和物质利益;对社会来说,经常指教育活动所带来的社会利益和经济利益。

立的行为规范和行动模式。教育方针是各种类型的教育政策中的一种重要的表现形式，它寓于体系之中。人们之所以经常把教育方针置于教育政策之前加以连用，除习惯的影响外，主要是由教育方针作为一种教育政策的特殊性，即最基本政策的总概括属性所决定的。

另外，教育方针和教育政策又有区别，这种区别主要有：①从内容上看，教育方针主要规定教育的性质、目的以及实现教育目的的基本途径。相比而言，教育政策的内容则广泛得多。它可以是有关全国范围内的共同性问题，也可以是某一省市所面临的局部问题。因此，我们认为，教育政策包含了教育方针，教育方针是一种特殊的教育政策。②从特点上看，教育方针一旦形成，就具有了比一般教育政策更鲜明的原则性、稳定性，在某一特定的历史时期，教育方针只有一个。而教育政策不但有较大的变通性和灵活性，而且在现实复杂的教育工作中，可以同时存在多个教育政策。教育政策通常是以一种体系和系统的形式而表现出来和发挥作用的。③从主体上看，制定教育方针的主体级别高，一般由政党和国家的最高领导机关来承担这一责任。而制定教育政策的主体级别差异较大，既可以是中央级的领导机关，也可以是地方权力机构和政府部门。

二、教育政策的本质

根据矛盾论的观点，任何运动形式，其内部都包含着本身特殊的矛盾，这种特殊的矛盾就构成一事物区别于他事物的特殊的本质。我们认为，教育政策作为一种有关教育的活动，其不同于其他教育活动的特殊性表现为两点：一是教育政策是有关教育的政治措施；二是教育政策是有关教育的权利和利益的具体体现。

(一)教育政策是有关教育的政治措施

教育政策的制定和实施本身既是一种重要的政治行为，同时又是各种政治行为综合影响的产物，它从根本上反映了统治阶级的教育愿望和要求。对此，公元前三百多年的亚里士多德就有研究，他说："邦国如果忽视教育，其政制必将毁损。"城邦只有"采取一致的教育方案"，城邦"公共团体"的稳定和安全才有保障。[①] 教育政策之所以是一种重要的政治措施，其关键是由教育政策作为一种阶级意志的基本表达形式这一性质所决定的。统治阶级在物质生产和精神生产两方面的支配地位，使它得以在政策制定、实施中获得更多的权力、手段和资源，能够更有力地运用政策手段。反映在教育政策上，就是统治集团的教育政策全面支配着教育活动的各个领域。

作为一种有关教育的政治措施，教育政策通常以如下方式来发挥自己的独特作用：一是宣传一定的政治观点、理论、路线、方针。譬如，《中华人民共和国教育法》规定"国家在受教育者中进行爱国主义、集体主义、中国特色社会主义的教育，进行理想、道德、纪律、法治、国防和民族团结的教育"。二是规定教育的性质，指

---

① ［古希腊］亚里士多德：《政治学》，吴寿彭译，400~407 页，北京，商务印书馆，1965。

明教育的任务，确保教育向年轻一代传授统治集团的意识形态和价值观念，促使他们积极参与社会政治活动，使其接受和拥护现存的政治制度和经济制度。三是制定相关措施和办法，确保统治集团及其子女接受良好的教育。四是制定教育发展规划，为经济和社会的全面发展和进步输送各种各样的人才，为巩固现有的经济制度、维护掌权者的经济利益服务。

(二)教育政策是有关教育的权利和利益的具体体现

无论是在古代还是近现代，教育始终都与人们的权利和利益休戚相关。在奴隶社会，教育的权利完全为奴隶主阶级所垄断，教育只是奴隶主阶级所享有的一种特权，奴隶被完全排斥在教育之外。封建社会的教育政策较之奴隶社会虽然宽松了一些，受教育的对象和范围也有所扩大，但根本上仍是为维护封建地主阶级的利益服务的。到了资本主义社会，资产阶级为了争夺市场，提高产品的竞争力，赚得更多的利润，从给工人阶级及其子女那么一点点符合资产阶级自身利益要求的教育开始，逐步普及了初等义务教育和中等教育。我国是工人阶级领导的人民民主专政的社会主义国家，人民是国家的主人，他们之间已没有根本的利益冲突，受教育成为全体人民所共同拥有的权利。《中华人民共和国教育法》规定："中华人民共和国公民有受教育的权利和义务。公民不分民族、种族、性别、职业、财产状况、宗教信仰等，依法享有平等的受教育机会。"但由于历史的原因和现实中众多因素的影响，如东、中、西部地区之间、城乡之间、学校之间还存在教育资源的差异，这就要求我国的教育政策既要保障公民受教育的权利，又要保护欠发达地区受教育者的利益，统筹兼顾，均衡发展。

三、教育政策的特点

教育政策作为国家总体政策的一部分，除了具备政策的一般性特征外，还具有下列典型特点。

(一)政治性与原则性

政治性是教育政策的根本特征。教育作为一项培养未来社会公民和统治阶级接班人的社会事业，具有鲜明的上层建筑特质。任何国家和政党制定的教育政策，都必然以满足其自身的利益和要求为根本目的。原则性是指教育政策的内容必须鲜明地体现政党和国家利益的政治意图，它规定人们应做什么、不应做什么，提倡或鼓励什么。

(二)目的性与可行性

教育政策是人们根据一定的需要而制定出来的，是人们主观意识的体现和主观能动性的产物，具有明确的目的性。明确的目的性是教育政策的基本特征，没有目的性的教育政策是不存在的。同时，要使教育政策的目的能够变成现实，就要充分考虑教育政策的可行性。因为，再好的目的，如果脱离了现实条件，也是难以实现的，是注定要失败的。这就要求我们在制定教育政策时，必须把其目的性和可行性联系起来考虑，使两者有机地结合起来。

(三)稳定性和可变性

教育政策的制定需要充分考虑社会发展的历史阶段所处的各种情况，在一定时期和范围，保持相对的稳定，以利于教育活动的正常稳定运行。如果教育政策朝令夕改，变化频繁，使人无所适从，教育政策就会失去作为规范和准则的作用，影响民众对教育政策的信任程度和遵守政策的坚定性。但随着政治经济科技等外部环境和条件的变化以及教育自身内部的变化，教育政策需要作出与之相适应的调整。

(四)合法性和权威性

教育政策是政党和国家依据宪法的授权，为实现统治阶级的教育意志而制定的教育准则。政党和国家行为的合宪性决定了它们所颁布的教育政策的合法性，以及由此而具有的权威性。

(五)系统性和多功能性

教育是相对独立的社会活动，其自身构成一个结构严谨、作用复杂的体系，教育体制政策、教育经费政策、教师政策、教育质量政策共同构成了国家基本的教育政策。同时，任何教育政策都是在与其他政策相互作用的过程中而发挥其功能的，它们相互支持、相互制约，组成了有关社会发展的整体政策。教育政策既是一般政策体系中的一个有机组成部分，同时自身又组成了一个相对独立的体系，这决定了教育政策所指引的行动必然要牵涉到教育事业的方方面面，从而决定了教育政策的功能必定是多方面的，而不是单一零散的。

四、教育政策的形式

教育政策有许多表现形式，如在我国，教育政策多为有关机关发布的决议、决定、命令、指示、通知、意见以及党和国家领导人的报告、讲话等，有时还通过党报党刊的社论传达党和国家的教育政策。我国教育政策的形式主要有：第一，党的有关教育的政策文件，如《中共中央关于教育体制改革的决定》。第二，全国人民代表大会制定和批准的有关教育的政策性文件，如《全国人民代表大会常务委员会关于修改〈中华人民共和国教育法〉的决定》。第三，党的领导机关和国家机关联合发布的有关教育的各种决议、文件和通知等，如《中共中央　国务院关于全面深化新时代教师队伍建设改革的意见》。第四，国家行政机关制定、发布的有关教育的政策文件，如《国务院关于深入推进义务教育均衡发展的意见》。第五，党和国家领导人在某个场合所作的有关教育的报告以及谈话、讲话等，如2014年五四青年节期间习近平总书记在北京大学师生座谈会上的讲话，2018年全国教育大会上习近平总书记的重要讲话。

第二节　教育政策的功能

教育政策的功能，就是通常所说的教育政策的作用，是指教育政策所发挥的效力或所起的作用。教育政策的功能概括起来主要有以下几个方面。

一、导向功能

所谓导向功能，是指教育政策对教育教学活动、对人们的教育教学行为具有引导作用。教育政策可以通过解释宣传来引导人们澄清认识、平衡心态、纠正行为偏差。这种导向功能是以权力介入为基础的，因而比思想教育工作更具有威慑力和说服力。教育政策的导向功能通常从两个方面表现出来。

一是为教育事业的发展提出明确的目标。如《国家中长期教育改革和发展规划纲要(2010—2020年)》就为我国一段时期的教育发展的战略目标作了如下规定，即"到2020年，基本实现教育现代化，基本形成学习型社会，进入人力资源强国行列"。包括"实现更高水平的普及教育""形成惠及全民的公平教育""提供更加丰富的优质教育""构建体系完备的终身教育""健全充满活力的教育体制"五个方面的具体目标，并明确规定了学前教育、义务教育、高中阶段教育、职业教育、高等教育、继续教育、民族教育、特殊教育等各级各类教育的发展任务。又如《中国教育现代化2035》分2020和2035两个阶段，提出了推进教育现代化的总体目标。到2020年，全面实现"十三五"发展目标，教育总体实力和国际影响力显著增强，劳动年龄人口平均受教育年限明显增加，教育现代化取得重要进展。到2035年，"建成服务全民终身学习的现代教育体系、普及有质量的学前教育、实现优质均衡的义务教育、全面普及高中阶段教育、职业教育服务能力显著提升、高等教育竞争力明显提升、残疾儿童少年享有适合的教育、形成全社会共同参与的教育治理新格局"。明确的目标任务不仅可以尽量减少教育失误，而且能极大地激发社会各界办学的热情，更广泛地调动社会力量来共同支持教育事业，全面推动教育事业的发展，实现教育目的。

二是推出一整套旨在促进教育事业发展的重大措施。以《国家中长期教育改革和发展规划纲要(2010—2020年)》为例。为实现上述教育发展战略目标，要求通过深化教育体制改革，加强教育保障措施并予以推进。教育体制改革包括人才培养体制改革、考试招生制度改革、建设现代学校制度、办学体制改革、管理体制改革、扩大教育开放六个方面的举措；加强教育保障方面的措施主要有：加强教师队伍建设、保障经费投入、加快教育信息化进程、推进依法治教、加强组织领导等。这些措施的提出，能有效促进教育事业的发展。《中国教育现代化2035》重点部署了面向教育现代化的十大战略任务：学习习近平新时代中国特色社会主义思想，发展中国特色世界先进水平的优质教育，推动各级教育高水平高质量普及，实现基本公共教育服务均等化，构建服务全民的终身学习体系，提升一流人才培养与创新能力，建设高素质专业化创新型教师队伍，加快信息化时代教育变革，开创教育对外开放新格局，推进教育治理体系和治理能力现代化。

从作用方式上看，教育政策的导向功能有直接导向和间接导向之分。前者是指教育政策对其调整对象的直接作用。譬如，"严禁使用童工"的政策，将在一定程度上保护未满 16 岁的儿童、少年在义务教育方面的合法权益，推动《中华人民共和国义务教育法》的贯彻落实。后者是指教育政策对非直接调节对象的影响。例如，提高教师地位和生活待遇的政策，会间接影响人们的就业选择，引导青年学生积极报考师范院校。一般来说，教育政策制定者在考虑有关教育政策时，比较重视其直接导向作用，而容易忽视间接导向功能。有时能对间接导向功能做出一些预见，而有时的情况也是始料不及的。

二、协调功能

教育政策的协调功能，是指教育政策在社会发展过程中能起到协调和平衡各种教育关系的作用。教育事业是一个庞大的系统工程，组成这个系统的各个要素之间，例如初等教育与中等教育之间、中等教育与高等教育之间就存在着各种各样的关系和结构。除此之外，教育系统与社会母系统之间也无时不在发生着复杂的物质、信息、能量的交换关系，它们之间有时是相安无事的，有时却矛盾重重，表现出异常激烈的冲突。在这种情况下，就需要一种杠杆来平衡、协调教育关系中各方的权利和利益。教育政策作为利益的"显示器"和"调节器"，能够很好地发挥协调功能。例如，1992 年国务院发布的《关于积极实行农科教结合，推动农村经济发展的通知》这一政策，在此后的农业发展和农村教育改革过程中就发挥了巨大的协调作用，使长期以来困扰人们的只就农业抓农业、只就科技抓科技、只就教育抓教育的痼疾得到了一定程度的缓解，较好地解决了农业、科技和教育三者各自为政的这一难题，为农业和农村经济的全面振兴打下了良好的基础。经验表明，教育政策的协调功能是以一个全面、配套的教育政策体系为条件的。各种教育政策之间只有纵向一致、横向协调，相互配合、相互补充，而不是相互矛盾和抵触，教育政策才有可能发挥其协调功能。

一般来说，教育政策的协调功能具有三个基本特点：一是多维性。教育政策所要协调的对象，不是单一的，而是多方面的，协调某一事物正是为了使该事物与其他事物取得相对平衡。二是动态性。协调的过程是在发展中由失衡、不协调状态向平衡、协调、稳定状态发展转化的过程。三是适度性。教育政策在协调教育发展过程中的各种不平衡关系时，应掌握利益需求的最佳满足界限，妥善处理各种矛盾和利益关系，违背了适度原则，就会物极必反，产生新的不平衡。

三、控制功能

任何教育政策都是为了解决一定的教育问题或者预防某一教育问题而制定的，具有约束和规范人们教育教学行为的作用。教育政策的这种特性就是我们所说的教育政策的控制功能。在实施教育活动中，教育政策的控制功能是非常重要的。

一方面，教育政策的贯彻执行离不开及时有效的控制。理论和实践都表明，教育政策的贯彻执行往往不是一帆风顺的。教育政策制定者及政策对象的错误思想和行为，会在相当大的程度上影响和妨碍政策的贯彻落实。譬如，因认识不足导致对教育政策采取消极态度，因理解不当导致对教育政策的错误执行，因利害冲突导致对教育政策的抵制，等等。为了防范和纠正这些不良现象和越轨行为，保障教育政策得到正确贯彻执行，必须强化教育政策控制功能。

另一方面，教育政策的适时调整更新也离不开控制。教育政策在付诸实施的过程中，随着外界情况的变化，所要解决的问题的性质的变化，以及新情况、新问题的不断涌现，要求教育政策必须不失时机地作出调整和更新，加强教育政策的控制功能。教育政策的控制功能实际上是由教育政策本身的规范性决定的。例如教育部、国家发展改革委、审计署颁发的《治理义务教育阶段择校乱收费的八条措施》。三部委为了全面贯彻落实教育规划纲要，依法推进义务教育均衡发展，推行政务公开、校务公开，纠正损害群众利益的不正之风，着力解决人民群众反映强烈的突出问题，维护教育公平公正，办好人民满意的教育，共同作出了八项规定。

(1)制止通过办升学培训班方式招生和收费的行为。坚决禁止学校单独或和社会培训机构联合或委托举办以选拔生源为目的的各类培训班(以下简称"占坑班")。严禁公办学校教师参与各类"占坑班"活动。严厉查处学校和教师在举办"占坑班"过程中的收费行为，对于违反规定的学校和教师要依照有关规定追究责任。

(2)制止跨区域招生和收费的行为。按照区域内适龄儿童少年数量和学校分布情况合理划定每所公办学校的招生范围，并根据学校招生规模、生源数量等变化情况，及时动态地进行调整并向社会公布，确保就近入学的新生占绝大多数。非正常跨区域招生比例高于10%的要制订专项计划，3年内减少到10%以下；低于10%的要巩固并努力继续减少。要将优质普通高中的招生名额按不低于30%的比例合理分配到区域内各初中，现在已经高于30%的要巩固提高并逐步扩大分配比例。在此过程中不得以跨区域为名收取学生择校费。

(3)制止通过任何考试方式招生和收费的行为。小学生入学和小学升入初中招生工作要公开透明，主动接受社会监督。城市和有条件的农村义务学校招生工作要在教育部门设定的招生网上进行，禁止组织任何形式的考试。坚决禁止要求家长到学校或到学校指定单位缴纳各种名目的择校费行为。

(4)规范特长生招生，制止通过招收特长生方式收费的行为。除省级教育行政部门批准的可招收体育和艺术特长生的学校以外，义务教育学校一律不得以特长生的名义招收学生。坚决禁止学校以招收特长生的名义收取任何费用。

（5）严禁收取与入学挂钩的捐资助学款。规范学校或教育行政部门接受社会组织和个人捐赠行为，收取捐赠款时必须依法为其出具凭证。地方政府、有关部门和学校违规收取与入学升学挂钩的各种费用，一经查实，要坚决予以清退，无法清退的要收缴国库，对相关责任人要严肃问责。

（6）制止公办学校以民办名义招生和收费的行为。禁止公办学校以与民办学校联合办学或举办民办校中校等方式，按照民办学校的收费政策，向学生收费。凡未做到"四独立"的义务教育改制学校和未取得民办学校资格的学校一律执行当地同类公办学校收费政策。

（7）加强招生信息和学籍管理。坚持公平、公正、便民的原则，向社会公开学校性质、办学规模、经费来源、招生计划、招生条件、招生范围、招生时间、录取办法，主动接受社会监督。招生结果要报当地教育行政部门备案。要进一步完善学籍管理办法，积极推行中小学学籍管理电子化。建立学生信息库，特别要加强招生指定区域外转入学生的学籍管理，接受检查与监督。

（8）加大查处力度。加强对治理择校乱收费措施执行情况的监督检查，对于违规收费的行为，要坚决予以查处，严肃追究校长和相关责任人的责任。要畅通监督渠道，设立举报电话、信箱，接受群众监督，做到有诉必查，有错必纠。对设立"小金库"行为要发现一起、查处一起、通报一起。教育部等有关部门组成联合工作组，对重点城市部分学校的整个招生过程进行专项督导检查。同时，吸收媒体参与监督，对典型案件及时曝光。

显然，以上的这几项规定，为人们应怎样做、不应怎样做规定了明确的尺度，充分表明教育政策具有极强的控制功能。

教育政策控制功能具有两个明显的特点：一是强制性。教育政策控制功能的一个重要特征就是对各项教育事业进行广泛的监督检查，及时发现和纠正教育事业发展中的不合理因素，以保障教育事业的正常运转和发展。在监督检查过程中，凡违背政策的，都要受到批评，凡符合政策的，就要受到保护和鼓励。二是惩罚性。任何一项教育政策都是一定阶级利益和意志的体现，违反了教育政策，自然就会触犯某一阶级的利益，就必须受到谴责和惩罚。譬如，为在全社会树立起尊重教师、关心教师的社会风尚，切实保护教师的权利和利益，《中华人民共和国教师法》规定，凡是"侮辱、殴打教师的，根据不同情况，分别给予行政处分或者行政处罚；造成损害的，责令赔偿损失；情节严重，构成犯罪的，依法追究刑事责任"。又如，《新时代高校教师职业行为十项准则》《新时代中小学教师职业行为十项准则》《新时代幼儿园教师职业行为十项准则》也对教师职业行为作出了规定："对于发生准则中禁止行为的，要态度坚决，一查到底，依法依规严肃惩处，绝不姑息。对于有虐待、猥亵、性骚扰等严重侵害学生行为的,一经查实,要撤销其所获荣誉、称号,追回相关奖金,依法依规撤销教师资格、解除教师职务、清除出教师队伍,同时还要录入全国教师管理信息系统,任何学校不得再聘任其从事教学、科研及管理等工作。涉嫌违法犯罪的要及时移送司法机关依法处理。"

教育政策控制功能的发挥需要具备两个基本条件:一是政策控制的标准必须明确、合理。制定控制标准,是发挥教育政策控制功能的前提和基础。没有一套明确、合理的政策控制标准,就无法检查、计量和鉴定政策执行的效果及偏差,自然也就无法采取正确有效的纠偏措施。教育政策控制的标准可从三个方面来考虑:①成本标准,它主要反映政策执行工作所应支出的费用;②数量标准,它主要从量的角度规定政策执行所应达到的水平和完成的期限;③质量标准,它主要从质的方面规定政策执行工作的范围和水准。二是政策控制的手段必须严密、封闭。管理科学认为,一个系统内的管理手段只有形成严密、封闭的回路,才能发挥有效的管理功能。教育政策控制功能的发挥也离不开一个严密、封闭的政策控制手段体系的支持。为此必须抓好两件工作:第一是建立、健全教育政策控制的各个机构;第二是使各种控制制度、法规和措施在时间上形成连续完整的"回路",在空间上形成密而得当的"网络",以保证被控对象在任一阶段、任一环节、任一角落都受到有效的控制。

四、分配功能

一定程度上说,教育政策是对受教育权利、资源以及教育行政权力进行的分配与调整,以达到更好地保障与促进教育事业发展的目的。教育政策的分配功能有二:其一是有效地促进资源配置的合理化。在资源供给、获得和占有的过程中,经常会产生各种各样的社会性冲突,这种冲突不仅会表现在人与人之间的需求层面,也会表现在人的需求与资源供给层面。教育政策主要协调的就是这些社会性冲突。其二是最大限度地发挥资源的效能。资源效能的发挥与利用程序如何与对其进行分配与使用方式有关。资源分配与使用方式的合理性,既存在着效率的问题,也存在着公平问题。效率问题主要解决的是如何对资源进行有效使用的问题,而公平问题则主要解决由谁对资源进行使用的问题。

教育政策如何对资源进行分配不仅需要考虑资源的使用效率问题,还需要考虑资源分配的公平性问题。资源使用的效率不仅要受到由谁来使用的影响,也会受到如何进行使用的影响。同一种资源由不同的人使用,以不同的方式使用,其所产生的效率与效能是不同的。为了能够最大限度地提高资源的使用效率,人们一般将资源分配给能够对其进行高效率使用并最大限度地提高资源效能的人。但在考虑如何提高资源使用效率的同时,还需要考虑到资源分配的公平性。公平是在身份、需要和能力三个层面上建立起来的一种关系状态。在对教育资源进行分配时,首先要考虑身份问题,其次要考虑需要问题,最后要考虑能力问题。只有对具有同样身份、需要以及能力的人进行同样的对待，才能保障其公平性。并且，教育资源的性质与类型并不一样，对其进行分配的原则也是不同的。有的资源或权利的分配只需考虑身份的标准，有的资源或权利的分配首先要考虑能力的标准，而有些资源或权利的分配必须要对身份、需要与能力进行综合考虑。

第三节　教育政策的价值与价值取向

教育政策是国家和政党意志在教育领域的体现，反映了国家和政党对教育的认识和态度，同时也反映了政策制定主体对教育问题的选择性偏好。对教育持有什么样的价值取向，就会制定与之相适应的教育政策。因此，充分认识教育政策的价值取向是深刻理解教育政策的基本前提。

一、教育政策价值的构成要素

作为社会系统与政治系统的教育政策的价值主要由三个基本要素构成，即教育政策的价值主体、教育政策的价值客体、教育政策的价值关系。

(一)教育政策的价值主体

教育政策的价值主体是指教育政策活动中的制定者、执行者和评价者。主要包括政府、教育行政管理部门、教育组织或机构(学校、教育研究机构、教育咨询机构、教育评价机构等)和个人；教育政策价值主体的需要主要是对教育利益的追求。在追逐教育利益的过程中，不同的价值主体具有不同的角色、活动特征和需要。因为政治就其本质而言是特定的主体(个人、团体或组织)为实现既定的目标，通过支配、影响、获取和运用公共权力而作出公共决策以及分配社会价值和利益的过程。[①]政府的主要职责是通过其公权力的政治活动去进行教育政策的决策和制定，它所追求的教育利益是一种基于国家和社会层面的国家利益和公共利益，是一种宏观层面上的对社会公共教育资源和教育利益进行的分配和调整。教育行政管理部门的主要职责是在政府的授权下，对教育领域内的教育利益格局进行调整和完善，在追求教育质量提高的前提下，力图实现教育利益格局的公平化。教育组织或机构的主要职责是在政府和教育行政管理部门的领导、管理、组织或引导下，开展教育教学、教育研究、教育评价等活动，追求教育领域内的公共利益和自身的群体、团体等集体利益，个人在教育的价值主体中主要追求一种个体自我发展和完善的个体利益。这种利益的获取需要内外部两种条件，外部条件包括教育资源的合理分配，受教育权利和受教育机会的获得，个体发展水平和资格的认定等；内部条件是个体自身积极主动的学习和训练活动。

---

① 陈振明：《政治学——概念、理论和方法》，6页，北京，中国社会科学出版社，2004。

(二)教育政策的价值客体

教育政策的价值客体是指教育政策活动所要解决的人的发展问题以及各种教育问题、教育实践等。教育政策价值客体的属性是以教育政策价值主体的需要为前提和条件的，教育政策价值主体的需要决定和制约着教育政策价值客体的属性。教育政策活动过程主要分为教育政策决策、教育政策实施和教育政策评价三个阶段。从价值的层面来讲，在教育政策决策阶段，其实质是教育价值的选择和确认过程；在教育政策实施阶段，其实质是教育价值的实现过程；在教育政策评价阶段，其实质是教育价值的反馈和完善过程，而始终贯穿这一过程的教育政策本质是对教育利益的分配、调整的需要和追求。换言之，教育政策价值客体一方面着眼于教育政策活动满足人们和社会的教育需要和利益的意义；另一方面"更多地是指为解决政策问题，满足主体(包括目标团体)的教育需要而进行的具有完整性教育政策实践活动"。[①] 由此可以看出，教育政策价值客体的根本属性是教育政策价值主体在教育活动和教育实践中占有、支配教育资源，调节和整合教育利益冲突，从而实现公共利益、群体(集团)利益和个体利益的性质。

(三)教育政策的价值关系

教育政策价值主体的各种需要和利益在满足和实现过程中，由于满足和实现程度的不足和差异而产生了各种教育问题。这些教育问题中的"某些普遍性的问题成为教育决策的对象而成为教育政策问题。在教育政策问题形成和解决教育政策问题的过程中，教育政策价值主体相互作用而形成教育政策需要调节的基本价值关系"[②]。教育政策活动中的价值关系源于各种教育政策问题的产生和解决过程。不同的教育政策主体的需要和利益会产生不同的教育问题。教育问题大致可分为以下几种：第一，国家教育权力分配问题；第二，受教育权利分配问题；第三，受教育机会分配问题；第四，教育制度安排问题；第五，教育物质资源和人力资源配置问题；第六，教育组织与个人的教育活动问题。在这些教育政策问题的解决过程中，"教育政策价值主体为控制教育资源，获得教育权力、教育权利与机会、教育物质与人力资源条件，顺利完成自身的教育活动而彼此之间构成不同的价值关系"。这些不同方面、不同层次的价值关系就构成了教育政策的价值系统。

二、教育政策价值取向的决定因素

教育政策的价值取向主要取决于国家和政党在一定时期对教育的内外各种关系的认识和态度，集中体现在三个方面。

第一，教育和社会其他事业发展的关系。从教育和政治经济文化的发展的关系而言，二者是一种双向制约与"塑造"的关系，互为目的和手段。近现代以来，教育

① 刘复兴：《教育政策的价值分析》，97～101页，北京，教育科学出版社，2003。
② 刘复兴：《教育政策的价值分析》，97页，北京，教育科学出版社，2003。

作为一项社会公共事业得到了世界各国的认同。但在教育与社会其他事业之间发展关系的认识上，不同国家和政党的认识和态度是不同的。反映在对教育的基本政策上，表现为教育的地位如何，是否将教育事业优先发展作为基本国策的价值取向。尤其在进入工业和信息化社会以后，社会对人的素质要求越来越高，国家之间的人才争夺也从未停止过，人们比以往任何时候都更加关心教育的生存与发展，国家和政党也越来越意识到教育在稳定国内环境、提升国民素养、创新科技与文化、提高国际竞争力方面的巨大作用，因而往往采取适度优先发展教育的价值取向。

第二，教育发展中公平与效率的关系。公平与效率是教育发展中的一对基本关系，是衡量教育政策价值的两个重要尺度。教育效率为教育公平的实现提供必要的物质前提与实施基础，教育公平又为教育效率的实现提供精神动力和有效环境。任何国家和政党在制定教育政策时，都必须充分考虑如何处理好二者的关系。客观上说，社会经济发展水平不同，注重教育公平和注重教育效率的政策价值取向也是不同的。从世界大多数国家的历史经验来看，往往经济发展水平较低时，更注重效率优先，兼顾公平；在经济发展到一定程度时，则更注重公平，兼顾效率。当然，即使社会经济发展水平处于同一层次的国家，由于社会性质的差异、执政党的宗旨差异以及对二者的认识和态度不同，在制定教育政策时，对教育公平和教育效率的价值偏好也是不同的。

第三，教育的工具性与本体性的关系。教育的本体性反映的是教育的内在本质，即教育是一项培养人的活动。教育的工具性反映的是教育的外部属性，即教育与外部事物的关系，集中体现为教育发展与国家社会发展的关系，教育作为社会系统的一部分，必须为国家和社会发展服务。对个体而言，教育活动的目的主要是满足自身完善发展的需要。对国家和政党来说，教育目的和教育事业发展目标要反映其意志，更强调教育服务于社会发展的需要。虽然政策制定的主体是国家和政党，但在现代社会中，教育的公共性和公益性日益凸显，国家和政党在制定教育政策时，往往要协调好教育的工具性和本体性的关系。

三、教育政策价值的基础

教育政策分配教育利益、解决教育问题，是为了促进教育事业的发展，公益性是其核心的应然追求。在当代民主国家，教育政策所追求的"教育公益"，是将教育的内涵要求融入判断公共利益价值标准的公益，要求通过受教育资源、机会、结果等的公平分配，促进全体人的个性全面发展。作为主客体之间合理价值关系的教育的公益性，提供了教育政策主客体间有机联系的可能性，是我们分析和讨论教育政策价值问题时应当坚守的基本立场，也是认识当代教育政策应然价值的基本出发点。基于各级各类教育资源尤其是优质教育资源短缺的现实，在促进教育事业发展的过程中，以教育公平为核心，兼顾效率成为应然的价值选择。[1]

(一)以人为本

教育是促进个体社会化，促进个体个性发展与全面发展的社会活动。作为教育领域具体的公共政策，教育政策首先要遵循教育活动的基本要求，将以人为本作为自身首要的基础价值。教育政策的制定和实施过程中若无视个人的存在及发展的特点和需要，摒弃教育规律和人的发展规律，就将迷失方向，最终导致教育活动偏离正确方向。

追求以人为本并不等于将个人的发展绝对化，将个人的发展作为凌驾于一切之上的唯一要求，"以人为本"要求平衡个人与个人之间、个人与社会之间的发展需要，这种平衡主要表现为满足社会最大多数人的教育要求，并兼顾其他小部分群体的利益。"以人为本"实质上意味着在教育政策的实践中需要尊重人，即尊重和保护人的尊严，尊重和保护人的权利，尊重和保护人的个性，尊重和保护人的主动性。也就是说，在教育政策的实践中，始终要将人放在核心位置，考虑人的特殊性和发展的特殊要求，据此制定、执行和评估教育政策；应当致力于教育人们认识并尊重每个人的尊严，拒绝制定伤害人的尊严的教育政策或以伤害人的尊严的形式来实施教育政策；要切实保障个人、家庭、社会等不同主体的教育权利；尊重和保护人的独立的、个性化的存在，尊重个人教育权益的多样化，致力于提供公平、多样、可选择的教育机会；保护并鼓励受教育者的主动性、参与性、积极性和创新性。

(二)追求公平

罗尔斯的正义理论经常被表述为教育公平的一般原则，该理论强调平等的自由原则和差异原则，即公平正义需要给予人们一般的平等，同时需要对社会和经济的弱势者进行一定的补偿。一般来说，教育公平被界定为公民能够自由平等地分享当时、当地公共教育资源的状态。教育公平包括教育机会公平、教育过程公平和教育结果公平。教育机会和教育过程的公平相对容易做到，但教育结果的公平，即让人人受到高质量的教育，并使受教育者拥有同样的成功机会，则较难做到。

义务教育是国家对所有社会成员实施的基础性教育，其内容是在一个国家或社会中正常生存和发展所需的基本知识能力，获得义务的初级教育属于公民的基本权利。义务教育阶段的公平应当是"同质公平"，教育政策的制定和实施应当体现"平等的自由原则"，即各种教育资源的分配与调整应当实现平等待人，社会成员应当平等地成为教育政策的受益者。义务教育对所有公民平等开放，公民接受义务教育的入学机会平等、教育过程中得到的资源平等，同时义务教育应致力于使所有受教育者的教育结果平等地达到一定水平。

(三)保障民主

民主的价值是要让每一个人成为他自己，充分彰显自身有个性有理性的主动性

---

[1] 范国睿等:《教育政策的理论与实践》，18 页，上海，上海教育出版社，2011。

和创造性，这种价值的实质是一种有理性的自由，从根本上说，即是黑格尔所追求的使人"成为一个人，并尊敬他人为人"。① 民主的政治制度通过限制权力来保障公民个体和群体的自主自治权利，包括对少数群体利益的相应尊重。教育民主化已经成为世界教育改革的潮流，成为教育系统演变的一个基本趋势。教育政策活动是政府作为政策的主要制定和执行主体的权威的教育利益分配活动，对教育政策而言，秉持民主价值的意义不仅在于提升政治民主，更是因为教育本身能够直接影响和改革人的思想观念，而能以教育政策中的民主价值及民主行为更为直接有效地传递民主信念，培养民主公民。

对于教育政策民主而言，"关键概念是'参与'：在特定的共同体内，社会成员对于涉及其自身利益的政治决策应该有所参与，而参与的广度和深度自然要成为衡量民主的尺度，参与的广度指社会成员参与决策的比率，参与的深度则由参与是否充分即参与的性质来确定"。② 就我国的具体情况而言，民主这一基础价值的实现尤其需要扩大教师、家长、校长等教育政策的直接利益相关者的参与，让作为公民角色的人以公共的心态来思考衡量，作出自己的判断选择并提出合理化建议，从而更为理性客观地平衡教育利益。

(四)兼顾效率

教育资源尤其是优质教育资源总是稀缺的，为保证社会对教育资源的需求，必须尽可能地发挥有限资源的效用。也就是说，必须有效率地分配和使用教育资源。在这个意义上，教育效率不仅是提高教育产出的要求，同时也是避免浪费他人获得教育资源可能性的公平要求，从而从根本上促进更多数的人在更有效的时期内获得教育利益，实现自由发展。

教育领域的效率具有特殊性，首先表现在教育是直接指向人的发展，并且教育活动存在大量无法用经济来衡量的精神因素的投入与产出。因此教育政策的效率问题不能简单地仅从短期的或纯经济效益的角度进行衡量，教育对个体人格、认知的影响乃至整个社会精神财富的贡献都不能忽视。③ 在教育领域，对效率的衡量，需要以教育活动本身的目标导向为向度，必须纳入对公平的考虑。并且，这种有效率的公平配置不是对眼前教育利益简单的"存量分派"，还需要具有发展性，是对教育利益和教育资源的"增量公平"。亦即，效率价值要求教育政策对人们教育利益的分配和满足能够在相对广的范围内和相对短的时间内真正促进更多人相对程度的发展。这要求我们，合理配置教育资源，降低教育政策成本，提高教育政策活动的管理效能和各教育实践主体的积极性，切实保障教育政策的效率。④

---

① 周光辉：《超越政治学——对民主的经济、道德和认知价值的分析》，载《吉林大学社会科学学报》，1999(5)。
② 何子建：《利益：民主政治与社会结构的联结点》，载《社会学研究》，1995(1)。
③ 张杰：《对我国教育公平与效率的理性思考》，载《高等教育研究》，2006(3)。
④ 范国睿等：《教育政策的理论与实践》，27页，上海，上海教育出版社，2011。

四、改革开放以来我国义务教育政策的价值取向

普及与提高、整体发展与重点发展、均衡发展与优质发展是我国教育政策始终面临的矛盾。从改革开放恢复发展时期中的普及与提高的关系问题，到后来推行义务教育过程中的整体发展与重点发展的关系问题，再到今天的均衡化与优质化的关系问题的演变过程来看，我国教育政策始终面临的都是这样的两难问题。基础教育具有奠基性、启蒙性的特征。改革开放以来，我国基础教育政策的价值取向发生着渐进式转变。

(一)由主要重视教育的工具价值向关心社会综合利益转变

1980年以后的很长一段时间内，基础教育政策功能的基本定位是为"快出人才，早出人才"的社会目标服务。例如，《中共中央　国务院关于普及小学教育若干问题的决定》(1980年)、《中共中央关于教育体制改革的决定》(1985年)、《中共中央　国务院关于深化教育改革全面推进素质教育的决定》(1999年)等重要文件的政策表述几乎都围绕提高生产力而展开。这种服务于社会经济与科技发展的价值取向在当时无疑是正确的，但缺少对公众利益的关怀。

2000年以后，随着党中央将建设和谐社会问题提到战略地位，开始把以人为本，满足人民群众的需要作为基础教育政策的基本指导思想之一。这种指导思想在《国务院关于进一步加强农村教育工作的决定》(2003年)、《2003—2007年教育振兴行动计划》(2004年)，特别是2006年修订的《中华人民共和国义务教育法》中均有体现。义务教育法明确规定，义务教育是免费教育，不收学费，从法律上保证了义务教育的公益性质。从2008年9月开始，我国在全国范围内全部免除了城市义务教育阶段学生的学杂费。这种从关注民生的角度入手设计基础教育发展政策的做法，可谓基础教育政策价值选择方面的一大进步。

(二)从重视教育效率向更加重视教育公平转变

在改革开放初期，基础教育发展落后，教育经费严重不足，社会对人才的需求十分迫切，"采取一切可能措施解决社会紧迫的基础教育问题"成为政策制定的优先思路。这种思路在宏观上表现为优先解决东、中部地区和城市的义务教育发展问题，将西部和农村的基础教育发展顺序置后；在微观上表现为以"快出人才"为理由，发展重点中小学和高中示范学校。这些制度安排从效率上讲是合理的，但是它扩大了基础教育发展的地区差距、城乡差距和学校差距，忽视了低收入和处境不利群体的教育利益，造成了教育的不公。

从1985年《中共中央关于教育体制改革的决定》提出普及九年义务教育，1986年颁布义务教育法，到2000年年底全国85％的人口地区基本实现了普及九年义务教育。这一政策目标主要是通过非均衡政策，由中央政府将发展基础教育的责任交给地方，各地根据不同经济社会发展情况分期分批实现的。早在1980年，《中共中

央　国务院关于普及小学教育若干问题的决定》就提出要"根据各地区经济、文化基础和其他条件的不同，由各省、市、自治区进行分区规划，提出不同要求，分期分批予以实现"，"必须正确处理普及与提高的关系，各地应当首先集中力量办好一批重点学校，创造经验，典型示范"。1985 年《中共中央关于教育体制改革的决定》将非均衡发展作为教育发展的基本战略和方式："必须鼓励一部分地区先发展起来，同时鼓励先发展起来的地区帮助后进地区，达到共同的提高。"相应地，全国分为三类地区分期分批普及九年义务教育，政策目标、进度要求和具体措施都体现出非均衡性。于是，按照财政分级管理、分灶吃饭的要求，把义务教育的投资支出全部下划到地方财政——城市是市财政，农村是县、乡财政，由地方政府全部负责和安排对义务教育的投资，这就等于把实施义务教育的责任和义务全部交给了地方政府，从而使义务教育的普及与发展只能取决于各地区的经济发展，取决于地方政府的财政收支状况。1993 年《中国教育改革和发展纲要》延续了这一政策，要求教育发展从各地经济、文化发展不平衡的实际出发，因地制宜，分类指导，鼓励经济文化发达地区教育率先发展。

普及九年义务教育的目标基本实现以后，分级管理、分灶吃饭的财政和管理体制，使地区、城乡之间的义务教育发展差距越来越突出。2001 年《国务院关于基础教育改革与发展的决定》制定的"新三片"政策，也体现出非均衡发展的路径依赖和政策惯性。随着农村税费改革试点的开展，以及减轻农民负担的政策推动，原先以县乡为主的义务教育投入机制和管理体制严重失灵，甚至连国家确立的"保运转、保工资、保安全"的底线都难以保住，加之进城务工人员子女就学问题使义务教育均衡发展的要求更加凸显。2002 年，《教育部关于加强基础教育办学管理若干问题的通知》提出："积极推进义务教育阶段学校均衡发展"，义务教育从此逐步向均衡发展转变。2005 年《教育部关于进一步推进义务教育均衡发展的若干意见》和 2006 年《中华人民共和国义务教育法》规定"国务院和县级以上地方人民政府应当合理配置教育资源，促进义务教育均衡发展"。2010 年，《教育部关于贯彻落实科学发展观　进一步推进义务教育均衡发展的意见》出台，国家及教育主管和相关部门出台了一系列促进义务教育均衡发展政策，核心是把推进均衡发展作为义务教育一项重要任务。比较而言，这一阶段政策具有过渡性，只是教育系统的部门政策，重点是遏制城乡、区域、学校之间差距，加快薄弱学校改造，尚未触及城乡二元体制和区域发展不平衡等深层次矛盾，没有上升为中央和各级政府及职能部门整体推动的基本政策。

2010 年正式发布的《国家中长期教育改革和发展规划纲要（2010—2020 年）》明确提出："把促进公平作为国家基本教育政策。教育公平是社会公平的重要基础。教育公平的关键是机会公平，基本要求是保障公民依法享有受教育的权利，重点是促进义务教育均衡发展和扶持困难群体，根本措施是合理配置教育资源，向农村地区、边远贫困地区和民族地区倾斜，加快缩小教育差距。教育公平的主要责任在政府，全社会要共同促进教育公平。"

2010 年,《教育部关于贯彻落实科学发展观 进一步推进义务教育均衡发展的意见》提出"把均衡发展作为义务教育的重中之重"。2012 年,《国务院关于深入推进义务教育均衡发展的意见》及相关部委的系列文件,确立了深入推进义务教育均衡发展的指导思想、基本目标、政策措施和体制保障。党的十八大报告围绕办好人民满意的教育,提出"均衡发展义务教育"的新论断,实现了义务教育均衡发展政策的新的跃升。首先,从根本上改变了地方负责、分级管理的体制机制,将义务教育作为政府主导提供的旨在保障全体公民生存和发展基本需求的公共服务,由国务院和地方政府根据职责共同负担,全面纳入财政保障范围。其次,实现了从"鼓励一部分地区先发展起来"到"达到共同的提高"根本转变,打破城乡二元、区域分化的体制障碍,彰显义务教育的均等性与普惠性。最后,从以资源均衡配置为核心的政府行为,深入学校布局、建设、管理以及具体教育过程中,涵盖各类特殊群体,力求为每位学生提供平等和适合的教育,落实到公众对义务教育的满意度上。

义务教育政策目标从非均衡向均衡发展的过渡与跃升,与不同时期经济社会发展水平及政策的价值取向密切相关。非均衡发展体现了效率优先的价值取向。在促进民生改善,全面建成小康社会决胜阶段,促进人的全面发展,逐步实现全体人民共同富裕成为主要政策目标。在此之下,均衡发展义务教育的政策体现了公平优先的价值取向。

总的来看,这些教育政策从社会公平的价值角度出发解决社会问题,关怀处境不利群体,维护社会的和谐与稳定,升华了基础教育政策的品位,成为促进基础教育发展的巨大动力。

(三)由重点关注数量向关注素质教育转变

20 世纪 90 年代中期,基础教育政策的一大发展就是在普及义务教育的同时,提出了素质教育的发展方向,并且在 90 年代后期开展了大规模的基础教育课程改革作为推行素质教育的重要载体。

20 世纪 80 年代中期,纠正片面追求升学率现象、全面提高学生素质的呼声日益高涨,《教育研究》杂志从 1986 年第 4 期到 1987 年第 4 期,专门开展了以"端正教育思想,明确教育目标"为主题的大讨论,为素质教育的提出和探讨创造了良好的舆论环境。

素质教育概念出现在 20 世纪 80 年代后期。1987 年 4 月,时任国家教委副主任的柳斌在全国九年制义务教育各科教学大纲通告会上呼吁:基础教育"应当是社会主义的公民教育,是社会主义的公民的素质教育"。柳斌于同年发表的《努力提高基础教育的质量》一文中正式使用了"素质教育"一词。

1993 年 2 月,中共中央、国务院颁发的《中国教育改革和发展纲要》指出,"基础教育是提高国民素质的奠基工程,必须大力加强";明确要求"中小学要由'应试教育'转向全面提高国民素质的轨道，面向全体学生，全面提高学生的思想道德、文化科学、劳动技能和身体心理素质，促进学生生动活泼地发展，办出各自的特色"。在《中国教育改革和发展纲要》中，不仅"素质"一词出现 20 余次，还提出了全面提高学生四方面素质的要求，尽管尚未直接提及素质教育，但已从政策层面肯定和反映了素质教育理念，推动了素质教育的深入探讨。

1994 年 8 月，中共中央发布《关于进一步加强和改进学校德育工作的若干意见》，提出"增强适应时代发展、社会进步，以及建立社会主义市场经济体制的新要求和迫切需要的素质教育"。这是我国正式文件中首次使用"素质教育"。[①]

1997 年 10 月，国家教委颁发《关于当前积极推进中小学实施素质教育的若干意见》，其中强调"实施素质教育是迎接 21 世纪挑战，提高国民素质，培养跨世纪人才的战略举措"，将全面推进素质教育作为基础教育的紧迫任务；提出有效实施素质教育的若干政策措施。

1999 年 6 月，中共中央、国务院召开的改革开放以来第三次全国教育工作会议通过了《关于深化教育改革全面推进素质教育的决定》，号召全党全社会从我国社会主义事业兴旺发达和中华民族伟大复兴的大局出发，"深化教育改革，全面推进素质教育，构建一个充满生机的有中国特色社会主义教育体系，为实施科教兴国战略奠定坚实的人才和知识基础"。这次全国教育工作会议进一步唤起教育界内外对实施素质教育重要性的认识，标志着全面推进素质教育真正成为国家的教育政策。基于会议精神，全国各地相继出台推进素质教育的具体政策和措施，有力地推动了区域素质教育的实施。

2001 年 5 月，《国务院关于基础教育改革与发展的决定》突出强调，"深化教育教学改革，扎实推进素质教育"，对基础教育领域全面推进素质教育作了部署。2001 年 6 月，教育部印发的《基础教育课程改革纲要（试行）》决定"大力推进基础教育课程改革，调整和改革基础教育的课程体系、结构、内容，构建符合素质教育要求的新的基础教育课程体系"。自此，基础教育课程改革在义务教育阶段迅速推开，并逐步由义务教育阶段向高中阶段延伸，推进了中小学素质教育的深入实施。

2004 年 3 月批转并实施的《2003—2007 年教育振兴行动计划》明确指出："全面贯彻党的教育方针，以培养德智体美等全面发展的一代新人为根本宗旨，以培养学生的创新精神和实践能力为重点，继续全面实施素质教育。"

2010 年发布的《国家中长期教育改革和发展规划纲要（2010—2020 年）》将"坚持以人为本，全面实施素质教育"作为教育改革和发展的战略主题，并强调坚持这一战略主题是贯彻党的教育方针的时代要求，是解决好培养什么人、怎样培养人的重大问题，从而将素质教育提高到极其重要的战略地位。

2019 年颁布的《中共中央　国务院关于深化教育教学改革全面提高义务教育质量

---

①　萧宗六：《学校管理学（第四版）》，119 页，北京，人民教育出版社，2008。

的意见》再次强调，要"全面贯彻党的教育方针，落实立德树人根本任务，遵循教育规律，强化教师队伍基础作用，围绕凝聚人心、完善人格、开发人力、培育人才、造福人民的工作目标，发展素质教育，培养德智体美劳全面发展的社会主义建设者和接班人"。

素质教育的提出是当代中国教育发展新的里程碑，它不是针对所谓的"应试教育"的狭隘的技术性操作，而是一种崭新的教育哲学和育人体系。它面对日新月异的科技进步和更加开放、更加多元化的社会发展，提出了培养更具有创新能力、更富有社会责任感和更具有广阔视野的一代新人的目标。素质教育推进了基础教育体系的整体改造，不仅提出了新的育人目标，而且为提高教师和管理者的素质、改善学校的办学条件指明了新的方向。

复习与思考

1. 什么是教育政策，它有哪些特点？
2. 教育政策有什么功能？举例说明。
3. 如何理解教育政策的价值主体、客体及价值的关系。
4. 教育政策价值的基础是什么？
5. 简述现阶段我国教育政策的价值取向。

推荐阅读

1. 孙绵涛等.教育政策分析：理论与实务[M].重庆：重庆大学出版社，2011.
2. 范国睿等.教育政策的理论与实践[M].上海：上海教育出版社，2011.
3. 刘复兴.教育政策的价值分析[M].北京：教育科学出版社，2003.

第二章　教育政策的制定、执行和评估

本章重点 ▶

- 教育政策制定的原则与模式
- 教育政策制定的过程
- 教育政策执行的模式
- 教育政策执行的偏差与矫正
- 教育政策评估的类型与标准
- 教育政策评估的方法

教育政策并不是人们所想象的那样，只是一个静态的规范性文件和规则，实际上它是一个动态的活动过程，只有了解教育政策活动过程的规律，才能促进教育政策的科学化、合理化、民主化、程序化和有效化。教育政策活动的过程包括教育政策制定、教育政策执行和教育政策评估三个主要环节。

第一节　教育政策制定

教育政策制定又称教育政策的形成，是指从教育问题界定到议案抉择以及合法化的过程。[①] 它是教育政策过程的首要阶段和第一环节，这一阶段的主要任务是确定行动或改革的目的、目标、任务与原则，为教育政策的后继阶段与环节提供政策依据。在教育政策制定阶段需要政策制定者有战略性的思考和统揽全局的意识与能力，否则就难以制定出好的教育政策。

一、教育政策制定的基本概念

(一)教育政策制定的含义

教育政策制定，就是政党、政府等社会实体，根据一定历史时期的社会政治、经济、法律制度和教育现状，提出教育工作的行动依据和行为准则的过程。它是政党、政府开展教育工作的重要环节。教育政策制定是一个包括教育政策问题确认、教育政策议程启动、教育政策方案出台和合法化等一系列步骤的过程性和动态性活动。具体而言，教育政策制定意味着确定哪些是(或哪些不是)教育政策问题，选择哪些教育政策问题来解决，如何启动教育政策议程，以及决定教育政策问题解决方案并使方案合法化等活动。[②]

通过制定教育政策，可以使国家的教育目的和任务转变为具体的教育政策条文，进而指导教育实践，会对整个教育工作产生广泛而深刻的影响。教育政策制定的科学化水平，决定了教育政策的科学化水平，并在很大程度上决定了整个教育工作的质量。教育政策制定必须考虑影响教育政策的各种因素，遵守正确的原则、合理的程序，采取行之有效的方法。

(二)教育政策制定的主体

教育政策制定过程是一个复杂的系统工程，涉及社会的方方面面，其中，教育政策制定主体的构成是影响教育政策制定的主要因素。

教育政策是有关教育的政治措施，是一定占统治地位的阶级或集团的教育意志的体现。有学者认为，教育政策制定者主要包括两大方面：一是立法者、行政官员、

---

① 黄忠敬：《教育政策导论》，121页，北京，北京大学出版社，2011。
② 范国睿等：《教育政策的理论与实践》，77页，上海，上海教育出版社，2011。

专家、智囊、司法人员、利益团体代言人；二是政策制定的组织，如立法机关、行政机关、政党、利益团体、思想库等。[①] 也有学者认为，教育政策制定主体除了包括政策制定者(政党、立法机关、行政机关)，还包括在教育政策制定过程中所涉及的教育政策研究者、教育政策咨询专家、智囊和大众传媒，以及作为教育政策执行者的各级教育行政部门及其官员。[②]

在西方发达国家，对教育政策制定主体的构成有多种分类，其中，安德森从官方政策制定者与非官方政策制定者角度对西方国家教育政策制定主体的划分最具有代表性。现代西方国家的政治体制大多以三权分立的原则来构建公共权力，立法权、行政权和司法权分别由议会、内阁和法院掌握，三者彼此监督、相互制约，在保持三权制衡的状态下依靠国家宪法所赋予的权力制定不同类型的教育政策。除官方政策制定者外，教育政策制定的非官方参与者包括利益集团、政治党派、公民个人、大众传媒和思想库等。

不同体制的国家教育政策制定主体既有相似也有不同，都需要在教育政策制定者、咨询者和执行者的地位、职责和关系中不断进行调整，包括教育政策制定主体在结构上的调整、充实和完善。政策主体多元化更符合现代民主社会对政策制定的要求，从我国教育政策制定改革来看，必须充分尊重政府作为决策者的权威，同时尊重其他主体的合理诉求，共同推进教育政策制定的均权化、民主化、科学化和专业化的发展。

二、教育政策制定的原则

(一)公平性原则

教育政策从本质上说是对教育利益的分配和调节，利益主体的多元性意味着教育政策必须考虑各利益主体的利益需求，因而教育政策价值标准会受到利益主体各自价值取向和价值标准的影响，在政策表达中会出现一定的冲突。教育是民族振兴和社会进步的基石，是基本人权和全面发展的根本保障，公平原则是教育政策制定的首要标准。教育政策的重要任务就是遵循教育的公共性属性，维护教育的公共利益的价值标准，公平公正地配置教育资源，切实维护每一个体公平获得教育资源、接受平等教育、获得平等发展机会的权利。如果一项教育政策不能体现社会大多数人所公认的价值标准，不能代表社会大多数人的根本利益，这项教育政策就无法得到社会的普遍认同，就会损害社会公正，也就无法得到有效实施并取得预期的效果。

(二)科学性原则

遵循科学性原则来制定教育政策，提高教育政策的科学化水平，是教育事业发展的必然要求。制定教育政策，首先，要有科学理论作指导，要充分理解吸收马克

① 吴志宏等：《教育政策与教育法规》，10 页，上海，华东师范大学出版社，2003。
② 孙绵涛：《教育政策学》，135 页，北京，中国人民大学出版社，2010。

思主义哲学、政治学、社会学、人类学、经济学、文化学及其他现代思维学科的精华；其次，要科学运用教育科学研究成果，以其科学性、针对性和可操作性指导教育实践活动；再次，要采用正确的方法和科学的程序，充分发挥经过教育实践认证的、科学的方法与手段的重要作用，如定性分析与定量分析相结合的方法，抓住事物的本质，制定出切实可行、行之有效的教育政策；最后，要充分发挥教育行政领导、专家、群众的力量，提高他们参与政策决策和执行的积极性与主动性，集思广益，共同为教育政策制定出谋划策。

(三)统筹性原则

教育系统包括普通教育、职业技术教育、高等教育和成人教育等子系统，同时，教育系统又与政治系统、经济系统、文化系统、军事系统等共同组成整个社会大系统，教育系统的各个组成部门紧密联系、相互影响，既有自身的特别属性和运行要求，也必然会受到其他社会子系统的影响。因此，在教育政策制定的过程中需要从系统论的角度出发，综合分析教育政策制定的内外部环境，从社会大背景中考虑教育发展，加强宏观调控，既要统筹兼顾、协调发展教育系统内部的各个子系统，也要考虑和平衡经济水平以及社会发展中相互影响、相互制约的各种关系。

(四)效益性原则

制定教育政策必须考虑到政策执行的过程，以确保教育政策的制定有利于教育事业的发展，有利于教育政策的执行力发挥，能够带来良好的社会效益。这要求制定教育政策时应做到适用、适时、适度。即制定教育政策时，必须从一定区域的社会实际出发，因时、因地制宜，制定出与当地当时政治、经济、文化和教育发展水平匹配的教育政策；确立适度的教育政策目标，确立正确的教育政策方案，选择科学的实施措施、步骤与方法，正确把握教育事业需求与可能的尺度，将量的提升要求与质的稳定性有机结合起来。只有这样，才能充分发挥教育政策的效力，有效地促进教育事业的发展。

(五)弹性原则

唯物辩证法认为，普遍联系是事物存在的一个根本特征，这种普遍联系使得系统始终处于动态变化之中，决定了系统发展的弹性化。教育政策的权威性要求政策形成后具有一定的稳定性和规范性，不能朝令夕改或陷于可有可无的境地，而教育政策的实效性与针对性，又要求能随着现实的变化做出相应调整，这就要求教育政策制定时在质、量、度的规定方面留有余地，保留一定的伸缩范围，使教育政策在客观条件发生某种变化时仍能适用，并能够根据情况的变化不断地进行自我调节，产生新的政策功能。[1] 教育政策制定的弹性原则，展现出一定的预见性和前瞻性，为政策实施过程中的不确定性因素预留出可控的空间，并设计相应的调控措施，从而提升教育政策的针对性和适应性。

---

[1]　孙绵涛：《教育政策学》，138 页，北京，中国人民大学出版社，2010。

三、教育政策制定的模式

教育政策制定模式是指制定教育政策的组织和人员通过什么样的方式去应对或解决面临的政策问题。许多学者认为，教育政策制定（决策）模式的研究是对教育政策制定的本质性研究，研究教育政策制定模式才能更加深入地了解什么样的教育决策模式能制定出更科学民主的教育政策。

西方学者戴伊（T. R. Dye）、艾兹厄尼（A. Etzioni）、德洛尔（Y. Dror）将公共政策制定的基本模式分为八类：理性模式、渐进模式、综合模式、组织模式、团体模式、精神模式、竞争模式、系统模式。我国学者袁振国等认为，教育政策制定模式是对教育政策制定的程序和步骤的概括，可以将教育政策制定模式分为两大类。第一类是教育政策制定的目标模式：理性模式、渐进模式、综合模式，这三种模式是从政策制定者所期望达到的理想角度来进行探讨的。第二类是教育政策制定的构成模式：团体模式是问题进入政策议程的途径，精英模式中少数人对政策拥有较大影响，制度模式关注"形式"对"内容的影响"，系统模式是政治系统的产出。对于不同的教育问题，应采用不同的政策模式，也可以将几种教育模式综合运用。[①] 祁型雨认为，教育政策制定模式可以分为三类：第一类是输入与支持范畴的模式，包括主体构成维度的精英模式、团体模式、制度模式和系统模式，主体利益倾向维度的个人利益模式、团体利益模式和公共利益模式；第二类是运筹与磨合范畴的模式，包括目标达成维度的理性模式、渐进模式和综合模式，政策问题纳入维度的政治模式、渗透模式和互动模式，议案裁定维度的独裁模式和参与模式；第三类是输出与反馈范畴的模式，包括质量判别维度的合法性模式和合理性模式，质量保障维度的观念规制模式、行政规制模式和制度规则模式。[②]

由此可以看出，不同政策在制定过程中会有不同的指导思想、方法和特征，因而有不同的政策制定模式。目前在教育政策制定实践中应用的理论模式主要有以下几种。

（一）理性模式

理性模式，是指教育政策制定者根据完备的综合信息，客观地分析判断，针对许多备选方案进行优劣排序，评价成本效益，预测可能产生的影响，经过比较分析之后，选择最符合经济效益的最佳方案。其基本假设是，通过严谨的科学认证，人们可以掌握现实社会的运行规律，从而设计出有效的政策措施，以干预或改变有关的社会现象。理性模式追求政策制定的理想化，试图制定出最佳的方案，其最终目的是用最小的代价，获取最大的利益。

理性模式的意义在于，它努力使教育决策更合乎理性，重视政策制定过程中的

---

① 袁振国：《教育政策学》，119～162 页，南京，江苏教育出版社，2001。
② 祁型雨：《利益表达与整合——教育政策的决策模式研究》，119～162 页，北京，人民出版社，2006。

成本与效益分析，但由于教育问题的不确定性和决策者的知识与能力的限制，无法达到理想化的条件，这种最优化的政策制定模式在一定程度上带有空想的色彩，并存在非民主化的倾向。然而，该模式反映了教育决策的科学化的趋势，体现了人的政策理想，特别是关于理性的倡导和效率意识的伸张，对以经验决策为主导的我国教育政策实践，无疑具有现实的指导意义。例如，对教育政策的多次修改，反复求证，使教育政策以最小的代价最大限度地实现教育政策目标等，就是理性模式在教育政策中应用的表现形式。

(二)渐进模式

渐进模式是美国学者林德布洛姆在批判理性主义模式的基础上提出的。他认为，政策制定的实际过程并不完全是一个科学分析和理性思考的过程，而是一个理性分析与党派分析相结合的错综复杂、不断探索、逐步前进的过程，是对以往的政策不断补充和修正的过程。渐进模式的优势在于，渐进的政策变迁能够将政策投入最小化，使政策易于被认可和接受，避免或化解冲突，一定程度上避免了决策失误的风险，有利于政策的执行。但渐进模式也存在无法克服的保守性和片面性等局限性，它缺乏一种目标倾向，缺乏大规模的变化，并且将决策限制于高级决策者的讨价还价，阻止系统分析和计划，可能引起短视性决策，这些都难以满足政策制定中的创造性和创新性的需要。尤其是现阶段，随着政治、经济体制的转轨，我国步入改革的攻坚期和深水期，社会变化速率较大，教育政策环境发生了巨大的变化，客观上要求教育政策创新，以创新的方法和手段解决新的教育政策问题。在这种情况下，如果仅仅立足于对原教育政策的修修补补，就无法解决教育政策问题。

(三)综合模式

综合模式是对理性模式和渐进模式进行扬弃而构建的一种教育决策模式。它有一套决策程序和系统思想，即把一般意义上的决策与制定政策系统的改进联系起来。其基本程序是，先运用渐进模式对现行教育政策进行检查和评价，然后运用理性模式的操作性方法来保证政策方案的最优化。综合模式能够从实际问题和现行政策出发，吸收理性模式和渐进模式的优点，能够适应突变的政策环境，发挥决策者的主观能动性，提升政策决策的针对性和实效性。但综合模式对决策者的要求较高，比较耗费时间。

(四)团体模式

团体模式认为，教育政策是团体之间在目标和利益的冲突中达到的一种平衡，因而教育决策就是团体间的相互斗争对政府施加压力，从而使政府不断地做出反应的过程。但在现实社会中这几种重要的支撑力量并不必然存在或者同时具备，相反的是，共同的目标不一定代表共同的利益，共同的理想并不一定代表共同的需要。有共同的理想和举动的并不一定就是志同道合的朋友，并不一定就会致力于共同的事业。因此，团体模式力求缓和各利益集团的冲突，以保证政策的相对持久性，但最终达成的决策具有妥协的色彩。它所提供的只是解决教育政策问题的一种方式。

(五)精英模式

精英模式又称为杰出人物政策模式。部分人将教育政策视为掌握统治权力的政治精英们的价值偏好，认为教育政策不是集中反映公众的要求而形成的，而是依据社会上少数精英们的价值和偏好制定的。因此，教育政策的创新和变革只是精英们对价值的重新界定的结果，出于维护统治和既得利益的需要，以及精英们的价值认识的一致性，教育政策的变化必然是渐进性的，新政策的制定立足于对原政策的修修补补。相应地，教育政策的科学性取决于精英们的智慧，有可能无法避免因精英们的认识狭隘而带来教育决策失误的缺陷。鉴于教育的滞后性和潜隐性，精英们的认识偏差将给教育带来极大的损失，教育史上这样的案例不胜枚举。一方面，我们要继续重视杰出人物在教育决策中的作用；另一方面，也要不断提高广大人民群众的受教育水平，完善教育决策体制，根据公众的意志制定出切合实际的教育政策，才能获得教育政策的合法性与合理性。

(六)系统模式

系统模式将教育政策视为政策系统在受到一定社会环境的压力时所做出的一种反应或产出。所谓环境是指政治系统的外部条件与状况；所谓压力是指环境作用于政治系统的要求与支持；所谓政治系统是指对社会价值分配具有权威作用的相关机构和运行过程，因而教育决策就是政治系统与政策环境的互动，是对社会价值进行权威性分配的手段。系统模式将政策视为政治系统的输出，强调系统各部分要素的相互制约，因而容易解释教育政策的复杂的动态特性，但必须注意到的是，政策的价值分配活动往往具有强制性。

四、教育政策制定的过程

教育政策的出台大都基于现实出现的问题，当现实中的教育矛盾激化，并已不能依据现有的政策进行调整和解决时，就证明已有的政策已不能适应新形势的需要，而要对其进行修改和调整。当政策环境发生重大变化，对原有政策进行"修修补补"已不足以解决问题时，就必须重新制定一项新的教育政策。

叶海卡·德洛尔认为，政策研究的核心是研究政策制定，包括政策制定的一般过程，以及具体的政策问题和领域。他们关注的是："问题是如何引起官员们注意的？他们如何作出抉择的？政府的议事日程又是如何确定的？一个建议要怎样才可能水到渠成？"这些都是理论研究工作者迫切想弄清楚的问题。也有美国学者认为，一项新政策的制定一般需要经过以下几个步骤：第一，面对一个存在的问题；第二，澄清目的、价值或目标，然后在头脑中将这些东西进行排列或用其他方法加以组织；第三，列出所有可能达到目的的重要政策手段；第四，审查每项可供选择的政策会产生的所有重要后果；第五，将每项政策的后果与目的进行比较；第六，选出其结果与目的为最佳目标的政策。① 还有学者认为，教育政策的制定是一个非常复杂的过程，它受各种各样因素的影响。必须考虑三类主要因素：环境因素、政策制定者因素和制定体制、机构因素。② 环境因素包括自然环境因素和社会环境因素，社会环境因素又分为政治因素、经济因素、文化因素、人口状况和国际环境等。

参照上述理论，我们可以将教育政策制定的过程大致分为教育政策问题的认定、教育政策议程的设立和教育政策合法化三个阶段。

(一)教育政策问题的认定

教育政策问题的认定是教育政策制定过程的起点，当教育问题转化为公共教育问题后，会引发公众和政府部门的关注，再转化为教育政策问题，并进一步合法地进入教育政策的议程，最终成为教育政策。袁振国认为教育问题转化为教育政策问题具有几个标准：教育问题的影响有多大；问题是否清楚；问题严重程度；影响问题的因素；代价；是否具有导向性；是否可以评估。③ 即问题的性质、广度、严重性与代价等是影响教育政策问题认定的关键性因素。

简言之，认定教育政策问题，就是找出和分析现实中存在的教育问题以及哪些问题需要通过教育政策来解决。它是以一定的理论和政策评价资料，对教育政策问题的存在形式、影响范围和性质进行系统分析，找出产生原因，并确认政策问题的过程。这个过程可以分为发现问题和认定问题两个步骤。

1. 发现问题

发现问题是认定教育政策问题的前提，可以通过三个途径来发现问题。

一是通过社会调查发现教育政策问题。调查研究是了解教育实际最有效的途径。比如，20 世纪 30 年代，晏阳初通过深入细致的社会调查，发现当时中国农民普遍存在"贫、弱、愚、私"的弊病，因而提出了"生计教育以救贫，卫生教育以救弱，文艺教育以救愚，公民教育以救私"的对策，掀起了轰轰烈烈的"乡村教育"运动。二是通过研究社会信息提出教育政策问题。例如，20 世纪 80 年代以来，我国教育体制改革问题就是建立在深刻分析经济、科技体制改革的基础上提出的。三是通过预测分析提出教育政策问题。例如，20 世纪 90 年代以来，因我国计划生育政策的有效落实和产业经济转型，教育人口的数量和分布发生了巨大变化，国家提出了调整义务教育学校布局的改革。

2. 认定问题

通过上述三个途径发现的教育问题往往数量很多，但只有通过认真分析问题的性质，准确把握具有普遍性、迫切性和有条件解决的问题，才能将之转化为教育政策问题，这就需要对发现的问题进行认定。

① [美]查尔斯·林德布洛姆：《决策过程》，竺乾威、胡君芳译，19～20 页，43 页，上海，上海译文出版社，1988。
② 吴志宏等：《教育政策与教育法规》，27 页，上海，华东师范大学出版社，2003。
③ 袁振国：《中国教育政策评论2001》，前言，3～4 页，北京，教育科学出版社，2001。

在教育政策问题认定的过程中，如果觉察和描述的问题不能反映特定的问题情境，所分析的教育实质问题不符合所描述的教育问题，而界定的教育问题又无法凸显教育实质问题的真相，则这些现象就会导致"第三类错误"，即在解决应当解决的问题时却解决了错误的问题。① 此外，教育政策问题的认定还要尽可能协调和兼顾不同群体的利益和价值取向，特别要关注处境不利群体的利益，遵从社会主流价值观和意识形态，最大限度地体现教育政策问题认定的公平和民主。同时，不断完善教育政策问题认定的保障体系，既要将政府的决策意图传达给民众，也能将民众的诉求传达给政府，提升政策制定主体的政策问题意识和政策决策能力，从而保障教育政策问题认定的科学性、民主性和公平性。

(二)教育政策议程的设立

并非每个被界定为教育政策问题的问题都由政府解决，为了有机会最终成为政策，问题必须细化为政策议程，即制定政策解决问题的议论、商讨、规划的议事程序。这一过程中，不同政策主体之间的交互作用最终决定着政府对教育政策问题的作为或不作为。

一般来说，教育政策议程主要有两种形式：第一种是公众议程，即由非政府机构的个人或团体提出的政策问题在社会中形成广泛议论，向政府部门提出政策诉求，要求采取措施加以解决，从而成为一种问题分析界定的政策议程。在公众议程中，社会舆论、新闻媒介、公众民意将起到重要作用。它本质上是一个公众参与的讨论过程。第二种是政府议程，是指以政府或政党为代表的公共权力主体正式讨论和认定公共政策问题的过程。政府议程一方面可由政府自己提出政策问题，另一方面也可以接受公共舆论提出的政策问题，并将其纳入政府工作程序，从而成为一种问题分析界定的政策议程。它本质上是政府部门按特定程序行动的过程。

教育政策问题有可能越过公众议程，由教育政策制定者自己发现，并将其列入政府的政策议程。教育政策制定者也可以接受公众舆论提出的问题，并将其纳入政府工作议程。公众议程进入政府议程需要具备两个条件：一是问题已经引起了决策者的注意；二是制定政策的各方面条件已经成熟。

在教育政策问题认定后，即进入教育政策问题的政府议程阶段，在这个阶段中还需完成以下两个环节。

(1)确定教育政策目标。教育政策目标是指解决教育政策问题所要达到的结果，包括制定教育政策的指导思想和实际工作的目的、任务等。它是对教育政策活动的方向和水平的具体规定，是整个教育政策活动的立足点。我国现阶段的教育方针是：教育必须为社会主义现代化建设服务、为人民服务，必须与生产劳动和社会实践相结合，培养德智体美劳全面发展的社会主义建设者和接班人。这也是我国教育总的政策目标。

---

① Raiffa H，*Decision Analysis*，MA：Addison-Wesley，1968，p.264.

（2）拟订教育政策方案。即根据既定的教育政策目标和制定教育政策的基本原则，制定教育政策措施，安排教育政策的实施步骤。教育政策方案是教育实际工作的蓝图，也是实现教育政策目标的途径。教育政策目标能否得以实现最终取决于教育政策方案是否科学、合理。在拟订教育政策方案时，需要广泛深入地开展调查研究，充分占有相关信息资料，了解所要解决问题的产生原因、影响因素、实施条件等内容，运用科学的分析方法和思考方法，把握教育发展的规律和教育政策问题的主要矛盾，进行全面、科学、公平的方案设计和论证，保障政策决策的科学性、有效性，尽可能减少决策失误。

（三）教育政策合法化

教育政策合法化是教育政策制定的最后一个环节，或者说属于教育政策制定与教育政策执行之间的一个环节。有学者认为，教育政策合法化包括两层含义：一是教育政策法律化，使一部分教育政策上升为法律，获得法律效力。二是教育政策合法性，即通过国家有关机关对教育政策方案的审查而取得合法地位。[1] 不能将政策合法化过程局限于立法过程甚至议会的立法过程。政策合法化与政策法律化有一定区别：政策法律化是政策向法律化的转化，也叫政策立法，实际上是一种立法活动，其主体只能是享有立法权的国家机关。我国教育法和义务教育法的出台就是如此。政策法律化可以说是政策合法化的一种重要而特殊的形式。政策合法化只要求政策方案获得合法地位，具有执行效力，并不要求把所有政策都转化为法律。"合法"不等于"立法"。[2]

教育政策合法化就是指教育政策方案获得合法地位的过程。在对教育政策方案做出决策之后，必须将该方案合法化为真正具有权威性的政策，使之能够得到有效的执行，这就是政策合法化问题。[3] 教育政策的制定是一种政治行为，教育政策制定主体与教育政策制定权力之间的关系存在合法性问题。教育政策合法化包括教育政策主体合法化、教育政策程序合法化、教育政策结果合法化。教育政策主体和程序的合法化是教育政策结果合法化的基础。[4]

1. 教育政策制定主体合法化

教育政策制定主体的合法化是教育政策合法化的基础。决策者的合法性，一般由国家的宪法和法律规定，咨询者和执行者的合法性来源于它的"正当性"，需要决策者赋予。决策者拥有的是教育政策的直接规范权，而咨询者和执行者拥有的是教育政策的间接参与权，实质上两者反映的是执政与辅政的关系，在教育政策制定过程中处于同等的议政地位。我们可以通过政治体制和教育体制改革，全面规定作为专家和智囊的咨询者、执行者的知情权、参与权、表达权和评价权等权限和职责，

① William N. Dunn, *Public Policy Analysis：An Introduction*，Prentice-Hall，1981，p. 277.
② 陈振明：《政策科学——公共政策分析导论(第二版)》，231 页，北京，中国人民大学出版社，2003。
③ 黄忠敬：《我国教育政策制定过程之探讨》，载《教育理论与实践》，2007(3)。
④ 孙绵涛：《教育政策学》，150～151 页，北京，中国人民大学出版社，2010。

提升他们表达和参与的利益和愿望。

2. 教育政策制定程序合法化

一项教育政策的出台，必须经历一系列的环节，如认证、审查、通过、批准、签署发布等。如果没有合法的教育政策制定程序，教育政策的制定就有可能因为缺乏规范性而成为随机性行为，甚至可能成为领导者的个人意志，会对教育政策执行对象带来巨大伤害。只有经过合法的程序制定出来的教育政策，才可能被人们认可并得到良好的执行。为了保障教育政策制定的科学性、合理性和公平性，一些发达国家专门制定了涉及政策制定程序的相关法律，如审查制度、听证制度、决策监督制度等，为教育政策制定发挥了重要的作用。

3. 教育政策结果即教育政策本身合法化

教育政策结果即教育政策本身合法化，是教育政策合法化最为关键的一个范畴。教育政策制定主体合法化和教育政策制定程序合法化都是为了保障教育政策结果的科学性和合法性。教育政策合法化是指行政机关通过法定程序审查并认可教育政策，使教育政策获得合法地位和拥有执行的强制力。它主要涉及的是教育决策结果的审查问题。国家权力机关对教育政策制定结果的审查，对于改进教育政策制定机关和人员的工作，特别是避免教育政策制定者的违法违规行为，提高教育政策制定的形式效率和实质效率，将起到非常重要的作用。

第二节　教育政策执行

教育政策制定后，就进入执行阶段。教育政策执行是为了实现一定的教育目标，各级教育行政机构和机构人员根据相应的职责，依靠公共权力，公正地分配政策资源的过程，其本质是对教育利益的再分配。政策的执行作为教育政策的中间环节，起着承上启下的关键作用，在整个教育过程中发挥着重要作用。教育政策执行是解决现实中教育问题的关键环节，是检验教育政策决策正确与否的必然途径，是修正教育政策决策的失误以及进行教育政策再决策的重要依据。

一、教育政策执行的含义

关于教育政策执行的含义，目前学界尚无统一界定。就国内而言，学者们提出了自己的看法。吴志宏认为，"所谓教育政策执行，就是实现教育政策目标，将教育政策内容转变为教育实现的过程"[①]。袁振国主张"教育政策执行是指政策的执行者依据政策指示和要求，为实现教育目标、取得预期效果，不断采取积极措施的动态

---

① 吴志宏等：《教育政策与教育法规》，59页，上海，华东师范大学出版社，2003。

过程"①。张芳全的看法则是："教育政策执行，就广义而言，从教育问题认定、教育问题建构、教育政策分析、教育政策评估、教育政策执行、教育政策终结与教育政策检讨等都是教育政策执行范围；狭义言之，教育政策执行专指教育主管机关制定完成之教育政策、教育方案、教育预算及教育计划，在教育组织、教育人力及教育资源限定下，某段时间所进行的教育政策。"②范国睿主张，"教育政策执行是教育政策执行主体在教育政策颁布和付诸实施以后，借助积极的、具体的、灵活的策略实现教育政策内容，达成教育政策目标的动态复杂的过程"③。王世忠认为，教育政策执行是"教育政策执行者按照一定的政策方案，运用各种政策资源，在一定时期内为实现政策目标，把教育政策所规定的内容转化为有效现实成果的双向互动过程"④。孙绵涛认为，"教育政策执行是一种实践性、综合性、具体性和灵活性比较强的教育实践过程"⑤。

我们认为完整的教育政策执行概念应当主要包括教育政策执行主体、执行过程和执行目的三个方面的内容。结合国内专家学者的观点，我们界定的教育政策执行的含义如下：教育政策执行是指各级教育行政机构及其行政人员依据国家制定的教育政策，协调与其他相关政府部门及有关的社会利益集团的关系，因地制宜制定相应的实施政策，并督促下级教育行政部门和各级各类学校加以有效实施，以有效落实国家制定的教育政策的一种动态的过程。

二、教育政策执行的作用

教育政策执行在整个教育政策过程中起着重要作用，是将教育决策由目标转变为现实的必然途径。其作用主要表现在以下三个方面。

(一)教育政策执行是解决现实中教育问题的关键环节

教育政策的出台是为了解决教育事业中出现的问题，指明教育事业的发展方向。但仅靠政策的文件是无法产生实际效果的，达到解决教育问题的目的最终要依赖教育政策的有效执行。一方面，教育政策制定过程实质上是认识、研究教育问题的过程，也是做出教育政策决定的过程。任何教育政策决策的文本文件，从实质上说都属于决策者的主观意愿的范畴，而教育政策执行则是将教育决策者的主观意愿见诸客观实践，从而将主观意愿转化为客观行为的实践过程。另一方面，教育政策执行决定着教育政策决策的实现程度。教育政策执行得好，教育政策方案中所规定的任务就可以圆满地完成。执行者创造性的执行活动甚至还可以弥补政策规划的不足，

① 袁振国：《教育政策学》，179页，南京，江苏教育出版社，1996。
② 张芳全：《教育政策导论》，267页，台北，台湾五南图书出版公司，2001。
③ 范国睿等：《教育政策的理论与实践》，123页，上海，上海教育出版社，2011。
④ 王世忠：《关于教育政策执行的涵义、特征及其功能的探讨》，载《培训与研究——湖北教育学院学报》，2001(1)。
⑤ 孙绵涛：《教育政策学》，172页，北京，中国人民大学出版社，2010。

提高教育政策的效益。教育政策执行得不好，则可能使教育政策试图解决的问题恶化，或者与教育政策目标背道而驰。可以说，教育政策执行是教育政策制定的后续阶段，也是教育政策评估和反馈的前提条件。总之，教育政策执行过程在教育政策过程的三个阶段中起着承上启下的作用，是解决现实教育问题的中间环节和关键步骤。

(二)教育政策执行是检验教育政策决策正确与否的必然途径

实践是检验真理的唯一标准。教育政策是否合理、是否行之有效，都要靠实践来检验，也就是教育政策的执行。根据教育政策的执行效果来检验教育政策决策正确与否是最为直观的，也是最为可靠的。从政府公共管理活动的诸多环节来说，政策执行是其中的中心环节，是实现政策目标最直接、最重要、最经常的活动，它从根本上决定了政策问题能否解决、政策方案能否实现，以及解决和实现的程度和范围。从 20 世纪 70 年代开始，以美国为代表的西方国家的政策研究学者越来越重视政策执行的过程及其效果。美国学者艾利森甚至宣称：在实现政策目标的过程中，方案确定的功能只占 10%，而其余的 90% 取决于有效的执行。[1] 这一说法虽有些夸张，但它明确表示出政策执行的重要作用。教育政策决策在教育政策过程中虽起着举足轻重的作用，然而其正确与否、成效几何都根本上取决于教育政策执行实践的检验。在执行中可以发现错误，发现问题，从而帮助我们调整政策，乃至制定新的政策。

(三)教育政策执行是发现新问题，纠正偏差，制定后继政策的重要依据

政策执行在实质上是执行主体运用公共权力，与目标群体在互动中对利益加以选择、综合、分配和落实的过程。在我国改革开放和体制转轨时期，在政策执行中渗透着国家利益与地区利益、部门利益与个人利益的冲突、斗争与整合。利益结构由过去的整体化、单一化向分散化、多元化转变，从而激发政策执行者的利益意识。这种自利性的扩张与驱使，使部分执行者利用手中权力在政策执行过程中从事营利活动，变无偿服务为有偿服务，造成公共权力异化和腐败。[2] 当然，由政策执行的特性并不能得出其必然导致问题的反面推断，因为政策执行的最终结果往往是在实际操作过程中由多种因素合力作用造成的，我们对此应有足够的认识。一项教育政策的执行过程不论好坏、不论是否达到教育发展政策目标的要求，它都会在教育发展上造成一定的客观结果。人们面临的社会现状就是过去制定的教育政策和现行教育政策实际发挥影响所形成的结果，因此，要依据前一项教育政策实施后由各种渠道反馈回来的信息，在前一项教育政策后果的基础上，制定和执行新的教育政策，这是教育政策制定过程的一个原则。可见，对于教育政策的制定来说，前一项政策执行的情况是制定后继教育政策的重要参考依据。

---

[1] 丁煌：《政策执行》，载《中国行政管理》，1991(11)。
[2] 宁骚：《公共政策学》，385～391 页，北京，高等教育出版社，2003。

三、教育政策执行模式

(一)教育政策执行模式的内涵

从语义学的角度来看,"模式"指事物的标准样式,进一步说是事物本质性、规律性的标准样式。查有梁从模式论的高度对其作出定义:"模式是一种重要的科学操作与科学思维的方法。它是为解决特定的问题,在一定的抽象、简化、假设条件下,再现原型客体的某种本质特性;它是作为中介,从而更好地认识和改造原型客体、建构新型客体的一种科学方法。从实践出发,经概括、归纳、综合,可以提出各种模式,模式一经被证实,即有可能形成理论;也可以从理论出发,经类比、演绎、分析,提出各种模式,从而促进实践发展。模式是客观实物的相似模型(实物模式),是真实世界的抽象描写(数字模型),是思想观念的形象显示(图像模式和语义模式)。"[1]政策执行者、政策执行机构和政策执行制度是政策执行的三大构成因素。政策执行模式就是政策执行者、政策执行机构以及政策执行制度三者之间相互作用而形成的一种动态的结构。依此类推,教育政策执行模式是教育政策执行者、教育政策执行机构以及教育政策执行制度三者之间相互作用而形成的一种动态的结构。教育政策执行模式是关于政策执行过程中相关重要因素之间关系的理论描述。

(二)教育政策执行模式的构成因素

教育政策执行由教育政策执行者、教育政策执行机构和教育政策执行制度三大因素构成,它们之间存在着这样的关系:教育政策执行依赖于教育政策执行者的活动,教育政策执行者是教育政策执行的决定因素;教育政策执行活动是在一定的教育政策执行机构内部完成的,教育政策执行机构是教育政策执行的载体;教育政策执行活动的完成依赖于各种教育政策执行制度的保障作用。

1. 教育政策执行者

我国教育政策执行者主要包括各级教育政策执行的行政人、实施人和对象人。教育政策的行政人是指从国务院、教育部到省、市、县的各级教育行政部门的政策执行人员。教育政策的实施人是指基层的实施者,包括教育政策执行机构的负责人、管理人员及教师。教育政策的对象人是指教育政策执行的目标群体,也就是教育政策执行的对象,主要包括教师、学生以及与教育利益相关切的各种利益集团。教育政策执行的目标群体是极为广泛的,因为教育政策几乎与全社会的人息息相关,社会各利益集团均对教育问题十分关心和关注。

教育政策执行者的个人素质是影响教育政策执行的关键因素。首先,政策执行者对于政策内容的理解程度越高,对政策精神的认同程度越高,其执行政策就更加有力。其次,教育政策执行者的教育责任心影响了教育政策的有效执行。具有更高的教育责任心的政策执行者,往往能更加尽职尽责地完成政策执行。最后,教育政

---

[1]　查有梁:《教育建模》,5页,南宁,广西教育出版社,1998。

策执行者的政治思想素质水平影响着其执行态度和水平，决定了其利益取向和自律精神，从而影响着教育政策的有效执行。

2. 教育政策执行机构

我国教育政策主要由各级人民政府、教育主管部门、其他有关部门、各级各类学校及其工作人员负责执行。我国的教育政策执行机构主要分为两类：第一类教育政策执行机构主要是狭义的教育行政部门，由国务院、各级教育行政部门（教育部、省教育厅、市教育局、县教育局）和各级各类学校，进行自上而下的执行活动，我们将这类主体称为教育政策执行的起始机构；第二类是各级人民政府及其相关部门，如人事部门、财政部门、公安部门等，我们称之为教育政策执行的辅助机构。

学校是教育政策的最终执行机构，在教育政策执行组织中具有重要地位，最终决定着教育政策终极目标的实现。其原因在于，"学校的一些特点也可能使改革的实施变得更困难，即便改革目标合乎逻辑且直接明了，比如学校系统规模庞大、多样化和分权化。因此，政策的成功取决于学校管理者、教师、家长和学生的理解和行动……从政府的政策到个别学校或课堂还有很多步骤。由于学区、学校和教师的行为都有相当的独立性，他们的日常行为很少受到外部监控，因此对政策的理解也因他们的知识、技能和志向而有所不同"[①]。

3. 教育政策执行制度

教育政策执行制度作为一种权力义务分配的规则体系，规定了人们在现实生活中的实际活动范围以及基本的行为方式或模式，它包括正式制度和非正式制度两种类型。其中教育政策执行的正式制度又可分为两类：一是组织机构内部的内在制度，即组织机构内部的规章、规则，包括关于教育政策执行者的制度和关于教育政策执行机构的制度；二是组织机构外部的外在制度，即对组织机构进行规范的法律、法规。教育政策执行的非正式制度就是制度环境，主要包括社会的伦理道德规范、价值信念、风俗习惯和意识形态等，其中意识形态处于核心地位。

教育政策执行活动是在有一定约束力的制度中进行的，它依赖于教育机构内外部的各种制度的保障作用，教育政策执行的各种制度是教育政策执行机构发挥作用的规范保障。制度对于教育政策执行者的行为和教育机构功能的发挥具有重要的约束作用，人和机构的活动总是受到制度的约束。制度对于人和机构的存在和发展是不可或缺的，所谓"没有规矩不成方圆"。因此，教育政策执行制度是教育政策有效执行的保障。

（三）教育政策的执行模式

教育政策执行过程，是一个涉及政策目标、政策方案、政策执行机构和人员、外部环境等众多要素的复杂过程，包含各个行为主体、系统结构和外部要素之间相

① Benjamin Levin：《教育改革——从启动到成果》，144 页，项贤明、洪成文译，北京，教育科学出版社，2004。

互的调适、调整与协调。具有代表性的政策执行模式主要有以下几种。

1. 过程模式

这种模式由美国政策学家史密斯(T. B. Smith)在其著作《政策执行过程》一书中提出，该模式认为，理想化的政策、政策执行机构、政策目标群体和政策环境是政策执行过程的四大要素。其中，理想化的政策是指合法、合理、可行的政策方案；政策执行机构指政府中具体负责政策执行的机构；政策目标群体即政策对象，是政策的直接影响者；政策环境是指政治、经济、文化等环境因素。

2. 互适模式

这种模式由美国学者麦克拉夫林(M. Mclaughlin)提出，其主要代表作是《互相调适的政策实施》。该模式认为，政策执行过程是政策执行者、受影响者之间就目标或手段进行相互调适的互动过程，有效的政策执行取决于两者的相互适应程度。他认为，政策执行者与受影响者基于双方在政策上的共同利益，彼此放弃或修正自己的立场而主动进行协调和妥协，以达成双方都认同的执行方式。这是一种双向平等的交流互动过程，政策执行者的目标和手段因环境因素、受影响者的需求而发生变化，受影响者的价值取向影响执行者的利益和价值取向。

3. 循环模式

这种模式由美国学者马丁·雷恩(M. Rein)和拉宾洛维茨(F. F. Rabinovitz)提出。该模式将政策执行过程分为三个阶段：拟定纲领阶段、分配资源阶段、监督执行阶段。这三个阶段是一个相互循环的过程，遵循三个原则：合法原则、理性原则和共识原则。合法原则是指政策执行者必须遵从法规，并以法律规定作为政策执行的规范；理性原则是指执行者在执行政策之时认为政策是理性的，即在道德上是正当的、在行政上是可行的、在行动上是合理的；共识原则是指政策执行者之间只有在有争议的问题达成共识的基础上，才能顺利执行政策。

4. 博弈模式

这种模式由政策学家尤金·巴达奇(E. Bardach)提出。他运用博弈理论来分析政策的执行，将政策执行视为一种游戏，认为政策执行过程包含下列因素：竞赛者，即政策执行人员；利害关系；竞争资源；竞赛规范；公平竞赛的规则；策略与技术；竞赛者间信息沟通的性质；所得结果的不稳定程度。在政策执行过程中各相关参与者都期望寻求最大的利益，并将损失降到最低。

5. 系统模式

这种模式由学者霍恩(C. E. Van Horn)和米特(D. S. Van Meter)提出。该模式将政策执行过程中的主要因素分为六种：政策目标与标准；政策资源，包括财物资源、信息资源和权威资源等；执行者的属性，包括其价值取向、行为能力、精神面貌以及执行机关的特征及其整合程度；执行方式，包括执行者之间、执行者与目标群体之间采取的互动方式；系统环境，包括政治、经济、文化和社会条件等。这些因素相互作用，构成了一个政策执行的系统。

6. 综合模式

这种模式由萨巴蒂尔(P. Sabatier)和马兹曼尼安(D. Mazmannian)提出。该模式认为，政策执行是一个受多种变量影响的相当复杂的多视角的动态过程。影响政策执行各阶段的主要因素有三类：政策问题的易处理性；政策本身的控制能力；政策本身以外的变量。

7. 组织模式

这种模式由美国政策学家爱尔莫尔(Richard. F. Elmore)提出。该模式将组织看作政策执行的基础，将组织模式分为四种：系统管理模式、官僚过程模式、组织发展模式和冲突妥协模式。当前，政策执行的组织模式有工具范式和社会行动与结构主义范式两种。前者视组织为追求政策执行目标的途径和手段，为了达到政策执行目标就必须强化达成目标的工具。后者要求领导层以组织参与者的心态深入了解执行者的意向与态度，以营造妥协性的次序系统，建构出彼此都能认同的执行架构。

这些模式均遵循不同原则来建构自身，它们侧重不同，各有特点，也各有优势与不足。通过了解掌握这些模式所提示的规律，可以深入研究政策执行各因素之间的相互关系，明晰政策执行的原则和方式，全面把握政策执行的动态性与复杂性。

(四)教育政策执行的过程

教育政策执行是一个动态的过程，可以分为准备阶段、实施阶段和总结阶段。

1. 准备阶段

教育政策执行的准备阶段是政策执行的开始，主要包括理解政策、制订执行方案、安排物资、组织准备等环节。

(1)理解政策。理解政策是政策执行的基础，政策执行者在行动前必须了解政策的精神实质，包括政策制定的原因和要解决的问题，政策的指导思想、工作目标，政策所要发挥的作用和意义，政策所遵循的教育规律等，从而全面把握政策执行的实质与效能。

(2)制订执行方案。政策的执行由一系列的活动组织而成，需要有一整套的包括活动任务、活动方式、活动时间等在内的活动安排，从而确保政策实施活动的有序性、规范性和质量性。执行方案应当具体、可行，对执行主体的行为方式和目标要求应明确安排。

(3)安排物资。物质资源是政策执行的基础，政策的实施活动有赖于一定的物质资源，包括一定的财力和物力资源。例如，外来务工人员随迁子女入学政策，需要流入地政府不断增加教育经费，加强学校建设，增加学校接纳能力。又如，提升学校现代教育技术应用水平的相关政策，就需要准备相应的经费、充足的专业人才、计算机设备、网络条件等。

(4)组织准备。权责关系明确、分工合理、沟通和协调机制良好的组织机构是政策执行的保障。需要建立结构合理、精干高效的组织机构，配备胜任的工作人员，制定合理的规章制度，从而将人力、物力、财力融入有机的整体中，充分发挥各个环节、各个要素的功能。

2. 实施阶段

政策执行的实施阶段主要包括政策宣传、政策试验、政策推广环节，是政策执行的核心阶段。

(1)政策宣传。通过政策宣传，可以使政策对象和其他相关人员了解和理解政策的目标、意义和作用、原则和方法，了解政策对自身的影响和要求，以便更好地服从政策或根据政策要求调整自身行为。

(2)政策试验。许多政策的实施需要先在一定范围内和一定的条件下选择对象进行试验，以便了解政策存在的不足，及时调整政策的实施方案、途径和步骤，减少全面推进时可能带来的失效或低效风险。特别是一些具有创新性的教育改革政策，更需要在部分地区或学校进行试点，取得成功经验后再逐步推广。

(3)政策推广。教育政策的全面推广是政策执行的重要环节。通过试验取得成功的政策，只有抓住关键问题，以点带面，注意根据不同地区和不同学校的特点、不同课程和不同师生的具体要求，进行有针对性、实效性的推广，充分发挥学校和师生的能动性，才能取得良好的执行效果。

3. 总结阶段

政策目标是否完成、政策贯彻如何、下一步的完善怎样操作，解答这些问题，需要对政策执行进行评估与总结。

(1)检查与评定。政策的执行过程及其进展需要进行定时或定期的检查与评定，就政策目标和实施方案中的标准与执行结束后的客观事实，从数量与质量上进行对比，从而得到计划与实践的差距，进而分析其原因，思考解决对策。检查与评定时需要注意全面性和公平性，防止片面性、武断性和情绪化。

(2)总结与反思。政策执行中的成功经验要发扬，失败的教训须引以为戒，通过总结与反思，将政策执行中的经验教训进行理性反思，可以反馈到政策制定部门，根据执行后的实际情况对政策方案和执行方式进行适当调整或修订，在政策本身发生偏差或失误时及时进行纠正，从而更好地实现政策的目的，取得更好的执行效果，提高决策的科学性、合理性。

四、教育政策执行的偏差与矫正

教育政策在执行过程中，常常会遇到各种各样的问题和困难，出现一些与政策目标不相一致的结果，这就是教育政策的偏差。教育政策的偏差，是指在教育政策执行过程中，没有完全按照教育政策目标执行，出现了偏离教育政策目标的现象，从而影响教育政策目标的实现。[①] 研究教育政策偏差的表现形式和产生原因，并由此找到矫正的对策，对于提高教育政策制定和实施的质量与效果具有重要作用。

(一)教育政策偏差的表现形式

学者们对教育政策执行偏差的表现有不同的看法，袁振国教授认为，教育政策执行偏差同公共政策执行偏差一样，一般有四种表现形式，即政策表面化、政策扩大化、政策缺损和政策替换。如在较大范围内考察，教育政策执行偏差还可以分为结构性政策偏差、区域性政策偏差和组织性政策偏差。[②] 衣华亮认为，教育政策执行偏差主要表现在教育政策的象征性执行、违背性执行、附加性执行、选择性执行、替换性执行、呆板性执行、梗阻性执行、错误性执行、抵制性执行、牵制性执行。[③] 李江源认为，教育政策执行偏差无外乎以下几个方面：重新定义政策概念边界、调整政策安排的组合结构、政策架空、政策浮夸、政策缺损等。[④] 石火学认为，教育政策执行偏差主要表现在五个方面：象征性执行、附加式执行、残损式执行、替代式执行与机械式执行。[⑤]

本书认为教育政策偏差主要有五种表现形式：教育政策的偏离、教育政策的表面化、教育政策的扩大化、教育政策执行的缺损、教育政策的替换。

1. 教育政策的偏离是指教育政策执行的过程中，偏离了教育政策目标或者完全没有执行教育政策，不按教育规律和教育政策内容办事，导致教育政策执行的结果完全"走样"。

2. 教育政策的表面化是指教育政策的操作性不强，仅仅在表面形式上进行了政策宣传，并没有落到实际工作中，也就是政策措施没有真正具体落到实处，从而形成了表面化、象征性执行。如国家三令五申要求解决中小学生课业负担重的问题，但各级学校往往没有严格执行相关政策，学生学业负担依然过重。

3. 教育政策的扩大化是指在教育政策执行过程中，教育政策执行主体为了谋求个人利益或局部利益，对教育政策附加了一些原来没有规定的、不恰当的内容，使教育政策的调控对象、范围、力度和目标远远超出原来政策的要求，使得政策的执行成了附加式的执行。

4. 教育政策执行的缺损是指在教育政策执行过程中，教育政策执行主体根据自身利益对一个完整教育政策的内容和精神实质进行取舍，对自己有利的部分就贯彻执行，对自己不利的内容则放弃执行。

5. 教育政策的替换是指在教育政策执行过程中，教育政策执行主体用自己的政策替代上级的既定政策，从而产生了"上有政策，下有对策"现象，形成替代性执行。

---

① 孙绵涛：《教育政策学》，194 页，北京，中国人民大学出版社，2010。
② 袁振国：《教育政策学》，321 页，南京，江苏教育出版社，2001。
③ 衣华亮：《教育政策失真：概念、特点与主要表现》，载《现代教育管理》，2009(1)。
④ 李江源：《教育政策失真的因素分析》，载《教育理论与实践》，2001(11)。
⑤ 石火学：《教育政策执行偏差的表现、原因及矫正措施》，载《教育探索》，2006(1)。

(二)教育政策执行偏差产生的原因

教育政策执行偏差产生的原因较多,既有主观原因,也有客观原因。可从以下几个方面进行探究。

1. 教育政策本身的缺陷

教育政策是针对教育现实的问题而提出的,政策本身的科学性、合理性和可行性都会对政策执行产生巨大影响。如果教育政策目标过于理想化,或者教育政策目标过于模糊、笼统,政策措施和步骤模棱两可,缺乏操作性的实施方案,又或者政策方案不能真实反映客观存在着的教育问题,不符合大多数人的利益、愿望和要求,都会造成政策执行的偏差。

2. 教育政策执行人员的素质有待提高

教育政策执行人员的自身素质对政策执行的结果有着重要的影响。教育政策的执行有赖于执行人员良好的专业素养、合理的知识结构、较高的理解政策的水平、较强的执行能力和一定的能动性与创新性。此外,还应能够处理好不同群体的利益关系,尽量避免因为利益调整产生抵触情绪和行为。

3. 监督约束机制的乏力

在教育政策执行过程中,依然存在监督约束机制的乏力现象。一是各类行政监督体系在运行机制上缺乏应有的沟通和协调,监督主体之间有时相互推诿。二是监督缺乏法律规范性,存在"长官意志",对教育政策执行的效果缺乏明确的考核。三是政策执行过程中缺乏有效的风险预警机制和责任追究制度。这些在一定程度上无疑助长了教育政策执行的偏差。

4. 政策的实施资源不佳

有效的教育政策执行需要充足的资源配置作为保障,包括充足的经费投入、良好的教育设施设备、优秀的教师队伍、稳定的校园文化。但在现实中这些因素往往并不理想,甚至有时成为政策执行中的障碍或困难,导致出现执行偏差。

(三)教育政策执行偏差的矫正

教育政策执行偏差不仅损害政策本身的权威性,而且使政策执行变形,严重影响教育的发展,因此,有效预防和避免政策偏差显得十分重要。

1. 科学制定教育政策

教育政策的制定不仅要考虑教育改革和发展理想的目标,还要考虑政策执行的现实可能性,特别是遵循教育的客观规律,具有实践可操作性。宏观教育政策既要有全国的统一性,也要考虑地方的差异性,因地制宜,符合教育的实际情况。同时,加强教育政策与其他公共政策的协调度,充分发挥整体作用。加强教育政策宣传,提高政策透明度和认同感。

2. 提高政策执行者的素质与执行机构的效率

教育政策的执行依赖运行良好的执行机构和高素质的执行人员。基于此,可开展政策理论学习和实践活动，提升教育政策执行人员的政策水平、专业素质，提高执行人员的知识结构、管理能力和责任意识，培养执行人员的创新能力和执行技巧，提高地方教育执行机构的全局意识和服务意识，从而提高政策执行的效率。

3. 加强监督机制，加大问责力度

一方面，要强化教育政策执行体系内部的监督，如上下监督、平行监督、专门监督等，而且要加强体系外的监督，包括政党、群众、社会舆论的监督等，尤其是学生和家长的监督，从而建构广泛完整的监督体系。另一方面，要严格教育政策执行的问责制度，进一步加大对政策责任人的责任追究和惩处力度，及时纠正教育政策执行过程中的行为偏差，促进教育政策有效地执行。

第三节　教育政策评估

所谓教育政策评估，是指教育政策评估主体以一定的价值准则，对教育政策方案、教育政策决策、教育政策执行及执行结果，以及教育政策的其他相关因素进行效益、效率及价值评价的活动，目的在于判断教育政策的结果对于教育目标的达成程度，并将之作为决定教育政策的继续、调整或更新的依据。教育政策评估有助于改进教育政策制定的程序，克服教育政策执行中的弊端，提高教育政策的水平。

一、教育政策评估的意义

教育政策评估是教育政策过程的一个重要组成部分，对于审查新的政策方案，调控政策执行资源、决策政策持续、修正政策等方面具有十分重要的意义。政策评估既是一个价值判断的过程，也是一个事实判断的过程。

(一)教育政策评估是实现我国教育政策科学化、民主化的重要途径

现代社会国家管理教育活动的重要一环，就是利用教育政策来调整教育的内外部关系，促进教育事业的协调发展，促进社会公平。教育政策评估是使教育政策科学化、民主化的重要保证。因为教育政策评估可以使决策者了解政策决策中的得失利弊，了解教育政策方案本身与执行过程的长短，这对教育政策的科学化是大有裨益的。同时，教育政策评估具有广泛的参与性，它不仅是专业人员的事，也是广大关心教育政策的人的事，实行教育政策评估，可以提高教育政策决策和执行的科学化、民主化程度。

(二)教育政策评估是检验教育政策效果的基本途径

一项教育政策的优劣，不仅在于它是否为精心设计、多方论证后科学制定的，还在于它付诸实施后，是否能达到预期效果与目标，是否产生了非预期的连带效果，这就需要我们进行检测与评估。评估者需要密切关注教育政策执行的动向，搜集相

关的资源和信息，加以科学的分析、思考，得出可靠的结论，以确定该项教育政策是否有好的预期效果，执行效率是否较高，是否实现了政策的原定目标，是否产生了良好的社会效益。

(三)教育政策评估是合理配置教育资源的有效手段

政府的教育资源是有限的，但往往需要同时执行多项教育政策，政策决策者和执行者必须考虑如何用有限的资源获得最大的效益。究竟哪项教育政策该投入多少资源？或者说教育政策资源要如何配置？这就要求教育主管部门合理地配置政策资源。通过教育政策评估，可以在宏观、长远的高度使有限的教育资源发挥出最大的效益，避免不当的教育投入。同时，可以确认教育政策的价值，并决定投入各项政策资源的优先顺序和比例关系，以寻求最佳的整体效益，有力地推动教育事业的发展。

(四)教育政策评估是决定政策动向的重要依据

教育政策实施是一个多层次、多方面的连续的动态过程，在经过一段时间的运行后，就面临不同的走向。随着政策目标的逐步实现，该政策是否应该继续、调整，还是应该终止？这些都必须依据一定的评估，就政策执行的持续、修正与终结提出科学论证。如根据客观实践情况，有的政策是有效的，就可以继续执行下去，甚至上升为法律；有的政策执行过程中利弊共存，但不存在显著弊端，就必须对之进行调整和修正；有的政策所针对的问题已经得到解决，或是没有得到解决，甚至变得更为严重，就需要终止。政策决策者要在此基础上根据新问题、新情况重新确定政策目标和政策方案。

二、教育政策评估的类型

教育政策评估可以按不同标准进行分类。从评估组织活动形式上看，教育政策评估可分为正式评估和非正式评估；从评估主体来看，可分为内部评估和外部评估；从政策执行过程来看，可分为预评估、过程评估和结果评估。

(一)正式评估与非正式评估

1. 正式评估是指由专门的评估机构和确定的评估人员拟定完整的评估方案，根据一定的评估标准，严格依照所制定的程序和内容，通过一定的程序，对教育政策进行的评估。正式评估具有评估过程规范化、评估方法科学化、评估结论比较客观和全面的优点，在教育政策评估中占据主导地位。其缺点是对开展评估的相关条件要求较高，不仅要有足够的评估经费和掌握系统的评估信息，而且对评估主体自身的素质有比较高的要求。正式评估可以委托专业的评估组织来进行。例如，我国对九年义务教育的验收评估就是一种对义务教育政策实施情况的正式评估，评估前，有明确的评估验收标准，参与评估的有教育行政和督导人员、人大代表和政协委员，还聘请了一些教育专家，所搜集的评估信息比较全面，评估过程也相对规范。这种评估促进了各地对义务教育政策的落实，推动了义务教育的发展。

2. 非正式评估是指对评估主体、评估形式、评估标准及程序不进行特别的限制，对评估的结果也没有严格的要求，评估者根据自己所掌握的信息对教育政策做出评价和判断。这种评估方式灵活、简便易行、随意性强。它既可以是受访公众对某项教育政策的随意评论，也可以是领导人视察某地教育状况的即兴评说。根据评估主体的不同，教育政策的非正式评估又可区分为专家评估、教育实践者评估和公众评估。专家一般基于自身的研究对某项教育政策作出评说；教育实践者包括教师、校长、学生等，他们是教育政策的执行者，往往根据自己的感受对某项教育政策进行议论；公众是教育政策的利益相关者，往往基于自身的利益对教育政策提出批评、要求或建议。非正式评估的缺点在于评估主体所获取的信息有限，评估过程缺乏规范的程序和方法，结论可能具有主观性、片面性和随意性。

(二)内部评估和外部评估

1. 内部评估

指由教育系统内部的评估者实施的评估，可分为由政策制定者与执行者自己实施的评估和由专职评估人员实施的评估。

由政策制定者与执行者自己实施的评估，其优势在于政策制定者或执行者就是评估者，他们对政策的运行过程有比较全面的了解，掌握了大量第一手材料，这有利于评估活动的开展。同时，评估者可以根据评估的信息，对教育政策目标和政策方案及时作出调整，真正发挥政策评估的功能。而且由于评估者直接参与政策制定和执行的过程，可以根据评估及时进行政策调整，从而使评估活动发挥良好作用。其弊端在于评估者可能出于局部利益或个人利益，而在评估中出现片面性、夸大成绩、隐瞒失误的现象。

由专职评估人员实施的评估，其优势在于可以克服理论缺乏和专业知识与技术不足；其弊端在于由于评估人员身处机构内部，会受部门利益限制或部门负责人指示，而影响评估的客观性。

2. 外部评估

指由教育系统外的评估者实施的评估。根据与教育政策制定或执行机构的关系不同，可以分为受委托进行的评估与不受委托的评估。

受委托进行的教育政策评估，是指由教育政策的制定者或执行者委托机构以外的评估人员所完成的评估，是外部评估最主要的方式。在这种评估活动中，被委托的对象可以是研究机构、学术机构、专业性的政策咨询公司、高校的专家学者等。这类评估的优势非常明显：一是由于评估人员相对独立，与机构利益没有直接的关系，因而可以保证评估的公平性与客观性；二是评估活动以委托形式开展，有利于评估者与机构之间彼此信任，互相合作；三是评估主体由专业人员组成，拥有丰富的评估经验，有助于提高评估活动的质量与效能。其不足在于，由于受委托的评估人员受委托人在经费或评估资料等方面的制约,有时会产生评估人员不是对教育政策本身负责,而是对委托人负责的现象,有可能为了迎合或满足委托机构的要求,放弃科学、公正立场,得出不符合实际的评估结论。

不受委托的教育政策评估,是指外部评估者出于自身的工作职责、社会责任感、研究目的、个人兴趣或相关利益而自行开展的政策评估活动。这些评估者包括立法机关、司法机关、新闻媒体、投资者、公民、研究机构、社会团体(第三部门)等。一些科研或学术机构为某个项目而进行的各类评估,某些社会团体、公民、舆论界自发组织开展的评估活动等都属于这类评估。由于这些外部评估者与政府部门的利益没有直接关系,也不代表任何机构的利益,而代表公众对教育政策的看法和观点,因而这类评估的态度最为客观,评估结果也较公正。但它的弱点在于,评估活动缺乏权威性,评估中所需要采集的各种资料信息难以得到相关部门的支持,评估结论难以得到应有重视。与此同时,这类评估在经费来源上存在较大困难,对评估活动的顺利开展有一定的阻碍。

(三)预评估、过程评估和结果评估

1. 预评估也称为执行前评估,是指在政策执行之前对政策方案及政策执行可能导致的后果进行的分析评估。它主要包括对教育政策方案的评估和政策效果的预测分析。预评估是教育政策制定时进行政策规划和优化所必需的工作,它把教育政策评估从单纯的事后反馈变成事前控制的有效工具。预评估要求教育政策主体在制定政策阶段就要听取不同的声音,广泛吸收专家学者和政策利益相关者的意见。这种评估发生在政策执行之前,可以通过评估政策的效果及时调整政策制定中出现的某些问题,以避免政策失误所带来的损失或不良后果。近十年的实践证明,在教育政策评估领域,预评估优于过去的单纯的事后测评,它可以使评价活动始终贯穿于整个教育政策过程中。

2. 过程评估也称为执行中评估,是对执行过程中的教育政策实施情况的评估。它的目的是通过分析教育政策在实际执行过程中的相关情况,准确地反映政策执行效果,并及时反馈和纠偏,实施严格的过程控制,以充分实现政策目标。由于教育政策的复杂性,政策执行过程中遇到的许多问题是教育政策主体在制定政策时难以预料的,只有通过执行才能暴露出来。过程评估就是具体分析教育政策在实际执行中的情况,以确认教育政策是否得到严格的贯彻执行,是否作用于特定的对象,是否按原定政策方案执行,人、财、物等政策资源是否充足、到位,教育政策环境是否发生了重大变化,执行机构和人员的效率、主动性、原则性和灵活性如何。其作用在于,可以及时对正在执行的教育政策进行调整和修正,有利于对教育政策执行过程进行控制和管理,同时也为解释或说明某一政策的效果或影响提供了依据。

3. 结果评估也称执行后评估,是对教育政策执行后的效果的一种全面的、综合性的系统评估。这是对一项教育政策的最终评估,是在教育政策执行完成之后发生

的，是最主要的一种评估形式。其主要任务是依据一定的评估标准和方法，具体考察一项教育政策的执行在客观上对教育改革和发展产生了怎样的影响。结果评估依据的是教育政策实施以后已经出现的结果，并根据这种客观现实判断政策的正确与否及政策的效应和影响，因而其对教育政策所做的价值判断最具有权威性和影响力。这种评估的结论对教育政策过程以及政策系统的改进具有决定性作用。

三、教育政策评估的标准

标准是衡量事物的准则。教育政策评估标准是指对教育政策及其属性的质的规定，是教育政策评估者进行评估时应坚持和遵循的客观的价值尺度和界限，是评估过程中判定教育政策行为优劣程度的一系列准则。[①] 在制定教育政策评估标准的过程中，需要考虑三个原则：标准必须反映教育政策的属性特征；标准必须全面，能反映教育政策的整个过程；标准在技术上有可行性，既能进行收集和加工，又能在量化的基础上加以分析。以此原则为指导，教育政策评估通常需要遵循这样一个标准：3E＋3F＋3C。其中，3E 指效率（efficiency）、效果（effect）和公平性（equality）；3F 指可行性（feasibility）、可预测性（foreseeability）和程序公平性（procedural fairness）；3C 指兼容性（compatibility）、简明性（conciseness）和满意度（contentment）。

在这种研究思路的指导下，基于效率与公平的统一、过程与结果的统一以及当前与长远的统一原则，拟定评估指标体系的框架，可将评估标准分为预评估标准、过程评估标准和结果评估标准。

（一）预评估标准

教育政策预评估是指在教育政策制定之前，对于教育政策的目标做出评价，对该政策的价值、可行性以及后果进行预测分析。其评估标准一般从三个方面进行分析：对政策方案进行价值分析、对政策方案进行可行性分析、对政策效果进行预测分析。

政策方案价值分析是对政策目标满足社会和个人对教育需求的程度分析，是对政策目标是否适应与切合教育发展现实需求的主观认定，既要求公平，也要追求效率，但最根本的是看教育政策是否有利于学生的身心健康发展、是否有利于教育事业的发展。政策方案可行性分析是对政策方案所提出的各项措施的具体条件进行分析，通过分析主客观条件、有利和不利因素，对教育政策的可行性作出评估。政策制定者要结合当时的社会环境，来评价判断政策在政治、经济、人员质数、文化传统、信息技术、设施以及时机等各个方面的可行性，并结合法律程序，判断政策制定的过程是否合法有效。政策效果预测分析是通过对教育政策内容和外在环境的综合分析，对教育政策实施可能产生的效果作出预测，对可能获得的利益与可能付出的代价进行比较。

---

① 范国睿等：《教育政策的理论与实践》，183 页，上海，上海教育出版社，2011。

(二)过程评估标准

教育政策的过程评估就是监测教育政策执行过程是否按原定政策方案施行,同时审核方案的继续执行能力能否达到预期的目标。其评估标准主要体现在以下四个方面。

第一,判断需要教育政策解决的问题的认定是否合理。教育政策者需要从实际出发确定问题,运用政策动作系统界定主要问题、需要立刻解决的问题、公众普遍关心的问题。确定问题才能有针对性地制定教育政策。

第二,判断教育政策设定的目标是否适当。主要需要考量教育政策目标是否是针对认定的问题;教育政策目标能否平衡各利益团体的关系,达成利益的平衡,如何达成政策执行中的利益补偿与时效性;教育政策目标的期望是否适度,各子目标能否协调有序、彼此依存、相互促进。

第三,判断教育政策方案是否可行。这一评估主要考量教育政策方案的选择在制度上是否可行,如是否符合国家的社会制度和国情,与国家基本政策一致,与其他部门政策和本系统政策相协调,具有稳定性和连续性,能获得社会各界的认同与支持;教育政策方案在经济、文化和时机上是否可行,如教育政策实施必须得到财力、物力和人力上的支持与保证,必须符合国家的文化传统、伦理道德和价值规范,因时、因事并且因地制宜。

第四,判断教育政策的执行是否严谨有效。主要考量教育政策的宣传是否到位,能否针对不同的群体或个人进行广泛而细致的宣传,是否充分贯彻教育政策实施的本质要求,能否培育有利实施的环境;教育政策的执行机构是否健全,是否职责明确、分工合理;政策执行中是否能根据实际情况进行及时的调整与修正;考量政策执行的监督机制是否有效运行,能否在体制和机制上保障和监督政策的科学、公正、高效。

(三)结果评估标准

结果评估是指对教育政策执行后所产生的后果,包括效益、影响所做的价值判断。其标准可以从教育政策效率评估、教育政策效益评估和教育政策影响评估三个方面进行分析。

教育政策效率评估就是对政策产出和政策投入之间的关系所作的评估,以确定政策的投入/产出比。即通过政策的实际产出与预期目标之间的比较,对政策是否实现了预定的目标所进行的分析和判断。它是对教育政策投入实现教育政策目标的程度和范围所作的评估,以追求解决问题难度、满足政策需求的程度和需求被满足的人数的最大化为目标。教育政策效益评估是在教育政策期望的基础上探讨教育政策的实际产出是否达到了预期的结果,教育政策执行后达到的效果对政策目标的实现程度。包括教育政策是否满足大多数团体的利益,是否有利于人的全面发展,是否有利于教育事业的发展,是否有利于社会文明程度的提高。教育政策影响评估就是一项教育政策结果对目标群体、社会系统和环境所产生的影响的综合评估，是把该教育政策放到整个教育及社会系统中，从相互的关联中，整体上把握该项政策所产生的影响。

四、教育政策评估的方法

任何一项工作的顺利开展，都要依靠科学方法的恰当运用，方法得当会收到事半功倍的效果。同样，政策评估也离不开政策评估方法的正确选择与使用。自政策科学诞生以来，政策科学家们进行了广泛深入的研究，总结出了多种角度不同、分类不同的政策评估方法，迄今已有 100 种以上的评估方法被确认。美国学者豪斯曾提出了一个较为完整的分类系统，他将评估方法分成八个类型：系统分析、行为目标、决策制定、无目标、技术评论、专业总结、准法律、案例研究。同时又根据主要对象、一致意见、方法论、产生、针对问题五个横向坐标，将各种方法整理成表。[①] 应该说，究竟选择何种类型的评估方法，取决于政策评估的目的和需要回答的问题的性质。针对不同的教育政策，需要选择适当的评估模式和方法，遵循评估的逻辑程序和价值追求，提高问题解决的针对性，尽可能多地体现多数人的利益需求。对于重大的教育政策的评估，可以综合性地运用多种评估方法、技术，以准确全面地反映政策的制定、执行和评价效果。以下仅就一般意义的政策及其执行结果的评估，对教育政策的评估方法进行说明。

(一)成本—收益分析与成本—效益分析

1. 成本—收益分析

成本—收益分析主要是一种进行政策建议的方法，分析人员通过将政策的货币成本和总的货币量化来进行比较和提出政策建议。使用这一方法的关键在于考虑一项政策可能带来的所有的成本和收益。成本—收益分析法包括五个步骤。第一，全面了解政策的成本现状，确定政策执行的成本。成本评估是对教育政策执行的投入与产出之间比例关系的评估。教育政策执行的成本是指在整个政策活动过程中，特别是政策执行过程中所投入的全部政策资源，如人力、物力、财力、时间、信息和风险等。而教育政策执行的产出则是指政策执行的直接结果。需要注意的是，成本评估既包括由政策执行直接消耗的资源而产生的直接成本，还包括由于失去做其他事情而产生的机会成本。成本评估在很大程度上决定着这些教育政策是否继续，或纠正执行偏差后继续执行，或及时终止。第二，确定额外收入的效益。教育政策的效益需具体考察一项教育政策的执行在客观上对教育发展和改革产生了怎样的影响，综合分析一项教育政策的结果，此外还应对目标群体之外产生的影响进行收益评估。第三，确定可节省的成本。需要结合政策执行的实际情况，找到成本控制关键点，如宣传的广度与成本节省、冗余执行资源的删减、执行时间的有效性、减少政策执

---

① 吴志宏等：《教育政策与教育法规》，142 页，上海，华东师范大学出版社，2003。

行机构的层级等。第四，制定预期成本和预期收入的时间表。第五，评估难以量化的效益和成本。政策效益主要是指教育政策执行对社会、公众以及政策对象所产生的各方面直接的或间接的效益。

2．成本—效益分析

成本—效益分析是分析人员通过量化各种政策的总成本和总效果，将之进行对比，从而得出政策建议的方法。不同于成本—收益分析试图用统一的价值单位来衡量所有因素，成本—效益分析使用两个不同的价值单位。成本用货币来计量，而效益则用单位产品、服务或其他手段来计量。成本—效益分析特别适用于为了实现不能用收入表示的目标及其如何最有效地使用效率的问题。公共政策中的效益是一个多层面的综合性概念，具有几个特征：一是经济效益与社会效益的统一，即可以用货币衡量的有形成果与难以用货币衡量的包括国家安全、经济稳定、社会公平、教育普及、科技进步在内的社会目标的统一；二是宏观效益与微观效益的统一，即国民整体利益、长远利益效果与具体项目经济效果的统一；三是直接效益与间接效益的统一，即决策支出所直接培养出的学生、科研成果数量上的成绩与学生成才和科研转化服务社会的长远效益的统一。

（二）前后对比分析法

前后对比分析法是将政策执行的有关情况进行对比，从而判断其教育政策的价值，提出教育政策建议的一种分析方法。在具体运用上，这种方法又可以进一步分为三种。

1．简单"前—后"对比分析

这种分析方法是将政策对象在接受政策作用后可以衡量出的变化值减去之间可以衡量出的值。该方法的优点在于简单、方便、明了；其缺点在于评估不够精确，无法将政策执行所产生的效果和其他因素（如政策对象自身因素、外在因素、偶发事件、社会变动等）所造成的效果加以明确区分。

2．"有—无政策"对比分析

这种分析方法是在教育政策执行前和教育政策执行后的两个时间点上，就有政策和无政策两种情形进行前后对比，通过对比结果来确定教育政策的效果。这种方法排除了非政策因素的作用，能够比较有效地将评估政策的特定结果从政策执行后产生的总结果中分离出来。

3．"控制对象—实验对象"对比分析

这种方法是社会实验法在教育政策评估中的具体应用。它要求评估者将教育政策执行前同一评估对象分为两组，一组为实验者，对其施加政策影响；另一组为控制组，不对其施加政策影响，最终通过比较这两组在教育政策执行后的情况来判断政策效果。

(三)评估主体分析法

1. 专家评估法

指有关专家对政策的各个环节进行调查，审定政策的各项过程，评定政策执行的结果，撰写评估总结报告的方法。因为专家经验丰富，对有关教育政策的专业知识、分析方法把握到位，并且相对政策制定者和执行者而言处于局外人地位，能较为客观地对政策的效果与影响进行评估与分析。

2. 管理者评估法

是由教育政策执行人员以自己在政策执行过程中的亲身感受和对政策的理解来评定政策的执行效果的方法。由于执行人员亲身参与政策实施的过程，能充分掌握政策环境、政策对象、政策过程、政策影响的第一手资料，有可能进行充分的评估与判断，及时调整政策目标和措施，具有重要的直观意义。

3. 参与者评估法

指教育政策参与者或政策对象通过亲身感受和了解对政策及其效果予以评定的方法。由于政策对象既是政策的承受者，又是教育活动的主体，因而他们对政策的成败得失最有评估权，是做好政策评估的可信依靠。

五、教育政策评估中存在的问题

教育政策评估是评价政策价值、调整政策执行、修正政策实施的重要环节。尽管人们总是试图制定并实施最优、效率最高、最能解决问题的教育政策，但实际上，教育政策的实施总是一个不断完善、不断修正的过程，教育政策的偏差现象仍是客观存在的。纵观我国教育政策评估，还存在以下问题：第一，缺乏相应的评估保障。教育评估资源的短缺导致我国当前绝大多数教育政策评估都只是通过抽取小样本，运用简单的访谈、问卷、资料查询等形式来实现的，其得出的结论可能经不住推敲。因此，应从资金和法律制度两个方面予以保障，营造出良好的教育政策的评估环境。第二，评估机构缺乏多样性。目前国内的评估组织多由政府主导，外界的、民间的评估组织还不够发达，尚缺乏专门对不同层级、不同类型教育政策执行情况进行监测与评估的专业组织。第三，评估多限于"事前论证"和"事后评估"，缺乏连续的信息反馈，难以及时发现问题并出台配套措施。第四，没有充分重视对结果的评估，更多关注的是政策是否严格按照文本规定执行、是否存在挪用经费等违规行为。第五，评估标准普遍存在模糊不清的现象。教育政策的评估程序与实施细则的缺失、标准的模糊等是造成教育政策评估无序的重要因素。政策评估标准是否与学校工作开展相一致？是否有现实意义和操作意义？是否与基本政策或其他政策相矛盾？都需要考量。

我国教育政策评估亟待规范，任重道远，需要从理论认识、制度建设、组织保障、方法完善、环境改善等方面多下功夫，推进我国教育政策评估的科学化、民主化和规范化。一是要提高对教育政策评估重要性的认识。加强教育政策学的研究和宣传,帮助评估主体和评估对象深入了解教育政策评估的方式方法,保障政策评估的全面、客观和公正,最大限度发挥评估的"批判性""建设性"作用,以帮助提高教育政策的效益。二是建立健全独立的教育政策评估机构。逐步形成政策制定、政策执行与政策评估机构的相对独立性,尝试建立外部的、民间的评估组织,以相互制衡又彼此协调的决策权、执行权和监督评估权,保障评估的客观与公正。三是推进教育政策评估的制度化。通过制度建设,促进教育政策的制定、执行、评估和绩效的规范化、民主化和程序化,确保政策评估经费投入的常态化和公正性,重视政策评估结论的反馈性和使用率,提高评估人员的效率要求和责任追究力度。四是学习引入先进的评估理论、方法和技术。在采用前后对比分析法或成本—效益分析法的基础上,借鉴和学习国外先进的政策评估理论和实践经验,引入科学的评估方法和技术,针对不同的教育政策,因地制宜进行选择,并尽量掌握和运用好方法和技术的精髓。

复习与思考

1. 教育政策制定的主体有哪些?需要遵循哪些基本原则?

2. 教育政策制定的基本模式有哪些?它们各自的优劣是什么?

3. 教育政策制定的过程包括哪些阶段?如何理解教育政策制定的合法化?

4. 教育政策执行的作用是什么?

5. 说明教育政策执行模式的构成因素包括哪些,它们之间的相互关系是怎样的。试说明和分析基本的执行模式。

6. 教育政策执行过程包括几个阶段?每个阶段需要注意些什么?

7. 什么是教育政策执行偏差?形成偏差的原因是什么?结合实际小学教育政策执行偏差的实例,谈谈你对教育政策执行偏差的分析,并说说如何采取有效措施纠正这些偏差。

8. 什么是教育政策评估?开展教育政策评估有什么意义?

9. 教育政策评估可以分为哪几种基本类型?

10. 教育政策评估的基本标准是什么?

11. 教育政策评估的基本方法有哪些?试举例说明评估方法的选择。

12. 我国教育政策评估存在的主要问题有哪些?如何解决这些问题?

推荐阅读

1. 黄忠敬. 教育政策导论[M]. 北京:北京大学出版社,2011.

2. 吴志宏等. 教育政策与教育法规[M]. 上海:华东师范大学出版社,2003.

3. 孙绵涛. 教育政策学[M]. 北京：中国人民大学出版社，2010.

4. 袁振国. 教育政策学[M]. 南京：江苏教育出版社，2001.

5. 褚宏启. 教育政策学[M]. 北京：北京师范大学出版社，2011.

第三章　小学教育政策体系

本章重点 ▶ ‑‑

- 教育政策体系的含义、分类与逻辑结构
- 小学教育政策的体系与结构
- 我国小学教育政策体系的形成与发展

第一节　教育政策体系

教育政策体系问题，是教育政策理论研究中的一个重要内容，也是一个国家教育改革和发展中必须明确的问题。

一、教育政策体系的含义

所谓教育政策体系，从广义上讲，它包括一个国家教育改革与发展所需要的所有的教育政策，是由国家针对影响着教育改革与发展方方面面的问题而制定的教育政策所组成的体系。它也是一国现行教育政策所构成的完整的、内部协调一致的、有机联系的政策的整体系统。[①]

关于对教育政策体系的认识和考量，学者们从不同的视角提出了不同的观点。有的学者借用一般政策的分类方法，将教育政策分成总政策、基本政策和具体政策三部分。[②] 以我国为例，教育的总政策指的是《中华人民共和国宪法》中有关教育的政策规范和教育方针；基本政策指的是《中国教育改革和发展纲要》(1993 年)、《中华人民共和国教育法》(1995 年)和《国家中长期教育改革和发展规划纲要(2010—2020 年)》、《中国教育现代化 2035》等中的政策规范；具体政策指的是一些具体的法规中的政策规范。但这种分法存在三个问题：第一，很难把总政策、基本政策和具体政策的内容说清楚。这是因为《中华人民共和国宪法》只对我国的教育性质、受教育权、公民的基本素质等方面作出了规定，而这作为教育的总政策显然是不够的；教育方针应属于教育的总政策，但它又写在了教育法中，而教育法是基本政策；《中国教育改革和发展纲要》、《国家中长期教育改革和发展规划纲要(2010—2020 年)》和《中国教育现代化 2035》中既有事关全局的总的政策，又有各个方面的基本政策；而教育的基本政策有很多，更是难以将它们说清楚。第二，这种分法只说明了纵向的关系，而没有说明横向的关系。因为在纵向上，国家要对不同方面的教育问题制定出政策规范从而形成不同层次的横向教育政策，这样一些政策虽然在纵向上有的是总政策，有的是基本政策和具体政策，但从横向上都处在全国这一层次上，因而它们无论在总的、基本的和具体的哪一个层次上，也都成了总揽全国某一方面教育的总政策和基本政策。第三，这种方法忽视了政策规范与法律规范的区别。政策与法律虽然都是国家意志的体现，但法律规范是通过国家强制力来保证执行的，而政策规范不一定要国家强制力来保证执行。

解决这一问题的一个思路就是，有多少种教育，国家就要制定多少种教育政策。

[①] 黄明东：《教育政策与法律》，16 页，武汉，武汉大学出版社，2007。

[②] 曹喆：《政策分析的三个维度》，载《理论探讨》，1993(3)。

因为只有制定了各级各类教育的政策，才能满足一个国家教育改革与发展的需要。国家教育政策的体系就是由各级各类教育政策所组成的。这种方法建构的教育政策体系看似全面，但还是不够完善。因为国家制定教育政策，不会停留在就教育而谈教育政策的水平上，而要从更深的层次上进行政策策划，即"一方面要从总体上明确从哪些方面作出一些政策上的规定才能保证各级各类教育改革的顺利发展；另一方面在各级各类教育改革与发展的具体运作上，也要考虑到底从哪些方面作出一些政策上的规定才能保证某一级教育或某一类教育改革的顺利进行。因此，制定一个国家教育政策的重要前提是，必须要明确从哪些方面作出政策规定"[①]。因此，由于影响国家教育改革与发展的问题非常多，要从广义角度研究国家教育政策体系还是相当困难的。

还有学者提出教育政策体系可以分为11个方面：教育体制政策、教育质量政策、教育经费政策、教育人事政策、国家学制政策、课程与教学政策、学历与学位政策、教师教育政策、考试与评价政策、招生与就业指导政策、学校语言文字政策。[②] 这种方法看似全面、具体，容易把握，但在实践操作层面，人们还是难以通过它深入理解哪些教育政策是最基本、最关键的，因而有可能导致在制定和完善教育政策时无法抓住主要矛盾，最终影响教育的质量与效果。

在上述提出的众多问题中，肯定存在一些关键性的或基本性的问题，它们对一个国家教育的改革与发展起着决定性的作用。只有充分认识和把握这些问题，作出政策上的规定，才能为国家教育的改革与发展起到根本性保证。由于这一角度只是从影响教育改革与发展的基本问题进行研究，相对来说困难就会小一些。因此，我们主张抓住主要矛盾，从这一角度去研究国家教育政策的体系。这里，我们将国家针对影响教育改革与发展的基本问题而制定的教育政策所形成的体系称为狭义的教育政策体系，这一政策体系所要回答的问题是：哪些教育政策是一个国家教育改革与发展所需要的基本的教育政策。本书所要探讨的就是狭义的国家教育政策体系。

二、教育政策的分类

通常在公共政策领域内，根据政策的性质差异，可以按照不同的分类标准来划分不同的政策类型，目的是对政策的功能和运行机制进行深入分析，学界对政策的分类主要是基于协调方式、层次、内容等进行的。教育政策作为政策类型的一种，既具有政策的共性，同时又具备自己独特的个性，主要可以从协调方式、层次、类别和内容四个方面进行分类。

(一)基于协调方式的分类

基于协调方式的分类，可以将教育政策分为分配性教育政策、规范性教育政策、

---

① 孙绵涛：《关于国家教育政策体系的探讨》，载《教育研究》，2001(3)。
② 韩清林：《教育政策的若干理论与实践问题》，载《当代教育科学》，2003(17)。

再分配性教育政策、构成性教育政策四类。

分配性教育政策是为教育领域内的各种主体提供各种权利、利益以及福利等的政策。

规范性教育政策是政府为了维护正常的教育秩序、提高教育质量以及促进教育公平，而出台的对教育活动主体的限制和约束的规则、规范等。

再分配性教育政策是指教育领域内的资源或权力的转移，这种转移也需要一定的强制性作保障。

构成性教育政策是指政府只对教育问题做出原则性的规定和限制，而由教育内部的主体和教育管理者来决定政策以及教育活动方式。

(二)基于政策层次的分类

教育政策按照层次，可以分为教育政策方针、教育政策法规、教育政策规定和教育政策措施。

教育政策方针指的是国家在一定时期内对教育的总的指导思想和原则，是教育基本政策的总概括。它是确定教育事业发展方向，指导整个教育事业发展的战略原则和行动纲领。例如，《国家中长期教育改革和发展规划纲要(2010—2020 年)》和《中国教育现代化 2035》就是教育政策方针的宏观文件。

教育政策法规是指把规范教育领域的问题的规则上升到法律层面，形成有权威性的、具有稳定性的教育政策，如《中华人民共和国教育法》《中华人民共和国义务教育法》等。

教育政策规定既有由教育法律规定的部分，也有因教育政策调整而出台的某些较成熟的规定。教育政策规定比政策法规低一个层次，但是又比政策措施高一个层次，与这两个方面复合的地方比较多。

教育政策措施主要是指根据已有的教育方针、法规以及各种规定而采取的和教育政策相一致的教育政策细化措施等。例如，国家实行义务教育阶段教师绩效工资政策，而各地可以根据自己的实际情况来制定相应的实施教师绩效工资政策的具体措施。

(三)基于教育类别的划分

教育按照纵向的层次可以划分为初等教育、中等教育、高等教育，相应地，可以将教育政策划分为初等教育政策、中等教育政策和高等教育政策。初等教育政策主要针对基础教育，如《中华人民共和国义务教育法》等。中等教育政策主要针对中等教育，即高中阶段和其他同等教育阶段的政策。高等教育政策主要针对高等教育而颁布各种法律、规定以及各种具体政策，如《中华人民共和国高等教育法》、高等教育自主招生的政策规定等。

教育按照横向顺序可以分为普通教育与民办教育、职业教育和特殊教育，相应地，除了普通教育政策外，还有民办教育政策、职业教育政策和特殊教育政策等。

民办教育政策是规范民办教育发展的政策,主要针对社会力量办学的教育机构而言,如《中华人民共和国民办教育促进法》,以及民办教育发展和各项扶持措施。职业教育政策是主要针对职业学校及职业教育的各项政策措施。例如《中华人民共和国职业教育法》《面向 21 世纪教育振兴行动计划》《国家中长期教育改革和发展规划纲要(2010—2020 年)》都规定了鼓励和支持职业教育发展的具体的政策措施和方针。特殊教育政策是针对特殊教育这个领域的相关政策,如教育部颁布的《特殊教育学校暂行规程》及对特殊教育的各种补助政策等。

(四)基于政策内容的分类

有的学者基于哪些教育政策是一个国家教育改革与发展所必需的基本的教育政策、其体系是如何建构的来思考教育政策的划分。美国学者佛兰德·S. 何伯恩认为,教育经费政策、课程政策、学生政策、教师政策、教育管理政策是一个国家教育改革与发展的基本的教育政策。[1] 教育经费政策所要解决的是"谁出钱、出多少钱、为什么出钱"的问题;课程政策所要解决的是"教什么"的问题;学生政策所要解决的是"向谁教"的问题;教师政策所要解决的是"由谁教"的问题;教育管理政策所要解决的是"由谁管"的问题。[2] 我国学者孙绵涛把教育质量政策、教育体制政策、教育经费政策、教师政策这四大政策作为一个国家教育改革与发展所必需的基本的教育政策。教育质量政策所要解决的是人才培养的质量标准问题;教育体制政策所要解决的是各级各类教育的发展问题;教育经费政策所要解决的是如何筹措教育经费,如何分配教育经费及如何使用教育经费的问题;教师政策所要解决的是如何建设一支数量充足、质量高的教师队伍的问题。

上述两种划分大体相似,只是在概括方式上有所不同而已。在这两种划分中,关于教育经费政策与教师政策的看法基本一致。前者所说的学生政策和课程政策实际上可以包含在后者所说的教育质量政策之中,因为教育质量主要是指学生的质量,而实现质量标准的核心是课程,教育质量政策自然包括学生政策和课程政策。前者所说的教育管理政策则可以包含在后者所说的教育体制政策当中,因为后者所说的教育体制已经包括了教育管理。由于后者所说的基本的教育政策相较于前者所说的基本的教育政策更为集中和精练,因此,本书采用孙绵涛的观点,将教育政策划分如下。

1. 教育质量政策

教育质量政策是最基本、最重要的教育政策之一,它所要解决的是各级各类教育培养目标和教学质量标准、人才培养类型和标准的问题。教育质量政策规范教育改革和发展中的培养目标、培养方向、人才规格、培养模式、课程结构和教学内容

---

① 孙绵涛:《关于国家教育政策体系的探讨》,载《教育研究》,2001(3)。

② [美]斯图亚特·S. 那格尔:《政策研究百科全书》,447~448 页,林明等译,北京,科学技术文献出版社,1990。

等方面。国家要制定出最基本的学生培养质量标准，以及实现这些标准的基本要求，就应该对学生的有关问题和学校课程标准、体系与结构及课程的实施等作出政策规范。

2. 教育体制政策

教育体制政策是与国家的政治、经济体制和制度联系最为密切的政策。包括办学体制政策、管理体制政策、学校领导体制政策、教育投入体制政策、教育人事管理体制政策、学校内部管理体制政策六个方面的内容。国家通过教育体制政策规范各级各类教育之间的关系及处理各种教育管理之间的关系。在各级教育上，教育体制政策要协调学前教育、初等教育、中等教育、高等教育及高等教育中的专科教育、本科教育、研究生教育之间的关系；在各类教育上，教育体制政策要协调普通教育与职业技术教育，儿童教育与成人教育，学校教育、家庭教育与社区教育，公立教育与私立教育等之间的关系；从各种教育管理的关系来看，教育体制政策要协调中央办学与地方办学的关系，政府与教育行政部门的关系，教育行政部门与其他部门的关系（主要指政府教育行政部门与大型厂矿企业的教育行政部门的关系，政府部门中教育系统的教育行政部门与政府其他部门中的教育行政部门的关系），政府与学校的关系及学校与学校之间的关系。

3. 教育经费政策

教育事业赖以发展的基础之一是充足、合理的教育经费投入，只有研究制定并不断调整教育经费政策，加强教育经费的管理，才能保障教育事业的顺畅发展。教育经费政策包括国家财政性教育经费投入增长政策、国家财政拨款政策、学校收费政策、征收城乡教育费附加政策、教育集资政策、社会捐资表彰奖励政策、学校预算外资金管理政策、学校公用经费政策、教师工资政策、低收入家庭子女入学资助政策等。教育经费政策与国家的经济制度、经济政策和社会公共保障政策密切相关。教育经费政策所要解决的是教育经费的筹措、分配等问题。就教育经费筹措而言，教育经费政策需要处理好政府主渠道与其他渠道之间的关系，在政府主渠道中需要处理好中央政府出钱办教育和地方政府出钱办教育之间的关系。就教育经费分配而言，在教育经费的平面结构上，要处理好教育事业费与教育基本建设费之间的关系；在教育事业费中，要处理好人头费与其他费用之间的关系；在教育经费分配的对象结构上，要处理好各级各类教育经费分配之间的关系。

4. 教师政策

教师政策包括教师资格制度，教师任用、调配政策，教师聘用政策，教师职务政策，师范教育政策，教师继续教育政策，教育行政人员政策，校长任用、管理政策等。教师政策是教育基本政策之一，是调整校长与教师、教师与学生、教师与政府关系的重要手段，是建设一支数量充足、素质高、能力强、绩效优的教师队伍的基本保证。就教师的资格要求而言，教师政策就是要对教师的"进"（包括编制、资格、聘用),"用"(包括进修、考核),"出"(包括退离休、转任、辞退等)作出规定。就教师的待遇而言,教师政策就是要对教师的职称、工资、奖惩和其他福利等作出规定。

在教育政策体系中,教育体制政策、教育质量政策、教育经费政策、教师政策是最基本最重要的教育政策,这些政策所要解决的是一个国家教育改革与发展中最关键、最基本的问题。教育质量政策解决的是"为什么"的问题;教育体制政策、教育经费政策和教师政策解决的是"怎样办"的问题。先看"为什么"的问题。我们知道,教育是培养人的一种社会活动,在开始从事教育活动的时候,就要对教育活动对象的质量标准进行设计,以使教育活动有的放矢地进行,国家办教育,当然首先要对其培养人才的标准作出规定。因而国家在制定教育政策时,就要制定教育质量政策来规定人才培养的质量标准。再看"怎样办"的问题。人才培养的质量标准确定之后,国家要考虑怎样来实现这些教育目标。一是要找到一个适当的途径,二是要提供充足的条件。从途径上来说,当然是通过各级各类的教育来实现的。不仅如此,国家总的培养人才的质量标准,还必须分解成各级各类教育具体的人才培养质量标准,因而国家总的人才培养质量标准的实现,还得靠各级各类教育的具体的人才培养质量标准的实现。为此,就得制定能使各级各类教育协调发展的教育体制政策。从条件来说,当然最为重要的是财力条件和人力条件,因此国家还要制定教育经费政策和教师政策。

三、教育政策体系的逻辑结构

教育体制政策、教育质量政策、教育经费政策、教师政策组成了一个较为完整的政策逻辑结构。一个完整的国家教育政策的逻辑结构可以从纵向与横向两个维度进行建构。有学者认为,教育政策的纵向结构指依照教育政策的内在逻辑关系作出的纵向排列。如依照政策阶段性过程划分的长期教育政策、中期教育政策、短期教育政策和即时教育政策,依照政策空间系列划分的教育总政策、基本教育政策和一般教育政策。教育政策的横向结构是指不同领域的教育政策依横向并列关系加以排列形成的组合方式和秩序。从横向结构来说,教育政策可划分为高等教育政策、普通教育政策、职业和成人教育政策以及少数民族教育政策、残疾人教育政策等。

也有学者认为,一个完整的国家教育政策的逻辑结构在纵向上可分为教育的总政策和具体政策两个层次,横向上可分成教育目标政策、教育途径政策和教育条件政策三个方面。教育的总政策是对全国各方面的教育都起作用的政策;教育的具体政策是对国家某一层次和某一方面的教育起作用的政策。教育目标政策是指教育培养人的质量标准的政策;教育途径政策是指实现质量标准的政策;教育条件政策是指保证教育途径充分发挥育人功能的政策。在我们提出的四大政策中,教育质量政策属于教育目标政策的范畴;教育体制政策属于教育途径政策的范畴;而教育经费

政策和教师政策则属于教育条件政策的范畴。国家教育政策的逻辑结构如图 3-1
所示。①

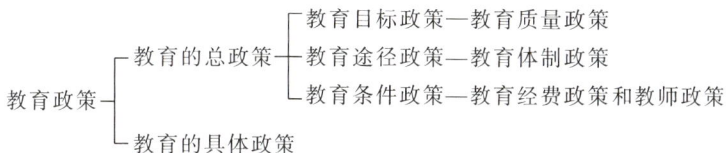

图 3-1　国家教育政策的逻辑结构

　　图 3-1 表明，教育目标政策、教育途径政策和教育条件政策不仅体现在教育总
政策这个层次上，而且还体现在具体的教育政策这一层次上，只不过前者是一个国
家对总的教育在教育目标、教育途径和教育条件三方面所作出的政策规范；而后者
是对某一层次或某方面的教育在教育目标、教育途径和教育条件上所作出的政策规
范。一个国家首先应该制定体现教育目标政策的教育质量政策，然后制定体现教育
途径政策的教育体制政策，再根据教育实现教育质量标准和保证教育途径畅通的需
要，制定体现教育条件政策的教育经费政策和教师政策，才能保证教育改革的顺利
进行。

　　教育政策体系就是这样一个由纵向和横向两个维度教育政策构成的体系结构。
了解教育政策体系，对于全面掌握我国的教育政策，加强教育政策的制定和执行具
有重要意义。

第二节　小学教育政策体系的结构

　　教育政策体系的结构使得教育政策能根据各自不同的性质有效地发挥其功能，
相互呼应，彼此支持。科学合理、结构完整、作用统一的政策体系结构可以避免和
防止政策之间的矛盾和冲突，可以减小和化解政策之间的空白和漏洞。如果教育政
策体系含糊不清甚至互相矛盾，就会给教育政策的实施带来一定的困难，也会给教
育政策的反思和改进带来一定的麻烦，进而造成教育工作上的混乱和无效。无论是
制定和实施小学教育政策，还是反思和改进小学教育政策，都必须明晰小学教育政
策体系的结构及其特征。

---

① 孙绵涛：《教育政策学》，59 页，北京，中国人民大学出版社，2010。

一、小学教育政策体系的纵向结构

(一)小学教育总政策

小学教育总政策即小学教育的任务和培养目标，它们是小学教育的核心和出发点，是上位教育政策的统一精神要求与小学教育自身特点和规律的集中体现。小学教育的任务和培养目标在不同历史时期和条件下呈现出不同的变化和发展。1952年《小学暂行规程(草案)》指出：小学教育的宗旨是"根据新民主主义的教育方针和理论与实际一致的教育方法，给儿童以全面的基础教育，使他们成为新民主主义社会热爱祖国和人民的、自觉的、积极的成员"。1953年政务院《关于整顿和改进小学教育的指示》指出："小学教育是整个教育建设的基础，担负着教育新生代使之成为新中国的健全的公民的重任，要切实整顿和改进。"

1963年中央颁布的《全日制小学暂行工作条例(草案)》，是在总结此前小学教育经验的基础上制定的符合中国国情的一整套小学工作制度。其对办好小学作了具体而明确的规定，不仅在当时对恢复教育秩序发挥了重要作用，而且对新中国教育的发展起到了深远影响。该条例分为总则、教学工作、思想品德教育、生产劳动、生活保健、教师、行政工作、党的工作和其他组织工作8章共40条，又称"小学40条"。"小学40条"进一步要求小学教育应当"贯彻教育为无产阶级政治服务，与生产劳动相结合"的方针，任务是"为社会主义建设事业培养劳动后备力量和为高一级学校培养合格的新生"。小学教育的培养目标是："使学生具有爱祖国、爱人民、爱劳动、爱科学、爱护公共财物等品德，拥护社会主义，拥护共产党。使学生具有初步的阅读、写作和计算的能力，具有初步的自然常识和社会常识，培养良好的学习习惯。使学生的身心得到正常的发展，具有健康的体质，培养良好的生活习惯和劳动习惯。"

1986年《中华人民共和国义务教育法》对九年义务教育的培养目标做了总体规定："义务教育必须贯彻国家的教育方针，努力提高教育质量。使儿童和少年在品德、智力、体质等方面全面发展，为提高全民族素质，培养有理想、有道德、有文化、有纪律的社会主义建设人才奠定基础。"根据这一总的要求，1992年《九年义务教育全日制小学、初级中学课程计划》提出小学阶段的培养目标："初步具有爱祖国、爱人民、爱劳动、爱科学、爱社会主义的思想感情，初步养成关心他人、关心集体、认真负责、诚实、勤俭、勇敢、正直、合群、活泼向上等良好品德和个性品质，养成讲文明、讲礼貌、守纪律的行为习惯，初步具有自我管理以及分辨是非的能力。具有阅读、书写、表达、计算的基本知识和基本技能，了解一些生活、自然和社会常识，初步具有基本的观察、思维、动手操作和自学的能力，并养成良好的学习习惯。初步养成锻炼身体和讲究卫生的习惯，具有健康的身体。具有较广泛的兴趣和健康的爱美的情趣。初步学会生活自理，会使用简单的劳动工具，养成爱劳动的习惯。"比较而言，小学教育担负的任务和培养目标较之 20 世纪 60 年代有很大的完善和提升。

新时期以来，随着九年义务教育普及的逐步实现，小学教育与中等教育进一步衔接起来，并凸显出反对"应试教育"、提高学生素质的新目标。1996 年颁布的《小学管理规程》规定："小学教育要同学前教育和初中阶段教育相互衔接，应在学前教育的基础上，通过实施教育教学活动，使受教育者生动活泼、主动地发展，为初中阶段教育奠定基础。"基于此，《小学管理规程》还规定了新时期小学教育培养目标："初步具有爱祖国、爱人民、爱劳动、爱科学、爱社会主义的思想感情；遵守社会公德的意识、集体意识和文明行为习惯；良好的意志、品格和活泼开朗的性格；自我管理、分辨是非的能力。具有阅读、书写、表达、计算的基本知识和基本技能，了解一些生活、自然和社会常识，具有初步的观察、思维、动手操作和学习的能力，养成良好的学习习惯。学习合理锻炼、养护身体的方法，养成讲究卫生的习惯，具有健康的身体和初步的环境适应能力。具有较广泛的兴趣和健康的爱美情趣。"

20 世纪 90 年代以来，作为对应试教育弊端的反思和改进，素质教育进一步成为国家积极推行的一项基本教育政策。此外，随着全球政治经济的发展，终身教育和学习化社会理念被广泛接受，其对我国基础教育进一步改革和发展提出了新的要求。2001 年《国务院关于基础教育改革与发展的决定》提出，大力推进基础教育课程改革，构建符合素质教育要求的基础教育课程体系。此后颁发的《基础教育课程改革纲要（试行）》（教基〔2001〕17 号）明确提出："要使学生具有爱国主义、集体主义精神，热爱社会主义，继承和发扬中华民族的优秀传统和革命传统；具有社会主义民主法制意识，遵守国家法律和社会公德；逐步形成正确的世界观、人生观、价值观；具有社会责任感，努力为人民服务；具有初步的创新精神、实践能力、科学和人文素养以及环境意识；具有适应终身学习的基础知识、基本技能和方法；具有健壮的体魄和良好的心理素质，养成健康的审美情趣和生活方式，成为有理想、有道德、有文化、有纪律的一代新人。"

2010 年颁布的《国家中长期教育改革和发展规划纲要（2010—2020 年）》强调："全面加强和改进德育、智育、体育、美育。坚持文化知识学习与思想品德修养的统一、理论学习与社会实践的统一、全面发展与个性发展的统一。加强体育，牢固树立健康第一的思想，确保学生体育课程和课余活动时间，提高体育教学质量，加强心理健康教育，促进学生身心健康、体魄强健、意志坚强；加强美育，培养学生良好的审美情趣和人文素养。加强劳动教育，培养学生热爱劳动、热爱劳动人民的情感。重视安全教育、生命教育、国防教育、可持续发展教育。促进德育、智育、体育、美育有机融合，提高学生综合素质，使学生成为德智体美全面发展的社会主义建设者和接班人。"

(二)小学教育具体政策

教育的具体政策是对国家某一层次和某一方面的教育起作用的政策。在此,以小学德育政策为例,说明国家对小学德育科学运行的政策规范。

德育是我国全面发展教育的重要组成部分。为确保德育在小学教育中的地位及其工作开展,加强德育工作领导,提高小学德育质量和水平,党和国家及教育主管部门制定了一系列德育政策。1994 年的《中共中央关于进一步加强学校德育工作的若干意见》要求:"要以邓小平同志建设有中国特色社会主义理论为指导,全面贯彻党的教育方针,坚持社会主义办学方向,落实《中国教育改革和发展纲要》,加大改进工作的力度,完善德育体系,积极推进教育教学改革,克服'一手硬,一手软'和忽视德育工作的倾向,努力培养有理想、有道德、有文化、有纪律的献身有中国特色社会主义事业的建设者和接班人。"1998 年,原国家教委制定了《中小学德育工作规程》,它是教育行政部门进行德育管理和学校开展德育工作的法规性文件,与前后颁布的《小学德育纲要》《中学德育大纲》《小学生日常行为规范》《中学生日常行为规范》《中小学教师职业道德规范》《家长教育行为规范》,以及《九年义务教育小学思想品德课和初中思想政治课课程标准(试行)》《全日制普通高级中学思想政治课课程标准》等具体的德育工作规章,共同构成了中小学德育规章体系,保证了中小学德育工作的权威性和稳定性。

《中共中央 国务院关于进一步加强和改进未成年人思想道德建设的若干意见》(中发〔2004〕8 号)要求"紧密结合全面建设小康社会的实际,针对未成年人身心成长的特点,积极探索新世纪新阶段未成年人思想道德建设的规律,坚持以人为本,教育和引导未成年人树立中国特色社会主义的理想信念和正确的世界观、人生观、价值观,养成高尚的思想品质和良好的道德情操,努力培育有理想、有道德、有文化、有纪律的,德、智、体、美全面发展的中国特色社会主义事业建设者和接班人"。同时,《公民道德建设实施纲要》《爱国主义教育实施纲要》《小学管理规程》《小学生守则》《小学生日常行为规范》《国家中长期教育改革和发展规划纲要(2010—2020 年)》以及其他重要的教育政策文件中都有对德育方面的政策规定。

这些德育政策分别规定了小学德育的地位、方向和指导思想,小学德育的培养目标,小学德育的基本原则,小学德育的基本内容和要求,小学德育的实施途径,小学生品德评定,小学德育管理与队伍建设以及小学德育的物质保证和社会支持,等等。为小学德育的科学、有序开展提供了政策保障。

阅读材料 3-1

小学德育的基本政策

第二十一条　小学要将德育工作摆在重要位置，校长负责，教职工参与，教书育人、管理育人、服务育人。

学校教育要同家庭教育、社会教育相结合。

第二十二条　小学应在每个教学班设置班主任教师，负责管理、指导班级工作。班主任教师要同各科任课教师、学生家长密切联系，了解掌握学生思想、品德、行为、学业等方面的情况，协调配合对学生实施教育。

班主任教师每学期要根据学生的操行表现写出评语。

第二十三条　小学对学生应以正面教育为主，肯定成绩和进步，指出缺点和不足，不得讽刺挖苦、粗暴压服，严禁体罚和变相体罚。

资料来源：《小学管理规程》

二、小学教育政策体系的横向结构

（一）小学教育体制政策

小学教育体制政策包括行政管理体制、办学体制和学校管理体制等方面的政策内容。我国基础教育体制政策是 1985 年《中共中央关于教育体制改革的决定》确立下来的，30 余年来不断发展和完善，其主要精神和框架被写进《中华人民共和国教育法》《中华人民共和国义务教育法》《中华人民共和国民办教育促进法》以及有关法律中。

1. 小学教育行政管理体制政策

教育行政管理体制是指一个国家教育行政组织系统，即国家对教育的领导管理的组织结构和工作制度的总称，包括教育行政组织机构的设置，各级教育行政机构的隶属关系和职权划分。《中国教育改革和发展纲要》（1993 年）提出教育体制改革"三个有利于"的要求和方针，即教育体制改革要有利于坚持社会主义方向，培养德智体全面发展的建设者和接班人；有利于调动各级政府、全社会和广大师生员工的积极性，提高教育质量、科研水平和办学效益；有利于促进教育更好地为社会主义现代化建设服务。同时还对基础教育分级办学、分级管理做了进一步的规定，并要求推进农村基础教育、职业技术教育和成人教育的统筹和综合改革。

《中共中央关于教育体制改革的决定》（1985 年）提出："实行九年义务教育，实行基础教育由地方负责、分级管理的原则，是发展我国教育事业、改革我国教育体制的基础一环。""必须从教育体制入手，有系统地进行改革。改革管理体制，在加强宏观管理的同时，坚决实行简政放权，扩大学校的办学自主权；调整教育结构，相应地改革劳动人事制度。还要改革同社会主义现代化不相适应的教育思想、教育内容、教育方法。经过改革，要开创教育工作的新局面。""基础教育管理权属于地方。

除大政方针和宏观规划由中央决定外，具体政策、制度、计划的制定和实施，以及对学校的领导、管理和检查，责任和权力都交给地方。省、市(地)、县、乡分级管理的职责如何划分，由省、自治区、直辖市决定。为了保证地方发展教育事业，除了国家拨款外，地方机动财力中应有适当比例用于教育，乡财政收入应主要用于教育。地方可以征收教育费附加，此项收入首先用于改善基础教育的教学设施，不得挪作他用。"

普及九年义务教育基本实现后，针对基础教育管理体制尤其是农村基础教育出现的新情况、新问题，2001年，《国务院关于基础教育改革与发展的决定》对基础教育行政管理体制政策做出了重大调整。即"实行在国务院领导下，由地方政府负责、分级管理、以县为主的体制"，要求"县级人民政府对本地农村义务教育负有主要责任，要抓好中小学的规划、布局调整、建设和管理，统一发放教职工工资，负责中小学校长、教师的管理，指导学校教育教学工作。乡(镇)人民政府要承担相应的农村义务教育的办学责任，根据国家规定筹措教育经费，改善办学条件，提高教师待遇。继续发挥村民自治组织在实施义务教育中的作用。乡(镇)、村都有维护学校的治安和安全、动员适龄儿童入学等责任"。

至此，我国基础教育已初步形成"以县为主"的行政管理体制，改变了一个时期以来"分级办学、分级管理"形成的"县办高中、乡办初中、村办小学"过于分散的体制格局。"以县为主"实质上是从制度和体制上实现农村教育主要由农民负担向由政府负担的转变，同时强化了县级政府对本地教育发展规划、经费使用安排、教师和校长人事等方面统筹管理的责任。这一政策进一步明确了发展农村义务教育是各级政府义不容辞的责任。这不仅有利于减轻农民负担，也进一步凸显了基础教育和义务教育的公益性，促进基础教育尤其是农村义务教育均衡发展。

2010年，《国家中长期教育改革和发展规划纲要(2010—2020年)》提出，要"形成惠及全民的公平教育。坚持教育的公益性和普惠性，保障公民依法享有接受良好教育的机会。建成覆盖城乡的基本公共教育服务体系，逐步实现基本公共教育服务均等化，缩小区域差距。努力办好每一所学校，教好每一个学生，不让一个学生因家庭经济困难而失学。切实解决进城务工人员子女平等接受义务教育问题。保障残疾人受教育权利"。要求"坚持以输入地政府管理为主、以全日制公办中小学为主，确保进城务工人员随迁子女平等接受义务教育，研究制定进城务工人员随迁子女接受义务教育后在当地参加升学考试的办法。建立健全政府主导、社会参与的农村留守儿童关爱服务体系和动态监测机制。加快农村寄宿制学校建设，优先满足留守儿童住宿需求。采取必要措施，确保适龄儿童少年不因家庭经济困难、就学困难、学习困难等原因而失学，努力消除辍学现象"。

2. 小学办学体制政策

中华人民共和国成立初期，国家是各类教育事业唯一的办学主体。党的十一届三中全会后，国家对办学体制进行了改革，《中国教育改革和发展纲要》提出："改变政府包揽办学的格局，逐步建立以政府办学为主体，社会各界共同办学的体制。在现阶段，基础教育应以政府办学为主……国家对社会团体和公民个人依法办学，采取积极鼓励、大力扶持、正确引导、加强管理的方针。"自此，办学主体和办学形式日益多元，民办教育开始焕发出勃勃生机。

《中共中央　国务院关于深化教育改革全面推进素质教育的决定》(1999年)指出："积极鼓励和支持社会力量以多种形式办学，满足人民群众日益增长的教育需求，形成以政府为主体，公办学校和民办学校共同发展的格局。""在保证适龄儿童、青少年均能就近进入公办小学和初中的前提下，可允许少数民办小学和初中，在这个范围内提供选择机会，但不搞'一校两制'。……要因地制宜地制定优惠政策，(如土地优惠政策、免征配套费等)，支持社会力量办学。"

《国家中长期教育改革和发展规划纲要(2010—2020年)》提出："深化办学体制改革。坚持教育公益性原则，健全政府主导、社会参与、办学主体多元、办学形式多样、充满生机活力的办学体制，形成以政府办学为主体、全社会积极参与、公办教育和民办教育共同发展的格局。调动全社会参与的积极性，进一步激发教育活力，满足人民群众多层次、多样化的教育需求。"

阅读材料 3-2

2001年，《国务院关于基础教育改革与发展的决定》(国发〔2001〕21号)提出"推进办学体制改革，促进社会力量办学健康发展"的政策措施：

第一，对基础教育及其不同阶段的办学体制提出了以政府办学为主体，积极鼓励社会力量办学的基本方针和具体政策。在基础教育的不同阶段，提出"义务教育坚持以政府办学为主，社会力量办学为补充；学前教育以政府办园为骨干，积极鼓励社会力量举办幼儿园；普通高中教育在继续发展公办学校的同时，积极鼓励社会力量办学"。

第二，对民办教育的学生、教师和举办者的权利和义务进行了政策性规定。提出民办学校在招生、教师职务评聘、表彰奖励等方面享有和公办学校同等的权利和机会。民办教育举办者所得的合法资金在留足学校发展资金后，可获得适当资金奖励。

第三，积极鼓励企业、社会团体和公民个人对基础教育的捐赠。

第四，稳妥地搞好国有企业中小学分离工作。

第五，加强对公办学校办学体制改革试验的领导和管理。薄弱校、国有企业所属学校和政府新建学校在保证国有资产不流失的前提下，可以进行民办学校机制运行的改革试验。

2010年，《国家中长期教育改革和发展规划纲要(2010—2020年)》强调："坚持教育公益性原则，健全政府主导、社会参与、办学主体多元、办学形式多样、充满生机活力的办学体制，形成以政府办学为主体、全社会积极参与、公办教育和民办教育共同发展的格局。""深化公办学校办学体制改革，积极鼓励行业、企业等社会力量参与公办学校办学，扶持薄弱学校发展，扩大优质教育资源，增强办学活力，提高办学效益。各地可从实际出发，开展公办学校联合办学、委托管理等试验，探索多种形式，提高办学水平。"

3. 小学学校管理体制政策

新中国成立以来，我国小学学校管理体制历经了多次变革。新中国成立之初实行由进步教职工代表组成的校务委员会制。1952年《小学暂行规程(草案)》提出小学采用校长负责制。1958年《中共中央 国务院关于教育工作的指示》指出："一切中等学校和初等学校，也应该放在党委的领导之下。"于是，学校开始实行在党支部领导下的校长负责制。1963年"小学40条"规定："校长是学校行政负责人，在当地党委和主管教育行政部门领导下，负责领导全校的工作。""文化大革命"期间采用"革命委员会"制，造成小学内部管理混乱不堪。1978年以后，教育部重新颁布"小学40条"，规定"全日制小学实行党支部领导下的校长负责制"。1985年《中共中央关于教育体制改革的决定》明确规定："学校逐步实行校长负责制。"同时，提出"要建立和健全以教师为主体的教职工代表大会制度，加强民主管理和民主监督"。学校党组织要把精力集中到建设和加强思想政治工作上来，团结师生员工和支持校长行使职权，保证和监督党的各项方针政策的落实。这是我国中小学内部管理体制改革的重大举措。

党的十八大以来，党对学校工作的领导全面加强。2022年1月，中共中央办公厅印发《关于建立中小学校党组织领导的校长负责制的意见(试行)》，要求"学校党组织全面领导学校工作，履行把方向、管大局、作决策、抓班子、带队伍、保落实的领导职责"，"校长在学校党组织领导下，依法依规行使职权，按照学校党组织有关决议，全面负责学校的教育教学和行政管理等工作"。这是我国对中小学管理体制的又一次调整，建立中小学校党组织领导的校长负责制，是坚持为党育人、为国育才，保证党的教育方针和党中央决策部署在中小学校得到贯彻落实的必然要求。

(二)小学教育质量政策

1. 小学课程政策

课程政策是指国家教育行政主管部门为了调整课程权力、课程运行方式而制定的行动纲领和准则。它着重解决"由谁来决定我们的课程"，即课程权力的分配问题，包括课程政策目标，即反映课程政策问题及课程政策的方向、目的；课程政策载体，即课程计划或方案、课程标准(教学大纲)以及教科书(承载课程政策信息的文本)；课程政策主体，即课程政策的制定者与实施者。

新中国成立以来，我国课程政策历经变革。最初，中小学课程教材由国家制定，全国统一使用。1958 年 8 月，中共中央和国务院发布《关于教育事业管理权力下放问题的规定》，指出教育部"组织编写通用的基本教材、教科书"，"各地方根据因地制宜、因校制宜的原则，可以对教育部和教育主管部门颁发的各级各类学校指导性教学计划、教学大纲和通用的教材、教科书，领导学校进行修订和补充，也可以自编教材和教科书"。针对放权后出现的内容"政治化""高难度"现象，1959 年 1 月，中央决定统管学制、课程设置和课本，编写通用教材。

"文化大革命"结束后，针对教育领域的无序和无效状况，国家采取了统一教学大纲、统一编写和使用教材的课程政策。对于教育质量的恢复起到了积极作用。但随着改革开放和教育发展，这种高度集中统一的课程政策与实际需要之间的适应性冲突越来越明显。1985 年 1 月，教育部颁布了《全国中小学教材审定委员会工作条例（试行）》，要求中小学教材要将编写和审查分开。1992 年 8 月，原国家教委正式颁发《九年义务教育全日制小学、初级中学课程计划（试行）》，将"教学计划"改为"课程计划"，首次提出"国家安排课程"和"地方安排课程"，实现了中华人民共和国成立以来课程管理政策的较大突破；调整了各学科比例，增加了课程的灵活性和多样性；教材使用"一纲多本""多纲多本"，由国定制转变为审定制和编审分开。

1999 年《面向 21 世纪教育振兴行动计划》实施以来，新一轮的基础教育课程改革不断深化。随着《国务院关于基础教育改革与发展的决定》和《基础教育课程改革纲要（试行）》的颁布，新一轮课程改革的一系列课程政策相继制定和实施，主要措施包括以下方面。

（1）实行"积极进取、稳妥推进、先立后破、先实验后推广"的课程改革方针。新课程改革实行国家宏观指导下的地方责任制，积极进行教学改革，并在实验的基础上加以修改和完善。

（2）确立国家、地方和学校三级课程管理主体的管理体制，课程决策和课程开发更为民主、科学，兼顾整体要求与个体特色。新课程的重大突破和显著特色，是从中央集中统一管理的课程管理体制，向中央、地方和学校三级权力分享的转变，建立国家课程、地方课程和校本课程相结合的课程管理与开发体制。鼓励学校开发地方课程和校本课程，鼓励教师参与课程开发和专业发展，改进教学手段和方法，改革教科书编写、审定和选用制度，实行编审分离。

（3）整体设置九年一贯制义务教育课程，遵循儿童认知发展特点设置课程结构。新课程确立了以综合课程为主的基本原则，从儿童认知特点出发，将相关学科的基础知识与儿童生活经验以及社会科技进步三方面的联系整合起来。

（4）尊重教师、学生在课程实施过程中的主体地位和发展权利。新课程强调对基础知识和基本技能、学习态度、价值观的培养，尊重学生个性化的学习需要，尊重教师的主体性和创造性，提倡全面的发展性评价。

2. 小学教学政策

教学是学校的中心工作。1963年，中央颁布的"小学40条"就明确提出：全日制小学必须贯彻以教学为主的原则，必须根据教育部统一规定的教学计划、教学大纲和教科书进行教学，不得任意修改教学计划、教学大纲和教科书，教学的基本形式是课堂教学。同时，对小学的生产劳动、课外活动、课内外作业、学习竞赛作了原则要求。此后，针对中小学生课业负担过重现象，1964年中共中央、国务院批转教育部临时党组《关于克服中小学学生负担过重现象和提高教育质量的报告》，要求克服轻视生产劳动、片面追求升学率的现象，把思想政治教育放在首位，教育学生热爱劳动，正确对待升学和生产劳动。党的十一届三中全会以来，随着高考制度的恢复，各级各类学校的教学秩序不断恢复和建立，在《中共中央　国务院关于普及小学教育若干问题的决定》的推动下，小学教育各项教育政策和制度进一步建立和完善，1996年颁布的《小学管理规程》规定了小学教学工作基本政策。

此后，小学的教学政策基本上是围绕减轻小学生过重的课业负担、反对片面追求升学率而制定的各种限制性政策，以及为推进素质教育、促进学生全面发展而制定的引导性政策。《基础教育课程改革纲要(试行)》在系统提出课程改革政策的同时，也制定了新的教学政策："教师在教学过程应与学生积极互动、共同发展，要处理好传授知识与培养能力的关系，注重培养学生的独立性和自主性，引导学生质疑、调查、探究，在实践中学习，促进学生在教师指导下主动地、富有个性地学习。教师应尊重学生的人格，关注个体差异，满足不同学生的学习需要，创设能引导学生主动参与的教育环境，激发学生的学习积极性，培养学生掌握和运用知识的态度和能力，使每个学生都能得到充分的发展。""大力推进信息技术在教学过程中的普遍应用，促进信息技术与学科课程的整合，逐步实现教学内容的呈现方式、学生的学习方式、教师的教学方式和师生互动方式的变革，充分发挥信息技术的优势，为学生的学习和发展提供丰富多彩的教育环境和有力的学习工具。"

阅读材料 3-3

《小学管理规程》节选(国家教委 26 号令)

第十八条　小学的主要任务是教育教学工作。其他各项工作均应以有利于教育教学工作的开展为原则。

第十九条　小学应按照国家或省级教育行政部门发布的课程计划、教学大纲进行教育教学工作。

小学在教育教学工作中，要充分发挥学科课和活动课的整体功能，对学生进行德育、智育、体育、美育和劳动教育，为学生全面发展奠定基础。

第二十条　小学要积极开展教育教学研究，运用教育理论指导教育教学活动，积极推广科研成果及成功经验。

第二十一条　小学要将德育工作摆在重要位置，校长负责，教职工参与，教书育人、管理育人、服务育人。

学校教育要同家庭教育、社会教育相结合。

第二十二条　小学应在每个教学班设置班主任教师，负责管理、指导班级工作。班主任教师要同各科任课教师、学生家长密切联系，了解掌握学生思想、品德、行为、学业等方面的情况，协调配合对学生实施教育。

班主任教师每学期要根据学生的操行表现写出评语。

第二十三条　小学对学生应以正面教育为主，肯定成绩和进步，指出缺点和不足，不得讽刺挖苦、粗暴压服，严禁体罚和变相体罚。

第二十四条　小学教学要面向全体学生，坚持因材施教的原则，充分发挥学生的主体作用；要重视基础知识教学和基本技能训练，激发学习兴趣，培养正确的学习方法、学习习惯。

第二十五条　小学应当按照教育行政部门颁布的校历安排学校工作。小学不得随意停课，若遇特殊情况必须停课的，一天以内的由校长决定，并报县教育行政部门备案；一天以上三天以内的，应经县级人民政府批准。

小学不得组织学生参加商业性的庆典、演出等活动，参加其他社会活动亦不应影响教学秩序和学校正常工作。

第二十六条　小学要合理安排作息时间。学生每日在校用于教育教学活动的时间五、六年级至多不超过6小时，其他年级还应适当减少。课余、晚上和节假日不得安排学生集体补课或上新课。

课后作业内容要精选，难易要适度，数量要适当，要严格执行有关规定，保证学生学业负担适量。

3. 小学教育升学和评价政策

小学教育升学和评价政策是小学教育的重要环节，也体现出小学教育的性质和功能。小学教育在实现普及以前，既具有培养功能和发展功能，又承担着升学和就业的分流功能和选拔功能。因此，1953年《中央人民政府政务院关于整顿和改进小学教育的指示》中，小学教育在成绩评定和升学政策上是彼此兼顾、相互照应的。1963年"小学40条"进一步明确制定了小学的考查、考试、升留级和毕业政策："考查和考试主要是为了了解学生的学习情况，督促学生复习功课，巩固所学的知识；同时便于研究和改进教学工作。必须重视平时课堂提问和作业的考查，发现学生学习上有缺陷，要及时弥补。考试的次数不要太多，语文、算术每学期可以举行一次或两次阶段考试和一次学期考试，其他课程只举行学期考试。不要因为考试而造成学生过分的紧张和劳累。学校应该严格执行升级、留级制度。语文、算术的学年考试，经补考还有一科不及格的，不得升级或者毕业。"

党的十一届三中全会以来，面对日益严重的"应试教育"和片面追求升学率造成的学生课业负担过重的现象，教育部多次制定政策，下发"减负令"，要求中小学由"应试教育"转向面向全体学生，全面提高国民素质教育的轨道上来。1993年《中国教育改革和发展纲要》提出："要逐步改革和完善升学和考试制度，稳步推进小学毕业生就近入学，初中毕业生升学考试，高中毕业会考和高考制度的改革。"1996年《小学管理规程》要求小学应从德、智、体等方面全面评价学生，要创造条件，逐步降低学生留级比例和减少留级次数；对小学毕业、结业、肄业、留级都做出了相应规定；小学不得开除学生；小学毕业考试由学校命题；不得以考试成绩排列班级、学生的名次和作为衡量教学质量、评定教师教学工作的唯一标准。

1999年《中共中央 国务院关于深化教育改革全面推进素质教育的决定》首次提出："在普及九年义务教育的地区，实行小学毕业生免试就近升学的办法。"这成为此后小学教育升学的基本政策。同时要求"鼓励各地中小学自行组织毕业考试，建立符合素质教育要求的对学校、教师和学生的评价机制。地方各级人民政府不得下达升学指标，不得以升学率作为评价学校工作的标准"。2001年《国务院关于基础教育改革与发展的决定》进一步提出，要改革考试评价和招生选拔制度，探索科学的评价方法，小学的成绩评定应实行等级制；学校和教师不得公布学生考试成绩和按考试成绩排队。

2001年，《基础教育课程改革纲要(试行)》根据世界各国教育评价发展的趋势和走向，提出了发展性评价政策和模式，努力建立促进学生全面发展的评价体系。所谓发展性评价，是以学习者的主体作用为基础，强调认知活动中新知与旧知的联系，强调知识和技能的应用、迁移，强调教学方式中的过程和体验，强调教学互动中情感、态度和价值观等指标的重要影响，使评价过程与教学过程相并行，提供信息和指导，以促进学生的发展。与传统的教育评价不同，发展性评价体现了这样几个基本的教育理念：一是评价主体互动化，即评价主体(教师、管理者、学生和家长)共同参与、交互活动、相互沟通和协商。二是评价内容多元化，注重学生综合素质的考察，尊重学生个体发展的独特性，帮助学生悦纳自己和建立自信。三是评价过程动态化，不仅关心评价的结果，更注重学生的成长过程，促进学生的不断转变和发展。

此外，该纲要还要求建立促进学生全面发展的评价体系，实施发展性评价。具体而言应当开展四个方面的工作：一是明确评价内容和评价标准，即根据国家对基础教育阶段总的培养目标，提出学生的一般性发展目标，并结合各科的课程标准确立学科的具体学习目标。二是设计评价工具，即能够反映学生学习过程、学习态度和学习结果的评价表。三是搜集和分析反映学生学习情况的数据和资料。四是在上述评价活动的基础上，明确促进学生发展的改进要点，并制订改进计划。①

---

① 钟启泉等：《为了中华民族的复兴 为了每位学生的发展——〈基础教育课程改革纲要(试行)〉解读》，303～304，306～315页，上海，华东师范大学出版社，2001。

(三)小学教育经费政策

小学教育经费的来源、管理和使用，既有国家法律规定，也有党和国家政策规定。两者是根本一致、相辅相成的。

《中共中央关于教育体制改革的决定》奠定了新时期以来我国教育经费政策的基础，提出"中央和地方政府的教育拨款的增长要高于财政经常性收入的增长，并使在校学生人数平均的教育费用逐步增长"。按照"把发展基础教育的责任交给地方"的基本精神，要求除了国家拨款外，地方机动财力中应有适当比例用于教育，乡财政收入主要用于教育。地方可以征收教育费附加，此项收入首先用于改善基础教育的教学设施，不得挪作他用。地方要鼓励和指导国有企业、社会团体和个人捐资助学，但不得强迫摊派。同时严格控制各方面向学校征收费用，减轻学校的经济负担。

《中国教育改革和发展纲要》进一步改革和完善了教育投资体制，提出要逐步建立以国家财政拨款为主，辅之以征收用于教育的税费、收取非义务教育阶段学生学杂费、校办企业收入、社会捐资集资和设立教育基金等多种渠道筹措教育经费的体制。1995年的《中华人民共和国教育法》制定了我国教育投入"三个增长"的法律要求，即"各级人民政府教育财政拨款的增长应当高于财政经常性收入的增长，并使按在校学生人数平均的教育费用逐步增长，保证教师工资和学生人均公用经费逐步增长"。

基于这些基本的教育经费政策和法律，1996年的《小学管理规程》对小学教育的经费进行了具体规定，包括："小学的办学条件及经费由学校举办者负责提供。其标准由省级人民政府制定。""公办小学免收学费，可适当收取杂费。小学收费应严格按照省级人民政府制定的收费项目和县级以上人民政府制定的标准和办法执行。""小学可按有关规定举办校办产业，从学校实际出发组织师生勤工俭学。""严禁采取向学生摊派钱、物的做法代替勤工俭学。""小学可按国家有关规定接受社会捐助。""小学应科学管理、合理使用学校经费，提高使用效益。"

《中共中央　国务院关于深化教育改革全面推进素质教育的决定》和国务院批转教育部《面向21世纪教育振兴行动计划》根据《中华人民共和国教育法》的要求，进一步提出从1998年到2002年中央本级财政支出每年提高1个百分点。政府的教育拨款主要用于普及义务教育，非义务教育阶段适当增加学费在培养成本中的比例，逐步建立符合社会主义市场经济体制以及政府公共财政体制的财政教育拨款政策和成本分担机制。

2001年，根据普及九年义务教育以后基础教育尤其是农村义务教育出现的困难和问题，《国务院关于基础教育改革与发展的决定》提出"以县为主"的教育经费政策。要求"县级人民政府对本地农村义务教育负有主要责任，要抓好中小学的规划、布局调整、建设和管理，统一发放教职工工资……乡（镇）人民政府要承担相应的农村义务教育的办学责任，根据国家规定筹措教育经费，改善办学条件，提高教师待遇"，

"通过调整财政体制和增加转移支付的办法解决农村中小学教师工资发放问题","中央财政将给予适当补助,支持国家扶贫开发重点县等中西部困难地区建立农村中小学教师工资保障机制"。同时,加强教育经费管理,刹住一些地方和学校的乱收费,在国家扶贫开发工作重点县等农村贫困地区,实行义务教育"一费制"政策。《国务院关于进一步加强农村教育工作的决定》和国务院批转教育部《2003—2007教育振兴行动计划》,进一步制定基础教育尤其是加大对农村教育扶持力度的经费政策。

2005年,《国务院关于深化农村义务教育经费保障机制改革的通知》提出构建起农村义务教育经费保障的新机制,经费实行省级统筹,管理以县为主,即由省统筹落实辖区内农村义务教育经费,县级政府是农村义务教育经费的直接管理者和使用者,地市和乡镇级政府按照国务院和省级政府的有关文件规定,履行对农村义务教育的应有职责。计划用5年的时间,逐步将农村义务教育全面纳入公共财政保障体系。要求实行中央与地方分项目、按比例的分担办法,保证由地方政府完全承担起对农村义务教育投入的责任。对免收学杂费和提高公用经费水平,中央与地方的分担比例是西部地区为8:2,中部地区为6:4,东部地区除直辖市以外,按照财政状况分省确定。对校舍维修改造资金,中央与地方分比例承担,中西部地区为5:5,东部地区主要由地方承担,中央给予适当奖励性支持。对贫困学生提供免费教科书资金,中西部地区由中央全额承担,东部地区由地方自行承担;对贫困寄宿学生的生活费补助,由地方承担。

2010年,《国家中长期教育改革和发展规划纲要(2010—2020年)》强调:"各级党委和政府要把优先发展教育作为贯彻落实科学发展观的一项基本要求,切实保证经济社会发展规划优先安排教育发展,财政资金优先保障教育投入,公共资源优先满足教育和人力资源开发需要。充分调动全社会关心支持教育的积极性,共同担负起培育下一代的责任,为青少年健康成长创造良好环境。完善体制和政策,鼓励社会力量兴办教育,不断扩大社会资源对教育的投入。"

与1985年《中共中央关于教育体制改革的决定》以来教育经费政策相比,新的教育经费政策具有如下特征。

第一,更加注重国家在教育上的责任和义务,把教育作为政府一项最重要的工作。政府作为教育投资的主体,进一步凸显了教育的公共产品性质;教育投入成为公共财政支出,保障了教育经费的持续稳定增长。

第二,进一步完善了"经费省级统筹,管理以县为主"的农村义务教育经费投入和保障机制。省级政府统筹落实辖区内农村义务教育经费,具体内容包括:统筹安排中央转移支付的资金;统筹确定省级及省级以下政府的经费分担责任;统筹制定辖区内经费保障体制改革的各项具体政策措施。经费管理上实现以县为主;建立健全规范、高效快捷的资金拨付制度;建立健全农村中小学各项财务管理制度。

第三,逐步形成与社会主义市场经济体制相适应的、满足公共教育需求的、稳步和可持续增长的教育投资机制。新一轮教育振兴行动计划明确提出："义务教育经费由政府负担，适当收取少量杂费；非义务教育的办学费用，以政府为主渠道，由政府、受教育者和社会共同承担。"这就明确了各级政府必须依法加大教育投入力度，确保财政主渠道作用的到位。同时坚持多渠道筹措体制，鼓励和引导社会、企业和公民个人捐资助学、出资和投资办学，进一步扩大社会教育资源总量。

（四）小学教师政策

1. 小学教师培养与培训政策

我国自现代学制建立以来，小学教师就一直通过师范学校进行系统内定向培养，师范生享受师范专业助学金，毕业后由国家统一分配，实行服务期制度。中华人民共和国成立后，这种制度得到沿用，只是在学校层次和培养规格上由以初师为主升级为以中师为主。

党的十一届三中全会后，教师政策不断恢复、建立和完善，建立了从招生、培养到分配的一整套的政策制度。1993年，《中国教育改革和发展纲要》提出："各级政府要努力增长投入，大力办好师范教育，鼓励优秀毕业生报考师范院校。进一步扩大师范院校定向招生的比例，建立师范毕业生服务期制度，保证毕业生到中小学任教。……要制定教师培训计划，到本世纪末，通过师资补充和在职培训，绝大多数中小学教师要达到国家规定的合格学历标准，小学和初中教师中具有专科和本科学历者的比重逐年提高。"到2000年，小学教师的学历合格率（中师）达96.99%，基本满足了基础教育事业发展对教师的需求，小学教师整体素质明显提高。

1999年，国务院批转教育部《面向21世纪教育振兴行动计划》和《中共中央　国务院关于深化教育改革全面推进素质教育的决定》，首次提出："调整师范学校的层次和布局，鼓励综合性高等学校和非师范类高等学校参与培养、培训中小学教师的工作，探索在有条件的综合性高等学校中试办师范学院。2010年前后，具备条件的地区力争使小学和初中阶段教育的专任教师的学历分别提升到专科和本科层次……开展以培训全体教师为目标、骨干教师为重点的继续教育。"这意味着我国小学教师培养与培训由"师范教育"向"教师教育"的历史性转变：一是实现由中专向专科及以上学历升级；二是由职前教育为主向职前培养与职后培训一体化转变；三是由师范学校系统定向的封闭式培养，向师范院校为主、其他高等学校参与的开放式培养转变；四是由学历达标教育向提高全体教师整体素质的同时注重骨干教师队伍建设转变。

此后，《教育部关于"十五"期间教师教育改革与发展的意见》提出："教师教育是在终身教育思想指导下，按照教师专业发展的不同阶段，对教师的职前培养、入职教育和在职培训的统称。加快教师教育的发展，提高教师教育水平，对建设一支高素质的教师队伍，扎实推进素质教育，具有重大的战略意义。"《国务院关于基础教育改革与发展的决定》和《2003—2007年教育振兴行动计划》要求实施"高素质教师和管理队伍建设工程"，将教师教育逐步纳入高等教育体系，构建以师范大学和其他举办教师教育的高水平大学为先导，专科、本科、研究生三个层次协调发展，职前职后相互沟通，学历与非学历教育并举，促进教师专业发展和终身学习的现代教师教育体系。教育部还制定了《关于加强专科以上学历小学教师培养工作的几点意见》和《关于规范小学和幼儿园教师培养工作的通知》。这些政策的出台，对于确保小学教师教育的办学条件、提高其质量和规范其管理，是十分重要和必要的。

2010年，《国家中长期教育改革和发展规划纲要(2010—2020年)》明确提出，要"严格教师资质，提升教师素质，努力造就一支师德高尚、业务精湛、结构合理、充满活力的高素质专业化教师队伍"，要"以农村教师为重点，提高中小学教师队伍整体素质。创新农村教师补充机制，完善制度政策，吸引更多优秀人才从教。积极推进师范生免费教育，实施农村义务教育学校教师特设岗位计划，完善代偿机制，鼓励高校毕业生到艰苦边远地区当教师。完善教师培训制度，将教师培训经费列入政府预算，对教师实行每五年一周期的全员培训。加大民族地区双语教师培养培训力度。加强校长培训，重视辅导员和班主任培训。加强教师教育，构建以师范院校为主体、综合大学参与、开放灵活的教师教育体系。深化教师教育改革，创新培养模式，增强实习实践环节，强化师德修养和教学能力训练，提高教师培养质量"。

2018年1月，中共中央、国务院印发《中共中央 国务院关于全面深化新时代教师队伍建设改革的意见》(简称《意见》)，这是我国新时代教师队伍建设改革最重要的政策文件。《意见》提出："到2035年，教师综合素质、专业化水平和创新能力大幅提升，培养造就数以百万计的骨干教师、数以十万计的卓越教师、数以万计的教育家型教师。"要实施教师教育振兴行动计划，建立以师范院校为主体、高水平非师范院校参与的中国特色师范教育体系，推进地方政府、高等学校、中小学"三位一体"协同育人。要推进教师培养供给侧结构性改革，为义务教育学校侧重培养素质全面、业务见长的本科层次教师。为了落实以上意见，同年2月，教育部等五部门印发了《教师教育振兴行动计划(2018—2022年)》，对振兴教师教育，培养素质全面、业务见长的本科层次的中小学教师提出了具体的措施，例如，引导支持办好师范类本科专业，加大义务教育阶段学校本科层次教师培养力度；以集中连片特困地区县和国家级贫困县为重点，通过公费定向培养、到岗退费等多种方式，为乡村小学培养补充全科教师，为乡村初中培养补充"一专多能"教师。

2. 小学教师任用和管理政策

小学教师任用和管理政策包括资格与任用、考核与奖励、评定与晋升等方面的政策制度。中华人民共和国成立以来，我国小学教师主要来自师范学校，一直采用分配和派用制度。同时，由于历史和地域的原因，形成了一支相当数量的民办教师队伍。

为了进一步加强中小学教师队伍建设，中央编制办、教育部、财政部下发《关于制定中小学教职工编制标准的意见》，人事部、教育部下发《关于深化中小学人事制度改革的实施意见》，提出深化中小学人事制度改革：以实行聘任(聘用)制和岗位管理为重点，以合理配置人才资源，优化中小学教职工结构，全面提高教育质量和管理水平为核心，加快用人制度和分配制度改革，建立符合中小学特点的人事管理运行机制，建设一支高素质专业化的中小学教师队伍和管理人员队伍。政策主要包括：全面实施教师资格制度；实行教职工聘任(聘用)制；加强编制管理，调整优化结构；完善中小学教职工工资保障机制和建立健全分配激励机制；落实边远、贫困地区中小学教师优惠政策；稳定和优化农村中小学教师队伍。

2010年，《国家中长期教育改革和发展规划纲要(2010—2020年)》提出了许多新的中小学教师管理制度，包括：完善并严格实施教师准入制度，严把教师入口关；国家制定教师资格标准，提高教师任职学历标准和品行要求；建立教师资格证书定期登记制度；省级教育行政部门统一组织中小学教师资格考试和资格认定，县级教育行政部门按规定履行中小学教师招聘录用、职务(职称)评聘、培养培训和考核等管理职能；逐步实行城乡统一的中小学编制标准，对农村边远地区实行倾斜政策；建立统一的中小学教师职务(职称)系列，在中小学设置正高级教师职务(职称)。

2010年，教育部师范教育司开始试点完善教师资格制度，建立"国标省考县聘"的教师资格准入制度和管理机制，实行教师资格考试，建立教师资格定期登记制度，即国家制定教师资格考试标准，省一级教育行政部门统一组织教师资格考试和教师资格认定，县一级教育行政部门组织教师公开招聘。2013年9月，教育部宣布，中小学生教师资格考试与定期注册制度试点范围将扩大。试点区内，教师资格考试有效期为三年，教师资格证须每五年注册一次。2015年，我国全面推行教师资格全国统考，提高教师入职门槛，并打破教师资格终身制，实行定期注册制度。2020年，教育部制定了《教育类研究生和公费师范生免试认定中小学教师资格改革实施方案》，规定从2021年起，教育类研究生、免费师范生可免试认定教师资格，免试对象的教育教学能力由所在高校进行考核，考核合格者可免考中小学教师资格考试的部分或全部科目。

2013年，教育部公布《关于建立健全中小学师德建设长效机制的意见》，明确教师不可触犯的师德红线，要求把师德教育纳入教师教育课程体系，师范生培养、新任教师岗前培训、在职教师培训都必须开设师德教育课程；将师德表彰奖励纳入教师和教育工作者奖励范围。师德考核不合格者年度考核不合格，在教师资格定期注册、职务(职称)评审、岗位聘用、评优奖励和特级教师评选等环节实行一票否决；对违反职业道德行为的发现一起、查处一起，绝不姑息。

2018年，《教师教育振兴行动计划(2018—2022年)》提出："落实师德教育新要求，增强师德教育实效性。将学习贯彻习近平总书记对教师的殷切希望和要求作为教师师德教育的首要任务和重点内容。加强师德养成教育，用'四有好老师'标准、

'四个引路人'、'四个相统一'和'四个服务'等要求，统领教师成长发展，细化落实到教师教育课程，引导教师以德立身、以德立学、以德施教、以德育德。"

3. 小学教师社会地位和待遇政策

百年大计，教育为本；教育大计，教师为本。教师承担着传播知识、传播思想、传播真理的历史使命，肩负着塑造灵魂、塑造生命、塑造人的时代重任，是教育发展的第一资源，是国家富强、民族振兴、人民幸福的重要基石。党和国家历来十分重视教师工作，赋予教师极高的社会地位，优先保障教师待遇。邓小平同志指出："一个小学教师，把全部精力放到教育事业上，就是很可贵的。要当好一个小学教师，付出的劳动并不比一个大学教师少，因此小学教师同大学教师一样光荣。"[1]习近平总书记在 2013 年教师节期间给全国教师的慰问信中指出："全社会要大力弘扬尊师重教的良好风尚，使教师成为最受社会尊重的职业。"[2]2018 年全国教育大会上，习近平总书记再次强调，长期以来，广大教师贯彻党的教育方针，教书育人，呕心沥血，默默奉献，为国家发展和民族振兴作出了重大贡献。全党全社会要弘扬尊师重教的社会风尚，努力提高教师政治地位、社会地位、职业地位，让广大教师享有应有的社会声望。[3]《中华人民共和国教师法》规定，"全社会应当尊重教师"，"教师的平均工资水平应当不低于或者高于当地公务员的平均工资水平，并逐年提高"。《中共中央　国务院关于全面深化新时代教师队伍建设改革的意见》提出，要"倡导全社会尊师重教"，"把提高教师地位作为真招实招，增强教师职业吸引力"。改革开放以来，我国相继建立起了一系列政策和制度，包括中小学教师工资制度、教师职务评聘制度、特级教师评选制度、优秀中小学教师奖励制度等。这些政策和制度的建立，对于提高中小学教师尤其是小学教师的社会地位，鼓励教师终身从事教育事业，发挥了重要的促进和保障作用。

第三节　我国小学教育政策体系的形成和发展

一、小学教育政策体系的产生和初步发展

我国古代的学校教育，在长期的发展中逐步形成了"小学"和"大学"两个阶段。"大学"以成人为教育对象，以儒家典籍为主要教学内容，以培养"修身齐家治国平天下"的君子为目标；"小学"则以儿童为教育对象，以启蒙教育和行为训练为主要教育内容：一是蒙养，以培养道德品格、训练行为习惯、读书识字和算术等知识技能的学习为主；二是进行社会道德伦理和文化礼仪的教化。很长一段时间内，"小学"教

① 《邓小平文选》第二卷，50 页，北京，人民出版社，1994。
② 《习近平书信选集》第一卷，11 页，北京，中央文献出版社，2022。
③ http://www.gov.cn/xinwen/2018－09/10/content_5320835.htm，访问日期：2024-06-24。

学目标和教学内容基本上都是为科举考试服务的，以私学为主。1902年，清政府颁布《钦定学堂章程》，试图以现代学制的建构带来教育目标和教育内容上的重大变革，以改变当时被动挨打的、落后的政治、经济和文化局面。自此，传统的蒙学性质的小学开始向现代学制下的初等教育转变。1911年，清政府中央教育会议提出4年小学为义务教育，这是我国义务教育的开端，但并未组织实施。[①] 1912—1913年，民国政府公布"壬子癸丑学制"，颁布了《小学校令》和《小学校教则及课程表》，改"学堂"为"学校"，把初小定为4年，为义务教育，高小毕业后可进入中学或师范学校、实业学校学习；在小学阶段一律废止读经，加强实业教育和职业教育。这些都反映了资产阶级普及教育和教育平等的要求。1922年颁布的"壬戌学制"进一步将初等教育确定为6年，即初小4年为义务教育，高小2年。此后，南京国民政府还颁布了《小学课程标准》(1932年)、《小学法》(1932年)、《小学规程》(1933年)，使初等教育基本定型。

中国共产党一贯重视国民素质的培养，重视小学教育的建设和发展。毛泽东同志提出了新民主主义教育是"民族的、大众的和科学的"教育方针。为了培养革命接班人，革命根据地创立列宁小学，把"厉行全部的义务教育"作为目标。苏区的普及教育以小学教育为主，工农子弟均能免费入学。1934年还颁布了《中华苏维埃共和国小学校制度暂行条例》和《小学管理法大纲》，对小学校的设置、编制、科目、设备和教员待遇等进行了详细规定。解放战争时期，小学学制采用"四二制"并与中学衔接，小学毕业生可以升学也可以就业。1949年，华北人民政府召开华北小学教育会议，研究部署小学教育"新型正规化"，拟定《华北区小学教育暂行实施办法》，系统规定了小学的学制、师资、经费、领导体制等。

二、新中国小学教育政策体系的建立与发展

(一)初步建设时期(1949—1966)

新中国成立后，为了使劳动人民子女更有利地接受完全的初等教育，1951年8月，第一次全国初等教育会议和师范教育会议提出，争取在十年内普及小学教育，在五年内实现小学五年一贯制；培养一百万名小学教师，提高小学教师的政治和社会地位。会议精神被写入了1951年10月政务院正式颁布的《关于改革学制的决定》中。由此，全国在初等教育阶段实行五年一贯制的小学教育。同时，为了保障失学青年和成人接受初等教育的权利，新学制还要求设立工农速成初等学校、业余初等学校和识字学校，为他们提供相应的教育。1952年3月，教育部公布《小学暂行规程(草案)》，全面规范了小学教育的基本学制、领导体制、学校设置、教育计划、教导原则、升留级和毕业办法、经费等。1953年12月，政务院颁发了《关于整顿和改进小学教育工作的指示》，明确指出应对小学教育进行切实整顿和改进：一是提出小

---

① 王长纯、梁建：《初等教育》，374页，长春，吉林教育出版社，2000。

学学制沿用四·二制,分初、高两级;二是要在整顿巩固的基础上有计划、有重点地发展小学教育;三是校长、教师要把教学工作作为压倒学校一切工作的中心任务,学生的主要任务是学习;四是要加强小学教师的培养和培训,提高小学教师的质量。1958 年 9 月,中共中央、国务院在《关于教育工作的指示》中提出,要对现行的学制进行积极妥善改革,应当规定全国通用的学制。此后,全国各地很多小学陆续开展了五年一贯制的学制改革实验。

1963 年 3 月,中共中央颁布《全日制小学暂行工作条例(草案)》,即"小学四十条",对小学教育方针、任务和培养目标做了明确规定:小学教育为社会主义建设事业培养劳动后备力量,为高一级学校培养合格的新生;并从德、智、体三方面规定了小学生的培养目标。此外,"小学四十条"规定了小学教学、思想品德教育、教师、行政和党的工作、生产劳动和体育方面的政策。这些对这一时期小学教育管理和质量的提高起了很好的作用。

(二)"文化大革命"时期(1966—1976)

"文化大革命"中,我国整个教育体系和制度受到了严重的破坏,广大教育工作者遭受严重摧残,从大学教育到中等教育、小学教育,各级教育制度、教育政策法规受到极大冲击,"小学四十条"也遭到批判。1968 年,大批农村公办小学改为民办,公办教师也被下放回原籍,改工资为工分。一些大城市的小学也改为街道办管理。小学教育教学秩序严重混乱,小学教育质量严重下滑。

(三)拨乱反正时期(1977—1984)

1978 年,随着党中央拨乱反正,在恢复高考以及一系列教育政策的积极推动下,教育制度和教学秩序得以恢复。在全国教育工作会讨论修改"小学四十条"的基础上,中央进一步颁布《全日制小学暂行工作条例(试行草案)》。1980 年 12 月,中共中央、国务院《关于普及小学教育若干问题的决定》要求:"在八十年代,全国应基本实现普及小学教育的历史任务,有条件的地区还可以进而普及初中教育。小学教育是整个教育的基础。"该《决定》还对小学教育的学制、管理体制、教师地位、师资培养和经费筹措等做出详细的政策安排。按照邓小平同志"办教育要两条腿走路,既注意普及、又注意提高,要办重点小学、重点中学、重点大学。要经过严格考试,把最优秀的人集中在重点中学和大学"的要求[1],在推进小学教育普及的同时,教育部于 1978 年颁发了《关于办好一批重点中小学试行办法》。这些政策对于促进教育走向正规化和规范化,并在教育资源匮乏的情况下加快人才培养起到了很好的作用。

1982 年 1 月,教育部发出《关于当前中小学教育几个问题的通知》,提出"中小学是基础教育"这一命题,此后在一系列教育政策的制定和实施上,将小学教育与中学教育作为"基础教育"的整体,实行统一规划与发展。要求基础教育要改变单纯追求升学率的错误做法,必须坚持"三好"标准,坚持面向全体学生,使他们在德智体

---

[1] 中共中央文献研究室:《文献和研究(一九八三年汇编本)》,190 页,北京,人民出版社,1984。

几方面都得到积极健康的发展。强调在继续办好重点中小学的同时，处理好重点与非重点的关系，保证重点、兼顾一般；重点小学一律实行就近入学。但事实上，这一政策在具体实施过程中出现不同程度的失真现象，中小学片面追求升学率、小学生课业负担过重、重点与非重点学校资源配置不均和择校的现象有增无减。

(四)重整发展时期(1985—2000)

1985 年 5 月，全国教育工作会议召开，邓小平同志指出："现在小学一年级的娃娃……将成为开创二十一世纪大业的生力军。中央提出要以极大的努力抓教育，并且从中小学抓起，这是有战略眼光的一着。"[①]此后颁发的《中共中央关于教育体制改革的决定》提出，在 20 世纪末基本实现普及九年义务教育。为实现这一发展目标，国家和教育主管部门在教育政策上进行了一系列重大调整和改革，并在实施中不断调整与完善。

1. 调节社会本位要求与个人本位要求的矛盾

我国小学教育任务随着社会政治经济的发展而进行着调整，具有鲜明的时代特征。20 个世纪 60 年代，由于未有效普及初中教育，大部分小学毕业生直接面临就业或为就业做准备，因而当时我国小学教育的主要任务是：既为社会主义建设事业培养劳动后备力量，同时为高一级学校培养合格的新生。80 年代至 90 年代，随着初中教育的普及，小学教育的培养功能和发展功能进一步强化，选拔和分流功能逐步淡化，学生毕业后可以免试直接升入初中继续学习，1996 年颁布的《小学管理规程》规定："小学教育要同学前教育和初中阶段教育相互衔接，应在学前教育的基础上，通过实施教育教学活动，使受教育者生动活泼、主动地发展，为初中阶段教育奠定基础。"换言之，这一规定首次确立了新时期我国小学教育不再承担为就业做准备的任务，而是主要为高一级教育奠定基础，这是我国小学教育性质和职能的深刻转变和提升，它意味着小学教育不再是高一级教育的依附，进而凸显一种本体功能——促进儿童生动活泼、主动地发展。

国家相继出台了一系列导向性和鼓励性政策，对小学教育教学与管理进行导向和调控，以加强和改进新时期小学教育教学工作，促进小学生健康发展。如 1988 年的《关于减轻小学生课业负担过重问题的若干规定》、原国家教委 1988 年下发的《小学德育纲要(试行草案)》和《小学生日常行为规范》、1988 年中共中央发出的《关于改革和加强中小学德育工作的通知》、原国家教委 1990 年印发的《关于进一步加强中小学德育工作的几点意见》、1991 年的《禁止使用童工规定》、1993 年的《关于减轻义务教育阶段学生过重课业负担，全面提高教育质量的指示》、原国家教委 1993 年颁发的《小学德育纲要》、中共中央 1994 年印发的《爱国主义教育实施纲要》等。1997 年，原国家教委发布《关于规范当前义务教育阶段办学行为的若干原则意见》，明确规定：义务教育阶段不设重点校、重点班、快慢班，要用三年左右的时间，在全国范围内

---

① 《邓小平文选》第三卷，120 页，北京，人民出版社，1993。

使义务教育阶段免试就近入学。在教学工作方面，原国家教委1988年颁发了《义务教育全日制小学、初级中学教学计划(试行草案)》，1992年在改革的基础上进一步颁发了《九年义务教育全日制小学、初级中学课程方案(试行)》。这些政策对提高民族素质和培养人才都起到了积极的促进和保障作用。

但也应当看到，这一时期的小学教育政策，主要还是围绕社会需要来制定的。对人的健康、可持续发展关注和理解不足，对儿童教育权、发展权的尊重和维护在实践中尚存有巨大阻力，在具体执行过程中，小学教育更多的是作为初中教育人才培养和选拔的预备和基础，应试教育相对普遍，学生课业负担沉重，被动学习、厌学的现象较为明显。

2. 调节提高素质与考试选拔人才的矛盾

我国现代学制建立基本是"外国的舶来品"，一开始就是建立在单轨制基础上的。尤其是新中国成立以来，教育坚持"为工农服务"的基本宗旨，提倡教育权和受教育机会的平等。小学教育的重要使命是提高每个公民素质进而提高整个民族的科学文化和思想道德素质，同时又要为培养和选拔各级各类专门人才打基础。但就小学教育的政策取向而言，两者一直存在矛盾和冲突。例如，1981年5月，教育部召开普通教育调整座谈会，指出"集中力量办好重点学校"政策导向的负面结果是教育资源配置的不均衡状况进一步拉大，学校、家庭和社会片面追求升学率和精英化教育，学校思想道德教育薄弱，学生学业负担过重、身体素质及综合素质下降。因此，《中共中央关于教育体制改革的决定》明确提出："在整个教育体制改革的过程中，必须牢牢记住改革的根本目的是提高民族素质，多出人才、出好人才。"这一政策目标试图将提高民族素质与培养人才统一和兼得。1986年实施的《中华人民共和国义务教育法》进一步规定："义务教育必须贯彻国家的教育方针，努力提高教育质量，使儿童、少年在品德、智力、体质等方面全面发展，为提高全民族的素质，培养有理想、有道德，有文化、有纪律的社会主义建设人才奠定基础。"

1993年印发的《中国教育改革和发展纲要》进一步提出："中小学要由'应试教育'转向全面提高国民素质的轨道，面向全体学生，全面提高学生的思想道德、文化科学、劳动技能和身体心理素质，促进学生生动活泼地发展，办出各自的特色。"这一政策进一步突出了小学教育乃至整个基础教育应当坚持以提高民族素质为主旨，通过"转轨"来缓解升学竞争的巨大压力，改变单纯为高一级学校培养和输送人才而忽视全体学生素质提高和就业出路的应试教育倾向。但在现实教育中，这种"转轨"不仅遇到思想认识上的争论，而且在实践中也障碍重重、步履艰难。

3. 调节地方政府教育治理与教育均衡发展的矛盾

1985年发布的《中共中央关于教育体制改革的决定》提出，"基础教育管理权属于地方。除大政方针和宏观规划由中央决定外，具体政策、制度、计划的制定和实施，以及对学校的领导、管理和检查，责任和权力都交给地方。省、市(地)、县、乡分级管理的职责如何划分，由省、自治区、直辖市决定"。即把发展基础教育的责任交给地方。在经费上，"为了保证地方发展教育事业，除了国家拨款以外，地方机动财力中应有适当比例用于教育，乡财政收入主要用于教育。地方可以征收教育费附加"。同时，"地方要鼓励和指导国营企业、社会团体和个人办学，并在自愿的基础上，鼓励单位、集体和个人捐资助学，但不得强迫摊派。同时严格控制各方面向学校征收费用，减轻学校的经济负担"。这一政策的实施极大调动了地方和社会各方面的积极性，促进了我国基础教育的发展，实现了"穷国办大教育"的辉煌，在 15 年左右的时间内，基本实现了普及九年义务教育和基本扫除青壮年文盲的目标。据统计，1990 年至 1999 年，人民群众上缴的教育税费达 1717 亿元，社会捐资 1394 亿元，合计 3111 亿元，其中大部分用于义务教育。

但是，由于我国城乡二元社会的结构特点，区域之间、城乡之间和学校之间的教育资源配置的严重不均，造成和加剧了小学办学条件、师资力量、教育质量、教师福利以及儿童在进一步升学和发展的机会上的严重不平等、不均衡。尤其是很多地方的乡镇根本没有教育财政能力，造成大面积教师工资拖欠和农民负担过重。据研究，在义务教育阶段学生平均按时毕业率上，西部比东部整整落后 21 个百分点。2000 年，我国普通小学和初中生生均预算内事业拨款分别是 479.28 元和 668.08 元，东部地区小学生生均经费最高的地区与中西部最低地区相差近 10 倍。其次，是城乡收入比从 1980 年的 2.8∶1 逐步扩大到 1988 年的 3.1∶1 和 2002 年的 5∶1。学校之间的差距也逐渐增大，重点学校政策使优质教育资源相对集中，一些学校盲目追求硬件发展，奢华之风盛行，而与此形成鲜明对比的是许多薄弱学校的出现。还有群体之间的差距增大，处境不利群体的利益得不到保证。[①] 虽然国家规定在普及初中教育的地区，取消小学升初中考试，实行免试就近入学。但这种教育发展和资源配置的内在不均衡，导致家长盲目择校、学区房房价剧增和部分学校乱收费的现象愈演愈烈，很大程度上加大了家庭的经济负担和学生的学业负担。

4. 调节义务教育公平与追求教育效率的矛盾

1986 年 4 月，六届全国人大四次会议通过《中华人民共和国义务教育法》，其中规定，国家实行九年义务教育。凡年满 6 岁的儿童，不分性别、民族、种族，应当入学接受规定年限的义务教育。以促进中小学基础教育的普及和发展。1993 年 9 月，《中国全民教育行动纲领》进一步明确提出了在 20 世纪末基本普及九年义务教育和基本扫除青壮年文盲的政策目标。此后，小学教育既作为义务教育，又作为基础教育和全民教育，受到各级政府的高度重视。各级政府纷纷出台相关政策，重点保障和加强各区域内小学教育的普及与发展，保障儿童基本的受教育权利，实现小学教育规模和数量上的扩展。

但随着义务教育发展和基础教育规模的扩大，小学教育与中学教育、基础教育

---

① 黄忠敬：《走向均衡：我国基础教育政策重心的转移》，载《教育科学》，2004(3)。

与高等教育之间的规模与结构性矛盾也愈加尖锐和突出,片面追求升学率现象更加严重。国家和教育主管部门先后出台了一系列的具体政策,如 1988 年 12 月原国家教委颁发的《关于减轻小学生课业负担过重问题的若干规定》,首次提出在已普及初中教育的地方不再进行小学升初中考试。但是,随着基础教育与高等教育的结构性失衡与地区性差距的进一步拉大,基础教育阶段学生就业与升学之间的矛盾变得更为激烈,由此而导致中小学片面追求升学率现象更为严重,学生书包越来越沉、学业负担越来越重、教育竞争异常激烈,并带来学生发展和教育上的一系列严重后果。尽管教育部先后下达数十道"减负令",但其在稀缺的优质教育资源竞争面前形同虚设。

1993 年,中共中央、国务院发布了《中国教育改革和发展纲要》,明确提出:基础教育改革要实现"由'应试教育'转向全面提高国民素质的轨道"。由此,素质教育从一种教育理论、思想及具体的教育途径和模式逐步发展成为一项基础教育政策。作为基础教育的一项政策,国家倡导素质教育的目的就是要努力解决基础教育数量扩展与质量提高之间的尖锐矛盾,面向全体学生,消除死读书读死书、高分低能、学业负担过重、教育不公的影响,促进学生的全面发展。但这些政策并不能使小学教育摆脱应试教育的梗阻,素质教育也未能得到真正实施。相反,小学生学业负担过重和"小升初"择校现象屡禁不止,这些都成为困扰教育主管部门、学校、家长和社会的一道政策难题。素质教育任重道远。

(五)质量提升时期(2001 年至今)

进入 21 世纪,以高新技术为核心的知识经济占主导地位,国家的综合国力和国际竞争能力将越来越取决于教育发展、科学技术和知识创新的水平,现代信息技术在教育中广泛应用并导致教育系统发生深刻的变化,国家更加重视教育优先发展的战略地位,更加重视创新型人才的培养。相应地,我国小学教育政策也随之变革,走向更加重视质量的道路。21 世纪的二十多年来,教育改革和发展的政策主要体现在《面向 21 世纪教育振兴行动计划》《国家中长期教育改革和发展规划纲要(2010—2020 年)》和《中国教育现代化 2035》这三个纲领性文件中。

党的十五大提出了跨世纪社会主义现代化建设的宏伟目标与任务。为了实现党的十五大所确定的目标任务,落实科教兴国战略,1998 年,国务院批转了《面向 21世纪教育振兴行动计划》(以下简称《行动计划》)。《行动计划》是 21 世纪前十年我国教育改革和发展的施工蓝图,其提出的小学教育的主要目标是:到 2000 年,全国基本普及九年义务教育,基本扫除青壮年文盲,大力推进素质教育。到 2010 年,在全面实现"两基"目标的基础上,城市和经济发达地区有步骤地普及高中阶段教育,全国人口受教育年限达到发展中国家的先进水平。为了实现这一目标,《行动计划》提出了实施"跨世纪素质教育工程"和"跨世纪园丁工程"。"跨世纪素质教育工程"提出,2000 年要如期实现"两基"目标,特别是在中西部地区实现"两基"目标。要整体推进素质教育，改革课程体系和评价制度，2000 年初步形成现代化基础教育课程框架和课程标准，改革教育内容和教学方法，推行新的评价制度。争取经过 10 年左右的实验，在全国推行 21 世纪基础教育课程教材体系。为推动素质教育的全面实施，1999 年 6 月，全国教育工作会议通过了《中共中央　国务院关于深化教育改革全面推进素质教育的决定》，将素质教育上升为党和国家的一项基本教育政策。"跨世纪园丁工程"提出要重点加强中小学骨干教师队伍建设。1999 年、2000 年，在全国选培 10 万名中小学及职业学校骨干教师。通过开展本校教学改革试验、巡回讲学、研讨培训和接受外校教师观摩进修等活动，发挥骨干教师在当地教学改革中的带动和辐射作用。

为了更好地落实《面向 21 世纪教育振兴行动计划》，2001 年 5 月，国务院作出《关于基础教育改革与发展的决定》；2003 年 9 月，国务院作出《关于进一步加强农村教育工作的决定》；2004 年，国务院批转教育部《2003—2007 年教育振兴行动计划》。这几个文件进一步明确了义务教育的目标任务，提出将普及九年义务教育和扫除青壮年文盲作为教育工作的重中之重，将农村教育作为教育工作的重中之重，将西部地区的"两基"作为攻坚任务，到 2007 年，西部地区普及九年义务教育人口覆盖率要达到 85％以上，青壮年文盲率降到 5％以下。同时进一步落实"以县为主"的农村义务教育管理体制，加大经费投入，完善保障机制。这些政策的实施，有力地保证了小学教育的健康发展。

党的十七大提出了"优先发展教育，建设人力资源强国"的战略部署，这给新时期我国教育改革和发展提出了新的目标和新的任务，要求教育站在新的历史起点上，为加快我国从教育大国向教育强国、从人力资源大国向人力资源强国迈进作出新的贡献。为此，2010 年，国家制定了《国家中长期教育改革和发展规划纲要（2010—2020 年）》（简称《规划纲要》），对我国 2010—2020 年十年的教育改革和发展做出了新的规划。《规划纲要》提出的战略目标是：到 2020 年，基本实现教育现代化，基本形成学习型社会，进入人力资源强国。并旗帜鲜明地将坚持以人为本、全面实施素质教育作为教育改革和发展的战略主题。《规划纲要》提出了义务教育的三大任务：一是巩固提高九年义务教育水平，到 2020 年全国提高普及水平，全面提高教育质量，基本实现区域内均衡发展，确保适龄儿童少年接受良好义务教育。二是推进义务教育均衡发展，切实缩小校际差距，加快缩小城乡差距，努力缩小区域差距。三是减轻中小学生课业负担。

普及九年义务教育是我国脱贫攻坚的重大任务，从 1986 年义务教育法提出实行九年义务教育制度到 2011 年全国通过了普及九年义务教育验收，我国用 25 年普及了城乡免费义务教育，基本解决了适龄儿童少年"有学上"的问题。2011—2020 年，主要任务是巩固提高义务教育普及水平，全面提高义务教育质量，基本实现区域内均衡发展，满足适龄儿童少年"上好学"的愿望。为此，教育部认真落实脱贫攻坚这项重大政治任务，聚焦义务教育有保障，健全控辍保学联控联保长效机制，加强跨部门数据比对和精准摸排，挂牌督战重点地区，确保辍学学生能够找得到、劝得回、留得住。据统计，2021年，我国义务教育阶段学校20.7万所，在校生1.6亿人。2012—2021年，全国小学的净入学率从99.85%提升到了99.9%以上，初中阶段毛入学率始终保持在100%以上。义务教育阶段建档立卡脱贫家庭学生辍学实现了动态清零，长期存在的辍学问题得到了历史性解决。连续实施特殊教育提升计划，切实保障残疾儿童少年平等接受教育的权利，适龄残疾儿童义务教育入学率超过95%。2021年，全国共有特殊教育在校生92万人，比2012年增加了54.1万人，增长142.8%。[①]

推进义务教育均衡发展是义务教育的战略任务。2012年，国务院发布《关于深入推进义务教育均衡发展的意见》，提出义务教育均衡发展的基本目标是：每一所学校符合国家办学标准，办学经费得到保障；教育资源满足学校教育教学需要，开齐国家规定课程；教师配置更加合理，提高教师整体素质；学校班额符合国家规定标准，消除"大班额"现象；率先在县域内实现义务教育基本均衡发展，县域内学校之间差距明显缩小。到2015年，全国义务教育巩固率达到93%，实现基本均衡的县(市、区)比例达到65%；到2020年，全国义务教育巩固率达到95%，实现基本均衡的县(市、区)比例达到95%。与此同时，为了推进县域城乡义务教育学校标准化建设，优化乡村学校布局，均衡配置乡村师资，2016年，国务院又出台了《关于统筹推进县域内城乡义务教育一体化改革发展的若干意见》，提出要加快推进县域内城乡义务教育学校建设标准统一、教师编制标准统一、生均公用经费基准定额统一、基本装备配置标准统一和"两免一补"政策城乡全覆盖，到2020年，城乡二元结构壁垒基本消除，义务教育与城镇化发展基本协调；城乡学校布局更加合理，大班额基本消除，乡村完全小学、初中或九年一贯制学校、寄宿制学校标准化建设取得显著进展，乡村小规模学校(含教学点)达到相应要求；城乡师资配置基本均衡，乡村教师待遇稳步提高、岗位吸引力大幅增强，乡村教育质量明显提升，教育脱贫任务全面完成；县域义务教育均衡发展和城乡基本公共教育服务均等化基本实现。以上政策的实施，极大推动了我国义务教育普及和义务教育均衡发展。据教育部反映，2012—2021年，我国义务教育在实现全面普及的基础上，仅用10年左右的时间进一步实现了县域基本均衡发展，成为我国义务教育发展史上又一个新的里程碑。

减轻中小学生课业负担是为了回应社会关切，解决长期影响中小学生身心健康发展的突出问题，国家对这一问题非常重视，先后出台了一系列政策文件。2018年国务院办公厅出台了《关于规范校外培训机构发展的意见》。同年，经国务院同意，教育部、国家发改委、公安部、民政部、财政部、人力资源和社会保障部、国家市场监督管理总局、国家广播电视总局、全国妇联九部门联合向各省级人民政府印发

了《关于印发中小学生减负措施的通知》，减负措施包括规范学校办学行为、严格校外培训机构管理、家庭履行教育监护职责、强化政府管理监督 4 个方面共 30 条措施，即"减负三十条"。"减负三十条"对于切实减轻学生过重的学业负担，改革育人方式，发展素质教育起到了积极作用。2021 年，中共中央办公厅、国务院办公厅印发《关于进一步减轻义务教育阶段学生作业负担和校外培训负担的意见》（即"双减"），提出了"双减"的工作目标和重大措施。工作目标是：学校教育教学质量和服务水平进一步提升，作业布置更加科学合理，学校课后服务基本满足学生需要，学生学习更好回归校园，校外培训机构培训行为全面规范。学生过重作业负担和校外培训负担、家庭教育支出和家长相应精力负担 1 年内有效减轻、3 年内成效显著，人民群众教育满意度明显提升。重大措施包括七个方面：一是全面压减作业总量和时长，减轻学生过重作业负担；二是提升学校课后服务水平，满足学生多样化需求；三是坚持从严治理，全面规范校外培训行为；四是大力提升教育教学质量，确保学生在校内学足学好；五是强化配套治理，提升支撑保障能力；六是扎实做好试点探索，确保治理工作稳妥推进；七是精心组织实施，务求取得实效。

党的十八大以来，以习近平同志为核心的党中央坚定不移实施科教兴国战略和人才强国战略，坚持优先发展教育，大力推进教育领域综合改革，持续加大教育投入，教育现代化加速推进。党的十九大把建设教育强国定位为中华民族伟大复兴的基础工程，强调必须把教育事业放在优先位置，深化教育改革，加快教育现代化，办好人民满意的教育。在中国特色社会主义新时代，教育改革发展有了新任务，这一新任务就是加快教育现代化，把我国建设成为教育强国。2018 年 9 月 10 日，党中央召开全国教育大会，习近平总书记在大会上发表重要讲话，系统回答了关系教育现代化的重大理论和实践问题，对加快教育现代化、建设教育强国、办好人民满意的教育作出了全面部署，向全党全国全社会发出了加快教育现代化的动员令。2035 年是我国基本实现社会主义现代化的重要时间节点，为此，2019 年党中央、国务院制定了《中国教育现代化 2035》，为未来 15 年描绘了教育发展的远景蓝图，为新时代开启教育现代化建设新征程指明了方向。《中国教育现代化 2035》提出，推进教育现代化的总体目标是：到 2020 年，全面实现"十三五"发展目标，教育总体实力和国际影响力显著增强，劳动年龄人口平均受教育年限明显增加，教育现代化取得重要进展，为全面建成小康社会作出重要贡献。在此基础上，再经过 15 年努力，到 2035 年，总体实现教育现代化，迈入教育强国行列，推动我国成为学习大国、人力资源强国和人才强国，为到本世纪中叶建成富强民主文明和谐美丽的社会主义现代化强国奠定坚实基础。到 2035 年的主要发展目标是：建成服务全民终身学习的现代教育体系、普及有质量的学前教育、实现优质均衡的义务教育、全面普及高中阶段教育、职业教育服务能力显著提升、高等教育竞争力明显提升、残疾儿童少年享有适合的教育、形成全社会共同参与的教育治理新格局。《中国教育现代化 2035》聚焦教育发展的突出问题和薄弱环节，立足当前，着眼长远，重点部署了面向教育现代化的十大战略任务，其中关于小学教育的主要任务有：一是学习习近平新时代中国特色社会主义思想，将习近平新时代中国特色社会主义思想融入中小学教育。二是发展中国特色世界先进水平的优质教育。全面落实立德树人根本任务，全面强化学校体育，全面加强和改进学校美育，弘扬劳动精神，强化实践动手能力、合作能力、创新能力的培养。完善教育质量标准体系，明确学生发展核心素养要求。建立健全中小学各学科学业质量标准和体质健康标准。加强课程教材体系建设。创新人才培养方式，培养学生创新精神与实践能力。三是提升义务教育巩固水平，健全控辍保学工作责任体系。四是提升义务教育均等化水平，建立学校标准化建设长效机制，推进城乡义务教育均衡发展。

兴国必先强师，建设教育强国，必须建设高素质专业化的教师队伍。党的十八大以来，以习近平同志为核心的党中央将教师队伍建设摆在突出位置，作出一系列重大决策部署。2018 年 1 月，《中共中央　国务院关于全面深化新时代教师队伍建设改革的意见》，将教师队伍建设上升为国家战略。为落实党中央、国务院的该《意见》，2018 年 2 月，教育部等五部门制定《教师教育振兴行动计划（2018—2022 年）》，提出实施"教师培养层次提升行动"和"乡村教师素质提高行动"。2018 年 11 月，教育部发布《新时代中小学教师职业行为十项准则》和《中小学教师违反职业道德行为处理办法（2018 年修订）》，对中小学教师职业实行"高线引领"，提出"底线要求"。2019 年，教育部等七部门印发《关于加强和改进新时代师德师风建设的意见》，把师德师风作为评价教师队伍的第一标准。2020 年，教育部等六部门印发《关于加强新时代乡村教师队伍建设的意见》，对乡村中小学教师师德师风建设、编制管理、城乡一体化师资配置、乡村教师队伍质量、乡村教师职业成长机制及环境、乡村教师待遇等方面做出了具体规定。以上系列教师政策，对中小学教师队伍特别是乡村教师队伍建设起到了重要的指引和保障作用。

回顾 21 世纪，特别是党的十八大以来，小学教育政策取向主要体现以下特点：一是坚持以习近平新时代中国特色社会主义思想为指导，始终围绕培养什么人、怎样培养人、为谁培养人这一根本问题，加强党对教育工作的领导。二是坚定不移提升义务教育普及和巩固水平。三是持续推进义务教育均衡发展，实现教育公平。四是突出素质教育主题，发展优质教育，坚持"五育"并举，促进学生全面发展，破解基础教育大班额问题，治理规范校外培训机构。五是大力提升教育条件保障水平，通过加大教育投入，实施"全面改薄"工程，改善义务教育条件。六是重视加强教师队伍特别是乡村教师队伍建设。通过以上政策的实施，我国教育现代化加速推进，总体发展水平进入了世界中上行列。

复习与思考

1. 什么是教育政策体系？教育政策体系的基本要点是什么？

2. 你认为哪些教育政策是一个国家教育改革与发展所必需的基本的教育政策？

3. 有学者认为教育体制政策、教育质量政策、教育经费政策、教育人事政策组成了一个较为完整的政策逻辑结构。你赞同吗？理由是什么？

4. 如何理解教育政策的纵向与横向两个维度？

5. 小学教育政策体系主要包括哪些内容？

6. 我国小学教育政策体系的演进经历了哪几个阶段，各自的特点是什么？

推荐阅读

1. 孙绵涛. 教育政策学[M]. 北京：中国人民大学出版社，2010.

2. 黄明东. 教育政策与法律[M]. 武汉：武汉大学出版社，2007.

第四章　教育法规原理

第一节　教育法规概述

一、教育法规的概念

(一)法律与法规

法律是指由国家制定或认可的，以国家强制力保障实施的，调整社会关系的行为规范的总称。法律有广义和狭义之分，广义的法律是指法的整体，包括法律、具有法律效力的解释、国家行政机关为执行法律而制定的行政法规、部门规章等规范性文件。狭义的法律仅指国家立法机关制定的规范性文件。

在日常用语中，人们也使用"法规"。从广义上讲，法规与法律同义。狭义上，法律和法规有所区别，狭义的法规仅指国务院制定的行政法规和地方人大制定的地方性法规。

(二)教育法规

教育法规作为法规的一种，既具有法律、法规的一般属性，也具有自己的特性。根据法律、法规的概念，结合教育法规的特点，可以将教育法规定义为，由国家制定或认可的，以国家强制力保障实施的，调整教育关系的行为规范的总称。准确理解这一含义，须把握以下几点。

第一，教育法规是一种行为规范。就法规的本质而言，它是一种行为规范。行为规范，亦称行为规则，我国古代法家称之为"规矩"。行为规范以规定人们的权利和义务为主要内容，规定人们可以或不可以做、应该或不应该做的事情。教育法规通过规范人们的行为，从而给教育活动提供了权威的行为规则，为协调教育领域内的社会关系，维护教育事业的健康发展起保障作用。

第二，教育法规由国家制定或认可。教育法规由国家特定的机关按照法定权限和法定程序制定。例如，全国人民代表大会及其常务委员会制定法律，国务院制定行政法规，国务院所属各部门制定部门规章，地方人大和地方政府分别制定地方性法规和地方政府规章。法规由国家"制定"容易理解，而国家"认可"的行为规范也是法规可能不太好理解。这里的"认可"，是国家对既存的行为规范予以承认，赋予其法律效力。"认可"通常有三种情况：一是赋予社会上早已存在的某些一般社会规范（如传统、习惯、经验、道德、习俗、礼仪等）以法律效力，如教育中教师应当为人师表、学生应当尊敬师长、父母对子女有教育义务等，这样一些社会传统、习惯、道德是法律认可的。二是认可国家承认和签订的国际条约，如《儿童权利公约》《世界人权宣言》等。三是人民法院对具体案件的裁决作出概括而产生的规则或原则，并赋予这些规则或原则以法律效力，如收录到最高人民法院公报上的指导性案例。

第三，教育法规以国家强制力保障实施。教育法规以国家机器作后盾，由国家强制力保障实施。违反教育法规将会受到法律的制裁。因而，教育法规具有强制性和约束力。这一特点使其与教育道德、教育政策区别开来。教育道德也是行为规则，教育政策也由国家制定，但它们不以国家强制力保障实施。违反教育道德和教育政策的行为，一般只会受到舆论谴责或纪律处分，不会受到行政处罚或刑事处罚。

第四，教育法规是调整教育关系的行为规范。如果说前面三点是法律的共同特征的话，那么调整教育关系就成为教育法规独有的特性。法律的调整对象是该法区别于它法的基本特征。我们知道，行政法以行政关系为调整对象，民法以人身关系和财产关系为调整对象，劳动法以劳动关系为调整对象，而教育法则以教育关系为调整对象。教育法规这种调整对象的规定性，使其与行政法、民法、劳动法等其他法律区别开来。作为教育法规调整对象的教育关系，是指教育活动过程中各教育主体之间的社会关系，即学生、教师、学校、国家（政府）、社会（家长）五大主体之间所形成的关系。有学者将这些关系划分为直接教育关系和间接教育关系[1]，也有学者将教育法规的调整对象划分为内部事项和外部事项[2]。尽管这些划分还没有形成统一认识，但教育关系作为教育法规的调整对象是普遍认同的。

教育法规也有广义、狭义两层含义。广义的教育法规是指有关教育的法律、法规、规章等所有规范性文件。狭义的教育法规，仅指国务院制定的教育行政法规和地方人大制定的地方教育法规。本书在广义上使用教育法规的概念，与教育法律同义。但是在特殊的语境中有时也使用狭义的"法规"或狭义的"法律"。另外在专有名词中仍使用"法律"，如"教育法律关系""教育法律责任"。

二、教育法规与教育政策

前面我们学习了教育政策，本章开始学习教育法规，为了加深对这两个概念的理解，我们将进一步考察教育法规与教育政策的关系。从广义上讲，教育政策包括教育法规；从狭义上讲，两者既有共同点，也存在差异。

(一)教育法规与教育政策的共同点

第一，教育法规与教育政策具有共同的经济基础，即两者都是建立在社会主义物质生产方式基础之上的上层建筑的组成部分，两者都调整教育关系，并通过保障教育事业的健康发展来为巩固与发展社会主义生产力和生产关系服务。

第二，教育法规与教育政策具有共同的指导思想，即两者都是在马克思列宁主义、毛泽东思想和中国特色社会主义理论体系指导之下，从我国实际出发制定的，都是人民教育意志的体现。

第三，教育法规与教育政策具有共同的作用，即两者都是国家管理教育事业的手段。它们有共同的使命，都是为发展社会主义教育事业，培养社会主义事业的建

---

① 李晓燕：《教育法学(第 2 版)》，35 页，北京，高等教育出版社，2006。
② 申素平：《教育法学：原理、规范与应用》，2 页，北京，教育科学出版社，2009。

设者和接班人，办好人民满意的教育，建设人力资源强国服务的。

第四，教育法规与教育政策有共同的实践基础，即两者作为教育思想意识的特殊表现，制定时都必须充分体现教育规律（即教育与社会的关系、教育与人的发展的关系）的要求。只有符合这些规律，它们才能在实践中发挥作用。

（二）教育法规与教育政策的不同点

第一，教育法规与教育政策制定的主体和程序不同。教育法规由国家政权机关（立法机关、行政机关、司法机关）制定，教育政策一般由行政机关制定。党的机关可以制定政策，但不能制定法规。程序方面，制定教育法规的程序非常严格，必须遵循《中华人民共和国立法法》《行政法规制定程序条例》和《规章制定程序条例》规定的程序，而且须以"令"的方式颁布。制定教育政策的程序则没有这么严格，一般只需要制定主体的领导组织集体讨论通过后即可发布。

第二，教育法规与教育政策的表现形式和内容不同。教育法规和教育政策都有各自的规范性文种，教育法规的文种主要表现为法、条例、规定、办法，而且不同位阶的法规用什么形式有严格的规定。例如，行政法规不能称"法"，部门规章不能称"条例"。教育政策的文种则比较多样，有决议、决定、意见、纲要、通知等。内容方面，由于教育法规以明确各主体的权利和义务为主，对于应当做什么，禁止做什么，文字表述上非常肯定明确。而教育政策有时可以是原则性的或指导性的，如意见、纲要。

第三，教育法规与教育政策的调整范围不同。教育法规和教育政策虽然都调整教育关系，但两者调整的范围不同，教育政策调整的范围比教育法规大，一方面，教育法规一般只调整教育中重要的、基本的、人们形成共识的问题，而教育政策除了调整以上问题外，还调整教育改革和发展过程中出现的新问题，如社会热议的"双减"问题，这些新问题是通过教育政策进行规范、实验成熟后，再上升为法规。另一方面，教育政策除了规范教育关系外，还规范具体的教育问题和事项，如《基础教育课程改革纲要（试行）》。教育政策与教育法规也有联系，教育政策是法规的基础，政策实行一定时间后，经过实践检验，完善、成熟、稳定的教育政策可以用教育法规的形式固定下来。

第四，教育法规与教育政策的实施方式不同。教育法规的实施具有普遍性、强制性。普遍性表现在，教育法规是具有普遍约束力的行为规范，法律面前人人平等，每一位公民都必须遵守。强制性表现在，违反法律规定，必须承担相应的法律责任，其实施以国家机器的强制力作后盾。而教育政策一般在一定范围内具有约束力，不具普遍性。违反教育政策一般采取批评、教育、处分的手段，其实施以党纪、政纪为保证。

第五，教育法规与教育政策的稳定性不同。教育法规比较稳定，使用时间相对较长，不因领导人的更替而改变，一经颁布就不能轻易改动，确需修订或部分条款需要修正的，须履行法定程序。而教育政策相对灵活，没有教育法规稳定，一般针对某一事项或某项工作，在某一阶段内使用，某项工作完成或某一阶段结束，教育政策也就随之失效，如五年一次的教育事业发展规划，五年实施完成后将自动失效，再制定下一个五年规划。另外，由于某些教育政策反映领导者的意图，因而会因领导人的更替或领导人的主观意志而变化。

三、教育法规的地位

教育法规的地位是指教育法规在我国教育法律体系中所处的位置，它所回答的核心问题是教育法规在我国法律体系中到底是一个独立的法律部门，还是隶属其他法律部门。关于教育法规的地位，我国理论界还存在争议，主要有三种观点。

第一，隶属说。持这一观点的学者认为，教育法隶属行政法，是行政部门法的一个分支，这主要是由于行政法律关系的特征是教育法律关系的主要表现。教育法律关系的产生与发展，教育法律关系的主体、客体、内容及调整方法等很多地方都是行政法律关系，教育法独自的特征并不明显。"教育法体现了国家对教育的干预和管理，或者统称为国家调控教育的原则，这种调控在我国、在大多数情况下都是通过行政行为实现的。因此教育法就其基本性质而言，可以界说为调整教育行政关系的法规的总称。"[1]"从目前我国教育法的实际情况及教育法律关系的各方面特征来看，我国教育法就其基本的和主要的方面而言，仍然属于我国行政法的范畴。"[2]

第二，相对独立说。持这一观点的学者认为，教育法应脱离行政法，与文化法、科学技术法、体育法、文物保护法、卫生法等共同组成文教科技法，教育法是其中的一个分支。这一观点的依据是，将我国的法律划分为 10 大法律部门：(1)宪法；(2)行政法；(3)民法；(4)经济法；(5)劳动法和社会福利法；(6)自然资源法和环境资源法；(7)文教科技法；(8)刑法；(9)司法程序法；(10)军事法。其中，"文教科技法"主要涉及文化、教育、科学技术方面的法律。在我国，这方面的法律数量有限且极为分散，从尊重知识、尊重人才、重视文教科技等各种因素考虑，亟应加强这方面的立法。这一部门法中主要包括以下并行的、第二层次的部门法：教育法、科学法、版权法、专利法、发明奖励法、新闻法、出版法、文艺法、广播电视法、文物保护法等。[3] 这种观点主张把文教科技法作为一个独立的部门法与行政法、民法等相并列，而教育法则属于文教科技法这个部门法中的一个亚支。

第三，独立说。持这一观点的学者主张，教育法完全独立于行政法，是宪法之下的一个独立的法律部门。"教育法以特有的教育关系作为调整对象，有特有的法律主体关系和法律基本原则，并有相应的处理方式，因而它成了现代国家法律体系中

---

① 劳凯声、郑新蓉：《教育法学概论》，31 页，武汉，湖北教育出版社，1996。

② 周卫勇：《也谈教育法的地位——兼与李晓燕同志商榷》，载《教育研究》，1997(7)。

③ 吴大英、沈宗灵：《中国社会主义法律基本理论》，247、251～252 页，北京，法律出版社，1987。

不可缺少的一个独立的法律部门。教育法在法律体系中独立地位的确立，对法律体系的完善和发展，对教育法制建设，都有很重要的意义。"①按照法律部门的划分标准，我国教育法规体系已初具规模，符合构建法律部门的基本理论要求，把教育法规从行政法部门中独立出来，建立相对独立的教育法部门，既具可行性，也具必要性。一个国家的法律，如果缺少教育这个部门的法律，可以说是不完善的法律。②

　　本书认同第三种观点，认为教育法规应当成为独立的法律部门。补充理由是：第一，国家非常重视教育，确立了教育优先发展的战略地位，提出了科教兴国、人才强国、依法治教等系列重大战略。教育的重要地位要求教育法制建设与之相同步，确立教育法规独立法律部门的地位，有利于加快教育法制建设步伐，完善教育法规体系，推进依法治教。第二，教育法规有自己独立的调整对象、独有的调整方法、独特的调整原则，加之我国近二十年来，教育法学研究不断深入，产生了一系列有关教育法规的著作、教科书和研究成果，已经形成了自己的理论体系。这些都为教育法规成为独立的法律部门提供了理论基础。第三，教育法律关系已不仅仅是行政法律关系，除此之外，还表现出较多的民事法律关系以及与劳动关系相似的聘用关系。教育法律关系的复杂性，使其表现出综合的特征，教育法规已不可能隶属于单一的法律部门，应当成为独立的法律部门。当然，从目前的现实看，人们还没有把教育法规作为单独的部门法对待，但我们相信"随着教育立法的发展，教育法从行政法中独立出来是可能的"③。

四、教育法规的作用

　　教育法规的作用是教育法规内在生命力的外部表现，是其内在功能作用于教育实践所引起的实际效应。④ 教育法规的作用主要表现在以下几方面。

(一)保证全面贯彻教育方针

　　教育方针是党和国家制定的引导教育事业前进的方向和目标，是教育基本政策的总概括。党和国家的教育方针，确定了我国教育的性质和方向，确定了教育的目的在于培养德智体美劳全面发展的建设者和接班人。国家通过立法，使教育方针法制化，有力地保证了教育方针的贯彻和落实。

(二)促进教育事业良性发展

　　教育法规的制定，避免了教育工作中随意行为的发生，避免了人为因素的过度干扰，以确定相对稳定的教育秩序和良好的教育环境，使教育工作更加规范化、制度化，有法可依，有章可循。这些对教育事业的发展起到了重要的保障作用。

---

①　何瑞琨：《中外教育法知识》，8页，沈阳，辽宁大学出版社，1987。
②　李晓燕：《教育法学(第2版)》，53～54页，北京，高等教育出版社，2006。
③　劳凯声：《论教育法在我国法律体系中的地位》，载《北京师范大学学报(哲学社会科学版)》，1993(4)。
④　黄崴：《教育法学》，55页，广州，广东高等教育出版社，2002。

(三)协调教育内外关系

随着全民教育、终身教育、继续教育理念的弘扬，教育所涉及的范围越来越广，社会生活中时时处处都存在着教育活动，因而也产生了极为复杂的教育内外关系。在处理这些复杂的内外关系时，如果没有一定的原则或规则，大家随心所欲，则会各自为政，给教育事业发展造成损害。只有通过立法，理顺这些关系，明确各主体的权利、义务和责任，教育活动才能和谐统一。

(四)保障教育权和受教育权

保障国家、学校、社会的教育权，特别是保障公民的受教育权是教育法规最重要、最根本的职能。宪法、教育法等法规确认了公民受教育的基本权利，确认了国家、学校、社会的教育权力(利)，从而使教育权的行使和受教育权的保护有了法律保障。法律通过规范教育权保障教育实施的有序进行，通过保障公民受教育权实现基本人权。因此，教育法规归根到底是有关教育权的行使和受教育权的保护的法。

第二节　教育法规的渊源

法规的渊源简称法源，是指法规的来源和外部表现形式，即法规的依据来自何处，其外部表现形式是怎样的。教育法规的渊源是指教育法律规范的基本来源和外部表现形式。教育法规的来源不同，其表现形式和效力也不一样。不同的国家教育法规的渊源不尽相同。在英、美等判例法国家，最高法院的判例是教育法规的重要法源，其表现形式主要是最高法院的判例。我国是成文法国家，教育法规主要来源于国家机关所制定的规范性法律文件，其表现形式主要是法律、行政法规、部门规章等。了解教育法规的渊源，有利于了解教育法规的本质属性和适用范围。

我国教育法规的渊源主要有以下几种。

一、《中华人民共和国宪法》

《中华人民共和国宪法》是国家的根本法，是法律的最高表现形式，具有最高的法律效力。宪法在法律体系中处于"母法"地位，各项立法都必须以宪法为依据，不得与宪法相抵触，否则将失去法律效力。我国宪法作为教育法规的根本法源，对国家发展教育的基本任务、教育的目的、公民受教育的基本权利和学术自由权利等基本问题作了概括性规定。

第一，宪法规定了国家发展教育的基本任务。宪法第 19 条规定："国家发展社会主义的教育事业，提高全国人民的科学文化水平。国家举办各种学校，普及初等义务教育，发展中等教育、职业教育和高等教育，并且发展学前教育。国家发展各种教育设施，扫除文盲，对工人、农民、国家工作人员和其他劳动者进行政治、文化、科学、技术、业务的教育，鼓励自学成才。"第 23 条规定："国家培养为社会主义服务的各种专业人才，扩大知识分子的队伍，创造条件，充分发挥他们在社会主义现代化建设中的作用。"第 24 条第 1 款提出了国家通过普及理想教育、道德教育、文化教育、纪律和法制教育，加强社会主义精神文明的建设。

第二，宪法规定了教育的目的和思想道德教育的基本内容。宪法第 46 条第 2 款规定："国家培养青年、少年、儿童在品德、智力、体质等方面全面发展。"这是我国的教育目的。宪法第 24 条第 2 款规定："国家倡导社会主义核心价值观，提倡爱祖国、爱人民、爱劳动、爱科学、爱社会主义的公德，在人民中进行爱国主义、集体主义和国际主义、共产主义的教育，进行辩证唯物主义和历史唯物主义的教育，反对资本主义的、封建主义的和其他的腐朽思想。"这是我国思想道德教育的内容。

第三，宪法确认了公民的受教育权。宪法第 46 条第 1 款规定："中华人民共和国公民有受教育的权利和义务。"宪法这一规定表明，受教育不仅是公民的基本权利，同时又是公民的重要义务，是权利与义务的复合性规范。宪法为什么要坚持受教育既是公民的权利，又是公民的义务呢？把受教育作为公民的权利，是因为接受教育是个人寻求人格和个性全面发展的需要，是基本人权的重要内容，确认公民受教育的权利是对公民基本人权的尊重。把受教育作为公民的义务，是因为国运兴衰，系于教育；教育振兴，全民有责。教育是国家培养社会主义事业建设者和接班人的重要途径，是从人力资源大国迈向人力资源强国的根本保证，公民只有接受教育才具备符合国家与社会需求的知识品格，才具有参与职业生活所必需的知识与经验，否则就可能被社会排斥，增加国家的负担。特别是义务教育，更是达到这一目的的基本保证，国家、社会和家庭在此方面必须保证义务教育的实现，因此，接受义务教育就成为国家对公民的一项强制性措施，也成为公民必须履行的义务。

第四，宪法还规定了与教育有关的其他重要内容。例如，宪法第 47 条规定："中华人民共和国公民有进行科学研究、文学艺术创作和其他文化活动的自由。国家对于从事教育、科学、技术、文学、艺术和其他文化事业的公民的有益于人民的创造性工作，给以鼓励和帮助。"这一条款规定了公民"从事科学研究的自由以及从事教育事业的权利"，被学界认为是我国法律赋予公民的"学术自由"权利。此外，宪法第二章规定的公民所享有的平等权、人格尊严、人身权等权利，为我国教师法、义务教育法、未成年人保护法等法规确认，为保护教师、学生及未成年人的基本权利提供了法律依据。

二、教育法律

这里所称的教育法律是狭义的教育法律，专指由最高国家权力机关（全国人民代表大会）及其常设机关（常务委员会）制定和颁布的有关教育的规范性文件。根据制定机关的不同，教育法律可分为教育基本法和基本法以外的教育单行法。前者是指全国人民代表大会制定的法律，规定和调整教育事业的根本性、普遍性的问题；后者指全国人民代表大会常务委员会制定的法律，规定对象相对比较具体，是教育某一方面的法律。

《中华人民共和国教育法》由全国人民代表大会制定，属于教育基本法，其位阶仅次于宪法，是制定其他教育法规的依据，在所有教育法规中处于"母法"地位，是教育法规最基本的法源。

单行教育法由全国人民代表大会常务委员会制定，主要有《中华人民共和国学位条例》《中华人民共和国义务教育法》《中华人民共和国教师法》《中华人民共和国未成年人保护法》等。这些法律是教育法规最重要的法源。

三、教育法规

这里所称的教育法规是狭义的教育法规，包括教育行政法规和地方性教育法规。

教育行政法规是指由国家行政机关（国务院）制定和发布的有关国家教育行政管理活动的各种规范性文件。教育行政法规规定的事项一般包括两个方面：一是为执行教育法律而制定的实施条例（细则），如国务院制定的《中华人民共和国民办教育促进法实施条例》；二是国务院职权范围内，针对教育某一具体事项而制定的行政法规，如《教师资格条例》。

地方性教育法规是指地方权力机关及其常设机关依据法定权限制定的有关教育的规范性文件。地方性法规的制定主体有两类：一是省、自治区、直辖市的人民代表大会及其常务委员会，例如，湖北省人民代表大会常务委员会（制定了《湖北省义务教育条例》），上海市人大常委会（制定了《上海市终身教育促进条例》）；二是省会城市和国务院批准的较大的市的人民代表大会及其常务委员会，如深圳市人大常委会（制定了《深圳经济特区成人教育管理条例》）。

四、教育规章

教育规章包括部门规章和地方性规章。部门规章是指国务院所属各部门制定的规范性教育文件。地方性规章是指地方行政机关制定的规范性教育文件。

新中国成立以来，我国最高教育行政机关颁布了大量的教育规章，涉及学校管理、学生管理、教师管理、考试管理、安全管理等各个领域，这些也是我国教育法规的重要形式。例如，1996 年原国家教委颁布的《小学管理规程》、2002 年教育部颁布的《学生伤害事故处理办法》，2006 年教育部等颁布的《中小学幼儿园安全管理办法》，2012 年教育部制定的《县域义务教育均衡发展督导评估暂行办法》，2020 年教育部颁布的《中小学教育惩戒规则（试行）》，2021 年教育部颁布的《未成年人学校保护规定》，等等。

五、教育法规的其他法源

教育法规的法律责任中，经常出现"承担行政责任""承担民事责任""承担刑事责任"的规定。因此，行政法、民法、刑法的一些规定也是教育法规的渊源。如《中华人民共和国民法典》第 1199 条、第 1200 条、第 1201 条，是专门针对学校侵权责任的规定，这些规定成为处理学生伤害事故的首要依据。《中华人民共和国预防未成年人犯罪法》本属刑法，但也作为教育法规的渊源。

我国参加或批准的国际条约，如果其内容涉及公民的基本权利，这些条约就同样是我国教育法规的渊源。例如，我国签署了《儿童权利公约》，该公约确认了儿童受教育的权利、父母对其子女接受教育而享有的优先选择权利，规定了义务教育免费的原则。这些规定和原则已被我国教育法规采纳。

第三节　教育法律关系

一、教育法律关系的概念

教育法律关系，是由教育法律规范所确认和调整的人们在教育活动过程中所形成的权利和义务关系。对此概念，可从以下几个方面理解。

第一，教育法律关系产生的前提是教育法律规范。

教育法律规范，又称教育法律规则，是教育法规的主要构成要素。它是由国家制定或认可，体现国家在教育方面意志的，通过一定的教育法规条文表现出来的行为准则。它明确指示教育关系主体可以或不可以做、应该或不应该做的事情，以及违反规定所产生的法律后果，具有自己内在的逻辑结构。每一部具体的教育法规都是由若干个行为规则组成的有机整体，其中组成教育法规行为规则有机整体的单个行为规则，就是一个具体的教育法律规范。如果没有教育法律规范对教育关系主体权利、义务和责任的规定，教育关系主体的任何行为都不会产生教育法律关系。因此，教育法律规范是教育法律关系产生的前提和基础。

第二，教育法律关系是经教育法规调整的教育关系。

教育法规以教育关系为调整对象，教育关系经教育法规调整后就变成了教育法律关系。因此，教育关系是否成为教育法律关系，以其是否被法规调整、规范为前提。例如体罚，它涉及教师和学生之间的人身关系。传统教育中，教师体罚学生被认为是理所当然的，教师体罚学生的行为不会承担法律责任，这时教师与学生的关系只是教育关系。教育法等法规颁布后，设定了禁止体罚学生的条款，将教师体罚学生的行为纳入教育法的调整对象。这时因体罚行为而产生的教师与学生教育的关系就成为教育法律关系，教师体罚学生将产生法律后果。相反，如果法规不再调整某一教育法律关系，那么该教育法律关系就会转变成教育关系或其他关系。例如，1990 年教育部颁布的《普通高等学校学生管理规定》不允许大学生在校期间结婚，否则作退学处理，这时学校与学生的关系就是教育法律关系。2005 年修订的《普通高等学校学生管理规定》删除了禁止在校大学生结婚的规定，也就是说，新规定对在校大学生结婚这一行为不再调整。这时因在校大学生结婚行为而产生的学校与学生、学生与学生之间的关系由教育法律关系分别转变成了教育关系和婚姻关系。

第三，教育法律关系的内容是权利和义务。

对权利和义务的规定，是教育法规实现对教育关系调整的特有方式。教育法律关系是各教育主体之间的法律关系，教育关系之所以成为教育法律关系，就在于它规定了各教育主体的权利和义务，指引人们怎样作为、不作为。因此，权利和义务是教育法律关系的核心内容。例如，教育法等法规规定了政府的职权和职责、学校的权利和义务、学生的权利和义务、社会的权利和义务，教师法规定了教师的权利和义务。教育活动如果没有权利的享有和义务的履行，就不可能有法律纠纷，不可能有法律责任，也不可能有教育法律关系的存在。

二、教育法律关系的类型

关于教育法律关系的类型，由于人们认识的角度和依据的标准不同，划分的方式也有所不同。有的将教育法律关系分为行政法律关系和民事法律关系两大类。[1] 有的将教育法律关系分为教育行政法律关系、教育民事法律关系和教育特别法律关系。[2] 有的依据教育法律关系主体的社会角色不同，分为教育内部法律关系和教育外部法律关系；依据主体之间的类型，分为隶属型教育法律关系和平权型教育法律关系；依据教育法律规范的职能，分为调整性教育法律关系和保护性教育法律关系。[3] 本书依据教育法律关系的性质和特征，将其分为教育行政法律关系、教育民事法律关系和聘用(任)关系。

(一)教育行政法律关系

教育行政法律关系是行政法律关系的一种，具有行政法律关系的性质和特征，它是指教育法所调整的因教育权的行使和受教育权的保护而形成的行政主体与行政相对人[4]之间发生的社会关系。教育行政法律关系以教育行政管理为主要内容，双方的地位是不平等的，行政主体是权力享有者、管理者，行政相对人是权力行使的对象、是被管理者。

---

① 劳凯声：《教育法学》，37 页，沈阳，辽宁大学出版社，2000。
② 张维平、石连海：《教育法学》，93 页，北京，人民教育出版社，2008。
③ 李晓燕：《教育法学(第 2 版)》，81～83 页，北京，高等教育出版社，2006。
④ 行政法律关系主体包括行政主体和行政相对人。所谓行政主体是行政法的一个特有概念，指依法享有并行使国家行政权，履行行政职责，并能独立承担由此而产生的法律责任的组织。行政主体包括行政机关和法律法规授权组织。所谓行政相对人(又称相对人)是行政主体行使行政行为的对象，包括公民、法人和其他非法人组织。例如，教育行政部门撤销某教师资格证的行为，教育行政部门是行政主体，某教师是行政相对人。

　　行政法律关系是一种比较复杂的法律关系，尽管我国有相关行政法律关系理论，但这一理论并不完全成熟，导致关于行政法律关系类型的进一步划分出现多种观点。这种现状直接影响到教育行政法律关系的进一步细分，特别是在学校与教师的关系、学校与学生的关系到底是什么性质的关系方面，产生了不同的意见。本书运用我国行政法律关系理论的研究成果，并借鉴特别权力关系理论，将教育行政法律关系分为一般权力关系和特别权力关系。[①]

　　一般权力关系是指基于国家在法律上的一般管理权而与公民、法人之间所发生的权利义务关系。而特别权力关系是指基于特别的法律原因，为实现特殊的目的而在行政主体与特定行政相对人之间所发生的权利义务关系。二者的最大区别在于一般权力关系所发生的争议可以通过司法途径解决，而特别权力关系所发生的争议一般不诉诸诉讼手段，而是通过内部申诉途径解决。

　　根据以上分类，教育法律关系中的一般权力关系主要表现在教育行政部门与学校、教师、学生之间的关系。这类关系反映的是国家对学校、教师和学生的纵向管理，如教育行政部门对学校办学活动的管理，对教师资格的认定和职称的评审，对学生参加国家考试的管理等。教育行政部门对学校、教师、学生违反法规的行为可以进行行政处罚，学校、教师、学生如对教育行政部门的处罚不服，可以依法提起行政诉讼。特别权力关系主要表现在学校[②]与学生之间的关系。这类关系是学校内部的管理与被管理的关系，学校享有更多的优越权，学生则负有更多的服从义务，有关特别权力所引起的纠纷一般通过申诉途径解决。

(二)教育民事法律关系

　　教育民事法律关系是指学校与公民、法人等平等主体之间，基于财产和人身而发生的社会关系。教育民事法律关系是在共同意思表示的基础上建立起来的，主体双方的地位是平等的，双方认为对方侵权可以提起民事诉讼。

　　教育民事法律关系主要表现在：第一，学校与教师、学生之间的关系。学校与教师、学生之间既存在行政法律关系，也存在民事法律关系。在民事关系中，学校不是以管理者的身份出现，而是以民事主体的身份出现，双方地位平等。这一关系以人身关系、财产关系为主要内容。目前这些关系的许多方面已经纳入教育法规调整的范围，特别是未成年人的人身权，更是教育法规保护的重点。第二，学校与其他社会组织、公民的关系。例如，学校受社会组织委托为其工作人员进行在岗培训，学校与社会组织之间的智力成果转让和科技成果转化等。在这些活动中，学校与社会之间都会产生与财产有关的必然联系。当然，这些关系中相当一部分社会关系直接由民法调整，但是也有一些具有明显教育特征的民事关系，特别是在教育改革和

　　[①]　杨海坤、章志远在《中国行政法基本理论研究》一书中，将行政法律关系分为一般权力关系和特别权力关系，本书借鉴这一分类。参见杨海坤、章志远：《中国行政法基本理论研究》，164页，北京，北京大学出版社，2004。

　　[②]　在特别权力背景下讨论学校与学生、教师的关系时，所称的"学校"均为公立学校。下同。

发展中产生的新的社会关系，现行民法并没有规范，这些关系仅靠民法规范和调整还不够，需由民法和教育法来共同完成这一任务，或者通过完善教育法规来进行规范。第三，教师与学生、学生与学生之间的关系，如教师体罚学生导致的人身伤害，学生之间的人身伤害纠纷。

(三)聘用(任)关系

教育法律关系除了教育行政法律关系和教育民事法律关系外，还存在聘用(任)关系。学校全面实行教师聘任制以后，聘用关系已经成为学校内部一种普遍存在的法律关系。聘用(任)关系既不是纯粹的民事法律关系，[①] 也不同于行政法律关系，而是一种平等性质和不平等性质兼有的社会关系。[②] 在学校与教师协商订立聘用合同时，双方地位是平等的，聘用(任)关系一经缔结，教师就成为学校的职工，教师应当接受学校的管理，如学校对教师进行考核，对违反学校管理制度的教师进行处分。这时双方的地位是不平等的。

根据《事业单位人事管理条例》、教师法和劳动合同法的有关规定，学校与教师及其他职工的聘用管理首先适用教师法和《事业单位人事管理条例》等教育人事法规，教育法规和人事法规没有规定的，依劳动合同法有关规定执行。

阅读材料 4-1

尹某诉教育局"限聘"处理意见案[③]

原告：尹某

被告：株洲市教育局

尹某 1996 年 12 月 20 日取得教师资格证书，原为株洲市第二中学在聘语文高级教师。他在《入学教育课》论文中写道："读书考大学，是为了自己，不是为了别人。读书增强了自己的本领，提高了自己的资本，将来能找到一个好的工作，挣下大把的钱，从而有一个美好的个人生活，比如生活愉快，人生充实，前途美好，事业辉煌，甚至找一个漂亮的老婆，生一个聪明的儿子。所以，我强调读书是为了自己。"该论文曾被株洲市中学语文教学专业委员会评为小组二等奖(后该奖被取消)。一家媒体刊登了批评尹某"读书是为了挣钱娶美女"的观点的文章，引起社会上广泛的关注和争论。2001 年 6 月，尹某出版了其个人所著的文学作品集《人世老枪》一书，该书中有"世上的一切都必须为我服务，不然，这一切都没有意义"，"天下最大的谎话，就是'毫不利己，专门利人'，我的真心话就是'专门利己，毫不害人'"等言论。尹某在其教学过程中曾向学生推销《人世老枪》。株洲市教育局

---

① 有学者认为聘用(任)关系属于教育民事法律关系。参见张维平、石连海：《教育法学》，100 页，北京，人民教育出版社，2008。本书不同意这一观点，认为聘用(任)关系类似于劳动关系。

② 参见王兴全：《劳动法》，32 页，北京，法律出版社，2004。

③ 李晓兵：《热点教育纠纷案例评析之教师篇》，1~4 页，北京，中国法制出版社，2007。

发现尹某在《入学教育课》论文以及《人世老枪》一书中的一些观点和言论以及向学生推销作品的问题后，即组织专人对有关情况进行了查处。2001 年 8 月 31 日，向市辖各县市区教育局、城区各中学下发了《关于查处向学生推销〈人世老枪〉问题的情况通报》[株教通字(2001)60 号]，按照教师法第 37 条的规定，同意株洲市二中对尹某实行解聘，株洲市内的所有学校不聘用尹某当教师。尹某认为株洲市教育局的处理不合法，于是向株洲市中级人民法院提起行政诉讼，要求株洲市教育局撤销"限聘"的处理意见，法院受理此案。

原告诉称，教师的聘任应当遵循双方地位平等的原则，由学校和教师签订聘用合同。教育局以行政命令的方式剥夺了他在株洲市范围内的受聘权，是不合适的。根据教师法第 17 条规定，聘任是学校的权利，受聘是教师的权利。原告具有高级中学教师的任职资格，有受聘当教师的权利。在其教师资格被撤销前，任何单位和个人不能对其受聘权作出限制，否则就是一种侵权行为。

被告辩称，通报不属于行政法规定的行政命令，仅仅是对尹某教师资格在一定范围内的禁止建议，不会产生行政拘束力；学校如认为原告符合条件有权聘用，或者如果学校认为原告不适合当老师，而适合做管理员或其他工作岗位，也完全可以聘用，并不受教育局通报的限制；作为聘用单位的主管部门，对某些不符合聘用条件的人员，在内部作出聘用岗位的限制，其行为符合法律规定。

法院经审理认为，被告株洲市教育局作为地方人民政府的教育行政部门，行使一个地区的教育行政管理职能，其有权对原告尹某不符合国家教育主流方向的言行进行规范和约束，有权对尹某违规向学生推销书籍的行为进行查处，株洲市教育局株教通字(2001)60 号文件所查明的基本事实存在，其"株洲市(含五县市区)内的所有学校不聘用尹某当教师"的处理意见，指向对象特定，指向范围具体，该行为已经对外产生了拘束力，具有执行力，是一种具体行政行为。根据教师法的有关规定，"国家实行教师资格制度""学校和其他教育机构应当逐步实行教师聘任制。教师的聘任应当遵循双方地位平等的原则，由学校和教师签订聘用合同，明确规定双方的权利、义务和责任"，原告尹某是已经取得教师资格证的教师，在其教师资格证未被撤销之前，应当享有受聘权。聘用教师属学校的自主权，被告株洲市教育局以行政命令的方式，对原告尹某的受聘权进行限制，是超越行政职权的行为，该具体行政行为违法。依照《中华人民共和国教育法》《中华人民共和国教师法》《中华人民共和国行政诉讼法》的相关规定，株洲市中级人民法院于 2002 年 7 月 29 日作出了一审判决。法院判决撤销株洲市教育局株教通字(2001)60 号文件中"株洲市(含五县市区)内的所有学校不聘用尹某当教师"的处理意见。

案例分析

这是一起典型的教师聘用纠纷案。案件的核心是株洲市教育局是否可以通过行政命令的方式限制辖区范围内的学校聘用教师。教育法和教师法都规定了学校对教师实行聘任制，这是我国教师职业的基本制度。教师法第17条规定："教师的聘任应当遵循双方地位平等的原则，由学校和教师签订聘任合同，明确规定双方的权利、义务和责任。"这一规定很明确地表示：学校与教师之间的聘任，完全取决于在法律允许范围内学校和教师双方的意思表示，任何第三方都无权干预。株洲市教育局以行政命令的方式，对原告尹某的受聘权进行限制，显然是违法的。值得一提的是，法院对此案的判决是非常准确的，法院只是撤销了株洲市教育局的决定，并没有判决株洲市第二中学聘任尹某，因为聘任是学校与尹某双方的事，法院也不能干预。

三、教育法律关系的构成要素

教育法律关系由主体、内容、客体三个要素构成。

(一)教育法律关系主体

教育法律关系主体，又称教育法律关系的当事人，是指教育法律关系的实际参加者，即在教育法律关系中权利的享有者和义务的承担者。教育法律关系的复杂性，决定了教育法律关系主体的广泛性，主要包括国家(政府)、学校、教师、学生、社会(家庭)五大主体。

"国家"是国家各类机关的总称，包括国家权力机关、国家行政机关、国家司法机关。由于政府是教育工作的领导者和管理者，政府的教育行政部门主管教育工作，因此常使用"政府"或"教育行政部门(机关)"来代表"国家"。政府、教育行政部门(机关)、学校三者的角色是：政府是教育的举办者，教育行政部门(机关)是教育的管理者，学校是具体的办学者。"社会"包括学校以外的社会组织、公民，也包括家庭，家庭主要是指学生的父母及其他监护人等成员。

以上五大主体相互之间构成12对关系，这些关系都是教育法规所调整的对象，其中学生与国家、学校、教师的关系，教师与国家、学校的关系，学校与国家的关系是我国教育法规调整的重点，也是教育法学研究的重点。

(二)教育法律关系的内容

教育法律关系的内容是指教育法律关系主体双方所享有的权利和所承担的义务的总和。它是教育法律关系最核心的要素，也是教育法规必须明确规定的内容。

教育法律关系的每一个主体，都是一定权利的享有者和一定义务的承担者，权利和义务是统一的，不可分的，享有权利的同时必须承担义务。如教育法和教师法明确规定了学校、学生和教师的权利，同时也规定了学校、学生和教师的义务。对于政府而言，教育法规赋予其诸多领导、管理教育的职权，同时依法履行好这些职权也是政府的职责和义务。

教育法律关系主体的权利和义务是多样的，不同的主体有不同的权利(权力)，如政府的职权和学校的权利主要表现为教育权，学生的权利主要表现为受教育权。同一主体在不同的教育法律关系中有不同的权利和义务，如学生在教育行政法律关系中，其权利主要是受教育权，义务是遵守法律和学校的规章制度，接受学校的教育管理；在教育民事法律关系中，其权利主要是人身权和财产权，义务是不侵犯他人的合法权益。

(三)教育法律关系的客体

教育法律关系的客体是指教育法律关系主体的权利和义务所指向的对象。权利和义务如果没有它们的对象，将因没有目标而不能落实，也就丧失了其存在的意义。教育法律关系的客体是比较广泛的，一般包括物、人身、精神财富或智力成果、行为。

物是教育法律关系主体财产权所指向的对象，如学校的财产权所指向的对象主要有教育经费、校园、校舍、教育教学设施、设备、图书资料、奖学金、助学金等。

人身是教育法律关系主体人身权所指向的对象，主要包括生命、身体、健康、人格尊严、隐私、荣誉等。例如，学生的人身权指向的是学生的身体、生命、人格尊严等，学生的隐私权指向的是学生的私密信息。我国非常重视学生特别是未成年学生的人身权，通过制定未成年人保护法、教育法和义务教育法等法律对学生的生命安全、人格尊严、隐私权等进行了特别保护。

精神财富或智力成果是教育法律关系主体知识产权所指向的对象，主要包括著作、教材、发明、专利、论文、课题等。随着我国教育科学文化事业的发展和我国知识产权制度的不断完善，将会有更多的智力成果成为教育法律关系的客体。

法律所称的行为是指人的有意识的活动，或是人有意识的身体动静，其中"动"为"作为"，"静"为"不作为"。应作为而不作为，或应不作为而作为的均会发生一定的法律后果。作为教育法律关系客体的"行为"同样包括作为或不作为的具体行动，它的涉及面非常广泛，包括教育行政部门对行政相对人的行政行为、学校对学生教师的管理行为，其他主体对学校、教师、学生的合法权利益的侵权行为等。例如，教育行政部门对某校给予吊销办学许可证的行政处罚行为，教育行政部门撤销教师资格的行政行为，学校给予学生开除学籍处分的行为，这些"行为"都是教育法律关系的客体。

教育法律关系是主体、客体、内容三个要素不可分离的有机整体，主体为权利义务之所属，客体为权利义务之所附，内容为权利义务之具体化。

四、教育法律关系的产生、变更与消灭

(一)教育法律关系产生、变更和消灭的含义

教育法律关系的产生，是指在教育法律关系主体之间形成了法律上的权利和义务关系。换句话说，它是指教育法律关系从可能性转变为现实性。例如，适龄儿童、少年入学接受义务教育与国家、社会、学校之间就形成了权利义务关系。

教育法律关系的变更，是指教育法律关系主体、客体和内容发生的部分变化。

主体的变更是指教育法律关系的权利或义务从这一主体转移到另一个主体或主体人数的增加或减少。客体的变更是指主体的权利和义务所指向的对象发生了变化，内容的变更是指教育法律关系主体间的权利义务的依法改变。

教育法律关系的消灭，是指教育法律关系主体之间权利和义务的终止。例如，撤销某一学校后，就终止了这所学校与政府、教师、学生之间有关教育方面的权利和义务。

(二)教育法律关系产生、变更和消灭的原因

教育法律关系的形成是以教育法律规范的存在为前提的，但教育法律规范只是设定了教育法律关系的一种模式，其本身并不创造教育法律关系。真正能够引起教育法律关系产生、变更和消灭的是教育法律规范所设定的教育法律事实。

所谓教育法律事实，是指依法律规定能够引起法律关系发生、变更和消灭的客观事实。法律事实可分为两类：一类是法律事件，即法定的客观现象，如自然灾害、学校事故等；另一类是法律行为，即能产生法律效果的行为。教育法律关系主体的行为，无论是作为还是不作为，是合法行为还是违法行为，都可引起教育法律关系的产生、变更和消灭。

由此可见，教育法律规范、教育法律关系、教育法律事实三者之间是有密切关系的。教育法律规范是形成教育法律关系的前提，也是判定教育法律事实是否成立的依据；教育法律事实是引发教育法律关系产生、变更和消灭的原因；教育法律关系是教育法律事实导致的结果。[①]

第四节　教育法律责任

一、教育法律责任的概念

法律责任有广义和狭义之分，广义的法律责任与法律义务同义，即法律规范所要求的行为人应当履行和承担的义务，这种义务分为两个部分，第一部分是指行为人必须按照法律规范的要求进行一定的作为和不作为。例如，学生有遵守法律法规的义务，学校有维护教师和学生合法权益的义务。第二部分是指行为人由于不履行第一部分的义务而引起的法律后果，即形成一种新的义务，而且当事人必须承担，具有惩罚性。例如，如果学生违反法律法规，学校侵犯教师和学生合法权益，就要接受相应的处罚，这时行为人便形成了一种必须接受处罚的新的义务。为了区分以上两个部分的义务，理论界称前者为"积极义务"(或第一性义务)，称后者为"消极义务"(或第二性义务)。积极义务和消极义务是两种不同的义务，不可混同。两种义务

① 李晓燕：《教育法学(第2版)》，35～36页，北京，高等教育出版社，2006。

也有密切的联系：积极义务是消极义务的前提和基础，没有前者，就不可能发生后者；没有对消极义务的追究，就难以监督和保证积极义务的履行。

广义的法律责任是积极义务和消极义务的总和。狭义的法律责任仅指消极义务。通常情况下，多数学者倾向于在狭义上使用法律责任这一术语。本书所述的法律责任也是狭义的。据此，将教育法律责任界定为：由行为人违反教育法律规范的行为所引起的，应当由其依法承担的惩罚性的法律后果。

在我国教育立法中，《中华人民共和国教育法》《中华人民共和国义务教育法》《中华人民共和国教师法》《中华人民共和国未成年人保护法》等法律都设置了"法律责任"专章，集中对违反教育法规应承担的法律责任作了具体的规定。

二、教育法律责任的构成要件

教育法律责任的构成必须具备一定的条件，这些条件就是教育法律责任的构成要件。教育法律责任的构成要件有四个：违法行为、损害事实、因果关系、过错。

(一)违法行为

违法行为是构成法律责任的第一个要件。行为人只对违法行为承担责任，构成法律责任的行为，必须是违反法律规定的行为，没有违反法律规定的行为，就不承担法律责任。违法行为有两种形式，一种是作为的违法行为，另一种是不作为的违法行为。凡是法律禁止的行为，如果违反法律而作为时，便是作为的违法行为，就会承担法律责任，如教育法禁止教师体罚学生，如果教师体罚了学生，就要承担法律责任。凡是法律要求人们在某种情况下必须做某种行为时，如果负有这种义务的人不履行其义务，便是不作为的违法行为，也应当承担法律责任，如法律规定未成年人父母有送其子女接受义务教育的义务，如果未成年人父母未尽到这一义务，就要承担法律责任。

(二)损害事实

损害事实是构成法律责任的第二个要件。法律责任是以客观存在的损害事实为前提的，也就是说，法律责任只有在造成实际损害的条件下才能发生。仅有违法行为，而未造成实际损害，不会承担法律责任。例如，教师打了学生一下，这本属于教育法规所禁止的体罚行为，如果教师的行为只是轻微的，没有对学生造成实际的损害结果，就不会追究教师的法律责任。损害事实具有侵害性，它一定是教育法规所保护的合法权益受到了实际侵害。同时，损害事实具有确定性，它意味着损害是一个确定的事实，而不是臆想的、虚构的、尚未发生的现象。损害事实的确定性，表明损害事实在客观上是可以认定的，一般根据法律法规、社会普遍认识、公平观念并结合社会影响、环境等因素判断。损害事实可分为三种类型：人身损害、精神损害和财产损害。

(三)因果关系

因果关系是指违法行为作为原因，损害事实作为结果，在它们之间存在前者引起后者,后者被前者所引起的客观联系。因果关系对法律责任的构成非常重要,在认定法律责任时必须分析违法行为与损害事实之间的因果关系,如果损害事实全部是由违法行为引起的,则行为人承担全部责任;如果损害事实部分是由违法行为引起的,则行为人只承担部分责任。例如,某地19岁女孩小忆,于某高中毕业后未参加高考,而去当地商场做导购。2018年6月20日,小忆从某百货大楼8层跳下身亡。小忆已毕业且在校外跳楼,表面上看与学校没有关系,但公安机关在清理小忆遗物时发现了小忆的一封信,经调查得知两年前班主任对小忆的一次猥亵导致小忆抑郁并最终走向轻生。该案小忆自杀这一损害事实与班主任对其猥亵的违法行为存在必然的因果关系,所以班主任和其所在学校应当承担相应的法律责任。

(四)过错

过错是指行为人实施违法行为时的主观心理状态。过错包括故意和过失两种类型。故意是指明知道自己的行为会发生危害社会的结果,仍有意而为之的一种主观心理状态,其心理状态的判断标准是"希望"或者"放任"。例如,学生考试作弊,明知道作弊行为是不公平的、不讲诚信的违法行为,却故意而为之。过失是指行为人对损害的发生,应注意或能注意却未注意的一种心理状态,其心理状态的判断标准是"疏忽""懈怠"。如《中华人民共和国教育法》第73条规定:"明知校舍或者教育教学设施有危险,而不采取措施,造成人员伤亡或者重大财产损失的,对直接负责的主管人员和其他直接责任人员,依法追究刑事责任。"这种后果是因"懈怠"导致的,并且属于重大过失,因而应因这种重大过失承担法律责任。

三、教育法律责任的类型

根据不同的标准,法律责任可作不同的划分,以下以引起法律责任的行为性质为标准,将教育法律责任分为教育行政法律责任、教育民事法律责任、教育刑事法律责任三种类型。

(一)教育行政法律责任

教育行政法律责任是指在教育活动中行为人因实施行政违法行为而应承担的法律责任,简称行政责任。行政责任的特点如下。

第一,行政责任的承担主体是行政法律关系主体,即行政主体、行政人(行政主体的公务人员)和行政相对人。[1] 教育法规为政府及其教育行政部门设定了相应的职责,政府及教育行政部门必须履行职责,否则就是失职,将要承担法律责任。政府

---

[1] 我国法学界对行政责任承担主体有不同的观点。第一种观点认为,承担行政责任的主体包括行政主体和行政相对人。参见沈宗灵等:《法理学》,415页,北京,北京大学出版社,2000;应松年:《行政法与行政诉讼法学》,392页,北京,法律出版社,2005。第二种观点认为,行政责任是行政主体的责任,而不是行政相对人的责任。行政相对人的责任表现为接受行政处罚,在行政处罚中专门加以研究。参见应松年:《行政法学新论》,416页,北京,中国方正出版社,2004;胡建淼:《行政法学》,463页,北京,法律出版社,2003。本书采用第一种观点。

及教育行政部门对教育进行管理，是通过其工作人员去实施的，国家公务员如果不依法履行职责，乱作为或不作为，也要承担法律责任。行政相对人的行政责任主要表现为接受行政处罚。

第二，行政责任承担的前提是有责主体违反了法定义务。法定义务是教育法规所明确规定的义务，只有违反了法定义务才承担法律责任，它在教育法规中一般都有专章设定。而教育法规没有设定的，则不承担法律责任。另外，违反民事义务不会承担行政法律责任，而只承担民事责任。

第三，行政责任既表现为惩罚性责任，也表现为补救性责任。它不像刑事责任主要是惩罚性的，也不像民事责任主要是补救性的。行政责任的种类很多，教育法规常见行政责任主要有行政处罚、行政处分、责令改正、国家赔偿等。前两种是惩罚性的，后两种是补救性的。惩罚或补救对责任主体来说都是一种否定性的结果。

第四，行政责任的认定和归结①由国家权力机关、行政机关和人民法院予以确认和追究。

教育法、义务教育法、教师法、未成年人保护法等主要法律均在多处设定了教育法律关系各主体的行政责任，包括政府的责任、学校的责任、教师的责任、学生的责任和社会的责任。其中教师的责任、学生的责任、社会的责任主要表现为接受惩戒或处罚，学校的责任既包括其作为行政主体的责任，也包括其作为行政相对人的责任，作为行政相对人的责任也是表现为接受处分或处罚。

阅读材料 4-2

铜山乡中心学校诉泌阳县物价局行政处罚案②

原告：铜山乡中心学校，吕某（铜山乡中心学校校长）

被告：泌阳县物价局

2002 年 5 月，泌阳县物价局对铜山乡中心学校 2001 年春、秋两期的收费情况进行检查。认定 2001 年春、秋两季该校自立名目，收取报纸杂志费，每生 5 元，计款 4065 元，代收学生书费作业费，除支付书款作业款外，下余应退未退计款 55598.60 元的行为，违反了《价格违法行为行政处罚规定》的第 7 条第 5、第 6 项规定，构成情节严重的价格违法行为。根据该规定的第 7 条、第 14 条和《河南省价格监督检查条例》第 37 条，泌阳县物价局于 2002 年 6 月 18 日作出了泌价处(2002)5 号行政处罚决定书，2002 年 9 月 23 日作出了泌价处(2002)7 号行政处罚

---

① 法律责任的认定和归结是指对因违法行为、违约行为或法律规定而引起的法律责任，进行判断、认定、追究、归结以及减缓和免除的活动。法律责任的认定和归结是由国家特设或授权的专门机关依照法定程序进行的。

② 饶常林：《热点教育纠纷案例评析之学校篇》，17～19 页，北京，中国法制出版社，2007。

决定书(其中7号行政处罚决定书对5号行政处罚决定书的处罚事项进行了变更,即对校长吕某的罚款由1000元变更为5000元)。泌价处(2002)7号处罚决定书送达后,二原告不服,向泌阳县人民政府申请复议。2003年6月20日,泌阳县人民政府作出(2003)5号行政复议决定书,维持泌阳县物价局作出的泌价处(2002)7号行政处罚决定书。二原告不服,于2003年9月1日向泌阳县人民法院提起行政诉讼。

法院认为,根据《中华人民共和国价格法》第5条第2项的规定,被告泌阳县物价局有权对本辖区内违反价格规定行为进行处罚,被告主体资格适格,根据《中华人民共和国教育法》第78条的规定与《中华人民共和国价格法》并不矛盾。原告铜山乡中心学校向学生收取报纸杂志费4065元没有经过批准,向学生收取书费作业费,共计款55598.60元,至今未退,违反了泌教字(1997)16号文件规定。被告2002年6月18日作出的泌价处(2002)5号行政处罚决定书和2002年9月23日作出的泌价处(2002)7号行政处罚决定书,在相同的事实认定和相同的处罚依据下,对校长吕某的罚款由1000元变更为5000元,根据《中华人民共和国行政处罚法》第32条第2款规定,被告变更罚款不当。根据《中华人民共和国行政诉讼法》第54条第1项、第2项、第4项之规定,判决如下:

一、维持被告泌阳县物价局泌价处(2002)7号行政处罚决定书中的一、二项。

二、撤销被告泌阳县物价局泌价处(2002)7号行政处罚决定书中的三、四项。

三、变更被告泌阳县物价局泌价处(2002)7号行政处罚决定书中的第五项,对原告吕某罚款1000元。

案件受理费3800元,其他费用500元,计款4300元,原、被告各承担2150元。

案例分析

这是一起典型的行政法律责任案。行政责任的主体是作为行政主体的泌阳县物价局和作为行政相对人的铜山乡中心学校及该校校长吕某。责任追究的形式是行政处罚。本案涉及的法律问题较多,以下主要讨论其中的一个问题,即法院是否可以变更行政机关的行政处罚决定。

学校违法办学,需要承担法律责任,由教育行政部门对其违法办学行为进行处罚,但是如果教育行政部门的处罚不合法或不当,法律是否可以改判呢?我国行政诉讼法及其司法解释规定,人民法院行政诉讼判决的种类有六种:维持判决、撤销判决、变更判决、履行判决、驳回诉讼请求的判决和确认判决。其中变更判决是一种不常用的判决,具有例外性质。所谓例外,是指对一般合法性审查原则的例外。我国行政诉讼法规定,行政诉讼中人民法院的中心任务是对具体行政行为是否合法进行审查,不处理适当性问题,不代替行政机关作出决定。但是,行政处罚显失公正的,可以判决变更。泌阳县人民法院的第三项判决就是变更判决。其理由是在相同的事实认定和相同的处罚依据下，对校长吕某的罚款从 1000 元变更为 5000 元是明显不公正的。变更判决涉及对行政机关行政决定适当性的干预，还涉及代替行政机关做出行政处罚决定等问题。作为具有例外性质的变更判决，必须符合两个条件：第一是限于行政处罚，对其他的事项不得使用直接变更；第二，是该行政处罚显失公正，如果是稍轻或稍重，则法院不能直接变更。所谓显失公正，是指原处理决定明显不合理，主要表现在：①行政机关自由裁量明显畸轻或畸重。②应加重而未加重处罚，或者不应当加重而加重处罚了。③作出拘留、吊销许可证和执照、责令停产停业、没收财物等行政处罚，明显失当。之所以为变更判决增设诸多条件，目的是防止人民法院随意使用变更判决。司法审查是一种合法性审查，而不是一种适当性审查，这是司法审查应当遵循的基本原则，应当防止司法自由裁量权变更行政裁量权，如果司法权代替行政权做出具体行政行为，就是越俎代庖，既与法律法规授予行政机关自由裁量权的目的相悖，也不符合行政诉讼的性质。

(二)教育民事法律责任

教育民事法律责任是指在教育活动中由于实施民事违法行为所导致的赔偿或补偿的法律责任，简称民事责任。其特征表现如下。

第一，民事责任以民事主体违反民事义务侵害他人的民事权益为前提。这是民事法律责任的根本特征。承担行政责任的原因是行政违法，而民事责任发生的前提是违反民事义务，侵害他人权益，没有民事义务就没有民事责任。这里所说的民事义务既包括依照法律规定而产生的义务，即法定义务；也包括当事人约定的义务，即合同义务。不履行这些义务就会侵害对方当事人的合法权益，应承担民事责任。

第二，民事责任是一种补偿责任。民事法律责任以一方当事人（加害人）补偿另一方当事人（受害人）的损害为主要目的。补偿性表明了民事责任"私"的性质，这一"私"的性质是由民法典的性质决定的。民法典调整的是平等的、私人间的社会关系，这种关系中，如果一方当事人侵害了对方的权利而使其利益受到损害，则加害人以补偿受害人所受的损害为原则。所以，民事责任是一种补偿责任，一般不具有惩罚性。

第三，民事责任是一种财产责任。民事责任主要调整财产关系和人身关系，侵害对方财产权主要以财产为补偿内容，如赔偿、支付违约金、罚款等。另外，侵犯人身权而对受害人的人身伤害赔偿和精神损害赔偿，最后的处理结果也大多以财产的方式进行。所以民事责任主要是一种财产责任，当然也有其他责任方式。

第四，民事责任可以由当事人在法律允许的范围内协商。这一特征是由民法平等、自愿的原则决定的。在赔偿或补偿时，当事人双方可以协商，只有协商不成时，才由受害人请求人民法院判决。违反合同义务采取协商解决的情况更为多见。这种协商在刑事责任和行政责任中是不可能的。

教育法第 83 条规定："违反本法规定，侵犯教师、受教育者、学校或者其他教育机构的合法权益，造成损失、损害的，应当依法承担民事责任。"这里的合法权益指的是人身权利和财产权利。这也是民法典所调整的对象。据此，可以将民事责任分为侵犯人身权的责任和侵犯财产权的责任。①侵犯人身权的责任，包括侵犯教师人身权的责任和侵犯学生人身权的责任。侵犯教师人身权较为常见的是对教师人格权、身体权的侵犯，如教师法第35条规定，侮辱、殴打教师，造成损害的，责令赔偿损失。侵犯学生人身权较为常见的是对学生的生命安全权、身体权、隐私权以及人格尊严等权利的侵害。教育法、义务教育法、未成年人保护法、学生伤害事故处理办法等法律法规特别对侵犯学生这些权利的责任承担方式作了较多的规定。②侵犯财产权的权利，包括侵犯学校财产的责任、侵犯教师和学生财产的责任。学校的财产是国家的、集体的财产，任何人不得随意侵占、破坏。教育法第72条规定："侵占学校及其他教育机构的校舍、场地及其他财产的，依法承担民事责任。"对教师、学生财产的侵害主要表现为对教师、学生知识产权的侵犯，应当依据知识产权相关法律追究责任。

(三)教育刑事法律责任

教育刑事法律责任是指在教育活动中因实施刑事违法行为所导致的受刑法处罚的法律责任，简称刑事责任。刑事责任有以下特点。

第一，刑事责任产生的原因在于行为人的严重社会危害性。教育法规定的追究刑事责任的情形，都是严重程度达到触犯刑法、构成犯罪的行为。

第二，与刑事责任严重危害性相适应，刑事责任是犯罪人向国家所负的一种法律责任。它与民事责任向受害人承担责任有明显区别，刑事责任的大小、有无都不以受害人的意志为转移。

第三，刑事法律是追究刑事责任的唯一法律依据，即罪刑法定。

第四，刑事责任是一种惩罚性责任，是所有法律责任中惩罚性最为严厉的一种。惩罚是刑事责任的首要功能。刑事责任的内容包括限制、剥夺责任人的自由、财产、政治权利甚至生命。

第五，刑事责任认定和归结权属于人民法院。

第六，刑事责任的承担者是个人，法人或其他社会组织因犯法构成犯罪的，刑事责任由其主要负责人或直接责任人承担。

教育法、义务教育法、教师法、未成年人保护法、预防未成年人犯罪法等法律规定了承担刑事责任的情形，这些情形只有特别严重，达到犯罪程度的，才会追究刑事责任。概括起来主要包括：①侵害教师、学生身体权，造成严重人身伤害的责任，如侮辱、殴打教师，体罚学生造成伤残的。②侵害学生生命安全权利，导致伤亡的责任，如未及时维修危房导致房屋倒塌，造成学生死亡的。③经济领域犯罪的责任。④挪用、克扣教育经费，构成犯罪。⑤寻衅滋事，破坏校舍构成犯罪的。⑥在校舍安全中失职，造成人员伤亡或重大财产损失的。⑦招生中徇私舞弊构成犯罪的。⑧侮辱、殴打教师，对教师进行打击报复，情节严重、构成犯罪的。⑨侮辱学生，体罚学生，造成人身伤害，构成犯罪的。⑩强奸、猥亵女生的。

四、教育法律责任的实现方式

行为人违反教育法规就要承担相应的法律责任，那么，法律责任通过何种形式来实现呢？这是一个教育法律责任实现方式的问题。教育法律责任的实现方式是指承担或追究法律责任的具体形式，包括惩罚、补偿、强制三种。

(一)惩罚

惩罚即法律制裁，是指由特定国家机关对违法者依其法律责任而实施的强制性惩罚措施。惩罚主要包括行政制裁、民事制裁、刑事制裁三种类型。

1. 行政制裁

行政制裁是指国家行政机关对行政违法主体依其行政法律责任所实施的强制性惩罚措施。行政制裁是教育法律制裁的主要形式，主要有行政处罚、行政处分、责令改正三种。①

行政处罚，是由特定的行政执法机关对违反教育法规，尚不构成犯罪的公民、法人和其他组织所给予的一种行政制裁。行政处罚的实施主体主要是行政机关，同时也包括法律法规授权组织和行政机关委托组织。行政处罚的对象是公民、法人和其他组织，包括学校、教师、学生、义务教育适龄儿童及少年的父母或者其他法定监护人、其他社会组织和公民。《教育行政处罚暂行实施办法》规定，教育行政处罚的种类主要有 10 种：①警告；②罚款；③没收违法所得，没收违法颁发、印制的学历证书、学位证书及其他学业证书；④撤销违法举办的学校和其他教育机构；⑤取消颁发学历、学位和其他学业证书的资格；⑥撤销教师资格；⑦停考，停止申请认定资格；⑧责令停止招生；⑨吊销办学许可证；⑩法律、法规规定的其他教育行政处罚。

行政处分，是由国家行政机关对其违法失职的工作人员或学校对违法违纪的教师所实施的惩戒措施。行政处分的最明显特点是实施主体与实施对象之间具有行政隶属关系。对行政机关工作人员的处分的种类由《中华人民共和国公务员法》规定，主要有警告、记过、记大过、降级、撤职、开除六种。对教师的处分的种类由《事业单位人事管理条例》规定，主要有警告、记过、降聘(撤职)、开除四种。

责令改正是行政处罚的一种特殊形式。行政处罚法未将责令改正列入行政处罚的种类，但在"行政处罚适用"一章中规定了责令改正的内容。《教育行政处罚暂行实施办法》的种类设定中出现了"责令停止招生"，这实际上就是责令改正。教育法和义务教育法的"法律责任"章节中多处规定了责令改正的处罚，可见责令改正也是行政责任的一种实现方式。所谓责令改正，就是要求行为人纠错，改正违法行为。法律

---

① 劳动教养也是行政制裁的一种类型，但在教育法规中涉及很少，且已于 2013 年废止，本书不作讨论。

实践中，对违法行为人实施行政处罚是必要的，但行政处罚只是一种手段，而不是最终的目的，真正的目的还是要求行为人纠正违法行为，责令改正正是体现了这种法治意图。因此，责令改正是行政处罚的重要补充，代表了行政处罚的目的。责令改正的种类有：停止违法行为；消除违法行为所造成的危害后果；恢复合法状态；赔偿违法造成的损害。[①] 如教育法、义务教育法规定的"责令改正或限期改正""责令限期归还被挪用、克扣的经费""责令退还所收费用""责令退回招收的学员""责令收回所发的证书"等。

责令改正本质上是教育措施，而非制裁手段。它与行政处罚、行政处分三者的区别在于：①概念不同。行政处罚是对违法行为的一种制裁，行政处分是对违法行为的一种纪律处分，责令改正是要求行为人停止违法、消除危害、恢复合法状态。②效果不同。行政处罚、行政处分是对行为人的人身权、财产权的限制、剥夺或惩戒，责令改正是对违法情形的纠偏。③对象不同。行政处罚、责令改正的实施的对象包括公民、法人和其他组织，行政处分主要针对个人。④形式不同。行政处罚以警告、罚款、没收、吊证、拘留等形式表现，行政处分以警告、记过、降聘(撤职)、开除等形式表现，责令改正以责令改正或限期改正、责令退还、责令赔偿、停止违法行为、批评教育等形式表现。⑤目的不同。行政处罚、行政处分的目的在于制裁违法、维护合法，责令改正则以停止违法、恢复合法为目的。三者的联系在于，行政处罚、行政处分必然要求改正违法，但责令改正并非必然给予行政处罚或行政处分。

2. 民事制裁

民事制裁是指由人民法院所确定并实施的，对民事法律责任主体给予的强制性惩罚措施。民事制裁与行政制裁不同，行政制裁由行政主体实施，而民事制裁由人民法院作出，而且一般是被侵害的当事人主动提起民事诉讼的前提下法院才作出。当事人双方协商的赔偿不是民事制裁。民事制裁通常由侵权或违约所引起，主要内容包括在国家的强制下赔偿或支付违约金，是一种以财产关系为核心的制裁方式。民法典第179条规定，承担民事责任的方式主要有：停止侵害；排除妨碍；消除危险；返还财产；恢复原状；修理、重作、更换；继续履行；赔偿损失；支付违约金；消除影响、恢复名誉；赔礼道歉；以及法律规定的惩罚性赔偿。

3. 刑事制裁

刑事制裁是司法机关对于犯罪者根据其刑事责任所确定并实施的强制性惩罚措施，是一种最严厉的制裁。承担刑事责任的主体主要是公民，有时也可以是法人或非法人组织，但对法人或非法人组织的刑事制裁只能是处以罚金等财产刑。我国的刑罚分为主刑和附加刑两类。主刑包括管制、拘役、有期徒刑、无期徒刑、死刑，附加刑包括罚金、剥夺政治权利、没收财产。

---

① 应松年：《行政法学新论》，271页，北京，中国方正出版社，2004。

(二)补偿(赔偿)

补偿是通过国家强制力或当事人要求责任主体以作为或不作为形式弥补或赔偿所造成损失的责任方式。补偿包括防止性补偿、回复性补偿、补救性补偿等。补偿的作用在于制止对法律关系的侵害以及通过对被侵害的权利进行救济,使被侵害的社会关系恢复原态。补偿侧重强调事实,较少渗入道德评判,其目的主要在于弥补受害人的损害。补偿的方式除了对不法行为的否定、精神慰藉外,主要为财产上的赔偿补偿。在我国,补偿主要包括民事补偿和国家赔偿两类。

1. 民事补偿

民事补偿是指依照民事法律规定,责任主体承担的停止、弥补、赔偿等责任方式。我国民法典规定的承担民事责任的方式中,相当一部分属于民事补偿的形式。例如,返还财产;恢复原状;修理、重作、更换;赔偿损失;消除影响、恢复名誉等。

2. 国家赔偿

国家赔偿包括行政赔偿和司法赔偿。行政赔偿是国家因行政主体及其工作人员行使职权时造成行政相对人受损害,而给予受害人赔偿的一种责任方式,主要为因违法行政行为侵犯人身权、财产权的赔偿。司法赔偿是国家因司法机关及其工作人员行使职权时造成当事人受损害而给予受害人赔偿的一种责任方式,由于认定事实、适用法律错误,致使当事人受损害的,国家要给予相应赔偿。

(三)强制

强制是指国家通过强制力迫使不履行义务的责任主体履行义务的责任方式。强制的功能在于保障义务的履行,从而实现权利,使法律关系正常运作。强制包括对人身的强制和对财产的强制。对人身的强制有拘留、强制传唤、强制戒毒、强制治疗、强制检疫等方式。对财产的强制有强制划拨、强制扣缴、强制拆除、强制拍卖、强制变卖等方式。强制是承担行政责任的主要方式。

复习与思考

1. 什么是教育法规?教育法规与教育政策有何异同?

2. 教育法规的渊源有哪些?

3. 什么是教育法律关系?教育法律关系的要素是什么?教育法律关系产生、变更和消灭的根本原因是什么?

4. 什么是教育法律责任?教育法律责任的构成要件是什么?教育法律责任有哪几种类型?

5. 教育法律责任的实现方式有哪些?惩罚有几种类型?

综合案例分析

　　小明，7 岁，北京市某小学二年级学生，平时上学、放学不用家长接送，都由本人自行上学、回家。某天上午，小明上完第二节课后，趁学校门卫不注意离开学校出走。第三节课上课时，班主任李老师发现小明不在教室，便询问其同班同学，同班同学都说不知道。于是班主任发动该班同学在校园内寻找，不见其人。李老师发现情况不妙，将这一情况告知学校。放学后李老师到小明家中，发现小明不在家，于是将小明离校的事件告知家长。学校也迅速将此事报告了当地教育组，同时组织人力四处寻找，并通过广播、电视等新闻媒体播放寻人启事，但仍然没有结果。

　　请用法律责任的构成要件分析学校对小明出走是否承担责任。

推荐阅读

1. 李晓燕 . 教育法学[M]. 2 版 . 北京：高等教育出版社，2006.

2. 张维平，石连海 . 教育法学[M]. 北京：人民教育出版社，2008.

3. 劳凯声，郑新蓉 . 教育法学概论[M]. 武汉：湖北教育出版社，1996.

4. 黄崴 . 教育法学[M]. 广州：广东高等教育出版社，2002.

5. 申素平 . 教育法学：原理、规范与应用[M]. 北京：教育科学出版社，2009.

6. 应松年 . 行政法学新论[M]. 北京：中国方正出版社，2004.

7. 马俊驹，余延满 . 民法原论[M]. 2 版 . 北京：法律出版社，2005.

8. 王兴全 . 劳动法[M]. 北京：法律出版社，2004.

第五章　小学教育法制建设

教育法制，即国家的教育法律制度，包括有关教育的立法、执法、守法、司法和对法律运行的监督等过程。教育法制是将教育纳入法治轨道的制度形式，是依法治教的前提和基础。坚持依法治教必须加强教育法制建设。

第一节　小学教育立法

教育立法，从狭义上讲是指国家立法机关根据法定的程序，制定、修改或废止教育法规的活动，从广义上讲是泛指一切拥有立法权限的国家机关制定和发布教育法规的活动。教育立法的成果是教育法规，其表现形式有教育法律、法规、规章等一系列规范性文件。

一、国内外小学教育立法发展阶段

(一)国外小学教育立法

西方发达国家小学教育立法比较早，也比较成熟，保证了小学教育的有效实施，为整个教育发展奠定了坚实基础。西方的小学教育立法从具体国情出发，与本国政治、经济、文化相联系，遵循教育发展的时代性。其发展可以分为初始阶段、普及阶段和完善阶段。[①]

1. 初始阶段

这个阶段从文艺复兴后至 19 世纪上半叶。欧洲一些国家的教育思想家提出了一系列教育改革的思想和主张，在其倡导下，个别国家开始教育立法，推行小学教育。立法形式主要是各个法令、法案。

捷克教育家夸美纽斯提出应当给学校自主权，使其有权制定自己的法规；应当充分考虑儿童的尊严，保证向儿童提供其发展自身天赋能力、实现自我所必需的各种条件。马丁·路德提倡广设学校，普及教育。受这些教育思想的影响，一些国家纷纷开始教育立法。

德国最先颁布强迫教育法令，实施强制入学，推行小学教育。法国在 1789 年大革命后将教育作为国家的一种公共事业。1793 年，国民议会通过一项法令，宣布国家应当负责让一切公民接受小学教育。英国于 1802 年通过《学徒健康与道德法》，保护童工和限制童工的使用，1833 年又通过《工厂法草案》。1819 年，普鲁士王国颁布义务教育法令，对 7~14 岁儿童实施义务教育。

2. 普及阶段

19 世纪下半叶，部分国家开始控制教育立法权，设立公立学校，普及义务教育。

---

① 阮成武：《小学教育政策与法规》，135~137 页，北京，高等教育出版社，2006。

大机器生产的深入发展，使得资产阶级提高了劳动者智力的要求，世界各国也意识到普及义务教育的必要性，相继开始直接干预教育，将教育的领导权控制在国家手中。1850 年，普鲁士王国在学校法草案中规定国民学校是义务教育的公立学校，学生免费入学。1872 年，普鲁士颁布国民教育法，形成了一个严格由国家控制实施的义务教育法律体系。1870 年，英国通过了第一部国民教育法——《福斯特法案》(《初等教育法》)，奠定了英国初等国民教育法律的基础，并通过许多教育法令，对 7～11 岁儿童实施初等义务教育，促成 19 世纪末初等教育免费制的实施。1881—1882 年，法国通过《费里法案》，宣布对 6～13 岁儿童实施免费、世俗、强迫的义务教育。日本在明治维新时期开始重视以教育法规来管理教育，1872 年颁布《学制》，建立现代教育制度。

3. 完善阶段

从 20 世纪初开始，资本主义国家加强了对教育的全面干预和控制，教育立法的内容和技术日益完善，教育立法进入了大发展时期。

许多国家在宪法和教育法律中进一步明确了小学教育在国家教育体系中的地位、作用、教育管理权限、师资培养、与上一级教育的衔接，明确了国家在教育方面的责任以及公民受教育的权利和义务，有力地保障了小学教育的普及和发展。小学教育活动的各个方面都有相应的法律规范，义务教育的年限不断延长。人们开始把教育看作个人一种不可剥夺的基本权利，要求享受机会均等的、有利于促进个性丰富和全面发展的、有助于探索和开拓新生活的教育。

(二)我国小学教育立法

我国的教育立法始于清末，小学教育立法大体可分为清末小学教育立法、民国时期小学教育立法、新中国小学教育立法三个阶段。[①]

1. 清末小学教育立法

1902 年，清政府颁布了《钦定学堂章程》，又称"壬寅学制"，其详细规定了各级各类学堂的目标、性质、年限、入学条件、课程设置及相互衔接关系，是中国近代由国家颁布的第一个规定学制系统的文件。1904 年颁布的《奏定学堂章程》又称"癸卯学制"，是中国近代第一个以教育法令公布并在全国实行的学制，它把学制分为初等教育、中等教育、高等教育等几个阶段，除规定学制系统外，还订立了学校管理法、教授法及学校设置办法等。该章程施行至辛亥革命为止，它的实施标志着中国现代教育的诞生。1906 年，清政府学部颁布《强迫教育章程》，规定"幼童至 7 岁须令入学，及岁不入学者，罪其父兄"，这是中国政府强制实行义务教育的第一道正式法令。

清末教育立法虽然有很多不足之处，甚至保留了不少旧教育的痕迹和封建主义色彩，脱离中国的实际情况，但初步确立了中国近代教育制度，为民国时期学校教

---

① 阮成武：《小学教育政策与法规》，137～139 页，北京，高等教育出版社，2006。

育奠定了基础。

2. 民国时期小学教育立法

1912 年 1 月 19 日，中华民国临时政府教育部公布《普通教育暂行办法》和《普通教育暂行课程标准》，变革清末体制，重新对学校名称、教育内容、课程设置及教育要求作了明确规定，实行初等小学男女同校，揭开了民国初期教育改革的序幕。同年还颁布了《学校系统令》等一系列教育法令。这些教育法规吸收了西方国家教育立法的某些经验，在一定程度上是顺应历史潮流的。

1922 年，受美国杜威的实用主义教育思想的影响，北洋政府颁布《学校系统改革令》，规定实施 6 年小学教育。这是一个较为成熟的法令，标志着中国的现代学制及其立法已基本确定。南京国民政府成立后，仿效资本主义国家的教育制度和管理办法，重新制定了代表资产阶级利益的教育宗旨和教育政策，颁布了一系列的教育法规。

中国共产党领导的各根据地和解放区的革命政权，根据党的路线方针政策制定了许多教育法规，如《中华苏维埃宪法大纲》《陕甘宁边区小学法》等。这些教育法规虽然由于当时的战争环境而缺乏系统性，具有临时性和地域性的特点，但对于促进根据地和解放区教育事业的发展发挥了重要作用，也为新中国教育立法积累了宝贵的经验。

3. 新中国小学教育立法

新中国的法治建设是在废除旧法的前提下进行的，教育立法同样经历了曲折的发展过程。

(1)中华人民共和国成立初期

1949 年 9 月，《中国人民政治协商会议共同纲领》规定：中华人民共和国的文化教育为新民主主义的，即民族的、科学的、大众的文化教育。有计划、有步骤地改革旧的教育制度、教育内容、教育方法。这标志着新中国教育建设的起步。1949 年 12 月，教育部召开第一次全国教育工作会议，会议提出教育必须为国家建设服务，学校必须向工农开门。1951 年 10 月 1 日，政务院颁布了《关于改革学制的决定》，学制的组织系统包括幼儿教育、初等教育、中等教育、高等教育以及各级政治学校和政治训练班等，明确了新中国的新学制。1952 年，颁布《关于接办私立中小学的指示》。这些立法工作，使新中国教育工作有章可循，为按教育规律办学提供了依据。

(2)"文化大革命"时期

"文化大革命"时期，以"学制要缩短、教育要革命"为名，盲目无节制地发展普通中学，完全打乱了中等教育的结构和布局，推行从小学到高中毕业的"九年一贯制"，抛出"朝农经验"，以干代学，搞乱了整个教育制度。直到粉碎"四人帮"后，重新颁布"小学四十条"，小学教育立法工作才开始出现新局面。

(3)发展阶段

党的十一届三中全会以后，教育立法工作提上议事日程，教育立法迅速发展。

1982 年，第五届全国人民代表大会第五次会议制定了第四部宪法，宪法中有关教育的条款为教育立法和依法治教提供了法律依据，其后教育立法迅速发展。1986 年颁布《中华人民共和国义务教育法》，首次以专门的法律形式规定了国家的义务教育基本制度。2006 年修订义务教育法，义务教育法制度更加完善。1993 年颁布《中华人民共和国教师法》，对教师的权利、义务以及待遇作出明确规定，同时规定了教师职业的系列基本制度。1995 年，我国教育的根本大法《中华人民共和国教育法》的颁布，标志着我国教育工作进入全面依法治教的新阶段。为了给儿童、小学生创建良好的成长环境，我国于 1991 年 12 月 29 日批准《儿童权利公约》，这是第一部有关保障儿童权利且具有法律约束力的国际性约定。同年，我国颁布了《中华人民共和国未成年人保护法》，未成年人保护法于 2020 年进行了修订，明确了家庭、学校、社会、网络、政府、司法等各主体对未成年人保护的责任、义务和要求，为未成年人的健康成长和权益保护提供了法律保障。2021 年，我国公布了《中华人民共和国家庭教育促进法》，为未成年人家庭教育提供了法律依据，使家庭教育从传统的"家事"上升为"国事"。除全国人民代表大会及其常务委员会制定的法律外，国务院制定了一系列教育行政法规，教育部制定了一系列规章，各级地方人大、政府也制定了一系列地方性法规和规章，形成了比较完整的教育法规体系。

同时，我们也应清醒地认识到，由于我国教育法治建设起步较晚，教育法治建设与发达国家相比还有一些差距，建立健全包括小学教育在内的教育法律体系，仍然是我国今后相当长一段时期的艰巨任务。

二、我国小学教育立法的体制和程序

(一)教育立法体制

立法体制是关于一国立法机关设置及其立法权限划分的体系和制度。它要回答的问题是国家的哪些机关有权制定、修改、废止法律或其他具有不同法律效力的规范性文件，其核心是立法权的划分问题。

我国现行教育立法体制，是中央集权与地方分权相统一的体制。一方面，宪法和法律的立法权属于国家立法机关——全国人民代表大会及其常务委员会，并在整个教育立法中处于领导地位；另一方面，国家立法机关通过授权，赋予其他国家机关和地方机关在授权范围内行使立法权。这种体制可以概括为"一元、二级、多层"。"一元"指国家立法机关为最高立法机关，其所制定的法律具有最高法律效力；"二级"指我国具有立法权的机关包括中央和地方两级；"多层"指的是在中央立法方面分为全国人民代表大会及其常务委员会、国务院及其各部委，地方方面分为省级人民代表大会及其常务委员会、授权的市人民代表大会、省级人民政府、省会城市人民政府等。这些机关制定的法律、行政法规、部门规章、地方法规、地方规章等在法律效力上是上下层级的关系，上层级的效力高于下层级的效力。

在"一元、二级、多层"的立法体制下，我国教育法规的制定有中央和地方两级立法主体，各级主体都有权根据教育立法的需要制定相应的规范性法律文件，只不过规范性法律文件的法律效力不同而已。

(二)教育立法权限

教育立法权限是指教育立法主体行使立法职权的权力限度和内容范围，也就是有权制定教育法规的主体如何划分立法权的问题。

我国宪法及有关法律对教育立法主体和立法权限作了明确规定。全国人民代表大会及其常务委员会行使国家立法权，制定教育法律。国务院有权根据宪法和法律制定教育行政法规。国务院教育行政管理部门有权根据法律和行政法规制定部门规章。省、自治区、直辖市人民代表大会及其常务委员会有权制定地方性法规、自治条例和单行条例。省、自治区、直辖市人民政府可以制定地方性教育规章。

教育法规的立法主体不同，其立法权限也不同，所制定的教育法规的法律效力也不同。全国人民代表大会制定的《中华人民共和国教育法》属于教育基本法，在教育法律体系中具有最高法律效力，其效力仅次于宪法；其次是全国人民代表大会常务委员会制定的单行教育法律，在教育法律体系中具有上位法的法律效力；国务院制定的教育行政法规及教育部制定的教育规章在全国范围内有效；地方人大制定的地方性教育法规和地方政府制定的地方性教育规章在其所辖区域内有效。

(三)教育立法程序

教育立法程序，是指由宪法和法律规定的享有立法权的国家机关制定、认可、变动教育法规所必须履行的法定步骤。在我国，国家权力机关、国家行政机关、地方权力机关和政府机关的立法程序大体相同，但也有区别。以下以国家权力机关的立法程序为例进行介绍。国家权力机关的教育立法程序包括教育法律议案的提出、教育法律议案的审议、教育法律议案的通过和教育法律的公布四个步骤。

1. 教育法律议案的提出

教育法律议案是由法定机关和人员提出、列入会议议程的有关教育法律制定、修改或废除的提案或建议。我国具有向各级人民代表大会及其常委会提出议案的职权机关和人员包括：各级人民代表大会的代表团或一定人数的代表，各级国家权力机关的主席团、常设机关和各种委员会，各级行政机关，国家司法机关和军事机关。

2. 教育法律议案的审议

教育法律议案的审议是全国人大或其常委会对列入议事日程的、已被通过的法规议案而拟定的教育法律草案，从立法宗旨、基本精神、内容和合法性等方面进行审议和讨论。从我国立法实践看，一般教育法律议案的审议要经过两个阶段：先由全国人大的教育科学文化卫生委员会与宪法和法律委员会对教育法律草案进行审议，再由全国人大或其常委会全体会议进行审议。

3. 教育法律议案的通过

教育法律议案的通过是指全国人大或其常委会对草案经过讨论并进行表决后，

表示正式同意，使教育法律草案成为教育法律。这是整个教育立法过程中最重要的步骤。

4. 教育法律的公布

教育法律的公布是指法律制定机关将通过的法律以一定的形式予以正式公布。在我国，全国人民代表大会及其常务委员会通过的法律以国家主席令的形式公布。这是教育立法过程的最后一步。一般来说，法律文本中应注明该法律生效的日期，未注明生效日期的，一般于公布之日起生效。

三、我国小学教育法规体系

(一)我国教育法规体系

党的十一届三中全会以来，我国教育立法成果显著，截至目前已制定了 11 部教育法律(包括未成年人保护法、预防未成年人犯罪法)、18 部教育法规，80 部教育规章，初步形成了中国特色的教育法规体系。我国教育法规体系是以国家教育基本法为母法，以一系列单行教育法及其他各层次规范性文件所构成的。教育法规的表现形式依照制定机关和法律效力等级呈纵向层次排列状态；教育法规的内容依照其所规范的教育关系范围呈横向分布排列状态。

教育法规的纵向层次包括教育基本法、单行教育法、教育行政法规、教育规章、地方教育法规、地方教育规章。

教育法规的横向类型主要是以法规所规范的内容来划分的，规范某一方面内容的法规作为一类。横向维度的教育法规一般可分为三大类：一是规范各级各类教育的法规，如学前教育法、义务教育法、高等教育法、职业教育法、民办教育促进法等。二是规范教育管理的法规，如教育行政法、学校管理法、教育行政处罚法、未成年人保护法、学校安全法等。三是规范人、财、物等办学条件的法规，如学校设置法、学校财政法、学校人事法等。

(二)我国小学教育法规体系的层次结构

小学教育属于义务教育，我国非常重视义务教育的发展，把保障适龄儿童、少年接受义务教育作为国家、学校、社会、家庭的一项强制性义务，并通过法规予以规范。目前，我国既有针对义务教育的专门立法，也有规范义务教育的其他法规，它们共同构成小学教育法规体系。我国小学教育法规体系是以教育法为母法，以一系列与义务教育有关的单行教育法律、法规、规章构成的。其层次结构如下。

第一层次：教育基本法，即《中华人民共和国教育法》。

第二层次：教育单行法，主要有《中华人民共和国义务教育法》《中华人民共和国家庭教育促进法》《中华人民共和国教师法》《中华人民共和国未成年人保护法》《中华人民共和国预防未成年人犯罪法》等。

第三层次：教育行政法规，主要有《教师资格条例》《教育督导条例》《校车安全管理条例》《征收教育费附加的暂行规定》等。

第四层次：教育规章。教育规章较为丰富，大体上可分为三类：①规范教育教学管理的规章，如《小学管理规程》《学校体育工作条例》《学校卫生工作条例》《教育行政处罚暂行实施办法》《县域义务教育均衡发展督导评估暂行办法》等；②规范学校安全管理的规章，如《学生伤害事故处理办法》《中小学幼儿园安全管理办法》《学校食品安全与营养健康管理规定》《未成年人学校保护规定》等；③规范各类人员管理与行为的规章，如《中小学法治副校长聘任与管理办法》《中小学教育惩戒规则(试行)》《中小学校长培训规定》《中小学教师继续教育规定》等。

需要指出的是，我国教育法治建设和教育法学研究起步较晚，有关义务教育、小学教育的法规还不够健全。例如，学校安全方面，目前主要依据教育部制定的《学生伤害事故处理办法》，但由于人身安全涉及学生的人身权及人身伤害赔偿，更多的是一种民事纠纷，作为民事法律规范由教育行政部门制定是不合适的，应当提升其位阶。虽然《中华人民共和国民法典》的侵权责任编中也有关于学校事故处理的规定，但规定的范围和内容相当有限，亟须由国家立法机关制定专门的学校安全法。又如，为了保障义务教育经费，应当制定专门的义务教育财政法或经费投入与保障法。总之，我国义务教育、小学教育的法规体系还有待进一步完善，建立健全包括小学教育在内的更完善的教育法规体系任重道远。

四、我国现行小学教育主要法规

(一)《中华人民共和国教育法》(以下简称教育法)

教育法于1995年3月18日由第八届全国人民代表大会第三次会议通过，自1995年9月1日起施行。2009年8月27日第一次修正，2015年12月27日第二次修正，2021年4月29日第三次修正。该法共10章86条，包括总则、教育基本制度、学校及其他教育机构、教师和其他教育工作者、受教育者、教育与社会、教育投入与条件保障、教育对外交流与合作、法律责任、附则。

教育法是我国教育的根本大法，明确了教育的指导思想、教育方针和基本原则，规定了教育的基本制度、公民受教育的权利和义务、学校的权利和义务、学生的权利和义务以及教育投入机制，为我国教育事业的发展提供了法律保障，也为制定其他教育法律法规提供了依据。

阅读材料 5-1

中华人民共和国教育法

(1995年3月18日第八届全国人民代表大会第三次会议通过，2009年8月27日第一次修正，2015年12月27日第二次修正，2021年4月29日第三次修正)

目录

第一章　总则

第一条　为了发展教育事业，提高全民族的素质，促进社会主义物质文明和精神文明建设，根据宪法，制定本法。

第二条　在中华人民共和国境内的各级各类教育，适用本法。

第三条　国家坚持中国共产党的领导，坚持以马克思列宁主义、毛泽东思想、邓小平理论、"三个代表"重要思想、科学发展观、习近平新时代中国特色社会主义思想为指导，遵循宪法确定的基本原则，发展社会主义的教育事业。

第四条　教育是社会主义现代化建设的基础，对提高人民综合素质、促进人的全面发展、增强中华民族创新创造活力、实现中华民族伟大复兴具有决定性意义，国家保障教育事业优先发展。

全社会应当关心和支持教育事业的发展。

全社会应当尊重教师。

第五条　教育必须为社会主义现代化建设服务、为人民服务，必须与生产劳动和社会实践相结合，培养德智体美劳全面发展的社会主义建设者和接班人。

第六条　教育应当坚持立德树人，对受教育者加强社会主义核心价值观教育，增强受教育者的社会责任感、创新精神和实践能力。

国家在受教育者中进行爱国主义、集体主义、中国特色社会主义的教育，进行理想、道德、纪律、法治、国防和民族团结的教育。

第七条　教育应当继承和弘扬中华优秀传统文化、革命文化、社会主义先进文化，吸收人类文明发展的一切优秀成果。

第八条　教育活动必须符合国家和社会公共利益。

国家实行教育与宗教相分离。任何组织和个人不得利用宗教进行妨碍国家教育制度的活动。

第九条　中华人民共和国公民有受教育的权利和义务。

公民不分民族、种族、性别、职业、财产状况、宗教信仰等，依法享有平等的受教育机会。

第十条　国家根据各少数民族的特点和需要，帮助各少数民族地区发展教育事业。

国家扶持边远贫困地区发展教育事业。

国家扶持和发展残疾人教育事业。

第十一条　国家适应社会主义市场经济发展和社会进步的需要，推进教育改革，推动各级各类教育协调发展、衔接融通，完善现代国民教育体系，健全终身教育体系，提高教育现代化水平。

国家采取措施促进教育公平，推动教育均衡发展。

国家支持、鼓励和组织教育科学研究，推广教育科学研究成果，促进教育质量提高。

第十二条　国家通用语言文字为学校及其他教育机构的基本教育教学语言文字，学校及其他教育机构应当使用国家通用语言文字进行教育教学。

民族自治地方以少数民族学生为主的学校及其他教育机构，从实际出发，使用国家通用语言文字和本民族或者当地民族通用的语言文字实施双语教育。

国家采取措施，为少数民族学生为主的学校及其他教育机构实施双语教育提供条件和支持。

第十三条　国家对发展教育事业做出突出贡献的组织和个人，给予奖励。

第十四条　国务院和地方各级人民政府根据分级管理、分工负责的原则，领导和管理教育工作。

中等及中等以下教育在国务院领导下，由地方人民政府管理。

高等教育由国务院和省、自治区、直辖市人民政府管理。

第十五条　国务院教育行政部门主管全国教育工作，统筹规划、协调管理全国的教育事业。

县级以上地方各级人民政府教育行政部门主管本行政区域内的教育工作。

县级以上各级人民政府其他有关部门在各自的职责范围内，负责有关的教育工作。

第十六条　国务院和县级以上地方各级人民政府应当向本级人民代表大会或者其常务委员会报告教育工作和教育经费预算、决算情况，接受监督。

第二章　教育基本制度

第十七条　国家实行学前教育、初等教育、中等教育、高等教育的学校教育制度。

国家建立科学的学制系统。学制系统内的学校和其他教育机构的设置、教育形式、修业年限、招生对象、培养目标等，由国务院或者由国务院授权教育行政部门规定。

第十八条　国家制定学前教育标准，加快普及学前教育，构建覆盖城乡，特别是农村的学前教育公共服务体系。

各级人民政府应当采取措施，为适龄儿童接受学前教育提供条件和支持。

第十九条　国家实行九年制义务教育制度。

各级人民政府采取各种措施保障适龄儿童、少年就学。

适龄儿童、少年的父母或者其他监护人以及有关社会组织和个人有义务使适龄儿童、少年接受并完成规定年限的义务教育。

第二十条　国家实行职业教育制度和继续教育制度。

各级人民政府、有关行政部门和行业组织以及企业事业组织应当采取措施，发展并保障公民接受职业学校教育或者各种形式的职业培训。

国家鼓励发展多种形式的继续教育，使公民接受适当形式的政治、经济、文化、科学、技术、业务等方面的教育，促进不同类型学习成果的互认和衔接，推动全民终身学习。

第二十一条　国家实行国家教育考试制度。

国家教育考试由国务院教育行政部门确定种类，并由国家批准的实施教育考试的机构承办。

第二十二条　国家实行学业证书制度。

经国家批准设立或者认可的学校及其他教育机构按照国家有关规定，颁发学历证书或者其他学业证书。

第二十三条　国家实行学位制度。

学位授予单位依法对达到一定学术水平或者专业技术水平的人员授予相应的学位，颁发学位证书。

第二十四条　各级人民政府、基层群众性自治组织和企业事业组织应当采取各种措施，开展扫除文盲的教育工作。

按照国家规定具有接受扫除文盲教育能力的公民，应当接受扫除文盲的教育。

第二十五条　国家实行教育督导制度和学校及其他教育机构教育评估制度。

第三章　学校及其他教育机构

第二十六条　国家制定教育发展规划，并举办学校及其他教育机构。

国家鼓励企业事业组织、社会团体、其他社会组织及公民个人依法举办学校及其他教育机构。

国家举办学校及其他教育机构，应当坚持勤俭节约的原则。

以财政性经费、捐赠资产举办或者参与举办的学校及其他教育机构不得设立为营利性组织。

第二十七条　设立学校及其他教育机构,必须具备下列基本条件:

(一) 有组织机构和章程;

(二) 有合格的教师;

(三) 有符合规定标准的教学场所及设施、设备等;

(四) 有必备的办学资金和稳定的经费来源。

第二十八条　学校及其他教育机构的设立、变更和终止,应当按照国家有关规定办理审核、批准、注册或者备案手续。

第二十九条　学校及其他教育机构行使下列权利:

(一) 按照章程自主管理;

(二) 组织实施教育教学活动;

(三) 招收学生或者其他受教育者;

(四) 对受教育者进行学籍管理,实施奖励或者处分;

(五) 对受教育者颁发相应的学业证书;

(六) 聘任教师及其他职工,实施奖励或者处分;

(七) 管理、使用本单位的设施和经费;

(八) 拒绝任何组织和个人对教育教学活动的非法干涉;

(九) 法律、法规规定的其他权利。

国家保护学校及其他教育机构的合法权益不受侵犯。

第三十条　学校及其他教育机构应当履行下列义务:

(一) 遵守法律、法规;

(二) 贯彻国家的教育方针,执行国家教育教学标准,保证教育教学质量;

(三) 维护受教育者、教师及其他职工的合法权益;

(四) 以适当方式为受教育者及其监护人了解受教育者的学业成绩及其他有关情况提供便利;

(五) 遵照国家有关规定收取费用并公开收费项目;

(六) 依法接受监督。

第三十一条　学校及其他教育机构的举办者按照国家有关规定,确定其所举办的学校或者其他教育机构的管理体制。

学校及其他教育机构的校长或者主要行政负责人必须由具有中华人民共和国国籍、在中国境内定居、并具备国家规定任职条件的公民担任,其任免按照国家有关规定办理。学校的教学及其他行政管理,由校长负责。

学校及其他教育机构应当按照国家有关规定,通过以教师为主体的教职工代表大会等组织形式,保障教职工参与民主管理和监督。

第三十二条　学校及其他教育机构具备法人条件的,自批准设立或者登记注册之日起取得法人资格。

学校及其他教育机构在民事活动中依法享有民事权利，承担民事责任。

学校及其他教育机构中的国有资产属于国家所有。

学校及其他教育机构兴办的校办产业独立承担民事责任。

第四章 教师和其他教育工作者

第三十三条 教师享有法律规定的权利，履行法律规定的义务，忠诚于人民的教育事业。

第三十四条 国家保护教师的合法权益，改善教师的工作条件和生活条件，提高教师的社会地位。

教师的工资报酬、福利待遇，依照法律、法规的规定办理。

第三十五条 国家实行教师资格、职务、聘任制度，通过考核、奖励、培养和培训，提高教师素质，加强教师队伍建设。

第三十六条 学校及其他教育机构中的管理人员，实行教育职员制度。

学校及其他教育机构中的教学辅助人员和其他专业技术人员，实行专业技术职务聘任制度。

第五章 受教育者

第三十七条 受教育者在入学、升学、就业等方面依法享有平等权利。

学校和有关行政部门应当按照国家有关规定，保障女子在入学、升学、就业、授予学位、派出留学等方面享有同男子平等的权利。

第三十八条 国家、社会对符合入学条件、家庭经济困难的儿童、少年、青年，提供各种形式的资助。

第三十九条 国家、社会、学校及其他教育机构应当根据残疾人身心特性和需要实施教育，并为其提供帮助和便利。

第四十条 国家、社会、家庭、学校及其他教育机构应当为有违法犯罪行为的未成年人接受教育创造条件。

第四十一条 从业人员有依法接受职业培训和继续教育的权利和义务。

国家机关、企业事业组织和其他社会组织，应当为本单位职工的学习和培训提供条件和便利。

第四十二条 国家鼓励学校及其他教育机构、社会组织采取措施，为公民接受终身教育创造条件。

第四十三条 受教育者享有下列权利：

（一）参加教育教学计划安排的各种活动，使用教育教学设施、设备、图书资料；

（二）按照国家有关规定获得奖学金、贷学金、助学金；

（三）在学业成绩和品行上获得公正评价，完成规定的学业后获得相应的学业

证书、学位证书;

(四)对学校给予的处分不服向有关部门提出申诉,对学校、教师侵犯其人身权、财产权等合法权益,提出申诉或者依法提起诉讼;

(五)法律、法规规定的其他权利。

第四十四条 受教育者应当履行下列义务:

(一)遵守法律、法规;

(二)遵守学生行为规范,尊敬师长,养成良好的思想品德和行为习惯;

(三)努力学习,完成规定的学习任务;

(四)遵守所在学校或者其他教育机构的管理制度。

第四十五条 教育、体育、卫生行政部门和学校及其他教育机构应当完善体育、卫生保健设施,保护学生的身心健康。

第六章 教育与社会

第四十六条 国家机关、军队、企业事业组织、社会团体及其他社会组织和个人,应当依法为儿童、少年、青年学生的身心健康成长创造良好的社会环境。

第四十七条 国家鼓励企业事业组织、社会团体及其他社会组织同高等学校、中等职业学校在教学、科研、技术开发和推广等方面进行多种形式的合作。

企业事业组织、社会团体及其他社会组织和个人,可以通过适当形式,支持学校的建设,参与学校管理。

第四十八条 国家机关、军队、企业事业组织及其他社会组织应当为学校组织的学生实习、社会实践活动提供帮助和便利。

第四十九条 学校及其他教育机构在不影响正常教育教学活动的前提下,应当积极参加当地的社会公益活动。

第五十条 未成年人的父母或者其他监护人应当为其未成年子女或者其他被监护人受教育提供必要条件。

未成年人的父母或者其他监护人应当配合学校及其他教育机构,对其未成年子女或者其他被监护人进行教育。

学校、教师可以对学生家长提供家庭教育指导。

第五十一条 图书馆、博物馆、科技馆、文化馆、美术馆、体育馆(场)等社会公共文化体育设施,以及历史文化古迹和革命纪念馆(地),应当对教师、学生实行优待,为受教育者接受教育提供便利。

广播、电视台(站)应当开设教育节目,促进受教育者思想品德、文化和科学技术素质的提高。

第五十二条 国家、社会建立和发展对未成年人进行校外教育的设施。

学校及其他教育机构应当同基层群众性自治组织、企业事业组织、社会团体相互配合,加强对未成年人的校外教育工作。

第五十三条　国家鼓励社会团体、社会文化机构及其他社会组织和个人开展有益于受教育者身心健康的社会文化教育活动。

第七章　教育投入与条件保障

第五十四条　国家建立以财政拨款为主、其他多种渠道筹措教育经费为辅的体制，逐步增加对教育的投入，保证国家举办的学校教育经费的稳定来源。

企业事业组织、社会团体及其他社会组织和个人依法举办的学校及其他教育机构，办学经费由举办者负责筹措，各级人民政府可以给予适当支持。

第五十五条　国家财政性教育经费支出占国民生产总值的比例应当随着国民经济的发展和财政收入的增长逐步提高。具体比例和实施步骤由国务院规定。

全国各级财政支出总额中教育经费所占比例应当随着国民经济的发展逐步提高。

第五十六条　各级人民政府的教育经费支出，按照事权和财权相统一的原则，在财政预算中单独列项。

各级人民政府教育财政拨款的增长应当高于财政经常性收入的增长，并使按在校学生人数平均的教育费用逐步增长，保证教师工资和学生人均公用经费逐步增长。

第五十七条　国务院及县级以上地方各级人民政府应当设立教育专项资金，重点扶持边远贫困地区、少数民族地区实施义务教育。

第五十八条　税务机关依法足额征收教育费附加，由教育行政部门统筹管理，主要用于实施义务教育。

省、自治区、直辖市人民政府根据国务院的有关规定，可以决定开征用于教育的地方附加费，专款专用。

第五十九条　国家采取优惠措施，鼓励和扶持学校在不影响正常教育教学的前提下开展勤工俭学和社会服务，兴办校办产业。

第六十条　国家鼓励境内、境外社会组织和个人捐资助学。

第六十一条　国家财政性教育经费、社会组织和个人对教育的捐赠，必须用于教育，不得挪用、克扣。

第六十二条　国家鼓励运用金融、信贷手段，支持教育事业的发展。

第六十三条　各级人民政府及其教育行政部门应当加强对学校及其他教育机构教育经费的监督管理，提高教育投资效益。

第六十四条　地方各级人民政府及其有关行政部门必须把学校的基本建设纳入城乡建设规划，统筹安排学校的基本建设用地及所需物资，按照国家有关规定实行优先、优惠政策。

第六十五条　各级人民政府对教科书及教学用图书资料的出版发行，对教学仪器、设备的生产和供应，对用于学校教育教学和科学研究的图书资料、教学仪器、设备的进口,按照国家有关规定实行优先、优惠政策。

第六十六条 国家推进教育信息化,加快教育信息基础设施建设,利用信息技术促进优质教育资源普及共享,提高教育教学水平和教育管理水平。

县级以上人民政府及其有关部门应当发展教育信息技术和其他现代化教学方式,有关行政部门应当优先安排,给予扶持。

国家鼓励学校及其他教育机构推广运用现代化教学方式。

第八章 教育对外交流与合作

第六十七条 国家鼓励开展教育对外交流与合作,支持学校及其他教育机构引进优质教育资源,依法开展中外合作办学,发展国际教育服务,培养国际化人才。

教育对外交流与合作坚持独立自主、平等互利、相互尊重的原则,不得违反中国法律,不得损害国家主权、安全和社会公共利益。

第六十八条 中国境内公民出国留学、研究、进行学术交流或者任教,依照国家有关规定办理。

第六十九条 中国境外个人符合国家规定的条件并办理有关手续后,可以进入中国境内学校及其他教育机构学习、研究、进行学术交流或者任教,其合法权益受国家保护。

第七十条 中国对境外教育机构颁发的学位证书、学历证书及其他学业证书的承认,依照中华人民共和国缔结或者加入的国际条约办理,或者按照国家有关规定办理。

第九章 法律责任

第七十一条 违反国家有关规定,不按照预算核拨教育经费的,由同级人民政府限期核拨;情节严重的,对直接负责的主管人员和其他直接责任人员,依法给予处分。

违反国家财政制度、财务制度,挪用、克扣教育经费的,由上级机关责令限期归还被挪用、克扣的经费,并对直接负责的主管人员和其他直接责任人员,依法给予处分;构成犯罪的,依法追究刑事责任。

第七十二条 结伙斗殴、寻衅滋事,扰乱学校及其他教育机构教育教学秩序或者破坏校舍、场地及其他财产的,由公安机关给予治安管理处罚;构成犯罪的,依法追究刑事责任。

侵占学校及其他教育机构的校舍、场地及其他财产的,依法承担民事责任。

第七十三条 明知校舍或者教育教学设施有危险,而不采取措施,造成人员伤亡或者重大财产损失的,对直接负责的主管人员和其他直接责任人员,依法追究刑事责任。

第七十四条　违反国家有关规定，向学校或者其他教育机构收取费用的，由政府责令退还所收费用；对直接负责的主管人员和其他直接责任人员，依法给予处分。

第七十五条　违反国家有关规定，举办学校或者其他教育机构的，由教育行政部门或者其他有关行政部门予以撤销；有违法所得的，没收违法所得；对直接负责的主管人员和其他直接责任人员，依法给予处分。

第七十六条　学校或者其他教育机构违反国家有关规定招收学生的，由教育行政部门或者其他有关行政部门责令退回招收的学生，退还所收费用；对学校、其他教育机构给予警告，可以处违法所得五倍以下罚款；情节严重的，责令停止相关招生资格一年以上三年以下，直至撤销招生资格、吊销办学许可证；对直接负责的主管人员和其他直接责任人员，依法给予处分；构成犯罪的，依法追究刑事责任。

第七十七条　在招收学生工作中滥用职权、玩忽职守、徇私舞弊的，由教育行政部门或者其他有关行政部门责令退回招收的不符合入学条件的人员；对直接负责的主管人员和其他直接责任人员，依法给予处分；构成犯罪的，依法追究刑事责任。

盗用、冒用他人身份，顶替他人取得的入学资格的，由教育行政部门或者其他有关行政部门责令撤销入学资格，并责令停止参加相关国家教育考试二年以上五年以下；已经取得学位证书、学历证书或者其他学业证书的，由颁发机构撤销相关证书；已经成为公职人员的，依法给予开除处分；构成违反治安管理行为的，由公安机关依法给予治安管理处罚；构成犯罪的，依法追究刑事责任。

与他人串通，允许他人冒用本人身份，顶替本人取得的入学资格的，由教育行政部门或者其他有关行政部门责令停止参加相关国家教育考试一年以上三年以下；有违法所得的，没收违法所得；已经成为公职人员的，依法给予处分；构成违反治安管理行为的，由公安机关依法给予治安管理处罚；构成犯罪的，依法追究刑事责任。

组织、指使盗用或者冒用他人身份，顶替他人取得的入学资格的，有违法所得的，没收违法所得；属于公职人员的，依法给予处分；构成违反治安管理行为的，由公安机关依法给予治安管理处罚；构成犯罪的，依法追究刑事责任。

入学资格被顶替权利受到侵害的，可以请求恢复其入学资格。

第七十八条　学校及其他教育机构违反国家有关规定向受教育者收取费用的，由教育行政部门或者其他有关行政部门责令退还所收费用；对直接负责的主管人员和其他直接责任人员，依法给予处分。

第七十九条　考生在国家教育考试中有下列行为之一的，由组织考试的教育考试机构工作人员在考试现场采取必要措施予以制止并终止其继续参加考试；组织考试的教育考试机构可以取消其相关考试资格或者考试成绩；情节严重的，由教育行政部门责令停止参加相关国家教育考试一年以上三年以下；构成违反治安管理行为的，由公安机关依法给予治安管理处罚；构成犯罪的，依法追究刑事责任：

（一）非法获取考试试题或者答案的；

（二）携带或者使用考试作弊器材、资料的；

（三）抄袭他人答案的；

（四）让他人代替自己参加考试的；

（五）其他以不正当手段获得考试成绩的作弊行为。

第八十条　任何组织或者个人在国家教育考试中有下列行为之一，有违法所得的，由公安机关没收违法所得，并处违法所得一倍以上五倍以下罚款；情节严重的，处五日以上十五日以下拘留；构成犯罪的，依法追究刑事责任；属于国家机关工作人员的，还应当依法给予处分：

（一）组织作弊的；

（二）通过提供考试作弊器材等方式为作弊提供帮助或者便利的；

（三）代替他人参加考试的；

（四）在考试结束前泄露、传播考试试题或者答案的；

（五）其他扰乱考试秩序的行为。

第八十一条　举办国家教育考试，教育行政部门、教育考试机构疏于管理，造成考场秩序混乱、作弊情况严重的，对直接负责的主管人员和其他直接责任人员，依法给予处分；构成犯罪的，依法追究刑事责任。

第八十二条　学校或者其他教育机构违反本法规定，颁发学位证书、学历证书或者其他学业证书的，由教育行政部门或者其他有关行政部门宣布证书无效，责令收回或者予以没收；有违法所得的，没收违法所得；情节严重的，责令停止相关招生资格一年以上三年以下，直至撤销招生资格、颁发证书资格；对直接负责的主管人员和其他直接责任人员，依法给予处分。

前款规定以外的任何组织或者个人制造、销售、颁发假冒学位证书、学历证书或者其他学业证书，构成违反治安管理行为的，由公安机关依法给予治安管理处罚；构成犯罪的，依法追究刑事责任。

以作弊、剽窃、抄袭等欺诈行为或者其他不正当手段获得学位证书、学历证书或者其他学业证书的，由颁发机构撤销相关证书。购买、使用假冒学位证书、学历证书或者其他学业证书，构成违反治安管理行为的，由公安机关依法给予治安管理处罚。

第八十三条　违反本法规定，侵犯教师、受教育者、学校或者其他教育机构的合法权益，造成损失、损害的，应当依法承担民事责任。

第十章 附则

第八十四条 军事学校教育由中央军事委员会根据本法的原则规定。

宗教学校教育由国务院另行规定。

第八十五条 境外的组织和个人在中国境内办学和合作办学的办法，由国务院规定。

第八十六条 本法自1995年9月1日起施行。

(二)《中华人民共和国义务教育法》(以下简称义务教育法)

义务教育法于1986年4月12日第六届全国人民代表大会第四次会议通过，2006年6月29日进行了修订并于2006年9月1日起施行，2015年4月24日第一次修正，2018年12月29日第二次修正。该法共8章63条，包括总则、学生、学校、教师、教育教学、经费保障、法律责任、附则。

义务教育法是我国义务教育制度的基本法，目的在于保障适龄儿童、少年接受义务教育的权利，保证义务教育的实施，提高全民族素质。

义务教育法第2条规定："国家实行九年义务教育制度。义务教育是国家统一实施的所有适龄儿童、少年必须接受的教育，是国家必须予以保障的公益性事业。实施义务教育，不收学费、杂费。国家建立义务教育经费保障机制，保证义务教育制度实施。"这一规定明确了我国义务教育的三个最基本的特性，即强制性、普及性、免费性。所谓强制性，就是义务教育是国家必须保障的、适龄儿童和少年必须接受的教育，保证适龄儿童、少年接受义务教育是国家、学校、家长和社会的义务，谁没有履行这一义务，谁就要承担相应的法律责任。所谓普及性，就是义务教育是面向所有适龄儿童、少年的，所有适龄儿童、少年都必须接受义务教育，义务教育普及率是衡量一个国家义务教育实施程度的重要指标。所谓免费性，就是义务教育不收学费、杂费，义务教育经费由国家予以保障，这是教育公益性的完美体现。

阅读材料 5-2

中华人民共和国义务教育法

(1986年4月12日第六届全国人民代表大会第四次会议通过，2006年6月29日修订，2015年4月24日第一次修正，2018年12月29日第二次修正)

目录

第一章 总则

第二章 学生

第三章 学校

第一章　总则

第一条　为了保障适龄儿童、少年接受义务教育的权利，保证义务教育的实施，提高全民族素质，根据宪法和教育法，制定本法。

第二条　国家实行九年义务教育制度。

义务教育是国家统一实施的所有适龄儿童、少年必须接受的教育，是国家必须予以保障的公益性事业。

实施义务教育，不收学费、杂费。

国家建立义务教育经费保障机制，保证义务教育制度实施。

第三条　义务教育必须贯彻国家的教育方针，实施素质教育，提高教育质量，使适龄儿童、少年在品德、智力、体质等方面全面发展，为培养有理想、有道德、有文化、有纪律的社会主义建设者和接班人奠定基础。

第四条　凡具有中华人民共和国国籍的适龄儿童、少年，不分性别、民族、种族、家庭财产状况、宗教信仰等，依法享有平等接受义务教育的权利，并履行接受义务教育的义务。

第五条　各级人民政府及其有关部门应当履行本法规定的各项职责，保障适龄儿童、少年接受义务教育的权利。

适龄儿童、少年的父母或者其他法定监护人应当依法保证其按时入学接受并完成义务教育。

依法实施义务教育的学校应当按照规定标准完成教育教学任务，保证教育教学质量。

社会组织和个人应当为适龄儿童、少年接受义务教育创造良好的环境。

第六条　国务院和县级以上地方人民政府应当合理配置教育资源，促进义务教育均衡发展，改善薄弱学校的办学条件，并采取措施，保障农村地区、民族地区实施义务教育，保障家庭经济困难的和残疾的适龄儿童、少年接受义务教育。

国家组织和鼓励经济发达地区支援经济欠发达地区实施义务教育。

第七条　义务教育实行国务院领导，省、自治区、直辖市人民政府统筹规划实施，县级人民政府为主管理的体制。

县级以上人民政府教育行政部门具体负责义务教育实施工作；县级以上人民政府其他有关部门在各自的职责范围内负责义务教育实施工作。

第八条 人民政府教育督导机构对义务教育工作执行法律法规情况、教育教学质量以及义务教育均衡发展状况等进行督导，督导报告向社会公布。

第九条 任何社会组织或者个人有权对违反本法的行为向有关国家机关提出检举或者控告。

发生违反本法的重大事件，妨碍义务教育实施，造成重大社会影响的，负有领导责任的人民政府或者人民政府教育行政部门负责人应当引咎辞职。

第十条 对在义务教育实施工作中做出突出贡献的社会组织和个人，各级人民政府及其有关部门按照有关规定给予表彰、奖励。

第二章 学生

第十一条 凡年满六周岁的儿童，其父母或者其他法定监护人应当送其入学接受并完成义务教育；条件不具备的地区的儿童，可以推迟到七周岁。

适龄儿童、少年因身体状况需要延缓入学或者休学的，其父母或者其他法定监护人应当提出申请，由当地乡镇人民政府或者县级人民政府教育行政部门批准。

第十二条 适龄儿童、少年免试入学。地方各级人民政府应当保障适龄儿童、少年在户籍所在地学校就近入学。

父母或者其他法定监护人在非户籍所在地工作或者居住的适龄儿童、少年，在其父母或者其他法定监护人工作或者居住地接受义务教育的，当地人民政府应当为其提供平等接受义务教育的条件。具体办法由省、自治区、直辖市规定。

县级人民政府教育行政部门对本行政区域内的军人子女接受义务教育予以保障。

第十三条 县级人民政府教育行政部门和乡镇人民政府组织和督促适龄儿童、少年入学，帮助解决适龄儿童、少年接受义务教育的困难，采取措施防止适龄儿童、少年辍学。

居民委员会和村民委员会协助政府做好工作，督促适龄儿童、少年入学。

第十四条 禁止用人单位招用应当接受义务教育的适龄儿童、少年。

根据国家有关规定经批准招收适龄儿童、少年进行文艺、体育等专业训练的社会组织，应当保证所招收的适龄儿童、少年接受义务教育；自行实施义务教育的，应当经县级人民政府教育行政部门批准。

第三章 学校

第十五条 县级以上地方人民政府根据本行政区域内居住的适龄儿童、少年的数量和分布状况等因素，按照国家有关规定，制定、调整学校设置规划。新建居民区需要设置学校的，应当与居民区的建设同步进行。

第十六条 学校建设，应当符合国家规定的办学标准，适应教育教学需要；应当符合国家规定的选址要求和建设标准，确保学生和教职工安全。

第十七条　县级人民政府根据需要设置寄宿制学校,保障居住分散的适龄儿童、少年入学接受义务教育。

第十八条　国务院教育行政部门和省、自治区、直辖市人民政府根据需要,在经济发达地区设置接收少数民族适龄儿童、少年的学校(班)。

第十九条　县级以上地方人民政府根据需要设置相应的实施特殊教育的学校(班),对视力残疾、听力语言残疾和智力残疾的适龄儿童、少年实施义务教育。特殊教育学校(班)应当具备适应残疾儿童、少年学习、康复、生活特点的场所和设施。

普通学校应当接收具有接受普通教育能力的残疾适龄儿童、少年随班就读,并为其学习、康复提供帮助。

第二十条　县级以上地方人民政府根据需要,为具有预防未成年人犯罪法规定的严重不良行为的适龄少年设置专门的学校实施义务教育。

第二十一条　对未完成义务教育的未成年犯和被采取强制性教育措施的未成年人应当进行义务教育,所需经费由人民政府予以保障。

第二十二条　县级以上人民政府及其教育行政部门应当促进学校均衡发展,缩小学校之间办学条件的差距,不得将学校分为重点学校和非重点学校。学校不得分设重点班和非重点班。

县级以上人民政府及其教育行政部门不得以任何名义改变或者变相改变公办学校的性质。

第二十三条　各级人民政府及其有关部门依法维护学校周边秩序,保护学生、教师、学校的合法权益,为学校提供安全保障。

第二十四条　学校应当建立、健全安全制度和应急机制,对学生进行安全教育,加强管理,及时消除隐患,预防发生事故。

县级以上地方人民政府定期对学校校舍安全进行检查;对需要维修、改造的,及时予以维修、改造。

学校不得聘用曾经因故意犯罪被依法剥夺政治权利或者其他不适合从事义务教育工作的人担任工作人员。

第二十五条　学校不得违反国家规定收取费用,不得以向学生推销或者变相推销商品、服务等方式谋取利益。

第二十六条　学校实行校长负责制。校长应当符合国家规定的任职条件。校长由县级人民政府教育行政部门依法聘任。

第二十七条　对违反学校管理制度的学生,学校应当予以批评教育,不得开除。

第四章　教师

第二十八条　教师享有法律规定的权利,履行法律规定的义务,应当为人师表，忠诚于人民的教育事业。

全社会应当尊重教师。

第二十九条 教师在教育教学中应当平等对待学生，关注学生的个体差异，因材施教，促进学生的充分发展。

教师应当尊重学生的人格，不得歧视学生，不得对学生实施体罚、变相体罚或者其他侮辱人格尊严的行为，不得侵犯学生合法权益。

第三十条 教师应当取得国家规定的教师资格。

国家建立统一的义务教育教师职务制度。教师职务分为初级职务、中级职务和高级职务。

第三十一条 各级人民政府保障教师工资福利和社会保险待遇，改善教师工作和生活条件；完善农村教师工资经费保障机制。

教师的平均工资水平应当不低于当地公务员的平均工资水平。

特殊教育教师享有特殊岗位补助津贴。在民族地区和边远贫困地区工作的教师享有艰苦贫困地区补助津贴。

第三十二条 县级以上人民政府应当加强教师培养工作，采取措施发展教师教育。

县级人民政府教育行政部门应当均衡配置本行政区域内学校师资力量，组织校长、教师的培训和流动，加强对薄弱学校的建设。

第三十三条 国务院和地方各级人民政府鼓励和支持城市学校教师和高等学校毕业生到农村地区、民族地区从事义务教育工作。

国家鼓励高等学校毕业生以志愿者的方式到农村地区、民族地区缺乏教师的学校任教。县级人民政府教育行政部门依法认定其教师资格，其任教时间计入工龄。

第五章 教育教学

第三十四条 教育教学工作应当符合教育规律和学生身心发展特点，面向全体学生，教书育人，将德育、智育、体育、美育等有机统一在教育教学活动中，注重培养学生独立思考能力、创新能力和实践能力，促进学生全面发展。

第三十五条 国务院教育行政部门根据适龄儿童、少年身心发展的状况和实际情况，确定教学制度、教育教学内容和课程设置，改革考试制度，并改进高级中等学校招生办法，推进实施素质教育。

学校和教师按照确定的教育教学内容和课程设置开展教育教学活动，保证达到国家规定的基本质量要求。

国家鼓励学校和教师采用启发式教育等教育教学方法，提高教育教学质量。

第三十六条 学校应当把德育放在首位，寓德育于教育教学之中，开展与学生年龄相适应的社会实践活动，形成学校、家庭、社会相互配合的思想道德教育体系，促进学生养成良好的思想品德和行为习惯。

第三十七条　学校应当保证学生的课外活动时间，组织开展文化娱乐等课外活动。社会公共文化体育设施应当为学校开展课外活动提供便利。

第三十八条　教科书根据国家教育方针和课程标准编写，内容力求精简，精选必备的基础知识、基本技能，经济实用，保证质量。

国家机关工作人员和教科书审查人员，不得参与或者变相参与教科书的编写工作。

第三十九条　国家实行教科书审定制度。教科书的审定办法由国务院教育行政部门规定。

未经审定的教科书，不得出版、选用。

第四十条　教科书价格由省、自治区、直辖市人民政府价格行政部门会同同级出版主管部门按照微利原则确定。

第四十一条　国家鼓励教科书循环使用。

第六章　经费保障

第四十二条　国家将义务教育全面纳入财政保障范围，义务教育经费由国务院和地方各级人民政府依照本法规定予以保障。

国务院和地方各级人民政府将义务教育经费纳入财政预算，按照教职工编制标准、工资标准和学校建设标准、学生人均公用经费标准等，及时足额拨付义务教育经费，确保学校的正常运转和校舍安全，确保教职工工资按照规定发放。

国务院和地方各级人民政府用于实施义务教育财政拨款的增长比例应当高于财政经常性收入的增长比例，保证按照在校学生人数平均的义务教育费用逐步增长，保证教职工工资和学生人均公用经费逐步增长。

第四十三条　学校的学生人均公用经费基本标准由国务院财政部门会同教育行政部门制定，并根据经济和社会发展状况适时调整。制定、调整学生人均公用经费基本标准，应当满足教育教学基本需要。

省、自治区、直辖市人民政府可以根据本行政区域的实际情况，制定不低于国家标准的学校学生人均公用经费标准。

特殊教育学校(班)学生人均公用经费标准应当高于普通学校学生人均公用经费标准。

第四十四条　义务教育经费投入实行国务院和地方各级人民政府根据职责共同负担，省、自治区、直辖市人民政府负责统筹落实的体制。农村义务教育所需经费，由各级人民政府根据国务院的规定分项目、按比例分担。

各级人民政府对家庭经济困难的适龄儿童、少年免费提供教科书并补助寄宿生生活费。

义务教育经费保障的具体办法由国务院规定。

第四十五条　地方各级人民政府在财政预算中将义务教育经费单列。

县级人民政府编制预算，除向农村地区学校和薄弱学校倾斜外，应当均衡安排义务教育经费。

第四十六条　国务院和省、自治区、直辖市人民政府规范财政转移支付制度，加大一般性转移支付规模和规范义务教育专项转移支付，支持和引导地方各级人民政府增加对义务教育的投入。地方各级人民政府确保将上级人民政府的义务教育转移支付资金按照规定用于义务教育。

第四十七条　国务院和县级以上地方人民政府根据实际需要，设立专项资金，扶持农村地区、民族地区实施义务教育。

第四十八条　国家鼓励社会组织和个人向义务教育捐赠，鼓励按照国家有关基金会管理的规定设立义务教育基金。

第四十九条　义务教育经费严格按照预算规定用于义务教育；任何组织和个人不得侵占、挪用义务教育经费，不得向学校非法收取或者摊派费用。

第五十条　县级以上人民政府建立健全义务教育经费的审计监督和统计公告制度。

第七章　法律责任

第五十一条　国务院有关部门和地方各级人民政府违反本法第六章的规定，未履行对义务教育经费保障职责的，由国务院或者上级地方人民政府责令限期改正；情节严重的，对直接负责的主管人员和其他直接责任人员依法给予行政处分。

第五十二条　县级以上地方人民政府有下列情形之一的，由上级人民政府责令限期改正；情节严重的，对直接负责的主管人员和其他直接责任人员依法给予行政处分：

（一）未按照国家有关规定制定、调整学校的设置规划的；

（二）学校建设不符合国家规定的办学标准、选址要求和建设标准的；

（三）未定期对学校校舍安全进行检查，并及时维修、改造的；

（四）未依照本法规定均衡安排义务教育经费的。

第五十三条　县级以上人民政府或者其教育行政部门有下列情形之一的，由上级人民政府或者其教育行政部门责令限期改正、通报批评；情节严重的，对直接负责的主管人员和其他直接责任人员依法给予行政处分：

（一）将学校分为重点学校和非重点学校的；

（二）改变或者变相改变公办学校性质的。

县级人民政府教育行政部门或者乡镇人民政府未采取措施组织适龄儿童、少年入学或者防止辍学的，依照前款规定追究法律责任。

第五十四条　有下列情形之一的，由上级人民政府或者上级人民政府教育行政部门、财政部门、价格行政部门和审计机关根据职责分工责令限期改正；情节

严重的,对直接负责的主管人员和其他直接责任人员依法给予处分:

(一)侵占、挪用义务教育经费的;

(二)向学校非法收取或者摊派费用的。

第五十五条 学校或者教师在义务教育工作中违反教育法、教师法规定的,依照教育法、教师法的有关规定处罚。

第五十六条 学校违反国家规定收取费用的,由县级人民政府教育行政部门责令退还所收费用;对直接负责的主管人员和其他直接责任人员依法给予处分。

学校以向学生推销或者变相推销商品、服务等方式谋取利益的,由县级人民政府教育行政部门给予通报批评;有违法所得的,没收违法所得;对直接负责的主管人员和其他直接责任人员依法给予处分。

国家机关工作人员和教科书审查人员参与或者变相参与教科书编写的,由县级以上人民政府或者其教育行政部门根据职责权限责令限期改正,依法给予行政处分;有违法所得的,没收违法所得。

第五十七条 学校有下列情形之一的,由县级人民政府教育行政部门责令限期改正;情节严重的,对直接负责的主管人员和其他直接责任人员依法给予处分:

(一)拒绝接收具有接受普通教育能力的残疾适龄儿童、少年随班就读的;

(二)分设重点班和非重点班的;

(三)违反本法规定开除学生的;

(四)选用未经审定的教科书的。

第五十八条 适龄儿童、少年的父母或者其他法定监护人无正当理由未依照本法规定送适龄儿童、少年入学接受义务教育的,由当地乡镇人民政府或者县级人民政府教育行政部门给予批评教育,责令限期改正。

第五十九条 有下列情形之一的,依照有关法律、行政法规的规定予以处罚:

(一)胁迫或者诱骗应当接受义务教育的适龄儿童、少年失学、辍学的;

(二)非法招用应当接受义务教育的适龄儿童、少年的;

(三)出版未经依法审定的教科书的。

第六十条 违反本法规定,构成犯罪的,依法追究刑事责任。

第八章 附则

第六十一条 对接受义务教育的适龄儿童、少年不收杂费的实施步骤,由国务院规定。

第六十二条 社会组织或者个人依法举办的民办学校实施义务教育的,依照民办教育促进法有关规定执行;民办教育促进法未作规定的,适用本法。

第六十三条 本法自 2006 年 9 月 1 日起施行。

(三)《中华人民共和国教师法》(以下简称教师法)

教师法于 1993 年 10 月 31 日第八届全国人民代表大会常务委员会第四次会议通过，自 1994 年 1 月 1 日起施行。2009 年 8 月 27 日修正。该法共 9 章 43 条，包括总则、权利与义务、资格和任用、培养和培训、考核、待遇、奖励、法律责任、附则。

制定教师法的目的在于用法律来维护教师的合法权益，保障教师待遇和社会地位的不断提高，加强教师队伍的规范化管理，确保教师队伍整体素质不断优化和提高。教师法明确了教师的职责和使命，规定了教师的权利和义务，规定了教师资格、教师职务、教师聘任、教师培养和培训、教师考核等教师基本制度，同时对教师的工资、福利、住房、医疗等待遇予以法律保障。

阅读材料 5-3

中华人民共和国教师法

(1993 年 10 月 31 日第八届全国人民代表大会常务委员会第四次会议通过，2009 年 8 月 27 日修正)

目录

第一章 总则
第二章 权利和义务
第三章 资格和任用
第四章 培养和培训
第五章 考核
第六章 待遇
第七章 奖励
第八章 法律责任
第九章 附则

第一章 总则

第一条 为了保障教师的合法权益，建设具有良好思想品德修养和业务素质的教师队伍，促进社会主义教育事业的发展，制定本法。

第二条 本法适用于在各级各类学校和其他教育机构中专门从事教育教学工作的教师。

第三条 教师是履行教育教学职责的专业人员，承担教书育人，培养社会主义事业建设者和接班人、提高民族素质的使命。教师应当忠诚于人民的教育事业。

第四条 各级人民政府应当采取措施，加强教师的思想政治教育和业务培训，改善教师的工作条件和生活条件，保障教师的合法权益，提高教师的社会地位。

全社会都应当尊重教师。

第五条　国务院教育行政部门主管全国的教师工作。

国务院有关部门在各自职权范围内负责有关的教师工作。

学校和其他教育机构根据国家规定,自主进行教师管理工作。

第六条　每年九月十日为教师节。

第二章　权利和义务

第七条　教师享有下列权利:

(一)进行教育教学活动,开展教育教学改革和实验;

(二)从事科学研究、学术交流,参加专业的学术团体,在学术活动中充分发表意见;

(三)指导学生的学习和发展,评定学生的品行和学业成绩;

(四)按时获取工资报酬,享受国家规定的福利待遇以及寒暑假期的带薪休假;

(五)对学校教育教学、管理工作和教育行政部门的工作提出意见和建议,通过教职工代表大会或者其他形式,参与学校的民主管理;

(六)参加进修或者其他方式的培训。

第八条　教师应当履行下列义务:

(一)遵守宪法、法律和职业道德,为人师表;

(二)贯彻国家的教育方针,遵守规章制度,执行学校的教学计划,履行教师聘约,完成教育教学工作任务;

(三)对学生进行宪法所确定的基本原则的教育和爱国主义、民族团结的教育,法制教育以及思想品德、文化、科学技术教育,组织、带领学生开展有益的社会活动;

(四)关心、爱护全体学生,尊重学生人格,促进学生在品德、智力、体质等方面全面发展;

(五)制止有害于学生的行为或者其他侵犯学生合法权益的行为,批评和抵制有害于学生健康成长的现象;

(六)不断提高思想政治觉悟和教育教学业务水平。

第九条　为保障教师完成教育教学任务,各级人民政府、教育行政部门、有关部门、学校和其他教育机构应当履行下列职责:

(一)提供符合国家安全标准的教育教学设施和设备;

(二)提供必需的图书、资料及其他教育教学用品;

(三)对教师在教育教学、科学研究中的创造性工作给以鼓励和帮助;

(四)支持教师制止有害于学生的行为或者其他侵犯学生合法权益的行为。

第三章　资格和任用

第十条　国家实行教师资格制度。

中国公民凡遵守宪法和法律，热爱教育事业，具有良好的思想品德，具备本法规定的学历或者经国家教师资格考试合格，有教育教学能力，经认定合格的，可以取得教师资格。

第十一条　取得教师资格应当具备的相应学历是：

（一）取得幼儿园教师资格，应当具备幼儿师范学校毕业及其以上学历；

（二）取得小学教师资格，应当具备中等师范学校毕业及其以上学历；

（三）取得初级中学教师、初级职业学校文化、专业课教师资格，应当具备高等师范专科学校或者其他大学专科毕业及其以上学历；

（四）取得高级中学教师资格和中等专业学校、技工学校、职业高中文化课、专业课教师资格，应当具备高等师范院校本科或者其他大学本科毕业及其以上学历；取得中等专业学校、技工学校和职业高中学生实习指导教师资格应当具备的学历，由国务院教育行政部门规定；

（五）取得高等学校教师资格，应当具备研究生或者大学本科毕业学历；

（六）取得成人教育教师资格，应当按照成人教育的层次、类别，分别具备高等、中等学校毕业及其以上学历。

不具备本法规定的教师资格学历的公民，申请获取教师资格，必须通过国家教师资格考试。国家教师资格考试制度由国务院规定。

第十二条　本法实施前已经在学校或者其他教育机构中任教的教师，未具备本法规定学历的，由国务院教育行政部门规定教师资格过渡办法。

第十三条　中小学教师资格由县级以上地方人民政府教育行政部门认定。中等专业学校、技工学校的教师资格由县级以上地方人民政府教育行政部门组织有关主管部门认定。普通高等学校的教师资格由国务院或者省、自治区、直辖市教育行政部门或者由其委托的学校认定。

具备本法规定的学历或者经国家教师资格考试合格的公民，要求有关部门认定其教师资格的，有关部门应当依照本法规定的条件予以认定。

取得教师资格的人员首次任教时，应当有试用期。

第十四条　受到剥夺政治权利或者故意犯罪受到有期徒刑以上刑事处罚的，不能取得教师资格；已经取得教师资格的，丧失教师资格。

第十五条　各级师范学校毕业生，应当按照国家有关规定从事教育教学工作。

国家鼓励非师范高等学校毕业生到中小学或者职业学校任教。

第十六条　国家实行教师职务制度，具体办法由国务院规定。

第十七条　学校和其他教育机构应当逐步实行教师聘任制。教师的聘任应当遵循双方地位平等的原则，由学校和教师签订聘任合同，明确规定双方的权利、义务和责任。

实施教师聘任制的步骤、办法由国务院教育行政部门规定。

第四章 培养和培训

第十八条 各级人民政府和有关部门应当办好师范教育，并采取措施，鼓励优秀青年进入各级师范学校学习。各级教师进修学校承担培训中小学教师的任务。

非师范学校应当承担培养和培训中小学教师的任务。

各级师范学校学生享受专业奖学金。

第十九条 各级人民政府教育行政部门、学校主管部门和学校应当制定教师培训规划，对教师进行多种形式的思想政治、业务培训。

第二十条 国家机关、企业事业单位和其他社会组织应当为教师的社会调查和社会实践提供方便，给予协助。

第二十一条 各级人民政府应当采取措施，为少数民族地区和边远贫困地区培养、培训教师。

第五章 考核

第二十二条 学校或者其他教育机构应当对教师的政治思想、业务水平、工作态度和工作成绩进行考核。

教育行政部门对教师的考核工作进行指导、监督。

第二十三条 考核应当客观、公正、准确，充分听取教师本人、其他教师以及学生的意见。

第二十四条 教师考核结果是受聘任教、晋升工资、实施奖惩的依据。

第六章 待遇

第二十五条 教师的平均工资水平应当不低于或者高于国家公务员的平均工资水平，并逐步提高。建立正常晋级增薪制度，具体办法由国务院规定。

第二十六条 中小学教师和职业学校教师享受教龄津贴和其他津贴，具体办法由国务院教育行政部门会同有关部门制定。

第二十七条 地方各级人民政府对教师以及具有中专以上学历的毕业生到少数民族地区和边远贫困地区从事教育教学工作的，应当予以补贴。

第二十八条 地方各级人民政府和国务院有关部门，对城市教师住房的建设、租赁、出售实行优先、优惠。

县、乡两级人民政府应当为农村中小学教师解决住房提供方便。

第二十九条 教师的医疗同当地国家公务员享受同等的待遇；定期对教师进行身体健康检查，并因地制宜安排教师进行休养。

医疗机构应当对当地教师的医疗提供方便。

第三十条 教师退休或者退职后，享受国家规定的退休或者退职待遇。

县级以上地方人民政府可以适当提高长期从事教育教学工作的中小学退休教师的退休金比例。

第三十一条　各级人民政府应当采取措施，改善国家补助、集体支付工资的中小学教师的待遇，逐步做到在工资收入上与国家支付工资的教师同工同酬，具体办法由地方各级人民政府根据本地区的实际情况规定。

第三十二条　社会力量所办学校的教师的待遇，由举办者自行确定并予以保障。

第七章　奖励

第三十三条　教师在教育教学、培养人才、科学研究、教学改革、学校建设、社会服务、勤工俭学等方面成绩优异的，由所在学校予以表彰、奖励。

国务院和地方各级人民政府及其有关部门对有突出贡献的教师，应当予以表彰、奖励。

对有重大贡献的教师，依照国家有关规定授予荣誉称号。

第三十四条　国家支持和鼓励社会组织或者个人向依法成立的奖励教师的基金组织捐助资金，对教师进行奖励。

第八章　法律责任

第三十五条　侮辱、殴打教师的，根据不同情况，分别给予行政处分或者行政处罚；造成损害的，责令赔偿损失；情节严重，构成犯罪的，依法追究刑事责任。

第三十六条　对依法提出申诉、控告、检举的教师进行打击报复的，由其所在单位或者上级机关责令改正；情节严重的，可以根据具体情况给予行政处分。

国家工作人员对教师打击报复构成犯罪的，依照刑法有关规定追究刑事责任。

第三十七条　教师有下列情形之一的，由所在学校、其他教育机构或者教育行政部门给予行政处分或者解聘：

(一)故意不完成教育教学任务给教育教学工作造成损失的；

(二)体罚学生，经教育不改的；

(三)品行不良、侮辱学生，影响恶劣的。

教师有前款第(二)项、第(三)项所列情形之一，情节严重，构成犯罪的，依法追究刑事责任。

第三十八条　地方人民政府对违反本法规定，拖欠教师工资或者侵犯教师其他合法权益的，应当责令其限期改正。

违反国家财政制度、财务制度，挪用国家财政用于教育的经费，严重妨碍教育教学工作，拖欠教师工资，损害教师合法权益的，由上级机关责令限期归还被挪用的经费，并对直接责任人员给予行政处分；情节严重，构成犯罪的，依法追究刑事责任。

第三十九条 教师对学校或者其他教育机构侵犯其合法权益的,或者对学校或者其他教育机构作出的处理不服的,可以向教育行政部门提出申诉,教育行政部门应当在接到申诉的三十日内,作出处理。

教师认为当地人民政府有关行政部门侵犯其根据本法规定享有的权利的,可以向同级人民政府或者上一级人民政府有关部门提出申诉,同级人民政府或者上一级人民政府有关部门应当作出处理。

第九章 附则

第四十条 本法下列用语的含义是:

(一)各级各类学校,是指实施学前教育、普通初等教育、普通中等教育、职业教育、普通高等教育以及特殊教育、成人教育的学校。

(二)其他教育机构,是指少年宫以及地方教研室、电化教育机构等。

(三)中小学教师,是指幼儿园、特殊教育机构、普通中小学、成人初等中等教育机构、职业中学以及其他教育机构的教师。

第四十一条 学校和其他教育机构中的教育教学辅助人员,其他类型的学校的教师和教育教学辅助人员,可以根据实际情况参照本法的有关规定执行。

军队所属院校的教师和教育教学辅助人员,由中央军事委员会依照本法制定有关规定。

第四十二条 外籍教师的聘任办法由国务院教育行政部门规定。

第四十三条 本法自1994年1月1日起施行。

(四)《中华人民共和国未成年人保护法》(以下简称未成年人保护法)

未成年人保护法于1991年9月4日第七届全国人民代表大会常务委员会第二十一次会议通过,2006年12月29日修订并于2007年6月1日起施行。2012年10月26日修正。2020年10月17日第二次修订。该法共9章132条,包括总则、家庭保护、学校保护、社会保护、网络保护、政策保护、司法保护、法律责任、附则。

制定未成年人保护法的目的在于保护未成年人的身心健康,保障未成年人的合法权益,促进未成年人德智体美劳全面发展,培养有理想、有道德、有文化、有纪律的社会主义建设者和接班人。未成年人保护法第3条规定,未成年人享有生存权、发展权、受保护权、参与权等权利,这些权利要求家庭、学校、社会、网络、政府、司法予以优先保护。

阅读材料 5-4

中华人民共和国未成年人保护法

(1991 年 9 月 4 日第七届全国人民代表大会常务委员会第二十一次会议通过，2006 年 12 月 29 日第一次修订，2012 年 10 月 26 日修正，2020 年 10 月 17 日第二次修订)

目录

第一章　总则
第二章　家庭保护
第三章　学校保护
第四章　社会保护
第五章　网络保护
第六章　政府保护
第七章　司法保护
第八章　法律责任
第九章　附则

第一章　总则

第一条　为了保护未成年人身心健康，保障未成年人合法权益，促进未成年人德智体美劳全面发展，培养有理想、有道德、有文化、有纪律的社会主义建设者和接班人，培养担当民族复兴大任的时代新人，根据宪法，制定本法。

第二条　本法所称未成年人是指未满十八周岁的公民。

第三条　国家保障未成年人的生存权、发展权、受保护权、参与权等权利。

未成年人依法平等地享有各项权利，不因本人及其父母或者其他监护人的民族、种族、性别、户籍、职业、宗教信仰、教育程度、家庭状况、身心健康状况等受到歧视。

第四条　保护未成年人，应当坚持最有利于未成年人的原则。处理涉及未成年人事项，应当符合下列要求：

(一)给予未成年人特殊、优先保护；

(二)尊重未成年人人格尊严；

(三)保护未成年人隐私权和个人信息；

(四)适应未成年人身心健康发展的规律和特点；

(五)听取未成年人的意见；

（六）保护与教育相结合。

第五条　国家、社会、学校和家庭应当对未成年人进行理想教育、道德教育、科学教育、文化教育、法治教育、国家安全教育、健康教育、劳动教育，加强爱国主义、集体主义和中国特色社会主义的教育，培养爱祖国、爱人民、爱劳动、爱科学、爱社会主义的公德，抵制资本主义、封建主义和其他腐朽思想的侵蚀，引导未成年人树立和践行社会主义核心价值观。

第六条　保护未成年人，是国家机关、武装力量、政党、人民团体、企业事业单位、社会组织、城乡基层群众性自治组织、未成年人的监护人以及其他成年人的共同责任。

国家、社会、学校和家庭应当教育和帮助未成年人维护自身合法权益，增强自我保护的意识和能力。

第七条　未成年人的父母或者其他监护人依法对未成年人承担监护职责。

国家采取措施指导、支持、帮助和监督未成年人的父母或者其他监护人履行监护职责。

第八条　县级以上人民政府应当将未成年人保护工作纳入国民经济和社会发展规划，相关经费纳入本级政府预算。

第九条　县级以上人民政府应当建立未成年人保护工作协调机制，统筹、协调、督促和指导有关部门在各自职责范围内做好未成年人保护工作。协调机制具体工作由县级以上人民政府民政部门承担，省级人民政府也可以根据本地实际情况确定由其他有关部门承担。

第十条　共产主义青年团、妇女联合会、工会、残疾人联合会、关心下一代工作委员会、青年联合会、学生联合会、少年先锋队以及其他人民团体、有关社会组织，应当协助各级人民政府及其有关部门、人民检察院、人民法院做好未成年人保护工作，维护未成年人合法权益。

第十一条　任何组织或者个人发现不利于未成年人身心健康或者侵犯未成年人合法权益的情形，都有权劝阻、制止或者向公安、民政、教育等有关部门提出检举、控告。

国家机关、居民委员会、村民委员会、密切接触未成年人的单位及其工作人员，在工作中发现未成年人身心健康受到侵害、疑似受到侵害或者面临其他危险情形的，应当立即向公安、民政、教育等有关部门报告。

有关部门接到涉及未成年人的检举、控告或者报告，应当依法及时受理、处置，并以适当方式将处理结果告知相关单位和人员。

第十二条　国家鼓励和支持未成年人保护方面的科学研究，建设相关学科、设置相关专业，加强人才培养。

第十三条　国家建立健全未成年人统计调查制度，开展未成年人健康、受教育等状况的统计、调查和分析，发布未成年人保护的有关信息。

第十四条 国家对保护未成年人有显著成绩的组织和个人给予表彰和奖励。

第二章 家庭保护

第十五条 未成年人的父母或者其他监护人应当学习家庭教育知识，接受家庭教育指导，创造良好、和睦、文明的家庭环境。

共同生活的其他成年家庭成员应当协助未成年人的父母或者其他监护人抚养、教育和保护未成年人。

第十六条 未成年人的父母或者其他监护人应当履行下列监护职责：

(一)为未成年人提供生活、健康、安全等方面的保障；

(二)关注未成年人的生理、心理状况和情感需求；

(三)教育和引导未成年人遵纪守法、勤俭节约，养成良好的思想品德和行为习惯；

(四)对未成年人进行安全教育，提高未成年人的自我保护意识和能力；

(五)尊重未成年人受教育的权利，保障适龄未成年人依法接受并完成义务教育；

(六)保障未成年人休息、娱乐和体育锻炼的时间，引导未成年人进行有益身心健康的活动；

(七)妥善管理和保护未成年人的财产；

(八)依法代理未成年人实施民事法律行为；

(九)预防和制止未成年人的不良行为和违法犯罪行为，并进行合理管教；

(十)其他应当履行的监护职责。

第十七条 未成年人的父母或者其他监护人不得实施下列行为：

(一)虐待、遗弃、非法送养未成年人或者对未成年人实施家庭暴力；

(二)放任、教唆或者利用未成年人实施违法犯罪行为；

(三)放任、唆使未成年人参与邪教、迷信活动或者接受恐怖主义、分裂主义、极端主义等侵害；

(四)放任、唆使未成年人吸烟(含电子烟，下同)、饮酒、赌博、流浪乞讨或者欺凌他人；

(五)放任或者迫使应当接受义务教育的未成年人失学、辍学；

(六)放任未成年人沉迷网络，接触危害或者可能影响其身心健康的图书、报刊、电影、广播电视节目、音像制品、电子出版物和网络信息等；

(七)放任未成年人进入营业性娱乐场所、酒吧、互联网上网服务营业场所等不适宜未成年人活动的场所；

(八)允许或者迫使未成年人从事国家规定以外的劳动；

(九)允许、迫使未成年人结婚或者为未成年人订立婚约；

(十)违法处分、侵吞未成年人的财产或者利用未成年人牟取不正当利益；

(十一)其他侵犯未成年人身心健康、财产权益或者不依法履行未成年人保护义务的行为。

第十八条　未成年人的父母或者其他监护人应当为未成年人提供安全的家庭生活环境，及时排除引发触电、烫伤、跌落等伤害的安全隐患；采取配备儿童安全座椅、教育未成年人遵守交通规则等措施，防止未成年人受到交通事故的伤害；提高户外安全保护意识，避免未成年人发生溺水、动物伤害等事故。

第十九条　未成年人的父母或者其他监护人应当根据未成年人的年龄和智力发展状况，在作出与未成年人权益有关的决定前，听取未成年人的意见，充分考虑其真实意愿。

第二十条　未成年人的父母或者其他监护人发现未成年人身心健康受到侵害、疑似受到侵害或者其他合法权益受到侵犯的，应当及时了解情况并采取保护措施；情况严重的，应当立即向公安、民政、教育等部门报告。

第二十一条　未成年人的父母或者其他监护人不得使未满八周岁或者由于身体、心理原因需要特别照顾的未成年人处于无人看护状态，或者将其交由无民事行为能力、限制民事行为能力、患有严重传染性疾病或者其他不适宜的人员临时照护。

未成年人的父母或者其他监护人不得使未满十六周岁的未成年人脱离监护单独生活。

第二十二条　未成年人的父母或者其他监护人因外出务工等原因在一定期限内不能完全履行监护职责的，应当委托具有照护能力的完全民事行为能力人代为照护；无正当理由的，不得委托他人代为照护。

未成年人的父母或者其他监护人在确定被委托人时，应当综合考虑其道德品质、家庭状况、身心健康状况、与未成年人生活情感上的联系等情况，并听取有表达意愿能力未成年人的意见。

具有下列情形之一的，不得作为被委托人：

(一)曾实施性侵害、虐待、遗弃、拐卖、暴力伤害等违法犯罪行为；

(二)有吸毒、酗酒、赌博等恶习；

(三)曾拒不履行或者长期怠于履行监护、照护职责；

(四)其他不适宜担任被委托人的情形。

第二十三条　未成年人的父母或者其他监护人应当及时将委托照护情况书面告知未成年人所在学校、幼儿园和实际居住地的居民委员会、村民委员会，加强和未成年人所在学校、幼儿园的沟通；与未成年人、被委托人至少每周联系和交流一次，了解未成年人的生活、学习、心理等情况，并给予未成年人亲情关爱。

未成年人的父母或者其他监护人接到被委托人、居民委员会、村民委员会、学校、幼儿园等关于未成年人心理、行为异常的通知后，应当及时采取干预措施。

第二十四条　未成年人的父母离婚时，应当妥善处理未成年子女的抚养、教育、探望、财产等事宜，听取有表达意愿能力未成年人的意见。不得以抢夺、藏匿未成年子女等方式争夺抚养权。

未成年人的父母离婚后，不直接抚养未成年子女的一方应当依照协议、人民法院判决或者调解确定的时间和方式，在不影响未成年人学习、生活的情况下探望未成年子女，直接抚养的一方应当配合，但被人民法院依法中止探望权的除外。

第三章　学校保护

第二十五条　学校应当全面贯彻国家教育方针，坚持立德树人，实施素质教育，提高教育质量，注重培养未成年学生认知能力、合作能力、创新能力和实践能力，促进未成年学生全面发展。

学校应当建立未成年学生保护工作制度，健全学生行为规范，培养未成年学生遵纪守法的良好行为习惯。

第二十六条　幼儿园应当做好保育、教育工作，遵循幼儿身心发展规律，实施启蒙教育，促进幼儿在体质、智力、品德等方面和谐发展。

第二十七条　学校、幼儿园的教职员工应当尊重未成年人人格尊严，不得对未成年人实施体罚、变相体罚或者其他侮辱人格尊严的行为。

第二十八条　学校应当保障未成年学生受教育的权利，不得违反国家规定开除、变相开除未成年学生。

学校应当对尚未完成义务教育的辍学未成年学生进行登记并劝返复学；劝返无效的，应当及时向教育行政部门书面报告。

第二十九条　学校应当关心、爱护未成年学生，不得因家庭、身体、心理、学习能力等情况歧视学生。对家庭困难、身心有障碍的学生，应当提供关爱；对行为异常、学习有困难的学生，应当耐心帮助。

学校应当配合政府有关部门建立留守未成年学生、困境未成年学生的信息档案，开展关爱帮扶工作。

第三十条　学校应当根据未成年学生身心发展特点，进行社会生活指导、心理健康辅导、青春期教育和生命教育。

第三十一条　学校应当组织未成年学生参加与其年龄相适应的日常生活劳动、生产劳动和服务性劳动，帮助未成年学生掌握必要的劳动知识和技能，养成良好的劳动习惯。

第三十二条　学校、幼儿园应当开展勤俭节约、反对浪费、珍惜粮食、文明饮食等宣传教育活动，帮助未成年人树立浪费可耻、节约为荣的意识，养成文明健康、绿色环保的生活习惯。

第三十三条　学校应当与未成年学生的父母或者其他监护人互相配合，合理安排未成年学生的学习时间，保障其休息、娱乐和体育锻炼的时间。

学校不得占用国家法定节假日、休息日及寒暑假期，组织义务教育阶段的未成年学生集体补课，加重其学习负担。

幼儿园、校外培训机构不得对学龄前未成年人进行小学课程教育。

第三十四条　学校、幼儿园应当提供必要的卫生保健条件，协助卫生健康部门做好在校、在园未成年人的卫生保健工作。

第三十五条　学校、幼儿园应当建立安全管理制度，对未成年人进行安全教育，完善安保设施、配备安保人员，保障未成年人在校、在园期间的人身和财产安全。

学校、幼儿园不得在危及未成年人人身安全、身心健康的校舍和其他设施、场所中进行教育教学活动。

学校、幼儿园安排未成年人参加文化娱乐、社会实践等集体活动，应当保护未成年人的身心健康，防止发生人身伤害事故。

第三十六条　使用校车的学校、幼儿园应当建立健全校车安全管理制度，配备安全管理人员，定期对校车进行安全检查，对校车驾驶人进行安全教育，并向未成年人讲解校车安全乘坐知识，培养未成年人校车安全事故应急处理技能。

第三十七条　学校、幼儿园应当根据需要，制定应对自然灾害、事故灾难、公共卫生事件等突发事件和意外伤害的预案，配备相应设施并定期进行必要的演练。

未成年人在校内、园内或者本校、本园组织的校外、园外活动中发生人身伤害事故的，学校、幼儿园应当立即救护，妥善处理，及时通知未成年人的父母或者其他监护人，并向有关部门报告。

第三十八条　学校、幼儿园不得安排未成年人参加商业性活动，不得向未成年人及其父母或者其他监护人推销或者要求其购买指定的商品和服务。

学校、幼儿园不得与校外培训机构合作为未成年人提供有偿课程辅导。

第三十九条　学校应当建立学生欺凌防控工作制度，对教职员工、学生等开展防治学生欺凌的教育和培训。

学校对学生欺凌行为应当立即制止，通知实施欺凌和被欺凌未成年学生的父母或者其他监护人参与欺凌行为的认定和处理；对相关未成年学生及时给予心理辅导、教育和引导；对相关未成年学生的父母或者其他监护人给予必要的家庭教育指导。

对实施欺凌的未成年学生，学校应当根据欺凌行为的性质和程度，依法加强管教。对严重的欺凌行为，学校不得隐瞒，应当及时向公安机关、教育行政部门报告，并配合相关部门依法处理。

第四十条　学校、幼儿园应当建立预防性侵害、性骚扰未成年人工作制度。

对性侵害、性骚扰未成年人等违法犯罪行为，学校、幼儿园不得隐瞒，应当及时向公安机关、教育行政部门报告，并配合相关部门依法处理。

学校、幼儿园应当对未成年人开展适合其年龄的性教育，提高未成年人防范性侵害、性骚扰的自我保护意识和能力。对遭受性侵害、性骚扰的未成年人，学校、幼儿园应当及时采取相关的保护措施。

第四十一条　婴幼儿照护服务机构、早期教育服务机构、校外培训机构、校外托管机构等应当参照本章有关规定，根据不同年龄阶段未成年人的成长特点和规律，做好未成年人保护工作。

第四章　社会保护

第四十二条　全社会应当树立关心、爱护未成年人的良好风尚。

国家鼓励、支持和引导人民团体、企业事业单位、社会组织以及其他组织和个人，开展有利于未成年人健康成长的社会活动和服务。

第四十三条　居民委员会、村民委员会应当设置专人专岗负责未成年人保护工作，协助政府有关部门宣传未成年人保护方面的法律法规，指导、帮助和监督未成年人的父母或者其他监护人依法履行监护职责，建立留守未成年人、困境未成年人的信息档案并给予关爱帮扶。

居民委员会、村民委员会应当协助政府有关部门监督未成年人委托照护情况，发现被委托人缺乏照护能力、怠于履行照护职责等情况，应当及时向政府有关部门报告，并告知未成年人的父母或者其他监护人，帮助、督促被委托人履行照护职责。

第四十四条　爱国主义教育基地、图书馆、青少年宫、儿童活动中心、儿童之家应当对未成年人免费开放；博物馆、纪念馆、科技馆、展览馆、美术馆、文化馆、社区公益性互联网上网服务场所以及影剧院、体育场馆、动物园、植物园、公园等场所，应当按照有关规定对未成年人免费或者优惠开放。

国家鼓励爱国主义教育基地、博物馆、科技馆、美术馆等公共场馆开设未成年人专场，为未成年人提供有针对性的服务。

国家鼓励国家机关、企业事业单位、部队等开发自身教育资源，设立未成年人开放日，为未成年人主题教育、社会实践、职业体验等提供支持。

国家鼓励科研机构和科技类社会组织对未成年人开展科学普及活动。

第四十五条　城市公共交通以及公路、铁路、水路、航空客运等应当按照有关规定对未成年人实施免费或者优惠票价。

第四十六条　国家鼓励大型公共场所、公共交通工具、旅游景区景点等设置母婴室、婴儿护理台以及方便幼儿使用的坐便器、洗手台等卫生设施，为未成年人提供便利。

第四十七条　任何组织或者个人不得违反有关规定，限制未成年人应当享有的照顾或者优惠。

第四十八条　国家鼓励创作、出版、制作和传播有利于未成年人健康成长的图书、报刊、电影、广播电视节目、舞台艺术作品、音像制品、电子出版物和网络信息等。

第四十九条　新闻媒体应当加强未成年人保护方面的宣传，对侵犯未成年人合法权益的行为进行舆论监督。新闻媒体采访报道涉及未成年人事件应当客观、审慎和适度，不得侵犯未成年人的名誉、隐私和其他合法权益。

第五十条　禁止制作、复制、出版、发布、传播含有宣扬淫秽、色情、暴力、邪教、迷信、赌博、引诱自杀、恐怖主义、分裂主义、极端主义等危害未成年人身心健康内容的图书、报刊、电影、广播电视节目、舞台艺术作品、音像制品、电子出版物和网络信息等。

第五十一条　任何组织或者个人出版、发布、传播的图书、报刊、电影、广播电视节目、舞台艺术作品、音像制品、电子出版物或者网络信息，包含可能影响未成年人身心健康内容的，应当以显著方式作出提示。

第五十二条　禁止制作、复制、发布、传播或者持有有关未成年人的淫秽色情物品和网络信息。

第五十三条　任何组织或者个人不得刊登、播放、张贴或者散发含有危害未成年人身心健康内容的广告；不得在学校、幼儿园播放、张贴或者散发商业广告；不得利用校服、教材等发布或者变相发布商业广告。

第五十四条　禁止拐卖、绑架、虐待、非法收养未成年人，禁止对未成年人实施性侵害、性骚扰。

禁止胁迫、引诱、教唆未成年人参加黑社会性质组织或者从事违法犯罪活动。

禁止胁迫、诱骗、利用未成年人乞讨。

第五十五条　生产、销售用于未成年人的食品、药品、玩具、用具和游戏游艺设备、游乐设施等，应当符合国家或者行业标准，不得危害未成年人的人身安全和身心健康。上述产品的生产者应当在显著位置标明注意事项，未标明注意事项的不得销售。

第五十六条　未成年人集中活动的公共场所应当符合国家或者行业安全标准，并采取相应安全保护措施。对可能存在安全风险的设施，应当定期进行维护，在显著位置设置安全警示标志并标明适龄范围和注意事项；必要时应当安排专门人员看管。

大型的商场、超市、医院、图书馆、博物馆、科技馆、游乐场、车站、码头、机场、旅游景区景点等场所运营单位应当设置搜寻走失未成年人的安全警报系统。场所运营单位接到求助后，应当立即启动安全警报系统，组织人员进行搜寻并向公安机关报告。

公共场所发生突发事件时，应当优先救护未成年人。

第五十七条　旅馆、宾馆、酒店等住宿经营者接待未成年人入住，或者接待未成年人和成年人共同入住时，应当询问父母或者其他监护人的联系方式、入住人员的身份关系等有关情况；发现有违法犯罪嫌疑的，应当立即向公安机关报告，并及时联系未成年人的父母或者其他监护人。

第五十八条　学校、幼儿园周边不得设置营业性娱乐场所、酒吧、互联网上网服务营业场所等不适宜未成年人活动的场所。营业性歌舞娱乐场所、酒吧、互联网上网服务营业场所等不适宜未成年人活动场所的经营者，不得允许未成年人进入；游艺娱乐场所设置的电子游戏设备，除国家法定节假日外，不得向未成年人提供。经营者应当在显著位置设置未成年人禁入、限入标志；对难以判明是否是未成年人的，应当要求其出示身份证件。

第五十九条　学校、幼儿园周边不得设置烟、酒、彩票销售网点。禁止向未成年人销售烟、酒、彩票或者兑付彩票奖金。烟、酒和彩票经营者应当在显著位置设置不向未成年人销售烟、酒或者彩票的标志；对难以判明是否是未成年人的，应当要求其出示身份证件。

任何人不得在学校、幼儿园和其他未成年人集中活动的公共场所吸烟、饮酒。

第六十条　禁止向未成年人提供、销售管制刀具或者其他可能致人严重伤害的器具等物品。经营者难以判明购买者是否是未成年人的，应当要求其出示身份证件。

第六十一条　任何组织或者个人不得招用未满十六周岁未成年人，国家另有规定的除外。

营业性娱乐场所、酒吧、互联网上网服务营业场所等不适宜未成年人活动的场所不得招用已满十六周岁的未成年人。

招用已满十六周岁未成年人的单位和个人应当执行国家在工种、劳动时间、劳动强度和保护措施等方面的规定，不得安排其从事过重、有毒、有害等危害未成年人身心健康的劳动或者危险作业。

任何组织或者个人不得组织未成年人进行危害其身心健康的表演等活动。经未成年人的父母或者其他监护人同意，未成年人参与演出、节目制作等活动，活动组织方应当根据国家有关规定，保障未成年人合法权益。

第六十二条　密切接触未成年人的单位招聘工作人员时，应当向公安机关、人民检察院查询应聘者是否具有性侵害、虐待、拐卖、暴力伤害等违法犯罪记录；发现其具有前述行为记录的，不得录用。

密切接触未成年人的单位应当每年定期对工作人员是否具有上述违法犯罪记录进行查询。通过查询或者其他方式发现其工作人员具有上述行为的，应当及时解聘。

第六十三条　任何组织或者个人不得隐匿、毁弃、非法删除未成年人的信件、日记、电子邮件或者其他网络通讯内容。

除下列情形外，任何组织或者个人不得开拆、查阅未成年人的信件、日记、电子邮件或者其他网络通讯内容：

(一)无民事行为能力未成年人的父母或者其他监护人代未成年人开拆、查阅；

(二)因国家安全或者追查刑事犯罪依法进行检查；

(三)紧急情况下为了保护未成年人本人的人身安全。

第五章　网络保护

第六十四条　国家、社会、学校和家庭应当加强未成年人网络素养宣传教育，培养和提高未成年人的网络素养，增强未成年人科学、文明、安全、合理使用网络的意识和能力，保障未成年人在网络空间的合法权益。

第六十五条　国家鼓励和支持有利于未成年人健康成长的网络内容的创作与传播，鼓励和支持专门以未成年人为服务对象、适合未成年人身心健康特点的网络技术、产品、服务的研发、生产和使用。

第六十六条　网信部门及其他有关部门应当加强对未成年人网络保护工作的监督检查，依法惩处利用网络从事危害未成年人身心健康的活动，为未成年人提供安全、健康的网络环境。

第六十七条　网信部门会同公安、文化和旅游、新闻出版、电影、广播电视等部门根据保护不同年龄阶段未成年人的需要，确定可能影响未成年人身心健康网络信息的种类、范围和判断标准。

第六十八条　新闻出版、教育、卫生健康、文化和旅游、网信等部门应当定期开展预防未成年人沉迷网络的宣传教育，监督网络产品和服务提供者履行预防未成年人沉迷网络的义务，指导家庭、学校、社会组织互相配合，采取科学、合理的方式对未成年人沉迷网络进行预防和干预。

任何组织或者个人不得以侵害未成年人身心健康的方式对未成年人沉迷网络进行干预。

第六十九条　学校、社区、图书馆、文化馆、青少年宫等场所为未成年人提供的互联网上网服务设施，应当安装未成年人网络保护软件或者采取其他安全保护技术措施。

智能终端产品的制造者、销售者应当在产品上安装未成年人网络保护软件，或者以显著方式告知用户未成年人网络保护软件的安装渠道和方法。

第七十条　学校应当合理使用网络开展教学活动。未经学校允许，未成年学生不得将手机等智能终端产品带入课堂，带入学校的应当统一管理。

学校发现未成年学生沉迷网络的，应当及时告知其父母或者其他监护人，共同对未成年学生进行教育和引导，帮助其恢复正常的学习生活。

第七十一条　未成年人的父母或者其他监护人应当提高网络素养，规范自身使用网络的行为，加强对未成年人使用网络行为的引导和监督。

未成年人的父母或者其他监护人应当通过在智能终端产品上安装未成年人网络保护软件、选择适合未成年人的服务模式和管理功能等方式，避免未成年人接触危害或者可能影响其身心健康的网络信息，合理安排未成年人使用网络的时间，有效预防未成年人沉迷网络。

第七十二条　信息处理者通过网络处理未成年人个人信息的，应当遵循合法、正当和必要的原则。处理不满十四周岁未成年人个人信息的，应当征得未成年人的父母或者其他监护人同意，但法律、行政法规另有规定的除外。

未成年人、父母或者其他监护人要求信息处理者更正、删除未成年人个人信息的，信息处理者应当及时采取措施予以更正、删除，但法律、行政法规另有规定的除外。

第七十三条　网络服务提供者发现未成年人通过网络发布私密信息的，应当及时提示，并采取必要的保护措施。

第七十四条　网络产品和服务提供者不得向未成年人提供诱导其沉迷的产品和服务。

网络游戏、网络直播、网络音视频、网络社交等网络服务提供者应当针对未成年人使用其服务设置相应的时间管理、权限管理、消费管理等功能。

以未成年人为服务对象的在线教育网络产品和服务，不得插入网络游戏链接，不得推送广告等与教学无关的信息。

第七十五条　网络游戏经依法审批后方可运营。

国家建立统一的未成年人网络游戏电子身份认证系统。网络游戏服务提供者应当要求未成年人以真实身份信息注册并登录网络游戏。

网络游戏服务提供者应当按照国家有关规定和标准，对游戏产品进行分类，作出适龄提示，并采取技术措施，不得让未成年人接触不适宜的游戏或者游戏功能。

网络游戏服务提供者不得在每日二十二时至次日八时向未成年人提供网络游戏服务。

第七十六条　网络直播服务提供者不得为未满十六周岁的未成年人提供网络直播发布者账号注册服务；为年满十六周岁的未成年人提供网络直播发布者账号注册服务时，应当对其身份信息进行认证，并征得其父母或者其他监护人同意。

第七十七条　任何组织或者个人不得通过网络以文字、图片、音视频等形式，对未成年人实施侮辱、诽谤、威胁或者恶意损害形象等网络欺凌行为。

遭受网络欺凌的未成年人及其父母或者其他监护人有权通知网络服务提供者采取删除、屏蔽、断开链接等措施。网络服务提供者接到通知后，应当及时采取必要的措施制止网络欺凌行为，防止信息扩散。

第七十八条　网络产品和服务提供者应当建立便捷、合理、有效的投诉和举报渠道，公开投诉、举报方式等信息，及时受理并处理涉及未成年人的投诉、举报。

第七十九条　任何组织或者个人发现网络产品、服务含有危害未成年人身心健康的信息，有权向网络产品和服务提供者或者网信、公安等部门投诉、举报。

第八十条　网络服务提供者发现用户发布、传播可能影响未成年人身心健康的信息且未作显著提示的，应当作出提示或者通知用户予以提示；未作出提示的，不得传输相关信息。

网络服务提供者发现用户发布、传播含有危害未成年人身心健康内容的信息的，应当立即停止传输相关信息，采取删除、屏蔽、断开链接等处置措施，保存有关记录，并向网信、公安等部门报告。

网络服务提供者发现用户利用其网络服务对未成年人实施违法犯罪行为的，应当立即停止向该用户提供网络服务，保存有关记录，并向公安机关报告。

第六章　政府保护

第八十一条　县级以上人民政府承担未成年人保护协调机制具体工作的职能部门应当明确相关内设机构或者专门人员，负责承担未成年人保护工作。

乡镇人民政府和街道办事处应当设立未成年人保护工作站或者指定专门人员，及时办理未成年人相关事务；支持、指导居民委员会、村民委员会设立专人专岗，做好未成年人保护工作。

第八十二条　各级人民政府应当将家庭教育指导服务纳入城乡公共服务体系，开展家庭教育知识宣传，鼓励和支持有关人民团体、企业事业单位、社会组织开展家庭教育指导服务。

第八十三条　各级人民政府应当保障未成年人受教育的权利，并采取措施保障留守未成年人、困境未成年人、残疾未成年人接受义务教育。

对尚未完成义务教育的辍学未成年学生，教育行政部门应当责令父母或者其他监护人将其送入学校接受义务教育。

第八十四条　各级人民政府应当发展托育、学前教育事业，办好婴幼儿照护服务机构、幼儿园，支持社会力量依法兴办母婴室、婴幼儿照护服务机构、幼儿园。

县级以上地方人民政府及其有关部门应当培养和培训婴幼儿照护服务机构、幼儿园的保教人员，提高其职业道德素质和业务能力。

第八十五条　各级人民政府应当发展职业教育，保障未成年人接受职业教育或者职业技能培训，鼓励和支持人民团体、企业事业单位、社会组织为未成年人提供职业技能培训服务。

第八十六条 各级人民政府应当保障具有接受普通教育能力、能适应校园生活的残疾未成年人就近在普通学校、幼儿园接受教育；保障不具有接受普通教育能力的残疾未成年人在特殊教育学校、幼儿园接受学前教育、义务教育和职业教育。

各级人民政府应当保障特殊教育学校、幼儿园的办学、办园条件，鼓励和支持社会力量举办特殊教育学校、幼儿园。

第八十七条 地方人民政府及其有关部门应当保障校园安全，监督、指导学校、幼儿园等单位落实校园安全责任，建立突发事件的报告、处置和协调机制。

第八十八条 公安机关和其他有关部门应当依法维护校园周边的治安和交通秩序，设置监控设备和交通安全设施，预防和制止侵害未成年人的违法犯罪行为。

第八十九条 地方人民政府应当建立和改善适合未成年人的活动场所和设施，支持公益性未成年人活动场所和设施的建设和运行，鼓励社会力量兴办适合未成年人的活动场所和设施，并加强管理。

地方人民政府应当采取措施，鼓励和支持学校在国家法定节假日、休息日及寒暑假期将文化体育设施对未成年人免费或者优惠开放。

地方人民政府应当采取措施，防止任何组织或者个人侵占、破坏学校、幼儿园、婴幼儿照护服务机构等未成年人活动场所的场地、房屋和设施。

第九十条 各级人民政府及其有关部门应当对未成年人进行卫生保健和营养指导，提供卫生保健服务。

卫生健康部门应当依法对未成年人的疫苗预防接种进行规范，防治未成年人常见病、多发病，加强传染病防治和监督管理，做好伤害预防和干预，指导和监督学校、幼儿园、婴幼儿照护服务机构开展卫生保健工作。

教育行政部门应当加强未成年人的心理健康教育，建立未成年人心理问题的早期发现和及时干预机制。卫生健康部门应当做好未成年人心理治疗、心理危机干预以及精神障碍早期识别和诊断治疗等工作。

第九十一条 各级人民政府及其有关部门对困境未成年人实施分类保障，采取措施满足其生活、教育、安全、医疗康复、住房等方面的基本需要。

第九十二条 具有下列情形之一的，民政部门应当依法对未成年人进行临时监护：

(一)未成年人流浪乞讨或者身份不明，暂时查找不到父母或者其他监护人；

(二)监护人下落不明且无其他人可以担任监护人；

(三)监护人因自身客观原因或者因发生自然灾害、事故灾难、公共卫生事件等突发事件不能履行监护职责，导致未成年人监护缺失；

(四)监护人拒绝或者怠于履行监护职责，导致未成年人处于无人照料的状态；

(五)监护人教唆、利用未成年人实施违法犯罪行为，未成年人需要被带离安置；

（六）未成年人遭受监护人严重伤害或者面临人身安全威胁，需要被紧急安置；

（七）法律规定的其他情形。

第九十三条　对临时监护的未成年人，民政部门可以采取委托亲属抚养、家庭寄养等方式进行安置，也可以交由未成年人救助保护机构或者儿童福利机构进行收留、抚养。

临时监护期间，经民政部门评估，监护人重新具备履行监护职责条件的，民政部门可以将未成年人送回监护人抚养。

第九十四条　具有下列情形之一的，民政部门应当依法对未成年人进行长期监护：

（一）查找不到未成年人的父母或者其他监护人；

（二）监护人死亡或者被宣告死亡且无其他人可以担任监护人；

（三）监护人丧失监护能力且无其他人可以担任监护人；

（四）人民法院判决撤销监护人资格并指定由民政部门担任监护人；

（五）法律规定的其他情形。

第九十五条　民政部门进行收养评估后，可以依法将其长期监护的未成年人交由符合条件的申请人收养。收养关系成立后，民政部门与未成年人的监护关系终止。

第九十六条　民政部门承担临时监护或者长期监护职责的，财政、教育、卫生健康、公安等部门应当根据各自职责予以配合。

县级以上人民政府及其民政部门应当根据需要设立未成年人救助保护机构、儿童福利机构，负责收留、抚养由民政部门监护的未成年人。

第九十七条　县级以上人民政府应当开通全国统一的未成年人保护热线，及时受理、转介侵犯未成年人合法权益的投诉、举报；鼓励和支持人民团体、企业事业单位、社会组织参与建设未成年人保护服务平台、服务热线、服务站点，提供未成年人保护方面的咨询、帮助。

第九十八条　国家建立性侵害、虐待、拐卖、暴力伤害等违法犯罪人员信息查询系统，向密切接触未成年人的单位提供免费查询服务。

第九十九条　地方人民政府应当培育、引导和规范有关社会组织、社会工作者参与未成年人保护工作，开展家庭教育指导服务，为未成年人的心理辅导、康复救助、监护及收养评估等提供专业服务。

第七章　司法保护

第一百条　公安机关、人民检察院、人民法院和司法行政部门应当依法履行职责，保障未成年人合法权益。

第一百零一条　公安机关、人民检察院、人民法院和司法行政部门应当确定专门机构或者指定专门人员，负责办理涉及未成年人案件。办理涉及未成年人案件的人员应当经过专门培训，熟悉未成年人身心特点。专门机构或者专门人员中，应当有女性工作人员。

公安机关、人民检察院、人民法院和司法行政部门应当对上述机构和人员实行与未成年人保护工作相适应的评价考核标准。

第一百零二条 公安机关、人民检察院、人民法院和司法行政部门办理涉及未成年人案件，应当考虑未成年人身心特点和健康成长的需要，使用未成年人能够理解的语言和表达方式，听取未成年人的意见。

第一百零三条 公安机关、人民检察院、人民法院、司法行政部门以及其他组织和个人不得披露有关案件中未成年人的姓名、影像、住所、就读学校以及其他可能识别出其身份的信息，但查找失踪、被拐卖未成年人等情形除外。

第一百零四条 对需要法律援助或者司法救助的未成年人，法律援助机构或者公安机关、人民检察院、人民法院和司法行政部门应当给予帮助，依法为其提供法律援助或者司法救助。

法律援助机构应当指派熟悉未成年人身心特点的律师为未成年人提供法律援助服务。

法律援助机构和律师协会应当对办理未成年人法律援助案件的律师进行指导和培训。

第一百零五条 人民检察院通过行使检察权，对涉及未成年人的诉讼活动等依法进行监督。

第一百零六条 未成年人合法权益受到侵犯，相关组织和个人未代为提起诉讼的，人民检察院可以督促、支持其提起诉讼；涉及公共利益的，人民检察院有权提起公益诉讼。

第一百零七条 人民法院审理继承案件，应当依法保护未成年人的继承权和受遗赠权。

人民法院审理离婚案件，涉及未成年子女抚养问题的，应当尊重已满八周岁未成年子女的真实意愿，根据双方具体情况，按照最有利于未成年子女的原则依法处理。

第一百零八条 未成年人的父母或者其他监护人不依法履行监护职责或者严重侵犯被监护的未成年人合法权益的，人民法院可以根据有关人员或者单位的申请，依法作出人身安全保护令或者撤销监护人资格。

被撤销监护人资格的父母或者其他监护人应当依法继续负担抚养费用。

第一百零九条 人民法院审理离婚、抚养、收养、监护、探望等案件涉及未成年人的，可以自行或者委托社会组织对未成年人的相关情况进行社会调查。

第一百一十条 公安机关、人民检察院、人民法院讯问未成年犯罪嫌疑人、被告人，询问未成年被害人、证人，应当依法通知其法定代理人或者其成年亲属、所在学校的代表等合适成年人到场，并采取适当方式，在适当场所进行，保障未成年人的名誉权、隐私权和其他合法权益。

人民法院开庭审理涉及未成年人案件，未成年被害人、证人一般不出庭作证；必须出庭的，应当采取保护其隐私的技术手段和心理干预等保护措施。

第一百一十一条　公安机关、人民检察院、人民法院应当与其他有关政府部门、人民团体、社会组织互相配合，对遭受性侵害或者暴力伤害的未成年被害人及其家庭实施必要的心理干预、经济救助、法律援助、转学安置等保护措施。

第一百一十二条　公安机关、人民检察院、人民法院办理未成年人遭受性侵害或者暴力伤害案件，在询问未成年被害人、证人时，应当采取同步录音录像等措施，尽量一次完成；未成年被害人、证人是女性的，应当由女性工作人员进行。

第一百一十三条　对违法犯罪的未成年人，实行教育、感化、挽救的方针，坚持教育为主、惩罚为辅的原则。

对违法犯罪的未成年人依法处罚后，在升学、就业等方面不得歧视。

第一百一十四条　公安机关、人民检察院、人民法院和司法行政部门发现有关单位未尽到未成年人教育、管理、救助、看护等保护职责的，应当向该单位提出建议。被建议单位应当在一个月内作出书面回复。

第一百一十五条　公安机关、人民检察院、人民法院和司法行政部门应当结合实际，根据涉及未成年人案件的特点，开展未成年人法治宣传教育工作。

第一百一十六条　国家鼓励和支持社会组织、社会工作者参与涉及未成年人案件中未成年人的心理干预、法律援助、社会调查、社会观护、教育矫治、社区矫正等工作。

第八章　法律责任

第一百一十七条　违反本法第十一条第二款规定，未履行报告义务造成严重后果的，由上级主管部门或者所在单位对直接负责的主管人员和其他直接责任人员依法给予处分。

第一百一十八条　未成年人的父母或者其他监护人不依法履行监护职责或者侵犯未成年人合法权益的，由其居住地的居民委员会、村民委员会予以劝诫、制止；情节严重的，居民委员会、村民委员会应当及时向公安机关报告。

公安机关接到报告或者公安机关、人民检察院、人民法院在办理案件过程中发现未成年人的父母或者其他监护人存在上述情形的，应当予以训诫，并可以责令其接受家庭教育指导。

第一百一十九条　学校、幼儿园、婴幼儿照护服务等机构及其教职员工违反本法第二十七条、第二十八条、第三十九条规定的，由公安、教育、卫生健康、市场监督管理等部门按照职责分工责令改正；拒不改正或者情节严重的，对直接负责的主管人员和其他直接责任人员依法给予处分。

第一百二十条　违反本法第四十四条、第四十五条、第四十七条规定，未给予未成年人免费或者优惠待遇的，由市场监督管理、文化和旅游、交通运输等部门按照职责分工责令限期改正，给予警告；拒不改正的，处一万元以上十万元以下罚款。

第一百二十一条　违反本法第五十条、第五十一条规定的，由新闻出版、广播电视、电影、网信等部门按照职责分工责令限期改正，给予警告，没收违法所得，可以并处十万元以下罚款；拒不改正或者情节严重的，责令暂停相关业务、停产停业或者吊销营业执照、吊销相关许可证，违法所得一百万元以上的，并处违法所得一倍以上十倍以下的罚款，没有违法所得或者违法所得不足一百万元的，并处十万元以上一百万元以下罚款。

第一百二十二条　场所运营单位违反本法第五十六条第二款规定、住宿经营者违反本法第五十七条规定的，由市场监督管理、应急管理、公安等部门按照职责分工责令限期改正，给予警告；拒不改正或者造成严重后果的，责令停业整顿或者吊销营业执照、吊销相关许可证，并处一万元以上十万元以下罚款。

第一百二十三条　相关经营者违反本法第五十八条、第五十九条第一款、第六十条规定的，由文化和旅游、市场监督管理、烟草专卖、公安等部门按照职责分工责令限期改正，给予警告，没收违法所得，可以并处五万元以下罚款；拒不改正或者情节严重的，责令停业整顿或者吊销营业执照、吊销相关许可证，可以并处五万元以上五十万元以下罚款。

第一百二十四条　违反本法第五十九条第二款规定，在学校、幼儿园和其他未成年人集中活动的公共场所吸烟、饮酒的，由卫生健康、教育、市场监督管理等部门按照职责分工责令改正，给予警告，可以并处五百元以下罚款；场所管理者未及时制止的，由卫生健康、教育、市场监督管理等部门按照职责分工给予警告，并处一万元以下罚款。

第一百二十五条　违反本法第六十一条规定的，由文化和旅游、人力资源和社会保障、市场监督管理等部门按照职责分工责令限期改正，给予警告，没收违法所得，可以并处十万元以下罚款；拒不改正或者情节严重的，责令停产停业或者吊销营业执照、吊销相关许可证，并处十万元以上一百万元以下罚款。

第一百二十六条　密切接触未成年人的单位违反本法第六十二条规定，未履行查询义务，或者招用、继续聘用具有相关违法犯罪记录人员的，由教育、人力资源和社会保障、市场监督管理等部门按照职责分工责令限期改正，给予警告，并处五万元以下罚款；拒不改正或者造成严重后果的，责令停业整顿或者吊销营业执照、吊销相关许可证，并处五万元以上五十万元以下罚款，对直接负责的主管人员和其他直接责任人员依法给予处分。

第一百二十七条　信息处理者违反本法第七十二条规定，或者网络产品和服务提供者违反本法第七十三条、第七十四条、第七十五条、第七十六条、第七十七条、第八十条规定的，由公安、网信、电信、新闻出版、广播电视、文化和旅游等有关部门按照职责分工责令改正，给予警告，没收违法所得，违法所得一百万元以上的，并处违法所得一倍以上十倍以下罚款，没有违法所得或者违法所得不足一百万元的，并处十万元以上一百万元以下罚款，对直接负责的主管人员和其他责任人员处一万元以上十万元以下罚款；拒不改正或者情节严重的，并可以责令暂停相关业务、停业整顿、关闭网站、吊销营业执照或者吊销相关许可证。

第一百二十八条　国家机关工作人员玩忽职守、滥用职权、徇私舞弊，损害未成年人合法权益的，依法给予处分。

第一百二十九条　违反本法规定，侵犯未成年人合法权益，造成人身、财产或者其他损害的，依法承担民事责任。

违反本法规定，构成违反治安管理行为的，依法给予治安管理处罚；构成犯罪的，依法追究刑事责任。

第九章　附则

第一百三十条　本法中下列用语的含义：

(一)密切接触未成年人的单位，是指学校、幼儿园等教育机构；校外培训机构；未成年人救助保护机构、儿童福利机构等未成年人安置、救助机构；婴幼儿照护服务机构、早期教育服务机构；校外托管、临时看护机构；家政服务机构；为未成年人提供医疗服务的医疗机构；其他对未成年人负有教育、培训、监护、救助、看护、医疗等职责的企业事业单位、社会组织等。

(二)学校，是指普通中小学、特殊教育学校、中等职业学校、专门学校。

(三)学生欺凌，是指发生在学生之间，一方蓄意或者恶意通过肢体、语言及网络等手段实施欺压、侮辱，造成另一方人身伤害、财产损失或者精神损害的行为。

第一百三十一条　对中国境内未满十八周岁的外国人、无国籍人，依照本法有关规定予以保护。

第一百三十二条　本法自2021年6月1日起施行。

(五)《中华人民共和国预防未成年人犯罪法》(以下简称预防未成年人犯罪法)

预防未成年人犯罪法于1999年6月28日第九届全国人民代表大会常务委员会第十次会议通过，自1999年11月1日起施行。2012年10月26日修正。2020年12月26日修订。该法共7章68条，包括总则、预防犯罪的教育、对不良行为的干预、对严重不良行为的矫治、对重新犯罪的预防、法律责任、附则。

制定预防未成年人犯罪法的目的在于保障未成年人身心健康，培养未成年人良好品行，有效地预防未成年人犯罪。该法界定了未成年人 9 种"不良行为"和 9 种"严重不良行为"，预防未成年人这些不良行为和严重不良行为的发生是预防未成年人犯罪法的主要任务。

阅读材料 5-5

中华人民共和国预防未成年人犯罪法

(1999 年 6 月 28 日第九届全国人民代表大会常务委员会第十次会议通过，2012 年 10 月 26 日修正，2020 年 12 月 26 日修订)

目录

第一章 总则
第二章 预防犯罪的教育
第三章 对不良行为的干预
第四章 对严重不良行为的矫治
第五章 对重新犯罪的预防
第六章 法律责任
第七章 附则

第一章 总则

第一条 为了保障未成年人身心健康，培养未成年人良好品行，有效预防未成年人违法犯罪，制定本法。

第二条 预防未成年人犯罪，立足于教育和保护未成年人相结合，坚持预防为主、提前干预，对未成年人的不良行为和严重不良行为及时进行分级预防、干预和矫治。

第三条 开展预防未成年人犯罪工作，应当尊重未成年人人格尊严，保护未成年人的名誉权、隐私权和个人信息等合法权益。

第四条 预防未成年人犯罪，在各级人民政府组织下，实行综合治理。

国家机关、人民团体、社会组织、企业事业单位、居民委员会、村民委员会、学校、家庭等各负其责、相互配合，共同做好预防未成年人犯罪工作，及时消除滋生未成年人违法犯罪行为的各种消极因素，为未成年人身心健康发展创造良好的社会环境。

第五条 各级人民政府在预防未成年人犯罪方面的工作职责是：

(一)制定预防未成年人犯罪工作规划；

(二)组织公安、教育、民政、文化和旅游、市场监督管理、网信、卫生健康、新闻出版、电影、广播电视、司法行政等有关部门开展预防未成年人犯罪工作；

（三）为预防未成年人犯罪工作提供政策支持和经费保障；

（四）对本法的实施情况和工作规划的执行情况进行检查；

（五）组织开展预防未成年人犯罪宣传教育；

（六）其他预防未成年人犯罪工作职责。

第六条　国家加强专门学校建设，对有严重不良行为的未成年人进行专门教育。专门教育是国民教育体系的组成部分，是对有严重不良行为的未成年人进行教育和矫治的重要保护处分措施。

省级人民政府应当将专门教育发展和专门学校建设纳入经济社会发展规划。县级以上地方人民政府成立专门教育指导委员会，根据需要合理设置专门学校。

专门教育指导委员会由教育、民政、财政、人力资源社会保障、公安、司法行政、人民检察院、人民法院、共产主义青年团、妇女联合会、关心下一代工作委员会、专门学校等单位，以及律师、社会工作者等人员组成，研究确定专门学校教学、管理等相关工作。

专门学校建设和专门教育具体办法，由国务院规定。

第七条　公安机关、人民检察院、人民法院、司法行政部门应当由专门机构或者经过专业培训、熟悉未成年人身心特点的专门人员负责预防未成年人犯罪工作。

第八条　共产主义青年团、妇女联合会、工会、残疾人联合会、关心下一代工作委员会、青年联合会、学生联合会、少年先锋队以及有关社会组织，应当协助各级人民政府及其有关部门、人民检察院和人民法院做好预防未成年人犯罪工作，为预防未成年人犯罪培育社会力量，提供支持服务。

第九条　国家鼓励、支持和指导社会工作服务机构等社会组织参与预防未成年人犯罪相关工作，并加强监督。

第十条　任何组织或者个人不得教唆、胁迫、引诱未成年人实施不良行为或者严重不良行为，以及为未成年人实施上述行为提供条件。

第十一条　未成年人应当遵守法律法规及社会公共道德规范，树立自尊、自律、自强意识，增强辨别是非和自我保护的能力，自觉抵制各种不良行为以及违法犯罪行为的引诱和侵害。

第十二条　预防未成年人犯罪，应当结合未成年人不同年龄的生理、心理特点，加强青春期教育、心理关爱、心理矫治和预防犯罪对策的研究。

第十三条　国家鼓励和支持预防未成年人犯罪相关学科建设、专业设置、人才培养及科学研究，开展国际交流与合作。

第十四条　国家对预防未成年人犯罪工作有显著成绩的组织和个人，给予表彰和奖励。

第二章　预防犯罪的教育

第十五条　国家、社会、学校和家庭应当对未成年人加强社会主义核心价值观教育，开展预防犯罪教育，增强未成年人的法治观念，使未成年人树立遵纪守法和防范违法犯罪的意识，提高自我管控能力。

第十六条　未成年人的父母或者其他监护人对未成年人的预防犯罪教育负有直接责任，应当依法履行监护职责，树立优良家风，培养未成年人良好品行；发现未成年人心理或者行为异常的，应当及时了解情况并进行教育、引导和劝诫，不得拒绝或者怠于履行监护职责。

第十七条　教育行政部门、学校应当将预防犯罪教育纳入学校教学计划，指导教职员工结合未成年人的特点，采取多种方式对未成年学生进行有针对性的预防犯罪教育。

第十八条　学校应当聘任从事法治教育的专职或者兼职教师，并可以从司法和执法机关、法学教育和法律服务机构等单位聘请法治副校长、校外法治辅导员。

第十九条　学校应当配备专职或者兼职的心理健康教育教师，开展心理健康教育。学校可以根据实际情况与专业心理健康机构合作，建立心理健康筛查和早期干预机制，预防和解决学生心理、行为异常问题。

学校应当与未成年学生的父母或者其他监护人加强沟通，共同做好未成年学生心理健康教育；发现未成年学生可能患有精神障碍的，应当立即告知其父母或者其他监护人送相关专业机构诊治。

第二十条　教育行政部门应当会同有关部门建立学生欺凌防控制度。学校应当加强日常安全管理，完善学生欺凌发现和处置的工作流程，严格排查并及时消除可能导致学生欺凌行为的各种隐患。

第二十一条　教育行政部门鼓励和支持学校聘请社会工作者长期或者定期进驻学校，协助开展道德教育、法治教育、生命教育和心理健康教育，参与预防和处理学生欺凌等行为。

第二十二条　教育行政部门、学校应当通过举办讲座、座谈、培训等活动，介绍科学合理的教育方法，指导教职员工、未成年学生的父母或者其他监护人有效预防未成年人犯罪。

学校应当将预防犯罪教育计划告知未成年学生的父母或者其他监护人。未成年学生的父母或者其他监护人应当配合学校对未成年学生进行有针对性的预防犯罪教育。

第二十三条　教育行政部门应当将预防犯罪教育的工作效果纳入学校年度考核内容。

第二十四条　各级人民政府及其有关部门、人民检察院、人民法院、共产主义青年团、少年先锋队、妇女联合会、残疾人联合会、关心下一代工作委员会等应当结合实际，组织、举办多种形式的预防未成年人犯罪宣传教育活动。有条件的地方可以建立青少年法治教育基地，对未成年人开展法治教育。

第二十五条　居民委员会、村民委员会应当积极开展有针对性的预防未成年人犯罪宣传活动，协助公安机关维护学校周围治安，及时掌握本辖区内未成年人的监护、就学和就业情况，组织、引导社区社会组织参与预防未成年人犯罪工作。

第二十六条　青少年宫、儿童活动中心等校外活动场所应当把预防犯罪教育作为一项重要的工作内容，开展多种形式的宣传教育活动。

第二十七条　职业培训机构、用人单位在对已满十六周岁准备就业的未成年人进行职业培训时，应当将预防犯罪教育纳入培训内容。

第三章　对不良行为的干预

第二十八条　本法所称不良行为，是指未成年人实施的不利于其健康成长的下列行为：

(一)吸烟、饮酒；

(二)多次旷课、逃学；

(三)无故夜不归宿、离家出走；

(四)沉迷网络；

(五)与社会上具有不良习性的人交往，组织或者参加实施不良行为的团伙；

(六)进入法律法规规定未成年人不宜进入的场所；

(七)参与赌博、变相赌博，或者参加封建迷信、邪教等活动；

(八)阅览、观看或者收听宣扬淫秽、色情、暴力、恐怖、极端等内容的读物、音像制品或者网络信息等；

(九)其他不利于未成年人身心健康成长的不良行为。

第二十九条　未成年人的父母或者其他监护人发现未成年人有不良行为的，应当及时制止并加强管教。

第三十条　公安机关、居民委员会、村民委员会发现本辖区内未成年人有不良行为的，应当及时制止，并督促其父母或者其他监护人依法履行监护职责。

第三十一条　学校对有不良行为的未成年学生，应当加强管理教育，不得歧视；对拒不改正或者情节严重的，学校可以根据情况予以处分或者采取以下管理教育措施：

(一)予以训导；

(二)要求遵守特定的行为规范；

(三)要求参加特定的专题教育；

(四)要求参加校内服务活动；

（五）要求接受社会工作者或者其他专业人员的心理辅导和行为干预；

（六）其他适当的管理教育措施。

第三十二条　学校和家庭应当加强沟通，建立家校合作机制。学校决定对未成年学生采取管理教育措施的，应当及时告知其父母或者其他监护人；未成年学生的父母或者其他监护人应当支持、配合学校进行管理教育。

第三十三条　未成年学生偷窃少量财物，或者有殴打、辱骂、恐吓、强行索要财物等学生欺凌行为，情节轻微的，可以由学校依照本法第三十一条规定采取相应的管理教育措施。

第三十四条　未成年学生旷课、逃学的，学校应当及时联系其父母或者其他监护人，了解有关情况；无正当理由的，学校和未成年学生的父母或者其他监护人应当督促其返校学习。

第三十五条　未成年人无故夜不归宿、离家出走的，父母或者其他监护人、所在的寄宿制学校应当及时查找，必要时向公安机关报告。

收留夜不归宿、离家出走未成年人的，应当及时联系其父母或者其他监护人、所在学校；无法取得联系的，应当及时向公安机关报告。

第三十六条　对夜不归宿、离家出走或者流落街头的未成年人，公安机关、公共场所管理机构等发现或者接到报告后，应当及时采取有效保护措施，并通知其父母或者其他监护人、所在的寄宿制学校，必要时应当护送其返回住所、学校；无法与其父母或者其他监护人、学校取得联系的，应当护送未成年人到救助保护机构接受救助。

第三十七条　未成年人的父母或者其他监护人、学校发现未成年人组织或者参加实施不良行为的团伙，应当及时制止；发现该团伙有违法犯罪嫌疑的，应当立即向公安机关报告。

第四章　对严重不良行为的矫治

第三十八条　本法所称严重不良行为，是指未成年人实施的有刑法规定、因不满法定刑事责任年龄不予刑事处罚的行为，以及严重危害社会的下列行为：

（一）结伙斗殴，追逐、拦截他人，强拿硬要或者任意损毁、占用公私财物等寻衅滋事行为；

（二）非法携带枪支、弹药或者弩、匕首等国家规定的管制器具；

（三）殴打、辱骂、恐吓，或者故意伤害他人身体；

（四）盗窃、哄抢、抢夺或者故意损毁公私财物；

（五）传播淫秽的读物、音像制品或者信息等；

（六）卖淫、嫖娼，或者进行淫秽表演；

（七）吸食、注射毒品，或者向他人提供毒品；

（八）参与赌博赌资较大；

(九)其他严重危害社会的行为。

第三十九条　未成年人的父母或者其他监护人、学校、居民委员会、村民委员会发现有人教唆、胁迫、引诱未成年人实施严重不良行为的，应当立即向公安机关报告。公安机关接到报告或者发现有上述情形的，应当及时依法查处；对人身安全受到威胁的未成年人，应当立即采取有效保护措施。

第四十条　公安机关接到举报或者发现未成年人有严重不良行为的，应当及时制止，依法调查处理，并可以责令其父母或者其他监护人消除或者减轻违法后果，采取措施严加管教。

第四十一条　对有严重不良行为的未成年人，公安机关可以根据具体情况，采取以下矫治教育措施：

(一)予以训诫；

(二)责令赔礼道歉、赔偿损失；

(三)责令具结悔过；

(四)责令定期报告活动情况；

(五)责令遵守特定的行为规范，不得实施特定行为、接触特定人员或者进入特定场所；

(六)责令接受心理辅导、行为矫治；

(七)责令参加社会服务活动；

(八)责令接受社会观护，由社会组织、有关机构在适当场所对未成年人进行教育、监督和管束；

(九)其他适当的矫治教育措施。

第四十二条　公安机关在对未成年人进行矫治教育时，可以根据需要邀请学校、居民委员会、村民委员会以及社会工作服务机构等社会组织参与。

未成年人的父母或者其他监护人应当积极配合矫治教育措施的实施，不得妨碍阻挠或者放任不管。

第四十三条　对有严重不良行为的未成年人，未成年人的父母或者其他监护人、所在学校无力管教或者管教无效的，可以向教育行政部门提出申请，经专门教育指导委员会评估同意后，由教育行政部门决定送入专门学校接受专门教育。

第四十四条　未成年人有下列情形之一的，经专门教育指导委员会评估同意，教育行政部门会同公安机关可以决定将其送入专门学校接受专门教育：

(一)实施严重危害社会的行为，情节恶劣或者造成严重后果；

(二)多次实施严重危害社会的行为；

(三)拒不接受或者配合本法第四十一条规定的矫治教育措施；

(四)法律、行政法规规定的其他情形。

第四十五条　未成年人实施刑法规定的行为、因不满法定刑事责任年龄不予刑事处罚的，经专门教育指导委员会评估同意，教育行政部门会同公安机关可以决定对其进行专门矫治教育。

省级人民政府应当结合本地的实际情况，至少确定一所专门学校按照分校区、分班级等方式设置专门场所，对前款规定的未成年人进行专门矫治教育。

前款规定的专门场所实行闭环管理，公安机关、司法行政部门负责未成年人的矫治工作，教育行政部门承担未成年人的教育工作。

第四十六条　专门学校应当在每个学期适时提请专门教育指导委员会对接受专门教育的未成年学生的情况进行评估。对经评估适合转回普通学校就读的，专门教育指导委员会应当向原决定机关提出书面建议，由原决定机关决定是否将未成年学生转回普通学校就读。

原决定机关决定将未成年学生转回普通学校的，其原所在学校不得拒绝接收；因特殊情况，不适宜转回原所在学校的，由教育行政部门安排转学。

第四十七条　专门学校应当对接受专门教育的未成年人分级分类进行教育和矫治，有针对性地开展道德教育、法治教育、心理健康教育，并根据实际情况进行职业教育；对没有完成义务教育的未成年人，应当保证其继续接受义务教育。

专门学校的未成年学生的学籍保留在原学校，符合毕业条件的，原学校应当颁发毕业证书。

第四十八条　专门学校应当与接受专门教育的未成年人的父母或者其他监护人加强联系，定期向其反馈未成年人的矫治和教育情况，为父母或者其他监护人、亲属等看望未成年人提供便利。

第四十九条　未成年人及其父母或者其他监护人对本章规定的行政决定不服的，可以依法提起行政复议或者行政诉讼。

第五章　对重新犯罪的预防

第五十条　公安机关、人民检察院、人民法院办理未成年人刑事案件，应当根据未成年人的生理、心理特点和犯罪的情况，有针对性地进行法治教育。

对涉及刑事案件的未成年人进行教育，其法定代理人以外的成年亲属或者教师、辅导员等参与有利于感化、挽救未成年人的，公安机关、人民检察院、人民法院应当邀请其参加有关活动。

第五十一条　公安机关、人民检察院、人民法院办理未成年人刑事案件，可以自行或者委托有关社会组织、机构对未成年犯罪嫌疑人或者被告人的成长经历、犯罪原因、监护、教育等情况进行社会调查；根据实际需要并经未成年犯罪嫌疑人、被告人及其法定代理人同意，可以对未成年犯罪嫌疑人、被告人进行心理测评。

社会调查和心理测评的报告可以作为办理案件和教育未成年人的参考。

第五十二条　公安机关、人民检察院、人民法院对于无固定住所、无法提供保证人的未成年人适用取保候审的，应当指定合适成年人作为保证人，必要时可以安排取保候审的未成年人接受社会观护。

第五十三条 对被拘留、逮捕以及在未成年犯管教所执行刑罚的未成年人，应当与成年人分别关押、管理和教育。对未成年人的社区矫正，应当与成年人分别进行。

对有上述情形且没有完成义务教育的未成年人，公安机关、人民检察院、人民法院、司法行政部门应当与教育行政部门相互配合，保证其继续接受义务教育。

第五十四条 未成年犯管教所、社区矫正机构应当对未成年犯、未成年社区矫正对象加强法治教育，并根据实际情况对其进行职业教育。

第五十五条 社区矫正机构应当告知未成年社区矫正对象安置帮教的有关规定，并配合安置帮教工作部门落实或者解决未成年社区矫正对象的就学、就业等问题。

第五十六条 对刑满释放的未成年人，未成年犯管教所应当提前通知其父母或者其他监护人按时接回，并协助落实安置帮教措施。没有父母或者其他监护人、无法查明其父母或者其他监护人的，未成年犯管教所应当提前通知未成年人原户籍所在地或者居住地的司法行政部门安排人员按时接回，由民政部门或者居民委员会、村民委员会依法对其进行监护。

第五十七条 未成年人的父母或者其他监护人和学校、居民委员会、村民委员会对接受社区矫正、刑满释放的未成年人，应当采取有效的帮教措施，协助司法机关以及有关部门做好安置帮教工作。

居民委员会、村民委员会可以聘请思想品德优秀，作风正派，热心未成年人工作的离退休人员、志愿者或其他人员协助做好前款规定的安置帮教工作。

第五十八条 刑满释放和接受社区矫正的未成年人，在复学、升学、就业等方面依法享有与其他未成年人同等的权利，任何单位和个人不得歧视。

第五十九条 未成年人的犯罪记录依法被封存的，公安机关、人民检察院、人民法院和司法行政部门不得向任何单位或者个人提供，但司法机关因办案需要或者有关单位根据国家有关规定进行查询的除外。依法进行查询的单位和个人应当对相关记录信息予以保密。

未成年人接受专门矫治教育、专门教育的记录，以及被行政处罚、采取刑事强制措施和不起诉的记录，适用前款规定。

第六十条 人民检察院通过依法行使检察权，对未成年人重新犯罪预防工作等进行监督。

第六章 法律责任

第六十一条 公安机关、人民检察院、人民法院在办理案件过程中发现实施严重不良行为的未成年人的父母或者其他监护人不依法履行监护职责的，应当予以训诫，并可以责令其接受家庭教育指导。

第六十二条　学校及其教职员工违反本法规定，不履行预防未成年人犯罪工作职责，或者虐待、歧视相关未成年人的，由教育行政等部门责令改正，通报批评；情节严重的，对直接负责的主管人员和其他直接责任人员依法给予处分。构成违反治安管理行为的，由公安机关依法予以治安管理处罚。

教职员工教唆、胁迫、引诱未成年人实施不良行为或者严重不良行为，以及品行不良、影响恶劣的，教育行政部门、学校应当依法予以解聘或者辞退。

第六十三条　违反本法规定，在复学、升学、就业等方面歧视相关未成年人的，由所在单位或者教育、人力资源社会保障等部门责令改正；拒不改正的，对直接负责的主管人员或者其他直接责任人员依法给予处分。

第六十四条　有关社会组织、机构及其工作人员虐待、歧视接受社会观护的未成年人，或者出具虚假社会调查、心理测评报告的，由民政、司法行政等部门对直接负责的主管人员或者其他直接责任人员依法给予处分，构成违反治安管理行为的，由公安机关予以治安管理处罚。

第六十五条　教唆、胁迫、引诱未成年人实施不良行为或者严重不良行为，构成违反治安管理行为的，由公安机关依法予以治安管理处罚。

第六十六条　国家机关及其工作人员在预防未成年人犯罪工作中滥用职权、玩忽职守、徇私舞弊的，对直接负责的主管人员和其他直接责任人员，依法给予处分。

第六十七条　违反本法规定，构成犯罪的，依法追究刑事责任。

第七章　附则

第六十八条　本法自 2021 年 6 月 1 日起施行。

（六）《中华人民共和国家庭教育促进法》（以下简称家庭教育促进法）

家庭教育促进法于 2021 年 10 月 23 日第十三届全国人民代表大会常务委员会第三十一次会议通过，2022 年 1 月 1 日起施行。该法共 6 章 55 条，包括总则、家庭责任、国家支持、社会协同、法律责任、附则。

家庭教育促进法是我国首次就家庭教育进行的专门立法，目的在于发扬中华民族重视家庭教育的优良传统，引导全社会注重家庭、家教、家风，增进家庭幸福与社会和谐，培养德智体美劳全面发展的社会主义建设者和接班人。

阅读材料 5-6

中华人民共和国家庭教育促进法

(2021年10月23日第十三届全国人民代表大会常务委员会第三十一次会议通过)

目录

第一章　总则

第一条　为了发扬中华民族重视家庭教育的优良传统，引导全社会注重家庭、家教、家风，增进家庭幸福与社会和谐，培养德智体美劳全面发展的社会主义建设者和接班人，制定本法。

第二条　本法所称家庭教育，是指父母或者其他监护人为促进未成年人全面健康成长，对其实施的道德品质、身体素质、生活技能、文化修养、行为习惯等方面的培育、引导和影响。

第三条　家庭教育以立德树人为根本任务，培育和践行社会主义核心价值观，弘扬中华民族优秀传统文化、革命文化、社会主义先进文化，促进未成年人健康成长。

第四条　未成年人的父母或者其他监护人负责实施家庭教育。

国家和社会为家庭教育提供指导、支持和服务。

国家工作人员应当带头树立良好家风，履行家庭教育责任。

第五条　家庭教育应当符合以下要求：

(一)尊重未成年人身心发展规律和个体差异；

(二)尊重未成年人人格尊严，保护未成年人隐私权和个人信息，保障未成年人合法权益；

(三)遵循家庭教育特点，贯彻科学的家庭教育理念和方法；

(四)家庭教育、学校教育、社会教育紧密结合、协调一致；

(五)结合实际情况采取灵活多样的措施。

第六条 各级人民政府指导家庭教育工作，建立健全家庭学校社会协同育人机制。县级以上人民政府负责妇女儿童工作的机构，组织、协调、指导、督促有关部门做好家庭教育工作。

教育行政部门、妇女联合会统筹协调社会资源，协同推进覆盖城乡的家庭教育指导服务体系建设，并按照职责分工承担家庭教育工作的日常事务。

县级以上精神文明建设部门和县级以上人民政府公安、民政、司法行政、人力资源和社会保障、文化和旅游、卫生健康、市场监督管理、广播电视、体育、新闻出版、网信等有关部门在各自的职责范围内做好家庭教育工作。

第七条 县级以上人民政府应当制定家庭教育工作专项规划，将家庭教育指导服务纳入城乡公共服务体系和政府购买服务目录，将相关经费列入财政预算，鼓励和支持以政府购买服务的方式提供家庭教育指导。

第八条 人民法院、人民检察院发挥职能作用，配合同级人民政府及其有关部门建立家庭教育工作联动机制，共同做好家庭教育工作。

第九条 工会、共产主义青年团、残疾人联合会、科学技术协会、关心下一代工作委员会以及居民委员会、村民委员会等应当结合自身工作，积极开展家庭教育工作，为家庭教育提供社会支持。

第十条 国家鼓励和支持企业事业单位、社会组织及个人依法开展公益性家庭教育服务活动。

第十一条 国家鼓励开展家庭教育研究，鼓励高等学校开设家庭教育专业课程，支持师范院校和有条件的高等学校加强家庭教育学科建设，培养家庭教育服务专业人才，开展家庭教育服务人员培训。

第十二条 国家鼓励和支持自然人、法人和非法人组织为家庭教育事业进行捐赠或者提供志愿服务，对符合条件的，依法给予税收优惠。

国家对在家庭教育工作中做出突出贡献的组织和个人，按照有关规定给予表彰、奖励。

第十三条 每年5月15日国际家庭日所在周为全国家庭教育宣传周。

第二章 家庭责任

第十四条 父母或者其他监护人应当树立家庭是第一个课堂、家长是第一任老师的责任意识，承担对未成年人实施家庭教育的主体责任，用正确思想、方法和行为教育未成年人养成良好思想、品行和习惯。

共同生活的具有完全民事行为能力的其他家庭成员应当协助和配合未成年人的父母或者其他监护人实施家庭教育。

第十五条 未成年人的父母或者其他监护人及其他家庭成员应当注重家庭建设，培育积极健康的家庭文化，树立和传承优良家风，弘扬中华民族家庭美德，共同构建文明、和睦的家庭关系，为未成年人健康成长营造良好的家庭环境。

第十六条　未成年人的父母或者其他监护人应当针对不同年龄段未成年人的身心发展特点，以下列内容为指引，开展家庭教育：

(一)教育未成年人爱党、爱国、爱人民、爱集体、爱社会主义，树立维护国家统一的观念，铸牢中华民族共同体意识，培养家国情怀；

(二)教育未成年人崇德向善、尊老爱幼、热爱家庭、勤俭节约、团结互助、诚信友爱、遵纪守法，培养其良好社会公德、家庭美德、个人品德意识和法治意识；

(三)帮助未成年人树立正确的成才观，引导其培养广泛兴趣爱好、健康审美追求和良好学习习惯，增强科学探索精神、创新意识和能力；

(四)保证未成年人营养均衡、科学运动、睡眠充足、身心愉悦，引导其养成良好生活习惯和行为习惯，促进其身心健康发展；

(五)关注未成年人心理健康，教导其珍爱生命，对其进行交通出行、健康上网和防欺凌、防溺水、防诈骗、防拐卖、防性侵等方面的安全知识教育，帮助其掌握安全知识和技能，增强其自我保护的意识和能力；

(六)帮助未成年人树立正确的劳动观念，参加力所能及的劳动，提高生活自理能力和独立生活能力，养成吃苦耐劳的优秀品格和热爱劳动的良好习惯。

第十七条　未成年人的父母或者其他监护人实施家庭教育，应当关注未成年人的生理、心理、智力发展状况，尊重其参与相关家庭事务和发表意见的权利，合理运用以下方式方法：

(一)亲自养育，加强亲子陪伴；

(二)共同参与，发挥父母双方的作用；

(三)相机而教，寓教于日常生活之中；

(四)潜移默化，言传与身教相结合；

(五)严慈相济，关心爱护与严格要求并重；

(六)尊重差异，根据年龄和个性特点进行科学引导；

(七)平等交流，予以尊重、理解和鼓励；

(八)相互促进，父母与子女共同成长；

(九)其他有益于未成年人全面发展、健康成长的方式方法。

第十八条　未成年人的父母或者其他监护人应当树立正确的家庭教育理念，自觉学习家庭教育知识，在孕期和未成年人进入婴幼儿照护服务机构、幼儿园、中小学校等重要时段进行有针对性的学习，掌握科学的家庭教育方法，提高家庭教育的能力。

第十九条　未成年人的父母或者其他监护人应当与中小学校、幼儿园、婴幼儿照护服务机构、社区密切配合，积极参加其提供的公益性家庭教育指导和实践活动，共同促进未成年人健康成长。

第二十条　未成年人的父母分居或者离异的，应当相互配合履行家庭教育责任，任何一方不得拒绝或者怠于履行；除法律另有规定外，不得阻碍另一方实施家庭教育。

第二十一条　未成年人的父母或者其他监护人依法委托他人代为照护未成年人的，应当与被委托人、未成年人保持联系，定期了解未成年人学习、生活情况和心理状况，与被委托人共同履行家庭教育责任。

第二十二条　未成年人的父母或者其他监护人应当合理安排未成年人学习、休息、娱乐和体育锻炼的时间，避免加重未成年人学习负担，预防未成年人沉迷网络。

第二十三条　未成年人的父母或者其他监护人不得因性别、身体状况、智力等歧视未成年人，不得实施家庭暴力，不得胁迫、引诱、教唆、纵容、利用未成年人从事违反法律法规和社会公德的活动。

第三章　国家支持

第二十四条　国务院应当组织有关部门制定、修订并及时颁布全国家庭教育指导大纲。

省级人民政府或者有条件的设区的市级人民政府应当组织有关部门编写或者采用适合当地实际的家庭教育指导读本，制定相应的家庭教育指导服务工作规范和评估规范。

第二十五条　省级以上人民政府应当组织有关部门统筹建设家庭教育信息化共享服务平台，开设公益性网上家长学校和网络课程，开通服务热线，提供线上家庭教育指导服务。

第二十六条　县级以上地方人民政府应当加强监督管理，减轻义务教育阶段学生作业负担和校外培训负担，畅通学校家庭沟通渠道，推进学校教育和家庭教育相互配合。

第二十七条　县级以上地方人民政府及有关部门组织建立家庭教育指导服务专业队伍，加强对专业人员的培养，鼓励社会工作者、志愿者参与家庭教育指导服务工作。

第二十八条　县级以上地方人民政府可以结合当地实际情况和需要，通过多种途径和方式确定家庭教育指导机构。

家庭教育指导机构对辖区内社区家长学校、学校家长学校及其他家庭教育指导服务站点进行指导，同时开展家庭教育研究、服务人员队伍建设和培训、公共服务产品研发。

第二十九条　家庭教育指导机构应当及时向有需求的家庭提供服务。

对于父母或者其他监护人履行家庭教育责任存在一定困难的家庭，家庭教育指导机构应当根据具体情况，与相关部门协作配合，提供有针对性的服务。

第三十条　设区的市、县、乡级人民政府应当结合当地实际采取措施，对留守未成年人和困境未成年人家庭建档立卡，提供生活帮扶、创业就业支持等关爱服务，为留守未成年人和困境未成年人的父母或者其他监护人实施家庭教育创造条件。

教育行政部门、妇女联合会应当采取有针对性的措施，为留守未成年人和困境未成年人的父母或者其他监护人实施家庭教育提供服务，引导其积极关注未成年人身心健康状况、加强亲情关爱。

第三十一条　家庭教育指导机构开展家庭教育指导服务活动，不得组织或者变相组织营利性教育培训。

第三十二条　婚姻登记机构和收养登记机构应当通过现场咨询辅导、播放宣传教育片等形式，向办理婚姻登记、收养登记的当事人宣传家庭教育知识，提供家庭教育指导。

第三十三条　儿童福利机构、未成年人救助保护机构应当对本机构安排的寄养家庭、接受救助保护的未成年人的父母或者其他监护人提供家庭教育指导。

第三十四条　人民法院在审理离婚案件时，应当对有未成年子女的夫妻双方提供家庭教育指导。

第三十五条　妇女联合会发挥妇女在弘扬中华民族家庭美德、树立良好家风等方面的独特作用，宣传普及家庭教育知识，通过家庭教育指导机构、社区家长学校、文明家庭建设等多种渠道组织开展家庭教育实践活动，提供家庭教育指导服务。

第三十六条　自然人、法人和非法人组织可以依法设立非营利性家庭教育服务机构。

县级以上地方人民政府及有关部门可以采取政府补贴、奖励激励、购买服务等扶持措施，培育家庭教育服务机构。

教育、民政、卫生健康、市场监督管理等有关部门应当在各自职责范围内，依法对家庭教育服务机构及从业人员进行指导和监督。

第三十七条　国家机关、企业事业单位、群团组织、社会组织应当将家风建设纳入单位文化建设，支持职工参加相关的家庭教育服务活动。

文明城市、文明村镇、文明单位、文明社区、文明校园和文明家庭等创建活动，应当将家庭教育情况作为重要内容。

第四章　社会协同

第三十八条　居民委员会、村民委员会可以依托城乡社区公共服务设施，设立社区家长学校等家庭教育指导服务站点，配合家庭教育指导机构组织面向居民、村民的家庭教育知识宣传，为未成年人的父母或者其他监护人提供家庭教育指导服务。

第三十九条　中小学校、幼儿园应当将家庭教育指导服务纳入工作计划，作为教师业务培训的内容。

第四十条　中小学校、幼儿园可以采取建立家长学校等方式，针对不同年龄段未成年人的特点，定期组织公益性家庭教育指导服务和实践活动，并及时联系、督促未成年人的父母或者其他监护人参加。

第四十一条　中小学校、幼儿园应当根据家长的需求，邀请有关人员传授家庭教育理念、知识和方法，组织开展家庭教育指导服务和实践活动，促进家庭与学校共同教育。

第四十二条　具备条件的中小学校、幼儿园应当在教育行政部门的指导下，为家庭教育指导服务站点开展公益性家庭教育指导服务活动提供支持。

第四十三条　中小学校发现未成年学生严重违反校规校纪的，应当及时制止、管教，告知其父母或者其他监护人，并为其父母或者其他监护人提供有针对性的家庭教育指导服务；发现未成年学生有不良行为或者严重不良行为的，按照有关法律规定处理。

第四十四条　婴幼儿照护服务机构、早期教育服务机构应当为未成年人的父母或者其他监护人提供科学养育指导等家庭教育指导服务。

第四十五条　医疗保健机构在开展婚前保健、孕产期保健、儿童保健、预防接种等服务时，应当对有关成年人、未成年人的父母或者其他监护人开展科学养育知识和婴幼儿早期发展的宣传和指导。

第四十六条　图书馆、博物馆、文化馆、纪念馆、美术馆、科技馆、体育场馆、青少年宫、儿童活动中心等公共文化服务机构和爱国主义教育基地每年应当定期开展公益性家庭教育宣传、家庭教育指导服务和实践活动，开发家庭教育类公共文化服务产品。

广播、电视、报刊、互联网等新闻媒体应当宣传正确的家庭教育知识，传播科学的家庭教育理念和方法，营造重视家庭教育的良好社会氛围。

第四十七条　家庭教育服务机构应当加强自律管理，制定家庭教育服务规范，组织从业人员培训，提高从业人员的业务素质和能力。

第五章　法律责任

第四十八条　未成年人住所地的居民委员会、村民委员会、妇女联合会，未成年人的父母或者其他监护人所在单位，以及中小学校、幼儿园等有关密切接触未成年人的单位，发现父母或者其他监护人拒绝、怠于履行家庭教育责任，或者非法阻碍其他监护人实施家庭教育的，应当予以批评教育、劝诫制止，必要时督促其接受家庭教育指导。

未成年人的父母或者其他监护人依法委托他人代为照护未成年人，有关单位发现被委托人不依法履行家庭教育责任的，适用前款规定。

第四十九条　公安机关、人民检察院、人民法院在办理案件过程中，发现未成年人存在严重不良行为或者实施犯罪行为，或者未成年人的父母或者其他监护人不正确实施家庭教育侵害未成年人合法权益的，根据情况对父母或者其他监护人予以训诫，并可以责令其接受家庭教育指导。

第五十条　负有家庭教育工作职责的政府部门、机构有下列情形之一的，由其上级机关或者主管单位责令限期改正；情节严重的，对直接负责的主管人员和其他直接责任人员依法予以处分：

（一）不履行家庭教育工作职责；

（二）截留、挤占、挪用或者虚报、冒领家庭教育工作经费；

（三）其他滥用职权、玩忽职守或者徇私舞弊的情形。

第五十一条　家庭教育指导机构、中小学校、幼儿园、婴幼儿照护服务机构、早期教育服务机构违反本法规定，不履行或者不正确履行家庭教育指导服务职责的，由主管部门责令限期改正；情节严重的，对直接负责的主管人员和其他直接责任人员依法予以处分。

第五十二条　家庭教育服务机构有下列情形之一的，由主管部门责令限期改正；拒不改正或者情节严重的，由主管部门责令停业整顿、吊销营业执照或者撤销登记：

（一）未依法办理设立手续；

（二）从事超出许可业务范围的行为或作虚假、引人误解宣传，产生不良后果；

（三）侵犯未成年人及其父母或者其他监护人合法权益。

第五十三条　未成年人的父母或者其他监护人在家庭教育过程中对未成年人实施家庭暴力的，依照《中华人民共和国未成年人保护法》《中华人民共和国反家庭暴力法》等法律的规定追究法律责任。

第五十四条　违反本法规定，构成违反治安管理行为的，由公安机关依法予以治安管理处罚；构成犯罪的，依法追究刑事责任。

第六章　附则

第五十五条　本法自 2022 年 1 月 1 日起施行。

(七)《学生伤害事故处理办法》

《学生伤害事故处理办法》于 2002 年 3 月 26 日经教育部部务会议讨论通过，自 2002 年 9 月 1 日起施行，2010 年 12 月 13 日修正。该办法共 6 章 40 条，包括总则、事故与责任、事故处理程序、事故损害的赔偿、事故责任者的处理、附则。

制定《学生伤害事故处理办法》的目的在于积极预防、妥善处理在校学生伤害事故，保护学生、学校的合法权益。需要说明的是，《学生伤害事故处理办法》是教育部制定的部门规章，在认定学生伤害事故侵权责任时，应当首先依据《中华人民共和国民法典》有关学校责任的规定，这是《学生伤害事故处理办法》第 8 条确定的归责原则。

阅读材料 5-7

学生伤害事故处理办法

（2002 年 6 月 25 日教育部令第 12 号公布，2010 年 12 月 13 日修正）

目录

第一章　总则

第二章　事故与责任

第三章　事故处理程序

第四章　事故损害的赔偿

第五章　事故责任者的处理

第六章　附则

第一章　总则

第一条　为积极预防、妥善处理在校学生伤害事故，保护学生、学校的合法权益，根据《中华人民共和国教育法》《中华人民共和国未成年人保护法》和其他相关法律、行政法规及有关规定，制定本办法。

第二条　在学校实施的教育教学活动或者学校组织的校外活动中，以及在学校负有管理责任的校舍、场地、其他教育教学设施、生活设施内发生的，造成在校学生人身损害后果的事故的处理，适用本办法。

第三条　学生伤害事故应当遵循依法、客观公正、合理适当的原则，及时、妥善地处理。

第四条　学校的举办者应当提供符合安全标准的校舍、场地、其他教育教学设施和生活设施。

教育行政部门应当加强学校安全工作，指导学校落实预防学生伤害事故的措施，指导、协助学校妥善处理学生伤害事故，维护学校正常的教育教学秩序。

第五条　学校应当对在校学生进行必要的安全教育和自护自救教育；应当按照规定，建立健全安全制度，采取相应的管理措施，预防和消除教育教学环境中存在的安全隐患；当发生伤害事故时，应当及时采取措施救助受伤害学生。

学校对学生进行安全教育、管理和保护，应当针对学生年龄、认知能力和法律行为能力的不同，采用相应的内容和预防措施。

第六条 学生应当遵守学校的规章制度和纪律;在不同的受教育阶段,应当根据自身的年龄、认知能力和法律行为能力,避免和消除相应的危险。

第七条 未成年学生的父母或者其他监护人(以下称为监护人)应当依法履行监护职责,配合学校对学生进行安全教育、管理和保护工作。

学校对未成年学生不承担监护职责,但法律有规定的或者学校依法接受委托承担相应监护职责的情形除外。

第二章 事故与责任

第八条 发生学生伤害事故,造成学生人身损害的,学校应当按照《中华人民共和国侵权责任法》及相关法律、法规的规定,承担相应的事故责任。[①]

第九条 因下列情形之一造成的学生伤害事故,学校应当依法承担相应的责任:

(一)学校的校舍、场地、其他公共设施,以及学校提供给学生使用的学具、教育教学和生活设施、设备不符合国家规定的标准,或者有明显不安全因素的;

(二)学校的安全保卫、消防、设施设备管理等安全管理制度有明显疏漏,或者管理混乱,存在重大安全隐患,而未及时采取措施的;

(三)学校向学生提供的药品、食品、饮用水等不符合国家或者行业的有关标准、要求的;

(四)学校组织学生参加教育教学活动或者校外活动,未对学生进行相应的安全教育,并未在可预见的范围内采取必要的安全措施的;

(五)学校知道教师或者其他工作人员患有不适宜担任教育教学工作的疾病,但未采取必要措施的;

(六)学校违反有关规定,组织或者安排未成年学生从事不宜未成年人参加的劳动、体育运动或者其他活动的;

(七)学生有特异体质或者特定疾病,不宜参加某种教育教学活动,学校知道或者应当知道,但未予以必要的注意的;

(八)学生在校期间突发疾病或者受到伤害,学校发现,但未根据实际情况及时采取相应措施,导致不良后果加重的;

(九)学校教师或者其他工作人员体罚或者变相体罚学生,或者在履行职责过程中违反工作要求、操作规程、职业道德或者其他有关规定的;

(十)学校教师或者其他工作人员在负有组织、管理未成年学生的职责期间,发现学生行为具有危险性,但未进行必要的管理、告诫或者制止的;

(十一)对未成年学生擅自离校等与学生人身安全直接相关的信息,学校发现或者知道,但未及时告知未成年学生的监护人,导致未成年学生因脱离监护人的

---

① 《学生伤害事故处理办法》于 2010 年 12 月 13 日修正,当时侵权责任法尚未废止。

保护而发生伤害的；

(十二)学校有未依法履行职责的其他情形的。

第十条 学生或者未成年学生监护人由于过错，有下列情形之一，造成学生伤害事故，应当依法承担相应的责任：

(一)学生违反法律法规的规定，违反社会公共行为准则、学校的规章制度或者纪律，实施按其年龄和认知能力应当知道具有危险或者可能危及他人的行为的；

(二)学生行为具有危险性，学校、教师已经告诫、纠正，但学生不听劝阻、拒不改正的；

(三)学生或者其监护人知道学生有特异体质，或者患有特定疾病，但未告知学校的；

(四)未成年学生的身体状况、行为、情绪等有异常情况，监护人知道或者已被学校告知，但未履行相应监护职责的；

(五)学生或者未成年学生监护人有其他过错的。

第十一条 学校安排学生参加活动，因提供场地、设备、交通工具、食品及其他消费与服务的经营者，或者学校以外的活动组织者的过错造成的学生伤害事故，有过错的当事人应当依法承担相应的责任。

第十二条 因下列情形之一造成的学生伤害事故，学校已履行了相应职责，行为并无不当的，无法律责任：

(一)地震、雷击、台风、洪水等不可抗的自然因素造成的；

(二)来自学校外部的突发性、偶发性侵害造成的；

(三)学生有特异体质、特定疾病或者异常心理状态，学校不知道或者难于知道的；

(四)学生自杀、自伤的；

(五)在对抗性或者具有风险性的体育竞赛活动中发生意外伤害的；

(六)其他意外因素造成的。

第十三条 下列情形下发生的造成学生人身损害后果的事故，学校行为并无不当的，不承担事故责任；事故责任应当按有关法律法规或者其他有关规定认定：

(一)在学生自行上学、放学、返校、离校途中发生的；

(二)在学生自行外出或者擅自离校期间发生的；

(三)在放学后、节假日或者假期等学校工作时间以外，学生自行滞留学校或者自行到校发生的；

(四)其他在学校管理职责范围外发生的。

第十四条 因学校教师或者其他工作人员与其职务无关的个人行为，或者因学生、教师及其他个人故意实施的违法犯罪行为，造成学生人身损害的，由致害人依法承担相应的责任。

第三章 事故处理程序

第十五条 发生学生伤害事故，学校应当及时救助受伤害学生，并应当及时告知未成年学生的监护人；有条件的，应当采取紧急救援等方式救助。

第十六条 发生学生伤害事故，情形严重的，学校应当及时向主管教育行政部门及有关部门报告；属于重大伤亡事故的，教育行政部门应当按照有关规定及时向同级人民政府和上一级教育行政部门报告。

第十七条 学校的主管教育行政部门应学校要求或者认为必要，可以指导、协助学校进行事故的处理工作，尽快恢复学校正常的教育教学秩序。

第十八条 发生学生伤害事故，学校与受伤害学生或者学生家长可以通过协商方式解决；双方自愿，可以书面请求主管教育行政部门进行调解。成年学生或者未成年学生的监护人也可以依法直接提起诉讼。

第十九条 教育行政部门收到调解申请，认为必要的，可以指定专门人员进行调解，并应当在受理申请之日起60日内完成调解。

第二十条 经教育行政部门调解，双方就事故处理达成一致意见的，应当在调解人员的见证下签订调解协议，结束调解；在调解期限内，双方不能达成一致意见，或者调解过程中一方提起诉讼，人民法院已经受理的，应当终止调解。调解结束或者终止，教育行政部门应当书面通知当事人。

第二十一条 对经调解达成的协议，一方当事人不履行或者反悔的，双方可以依法提起诉讼。

第二十二条 事故处理结束，学校应当将事故处理结果书面报告主管的教育行政部门；重大伤亡事故的处理结果，学校主管的教育行政部门应当向同级人民政府和上一级教育行政部门报告。

第四章 事故损害的赔偿

第二十三条 对发生学生伤害事故负有责任的组织或者个人，应当按照法律法规的有关规定，承担相应的损害赔偿责任。

第二十四条 学生伤害事故赔偿的范围与标准，按照有关行政法规、地方性法规或者最高人民法院司法解释中的有关规定确定。

教育行政部门进行调解时，认为学校有责任的，可以依照有关法律法规及国家有关规定，提出相应的调解方案。

第二十五条 对受伤害学生的伤残程度存在争议的，可以委托当地具有相应鉴定资格的医院或者有关机构，依据国家规定的人体伤残标准进行鉴定。

第二十六条 学校对学生伤害事故负有责任的，根据责任大小，适当予以经济赔偿，但不承担解决户口、住房、就业等与救助受伤害学生、赔偿相应经济损失无直接关系的其他事项。

学校无责任的，如果有条件，可以根据实际情况，本着自愿和可能的原则，对受伤害学生给予适当的帮助。

第二十七条　因学校教师或者其他工作人员在履行职务中的故意或者重大过失造成的学生伤害事故，学校予以赔偿后，可以向有关责任人员追偿。

第二十八条　未成年学生对学生伤害事故负有责任的，由其监护人依法承担相应的赔偿责任。

学生的行为侵害学校教师及其他工作人员以及其他组织、个人的合法权益，造成损失的，成年学生或者未成年学生的监护人应当依法予以赔偿。

第二十九条　根据双方达成的协议、经调解形成的协议或者人民法院的生效判决，应当由学校负担的赔偿金，学校应当负责筹措；学校无力完全筹措的，由学校的主管部门或者举办者协助筹措。

第三十条　县级以上人民政府教育行政部门或者学校举办者有条件的，可以通过设立学生伤害赔偿准备金等多种形式，依法筹措伤害赔偿金。

第三十一条　学校有条件的，应当依据保险法的有关规定，参加学校责任保险。

教育行政部门可以根据实际情况，鼓励中小学参加学校责任保险。

提倡学生自愿参加意外伤害保险。在尊重学生意愿的前提下，学校可以为学生参加意外伤害保险创造便利条件，但不得从中收取任何费用。

第五章　事故责任者的处理

第三十二条　发生学生伤害事故，学校负有责任且情节严重的，教育行政部门应当根据有关规定，对学校的直接负责的主管人员和其他直接责任人员，分别给予相应的行政处分；有关责任人的行为触犯刑律的，应当移送司法机关依法追究刑事责任。

第三十三条　学校管理混乱，存在重大安全隐患的，主管的教育行政部门或者其他有关部门应当责令其限期整顿；对情节严重或者拒不改正的，应当依据法律法规的有关规定，给予相应的行政处罚。

第三十四条　教育行政部门未履行相应职责，对学生伤害事故的发生负有责任的，由有关部门对直接负责的主管人员和其他直接责任人员分别给予相应的行政处分；有关责任人的行为触犯刑律的，应当移送司法机关依法追究刑事责任。

第三十五条　违反学校纪律，对造成学生伤害事故负有责任的学生，学校可以给予相应的处分；触犯刑律的，由司法机关依法追究刑事责任。

第三十六条　受伤害学生的监护人、亲属或者其他有关人员，在事故处理过程中无理取闹，扰乱学校正常教育教学秩序，或者侵犯学校、学校教师或者其他工作人员的合法权益的，学校应当报告公安机关依法处理；造成损失的，可以依法要求赔偿。

第六章　附则

第三十七条　本办法所称学校,是指国家或者社会力量举办的全日制的中小学(含特殊教育学校)、各类中等职业学校、高等学校。本办法所称学生是指在上述学校中全日制就读的受教育者。

第三十八条　幼儿园发生的幼儿伤害事故,应当根据幼儿为完全无行为能力人的特点,参照本办法处理。

第三十九条　其他教育机构发生的学生伤害事故,参照本办法处理。

在学校注册的其他受教育者在学校管理范围内发生的伤害事故,参照本办法处理。

第四十条　本办法自2002年9月1日起实施,原国家教委、教育部颁布的与学生人身安全事故处理有关的规定,与本办法不符的,以本办法为准。

在本办法实施之前已处理完毕的学生伤害事故不再重新处理。

(八)《小学管理规程》

《小学管理规程》由原国家教育委员会于1996年3月9日颁布。2010年12月13日修正。《小学管理规程》是国家规范小学内部管理工作的重要规章,是有关的教育法律、法规在小学工作中的具体体现,是国家对小学工作的最基本要求。它具有基础性、系统性、全面性,适应了小学深化教育改革、全面实施素质教育的需要,是办好小学、管好小学的重要依据。

阅读材料 5-8

小学管理规程

(1996年3月9日国家教育委员会令第26号发布,2010年12月13日修正)

第一章　总则

第一条　为加强小学内部的规范化管理,全面贯彻教育方针,全面提高教育质量,依据《中华人民共和国教育法》和其他有关教育法律、法规制定本规程。

第二条　本规程所指小学是由政府、企业事业组织、社会团体、其他社会组织及公民个人依法举办的对儿童实施普通初等教育的机构。

第三条　小学实施初等义务教育。

小学的修业年限为6年或5年。省、自治区、直辖市可根据实际情况确定本行政区域内的小学修业年限。

第四条　小学要贯彻教育必须为社会主义现代化建设服务,必须与生产劳动相结合,培养德、智、体等方面发展的社会主义事业的建设者和接班人的方针。

第五条　小学教育要同学前教育和初中阶段教育相互衔接，应在学前教育的基础上，通过实施教育教学活动，使受教育者生动活泼、主动地发展，为初中阶段教育奠定基础。

第六条　小学的培养目标是：

初步具有爱祖国、爱人民、爱劳动、爱科学、爱社会主义的思想感情；遵守社会公德的意识、集体意识和文明行为习惯；良好的意志、品格和活泼开朗的性格；自我管理、分辨是非的能力。

具有阅读、书写、表达、计算的基本知识和基本技能，了解一些生活、自然和社会常识，具有初步的观察、思维、动手操作和学习的能力，养成良好的学习习惯。学习合理锻炼、养护身体的方法，养成讲究卫生的习惯，具有健康的身体和初步的环境适应能力。具有较广泛的兴趣和健康的爱美情趣。

第七条　小学的基本教学语言文字为汉语言文字。学校应推广使用普通话和规范字。

招收少数民族学生为主的学校，可使用本民族或当地民族通用的语言文字进行教学，并应根据实际情况，在适当年级开设汉语文课程。

第八条　小学实行校长负责制，校长全面负责学校行政工作。

农村地区可视情况实行中心小学校长负责制。

第九条　小学按照"分级管理，分工负责"的原则，在当地人民政府领导下实施教育工作。

第二章　入学及学籍管理

第十条　小学招收年满 6 周岁的儿童入学，条件不具备的地区，可以推迟到 7 周岁。小学实行秋季始业。

小学应按照《义务教育法》的规定，在当地政府领导下，组织服务区内的适龄儿童按时就近免试入学。小学的服务区由主管教育行政部门确定。

第十一条　小学采用班级授课制，班级的组织形式应为单式，不具备条件的也可以采用复式。教学班级学额以不超过 45 人为宜。

学校规模应有利于教育教学，有利于学生身心健康，便于管理，提高办学效益。

第十二条　小学对因病无法继续学习的学生（须具备指定医疗单位的证明）在报经有关部门批准后，可准其休学。学生休学时间超过三个月，复学时学校可据其实际学力程度并征求其本人及父母或其他监护人意见后编入相应年级。

小学对因户籍变更申请转学，并经有关教育行政部门核准符合条件者，应予及时妥善安置，不得无故拒收。

小学对因故在非户籍所在地申请就学的学生，经有关部门审核符合条件的，可准其借读。

第十三条　小学应从德、智、体等方面全面评价学生。要做好学习困难学生的辅导工作，积极创造条件逐步取消留级制度。现阶段仍实行留级制度的地方，要创造条件，逐步降低学生留级比例和减少留级次数。

小学对修完规定课程且成绩合格者，发给毕业证书；不合格者发给结业证书，毕业年级不再留级。对虽未修完小学课程，但修业年限已满当地政府规定的义务教育年限者，发给肄业证书。

第十四条　小学对学业成绩优异，提前达到更高年级学力程度的学生，可准其提前升入相应年级学习，同时报教育主管部门备案。

第十五条　小学对品学兼优的学生应予表彰，对犯有错误的学生应予批评教育，对极少数错误较严重的学生可分别给予警告、严重警告和记过处分。

小学不得开除学生。

第十六条　小学应防止未受完规定年限义务教育的学生辍学，发现学生辍学，应立即向主管部门报告，配合有关部门，依法使其复学并做好有关工作。

第十七条　小学学籍管理的具体办法由省级教育行政部门制定。

第三章　教育教学工作

第十八条　小学的主要任务是教育教学工作。其他各项工作均应以有利于教育教学工作的开展为原则。

第十九条　小学应按照国家或省级教育行政部门发布的课程计划、教学大纲进行教育教学工作。

小学在教育教学工作中，要充分发挥学科课和活动课的整体功能，对学生进行德育、智育、体育、美育和劳动教育，为学生全面发展奠定基础。

第二十条　小学要积极开展教育教学研究，运用教育理论指导教育教学活动，积极推广科研成果及成功经验。

第二十一条　小学要将德育工作摆在重要位置，校长负责，教职工参与，教书育人、管理育人、服务育人。

学校教育要同家庭教育、社会教育相结合。

第二十二条　小学应在每个教学班设置班主任教师，负责管理、指导班级工作。班主任教师要同各科任课教师、学生家长密切联系，了解掌握学生思想、品德、行为、学业等方面的情况，协调配合对学生实施教育。

班主任教师每学期要根据学生的操行表现写出评语。

第二十三条　小学对学生应以正面教育为主，肯定成绩和进步，指出缺点和不足，不得讽刺挖苦、粗暴压服，严禁体罚和变相体罚。

第二十四条　小学教学要面向全体学生，坚持因材施教的原则，充分发挥学生的主体作用；要重视基础知识教学和基本技能训练，激发学习兴趣，培养正确的学习方法、学习习惯。

第二十五条　小学应当按照教育行政部门颁布的校历安排学校工作。小学不得随意停课，若遇特殊情况必须停课的，一天以内的由校长决定，并报县教育行政部门备案；一天以上三天以内的，应经县级人民政府批准。

小学不得组织学生参加商业性的庆典、演出等活动，参加其他社会活动亦不应影响教学秩序和学校正常工作。

第二十六条　小学要合理安排作息时间。学生每日在校用于教育教学活动的时间五、六年级至多不超过6小时，其他年级还应适当减少。课余、晚上和节假日不得安排学生集体补课或上新课。

课后作业内容要精选，难易要适度，数量要适当，要严格执行有关规定，保证学生学业负担适量。

第二十七条　小学使用的教材，须经国家或国家授权的省级教材审定部门审定。实验教材、乡土教材须经有关的教育行政部门批准后方可使用。

小学不得要求或统一组织学生购买各类学习辅导资料。对学生使用学具等要加强引导。

第二十八条　小学应按照课程计划和教学大纲的要求通过多种形式，评测教学质量。学期末的考试科目为语文和数学，其他学科通过平时考查评定成绩。

小学毕业考试由学校命题(农村地区在县级教育行政部门指导下由乡中心小学命题)，考试科目为语文和数学。

学校要建立德、智、体全面评估教育质量的科学标准，不得以考试成绩排列班级、学生的名次，和作为衡量教学质量、评定教师教学工作的唯一标准。

第二十九条　小学应重视体育和美育工作。

学校应严格执行国家颁布的有关学校体育工作的法规，通过体育课及其他形式的体育活动增强学生体质。学校应保证学生每天有一小时的体育活动时间。

小学应上好音乐、美术课，其他学科也要从本学科特点出发，发挥美育功能。美育要结合学生日常生活，提出服饰、仪表、语言、行为等审美要求，培养健康的审美情趣。

第三十条　小学应加强对学生的劳动教育，培养学生爱劳动、爱劳动人民、珍惜劳动成果的思想，培养从事自我服务、家务劳动、公益劳动和简单生产劳动的能力，养成劳动习惯。

第三十一条　小学应加强学生课外、校外活动指导，注意与学生家庭、少年宫(家、站)和青少年科技馆(站)等校外活动机构联系，开展有益的活动，安排好学生的课余活动，

学校组织学生参加竞赛、评奖活动，要遵照教育行政部门的有关规定执行。

第四章　人事工作

第三十二条　小学可按编制设置校长、副校长、主任、教师和其他人员。

第三十三条　小学校长是学校行政负责人。校长应具备国家规定的任职资格，由学校设置者或设置者的上级主管部门任命或聘任；副校长及教导(总务)主任等人员由校长提名，按有关规定权限和程序任命或聘任。非政府设置的小学校长，应报主管教育行政部门备案。

校长要加强教育政策法规、教育理论的学习，加强自身修养，提高管理水平，依法对学校实施管理。其主要职责是：

(一)贯彻执行国家的教育方针，执行教育法令法规和教育行政部门的指示、规定，遵循教育规律，提高教育质量；

(二)制定学校的发展规划和学年学期工作计划，并认真组织实施；

(三)遵循国家有关法律和政策，注重教职工队伍建设。依靠教职工办好学校，并维护其合法权益；

(四)发挥学校教育的主导作用，努力促进学校教育、家庭教育、社会教育的协调一致，互相配合，形成良好的育人环境。

第三十四条　小学校长应充分尊重教职工的民主权利，听取他们对于学校工作的意见、建议；教职工应服从校长的领导，认真完成本职工作。

教职工对学校工作的意见、建议，必要时可直接向主管部门反映，任何组织和个人不得阻挠。

第三十五条　小学教师应具备国家规定的任职资格，享受和履行法律规定的权利和义务，遵守职业道德，完成教育教学工作。

第三十六条　小学要加强教师队伍管理，按国家有关规定实行教师资格、职务、聘任制度，建立、健全业务考核档案。要加强教师思想政治教育、职业道德教育，树立敬业精神。对认真履行职责的优秀教师应予奖励。

第三十七条　小学应重视教师的继续教育，制订教师进修计划，积极为教师进修创造条件。教师进修应根据学校工作的需要，以在职为主，自学为主，所教学科为主。

第三十八条　小学其他人员应具备相应的政治、业务素质，其具体任职资格及职责由教育行政部门或学校按照国家有关规定制定。

第五章　行政工作

第三十九条　小学可依规模内设分管教务、总务等工作的机构或人员，协助校长做好有关工作(规模较大的学校还可设年级组)，其具体职责由学校制定。

第四十条　小学若规模较大，可成立由校长召集，各部门负责人参加的校务委员会，研究决定学校重大事项。

第四十一条　小学应建立教职工(代表)大会制度，加强民主管理和民主监督。大会可定期召开，不设常设机构。

第四十二条　中国共产党在小学的组织发挥政治核心作用。校长要依靠党的学校(地方)基层组织，充分发挥工会、共青团、少先队及其他组织在学校工作中的作用。

第四十三条　小学应建立、健全教育研究、业务档案、财务管理、安全工作、学习、会议等制度。

学校应建立工作人员名册、学生名册和其他统计表册，定期向主管教育行政部门上报。

第四十四条　小学应接受教育行政部门或上级主管部门的检查、监督和指导，要如实报告工作，反映情况。

学年末，学校应向教育行政部门或上级主管部门报告工作，重大问题应随时报告。

第六章　校舍、设备及经费

第四十五条　小学的办学条件及经费由学校举办者负责提供。其标准由省级人民政府制定。

小学应具备符合规定标准的校舍、场地、设施、教学仪器、图书资料。

第四十六条　小学应遵照有关规定管理使用校舍、场地等，未经主管部门批准，不得改变其用途。

要定期对校舍进行维修和维护，发现危房立即停止使用，并报上级主管部门。对侵占校舍、场地的行为，学校可依法向侵权行为者的上级主管部门反映，直至向人民法院提起诉讼。

小学要搞好校园建设规划，净化、绿化、美化校园，搞好校园文化建设，形成良好的育人环境。

第四十七条　小学应加强对教学仪器、设备、图书资料、文娱体育器材和卫生设施的管理，建立、健全制度，提高使用效率。

第四十八条　公办小学免收学费，可适当收取杂费。小学收费应严格按照省级人民政府制定的收费项目和县级以上人民政府制定的标准和办法执行。

第四十九条　小学可按有关规定举办校办产业，从学校实际出发组织师生勤工俭学。严禁采取向学生摊派钱、物的做法代替勤工俭学。

小学可按国家有关规定接受社会捐助。

第五十条　小学应科学管理、合理使用学校经费，提高使用效益，要建立健全经费管理制度，经费预算和决算应提交校务委员会或教职工代表大会审议，并接受上级财务和审计部门的监督。

第七章　卫生保健及安全

第五十一条　小学应认真执行国家有关学校卫生工作的法规、政策，建立、健全学校卫生工作制度。应有专人负责此项工作(有条件的学校应设校医室)，要建立学生健康卡片，根据条件定期或不定期体检。

第五十二条　小学的环境、校舍、设施、图书、设备等应有利于学生身心健康，教育、教学活动安排要符合学生的生理、心理特点。

要不断改善学校环境卫生和教学卫生条件，开展健康教育，培养学生良好的卫生习惯，预防传染病、常见病及食物中毒。

第五十三条　小学应加强学校安全工作，因地制宜地开展安全教育，培养师生自救自护能力。凡组织学生参加的文体活动、社会实践、郊游、劳动等均应采取妥善预防措施，保障师生安全。

第八章　学校、家庭与社会

第五十四条　小学应同街道、村民委员会及附近的机关、团体、部队、企业事业单位建立社区教育组织，动员社会各界支持学校工作，优化育人环境。小学亦应发挥自身优势，为社区的精神文明建设服务。

第五十五条　小学应主动与学生家庭建立联系，运用家长学校等形式指导、帮助学生家长创设良好的家庭教育环境。

小学可成立家长委员会，使其了解学校工作，帮助学校解决办学中遇到的困难，集中反映学生家长的意见、建议。

家长委员会在校长指导下工作。

第九章　其他

第五十六条　农村乡中心小学应在县教育部门指导下，起到办学示范、教研中心、进修基地的作用，带动当地小学教育质量的整体提高。

第五十七条　承担教育教学改革任务的小学，可在报经有关部门批准后，根据实际需要，调整本规程中的某些要求。

第十章　附则

第五十八条　小学应根据《中华人民共和国教育法》和本规程的规定，结合本校实际情况制定本校章程。

第五十九条　本规程主要适用于城市小学、农村完全小学以上小学，其他各类小学及实施初等教育的机构可参照执行。

各省、自治区、直辖市教育行政部门可根据本规程制定实施办法。

第六十条　本规程自颁布之日起施行。

（九）《中小学教育惩戒规则（试行）》

《中小学教育惩戒规则（试行）》由教育部于2020年12月23日公布，自2021年3月1日起实施，共20条。《中小学教育惩戒规则（试行）》对什么情形下学校和教师可以对违纪学生实施惩戒、如何实施惩戒（即惩戒的类型和方式）以及实施惩戒过程中不能使用的方式（即惩戒的限度）作了具体规定。同时《中小学教育惩戒规则（试行）》

还允许各地可以结合本地实际，制定本地方实施细则或者指导学校制定实施细则。

教育惩戒问题虽是一个小切口，却关系到学校全面贯彻党的教育方针、落实立德树人根本任务的大战略，关系到营造良好教育生态的大问题，也是长期以来一直教育领域中央关心、社会关注、群众关切的热点问题。2019 年 6 月，《中共中央国务院关于深化教育教学改革全面提高义务教育质量的意见》对制定教育惩戒有关实施细则提出明确要求，中央领导同志多次作出指示批示，"两会"代表、委员提出许多有关建议、提案，基层学校校长、教师普遍希望国家明确规则，解决中小学教师不敢管、不愿管、不会管学生这一突出问题，大多数家长也对此表示支持。因此，《中小学教育惩戒规则(试行)》的出台，很好地回应了社会关切，为落实立德树人根本任务营造了良好的教育生态，为保障和规范学校、教师依法履行教育教学和管理职责提供了法律依据。

阅读材料 5-9

中小学教育惩戒规则(试行)

(2021 年 12 月 23 日教育部令第 49 号公布)

第一条 为落实立德树人根本任务，保障和规范学校、教师依法履行教育教学和管理职责，保护学生合法权益，促进学生健康成长、全面发展，根据教育法、教师法、未成年人保护法、预防未成年人犯罪法等法律法规和国家有关规定，制定本规则。

第二条 普通中小学校、中等职业学校(以下称学校)及其教师在教育教学和管理过程中对学生实施教育惩戒，适用本规则。

本规则所称教育惩戒，是指学校、教师基于教育目的，对违规违纪学生进行管理、训导或者以规定方式予以矫治，促使学生引以为戒、认识和改正错误的教育行为。

第三条 学校、教师应当遵循教育规律，依法履行职责，通过积极管教和教育惩戒的实施，及时纠正学生错误言行，培养学生的规则意识、责任意识。

教育行政部门应当支持、指导、监督学校及其教师依法依规实施教育惩戒。

第四条 实施教育惩戒应当符合教育规律，注重育人效果；遵循法治原则，做到客观公正；选择适当措施，与学生过错程度相适应。

第五条 学校应当结合本校学生特点，依法制定、完善校规校纪，明确学生行为规范，健全实施教育惩戒的具体情形和规则。

学校制定校规校纪，应当广泛征求教职工、学生和学生父母或者其他监护人(以下称家长)的意见；有条件的，可以组织有学生、家长及有关方面代表参加的听证。校规校纪应当提交家长委员会、教职工代表大会讨论，经校长办公会议审议通过后施行，并报主管教育部门备案。

教师可以组织学生、家长以民主讨论形式共同制定班规或者班级公约，报学校备案后施行。

第六条 学校应当利用入学教育、班会以及其他适当方式，向学生和家长宣传讲解校规校纪。未经公布的校规校纪不得施行。

学校可以根据情况建立校规校纪执行委员会等组织机构，吸收教师、学生及家长、社会有关方面代表参加，负责确定可适用的教育惩戒措施，监督教育惩戒的实施，开展相关宣传教育等。

第七条 学生有下列情形之一，学校及其教师应当予以制止并进行批评教育，确有必要的，可以实施教育惩戒：

(一)故意不完成教学任务要求或者不服从教育、管理的；

(二)扰乱课堂秩序、学校教育教学秩序的；

(三)吸烟、饮酒，或者言行失范违反学生守则的；

(四)实施有害自己或者他人身心健康的危险行为的；

(五)打骂同学、老师，欺凌同学或者侵害他人合法权益的；

(六)其他违反校规校纪的行为。

学生实施属于预防未成年人犯罪法规定的不良行为或者严重不良行为的，学校、教师应当予以制止并实施教育惩戒，加强管教；构成违法犯罪的，依法移送公安机关处理。

第八条 教师在课堂教学、日常管理中，对违规违纪情节较为轻微的学生，可以当场实施以下教育惩戒：

(一)点名批评；

(二)责令赔礼道歉、做口头或者书面检讨；

(三)适当增加额外的教学或者班级公益服务任务；

(四)一节课堂教学时间内的教室内站立；

(五)课后教导；

(六)学校校规校纪或者班规、班级公约规定的其他适当措施。

教师对学生实施前款措施后，可以以适当方式告知学生家长。

第九条 学生违反校规校纪，情节较重或者经当场教育惩戒拒不改正的，学校可以实施以下教育惩戒，并应当及时告知家长：

(一)由学校德育工作负责人予以训导；

(二)承担校内公益服务任务；

(三)安排接受专门的校规校纪、行为规则教育；

(四)暂停或者限制学生参加游览、校外集体活动以及其他外出集体活动；

(五)学校校规校纪规定的其他适当措施。

第十条 小学高年级、初中和高中阶段的学生违规违纪情节严重或者影响恶劣的，学校可以实施以下教育惩戒，并应当事先告知家长：

（一）给予不超过一周的停课或者停学，要求家长在家进行教育、管教；

（二）由法治副校长或者法治辅导员予以训诫；

（三）安排专门的课程或者教育场所，由社会工作者或者其他专业人员进行心理辅导、行为干预。

对违规违纪情节严重，或者经多次教育惩戒仍不改正的学生，学校可以给予警告、严重警告、记过或者留校察看的纪律处分。对高中阶段学生，还可以给予开除学籍的纪律处分。

对有严重不良行为的学生，学校可以按照法定程序，配合家长、有关部门将其转入专门学校教育矫治。

第十一条 学生扰乱课堂或者教育教学秩序，影响他人或者可能对自己及他人造成伤害的，教师可以采取必要措施，将学生带离教室或者教学现场，并予以教育管理。

教师、学校发现学生携带、使用违规物品或者行为具有危险性的，应当采取必要措施予以制止；发现学生藏匿违法、危险物品的，应当责令学生交出并可以对可能藏匿物品的课桌、储物柜等进行检查。

教师、学校对学生的违规物品可以予以暂扣并妥善保管，在适当时候交还学生家长；属于违法、危险物品的，应当及时报告公安机关、应急管理部门等有关部门依法处理。

第十二条 教师在教育教学管理、实施教育惩戒过程中，不得有下列行为：

（一）以击打、刺扎等方式直接造成身体痛苦的体罚；

（二）超过正常限度的罚站、反复抄写，强制做不适的动作或者姿势，以及刻意孤立等间接伤害身体、心理的变相体罚；

（三）辱骂或者以歧视性、侮辱性的言行侵犯学生人格尊严；

（四）因个人或者少数人违规违纪行为而惩罚全体学生；

（五）因学业成绩而教育惩戒学生；

（六）因个人情绪、好恶实施或者选择性实施教育惩戒；

（七）指派学生对其他学生实施教育惩戒；

（八）其他侵害学生权利的。

第十三条 教师对学生实施教育惩戒后，应当注重与学生的沟通和帮扶，对改正错误的学生及时予以表扬、鼓励。

学校可以根据实际和需要，建立学生教育保护辅导工作机制，由学校分管负责人、德育工作机构负责人、教师以及法治副校长（辅导员）、法律以及心理、社会工作等方面的专业人员组成辅导小组，对有需要的学生进行专门的心理辅导、行为矫治。

第十四条　学校拟对学生实施本规则第十条所列教育惩戒和纪律处分的，应当听取学生的陈述和申辩。学生或者家长申请听证的，学校应当组织听证。

学生受到教育惩戒或者纪律处分后，能够诚恳认错、积极改正的，可以提前解除教育惩戒或者纪律处分。

第十五条　学校应当支持、监督教师正当履行职务。教师因实施教育惩戒与学生及其家长发生纠纷，学校应当及时进行处理，教师无过错的，不得因教师实施教育惩戒而给予其处分或者其他不利处理。

教师违反本规则第十二条，情节轻微的，学校应当予以批评教育；情节严重的，应当暂停履行职责或者依法依规给予处分；给学生身心造成伤害，构成违法犯罪的，由公安机关依法处理。

第十六条　学校、教师应当重视家校协作，积极与家长沟通，使家长理解、支持和配合实施教育惩戒，形成合力。家长应当履行对子女的教育职责，尊重教师的教育权利，配合教师、学校对违规违纪学生进行管教。

家长对教师实施的教育惩戒有异议或者认为教师行为违反本规则第十二条规定的，可以向学校或者主管教育行政部门投诉、举报。学校、教育行政部门应当按照师德师风建设管理的有关要求，及时予以调查、处理。家长威胁、侮辱、伤害教师的，学校、教育行政部门应当依法保护教师人身安全、维护教师合法权益；情形严重的，应当及时向公安机关报告并配合公安机关、司法机关追究责任。

第十七条　学生及其家长对学校依据本规则第十条实施的教育惩戒或者给予的纪律处分不服的，可以在教育惩戒或者纪律处分作出后15个工作日内向学校提起申诉。

学校应当成立由学校相关负责人、教师、学生以及家长、法治副校长等校外有关方面代表组成的学生申诉委员会，受理申诉申请，组织复查。学校应当明确学生申诉委员会的人员构成、受理范围及处理程序等并向学生及家长公布。

学生申诉委员会应当对学生申诉的事实、理由等进行全面审查，作出维持、变更或者撤销原教育惩戒或者纪律处分的决定。

第十八条　学生或者家长对学生申诉处理决定不服的，可以向学校主管教育部门申请复核；对复核决定不服的，可以依法提起行政复议或者行政诉讼。

第十九条　学校应当有针对性地加强对教师的培训，促进教师更新教育理念、改进教育方式方法，提高教师正确履行职责的意识与能力。

每学期末，学校应当将学生受到本规则第十条所列教育惩戒和纪律处分的信息报主管教育行政部门备案。

第二十条　本规则自2021年3月1日起施行。

各地可以结合本地实际，制定本地方实施细则或者指导学校制定实施细则。

（十）《未成年人学校保护规定》

2020年10月，国家颁布了新修订的未成年人保护法，未成年人保护法列专章对学校保护作了规定。为了细化落实未成年人保护法的要求，进一步提升未成年人学校保护工作的总体效能，2021年，教育部研制了《未成年人学校保护规定》。

《未成年人学校保护规定》于2021年6月1日由教育部公布，2021年9月1日起实施。共8章63条，包括总则、一般保护、专项保护、管理要求、保护机制、支持与监督、责任与处理、附则。其重点围绕学校"保护什么""如何保护"等问题，系统构建了未成年人学校保护的制度体系，其主要内容概括起来就是"五个明确"，即明确学校保护职责、明确专项保护制度、明确学校管理要求、明确保护工作机制、明确支持监督措施。

阅读材料 5-10

未成年人学校保护规定

（2021年5月25日教育部令第50号公布，自2021年9月1日起施行）

第一章 总则

第一条 为了落实学校保护职责，保障未成年人合法权益，促进未成年人德智体美劳全面发展、健康成长，根据《中华人民共和国教育法》《中华人民共和国未成年人保护法》等法律法规，制定本规定。

第二条 普通中小学、中等职业学校（以下简称学校）对本校未成年人（以下统称学生）在校学习、生活期间合法权益的保护，适用本规定。

第三条 学校应当全面贯彻国家教育方针，落实立德树人根本任务，弘扬社会主义核心价值观，依法办学、依法治校，履行学生权益保护法定职责，健全保护制度，完善保护机制。

第四条 学校学生保护工作应当坚持最有利于未成年人的原则，注重保护和教育相结合，适应学生身心健康发展的规律和特点；关心爱护每个学生，尊重学生权利，听取学生意见。

第五条 教育行政部门应当落实工作职责，会同有关部门健全学校学生保护的支持措施、服务体系，加强对学校学生保护工作的支持、指导、监督和评价。

第二章 一般保护

第六条 学校应当平等对待每个学生，不得因学生及其父母或者其他监护人（以下统称家长）的民族、种族、性别、户籍、职业、宗教信仰、教育程度、家庭状况、身心健康情况等歧视学生或者对学生进行区别对待。

第七条　学校应当落实安全管理职责，保护学生在校期间人身安全。学校不得组织、安排学生从事抢险救灾、参与危险性工作，不得安排学生参加商业性活动及其他不宜学生参加的活动。

学生在校内或者本校组织的校外活动中发生人身伤害事故的，学校应当依据有关规定妥善处理，及时通知学生家长；情形严重的，应当按规定向有关部门报告。

第八条　学校不得设置侵犯学生人身自由的管理措施，不得对学生在课间及其他非教学时间的正当交流、游戏、出教室活动等言行自由设置不必要的约束。

第九条　学校应当尊重和保护学生的人格尊严，尊重学生名誉，保护和培育学生的荣誉感、责任感，表彰、奖励学生做到公开、公平、公正；在教育、管理中不得使用任何贬损、侮辱学生及其家长或者所属特定群体的言行、方式。

第十条　学校采集学生个人信息，应当告知学生及其家长，并对所获得的学生及其家庭信息负有管理、保密义务，不得毁弃以及非法删除、泄露、公开、买卖。

学校在奖励、资助、申请贫困救助等工作中，不得泄露学生个人及其家庭隐私；学生的考试成绩、名次等学业信息，学校应当便利学生本人和家长知晓，但不得公开，不得宣传升学情况；除因法定事由，不得查阅学生的信件、日记、电子邮件或者其他网络通讯内容。

第十一条　学校应当尊重和保护学生的受教育权利，保障学生平等使用教育教学设施设备、参加教育教学计划安排的各种活动，并在学业成绩和品行上获得公正评价。

对身心有障碍的学生，应当提供合理便利，实施融合教育，给予特别支持；对学习困难、行为异常的学生，应当以适当方式教育、帮助，必要时，可以通过安排教师或者专业人员课后辅导等方式给予帮助或者支持。

学校应当建立留守学生、困境学生档案，配合政府有关部门做好关爱帮扶工作，避免学生因家庭因素失学、辍学。

第十二条　义务教育学校不得开除或者变相开除学生，不得以长期停课、劝退等方式，剥夺学生在校接受并完成义务教育的权利；对转入专门学校的学生，应当保留学籍，原决定机关决定转回的学生，不得拒绝接收。

义务教育学校应当落实学籍管理制度，健全辍学或者休学、长期请假学生的报告备案制度，对辍学学生应当及时进行劝返，劝返无效的，应当报告有关主管部门。

第十三条　学校应当按规定科学合理安排学生在校作息时间，保证学生有休息、参加文娱活动和体育锻炼的机会和时间，不得统一要求学生在规定的上课时间前到校参加课程教学活动。

义务教育学校不得占用国家法定节假日、休息日及寒暑假，组织学生集体补课；不得以集体补课等形式侵占学生休息时间。

第十四条 学校不得采用毁坏财物的方式对学生进行教育管理，对学生携带进入校园的违法违规物品，按规定予以暂扣的，应当统一管理，并依照有关规定予以处理。

学校不得违反规定向学生收费，不得强制要求或者设置条件要求学生及家长捐款捐物、购买商品或者服务，或者要求家长提供物质帮助、需支付费用的服务等。

第十五条 学校以发布、汇编、出版等方式使用学生作品，对外宣传或者公开使用学生个体肖像的，应当取得学生及其家长许可，并依法保护学生的权利。

第十六条 学校应当尊重学生的参与权和表达权，指导、支持学生参与学校章程、校规校纪、班级公约的制定，处理与学生权益相关的事务时，应当以适当方式听取学生意见。

第十七条 学校对学生实施教育惩戒或者处分学生的，应当依据有关规定，听取学生的陈述、申辩，遵循审慎、公平、公正的原则作出决定。

除开除学籍处分以外，处分学生应当设置期限，对受到处分的学生应当跟踪观察、有针对性地实施教育，确有改正的，到期应当予以解除。解除处分后，学生获得表彰、奖励及其他权益，不再受原处分影响。

第三章 专项保护

第十八条 学校应当落实法律规定建立学生欺凌防控和预防性侵害、性骚扰等专项制度，建立对学生欺凌、性侵害、性骚扰行为的零容忍处理机制和受伤害学生的关爱、帮扶机制。

第十九条 学校应当成立由校内相关人员、法治副校长、法律顾问、有关专家、家长代表、学生代表等参与的学生欺凌治理组织，负责学生欺凌行为的预防和宣传教育、组织认定、实施矫治、提供援助等。

学校应当定期针对全体学生开展防治欺凌专项调查，对学校是否存在欺凌等情形进行评估。

第二十条 学校应当教育、引导学生建立平等、友善、互助的同学关系，组织教职工学习预防、处理学生欺凌的相关政策、措施和方法，对学生开展相应的专题教育，并且应当根据情况给予相关学生家长必要的家庭教育指导。

第二十一条 教职工发现学生实施下列行为的，应当及时制止：

（一）殴打、脚踢、掌掴、抓咬、推撞、拉扯等侵犯他人身体或者恐吓威胁他人；

（二）以辱骂、讥讽、嘲弄、挖苦、起侮辱性绰号等方式侵犯他人人格尊严；

（三）抢夺、强拿硬要或者故意毁坏他人财物；

（四）恶意排斥、孤立他人，影响他人参加学校活动或者社会交往；

(五)通过网络或者其他信息传播方式捏造事实诽谤他人、散布谣言或者错误信息诋毁他人、恶意传播他人隐私。

学生之间,在年龄、身体或者人数等方面占优势的一方蓄意或者恶意对另一方实施前款行为,或者以其他方式欺压、侮辱另一方,造成人身伤害、财产损失或者精神损害的,可以认定为构成欺凌。

第二十二条 教职工应当关注因身体条件、家庭背景或者学习成绩等可能处于弱势或者特殊地位的学生,发现学生存在被孤立、排挤等情形的,应当及时干预。

教职工发现学生有明显的情绪反常、身体损伤等情形,应当及时沟通了解情况,可能存在被欺凌情形的,应当及时向学校报告。

学校应当教育、支持学生主动、及时报告所发现的欺凌情形,保护自身和他人的合法权益。

第二十三条 学校接到关于学生欺凌报告的,应当立即开展调查,认为可能构成欺凌的,应当及时提交学生欺凌治理组织认定和处置,并通知相关学生的家长参与欺凌行为的认定和处理。认定构成欺凌的,应当对实施或者参与欺凌行为的学生作出教育惩戒或者纪律处分,并对其家长提出加强管教的要求,必要时,可以由法治副校长、辅导员对学生及其家长进行训导、教育。

对违反治安管理或者涉嫌犯罪等严重欺凌行为,学校不得隐瞒,应当及时向公安机关、教育行政部门报告,并配合相关部门依法处理。

不同学校学生之间发生的学生欺凌事件,应当在主管教育行政部门的指导下建立联合调查机制,进行认定和处理。

第二十四条 学校应当建立健全教职工与学生交往行为准则、学生宿舍安全管理规定、视频监控管理规定等制度,建立预防、报告、处置性侵害、性骚扰工作机制。

学校应当采取必要措施预防并制止教职工以及其他进入校园的人员实施以下行为:

(一)与学生发生恋爱关系、性关系;

(二)抚摸、故意触碰学生身体特定部位等猥亵行为;

(三)对学生作出调戏、挑逗或者具有性暗示的言行;

(四)向学生展示传播包含色情、淫秽内容的信息、书刊、影片、音像、图片或者其他淫秽物品;

(五)持有包含淫秽、色情内容的视听、图文资料;

(六)其他构成性骚扰、性侵害的违法犯罪行为。

第四章 管理要求

第二十五条 学校应当制定规范教职工、学生行为的校规校纪。校规校纪应当内容合法、合理，制定程序完备，向学生及其家长公开，并按照要求报学校主管部门备案。

第二十六条　学校应当严格执行国家课程方案，按照要求开齐开足课程、选用教材和教学辅助资料。学校开发的校本课程或者引进的课程应当经过科学论证，并报主管教育行政部门备案。

学校不得与校外培训机构合作向学生提供有偿的课程或者课程辅导。

第二十七条　学校应当加强作业管理，指导和监督教师按照规定科学适度布置家庭作业，不得超出规定增加作业量，加重学生学习负担。

第二十八条　学校应当按照规定设置图书馆、班级图书角，配备适合学生认知特点、内容积极向上的课外读物，营造良好阅读环境，培养学生阅读习惯，提升阅读质量。

学校应当加强读物和校园文化环境管理，禁止含有淫秽、色情、暴力、邪教、迷信、赌博、恐怖主义、分裂主义、极端主义等危害未成年人身心健康内容的读物、图片、视听作品等，以及商业广告、有悖于社会主义核心价值观的文化现象进入校园。

第二十九条　学校应当建立健全安全风险防控体系，按照有关规定完善安全、卫生、食品等管理制度，提供符合标准的教育教学设施、设备等，制定自然灾害、突发事件、极端天气和意外伤害应急预案，配备相应设施并定期组织必要的演练。

学生在校期间学校应当对校园实行封闭管理，禁止无关人员进入校园。

第三十条　学校应当以适当方式教育、提醒学生及家长，避免学生使用兴奋剂或者镇静催眠药、镇痛剂等成瘾性药物；发现学生使用的，应当予以制止、向主管部门或者公安机关报告，并应当及时通知家长，但学生因治疗需要并经执业医师诊断同意使用的除外。

第三十一条　学校应当建立学生体质监测制度，发现学生出现营养不良、近视、肥胖、龋齿等倾向或者有导致体质下降的不良行为习惯，应当进行必要的管理、干预，并通知家长，督促、指导家长实施矫治。

学校应当完善管理制度，保障学生在课间、课后使用学校的体育运动场地、设施开展体育锻炼；在周末和节假日期间，按规定向学生和周边未成年人免费或者优惠开放。

第三十二条　学校应当建立学生心理健康教育管理制度，建立学生心理健康问题的早期发现和及时干预机制，按照规定配备专职或者兼职心理健康教育教师、建设心理辅导室，或者通过购买专业社工服务等多种方式为学生提供专业化、个性化的指导和服务。

有条件的学校，可以定期组织教职工进行心理健康状况测评，指导、帮助教职工以积极、乐观的心态对待学生。

第三十三条 学校可以禁止学生携带手机等智能终端产品进入学校或者在校园内使用;对经允许带入的,应当统一管理,除教学需要外,禁止带入课堂。

第三十四条 学校应当将科学、文明、安全、合理使用网络纳入课程内容,对学生进行网络安全、网络文明和防止沉迷网络的教育,预防和干预学生过度使用网络。

学校为学生提供的上网设施,应当安装未成年人上网保护软件或者采取其他安全保护技术措施,避免学生接触不适宜未成年人接触的信息;发现网络产品、服务、信息有危害学生身心健康内容的,或者学生利用网络实施违法活动的,应当立即采取措施并向有关主管部门报告。

第三十五条 任何人不得在校园内吸烟、饮酒。学校应当设置明显的禁止吸烟、饮酒的标识,并不得以烟草制品、酒精饮料的品牌冠名学校、教学楼、设施设备及各类教学、竞赛活动。

第三十六条 学校应当严格执行入职报告和准入查询制度,不得聘用有下列情形的人员:

(一)受到剥夺政治权利或者因故意犯罪受到有期徒刑以上刑事处罚的;

(二)因卖淫、嫖娼、吸毒、赌博等违法行为受到治安管理处罚的;

(三)因虐待、性骚扰、体罚或者侮辱学生等情形被开除或者解聘的;

(四)实施其他被纳入教育领域从业禁止范围的行为的。

学校在聘用教职工或引入志愿者、社工等校外人员时,应当要求相关人员提交承诺书;对在聘人员应当按照规定定期开展核查,发现存在前款规定情形的人员应当及时解聘。

第三十七条 学校发现拟聘人员或者在职教职工存在下列情形的,应当对有关人员是否符合相应岗位要求进行评估,必要时可以安排有专业资质的第三方机构进行评估,并将相关结论作为是否聘用或者调整工作岗位、解聘的依据:

(一)有精神病史的;

(二)有严重酗酒、滥用精神类药物史的;

(三)有其他可能危害未成年人身心健康或者可能造成不良影响的身心疾病的。

第三十八条 学校应当加强对教职工的管理,预防和制止教职工实施法律、法规、规章以及师德规范禁止的行为。学校及教职工不得实施下列行为:

(一)利用管理学生的职务便利或者招生考试、评奖评优、推荐评价等机会,以任何形式向学生及其家长索取、收受财物或者接受宴请、其他利益;

(二)以牟取利益为目的,向学生推销或者要求、指定学生购买特定辅导书、练习册等教辅材料或者其他商品、服务;

(三)组织、要求学生参加校外有偿补课,或者与校外机构、个人合作向学生提供其他有偿服务;

（四）诱导、组织或者要求学生及其家长登录特定经营性网站，参与视频直播、网络购物、网络投票、刷票等活动；

（五）非法提供、泄露学生信息或者利用所掌握的学生信息牟取利益；

（六）其他利用管理学生的职权牟取不正当利益的行为。

第三十九条 学校根据《校车安全管理条例》配备、使用校车的，应当依法建立健全校车安全管理制度，向学生讲解校车安全乘坐知识，培养学生校车安全事故应急处理技能。

第四十条 学校应当定期巡查校园及周边环境，发现存在法律禁止在学校周边设立的营业场所、销售网点的，应当及时采取应对措施，并报告主管教育部门或者其他有关主管部门。

学校及其教职工不得安排或者诱导、组织学生进入营业性娱乐场所、互联网上网服务营业场所、电子游戏场所、酒吧等不适宜未成年人活动的场所；发现学生进入上述场所的，应当及时予以制止、教育，并向上述场所的主管部门反映。

第五章 保护机制

第四十一条 校长是学生学校保护的第一责任人。学校应当指定一名校领导直接负责学生保护工作，并明确具体的工作机构，有条件的，可以设立学生保护专员开展学生保护工作。学校应当为从事学生保护工作的人员接受相关法律、理论和技能的培训提供条件和支持，对教职工开展未成年人保护专项培训。

有条件的学校可以整合欺凌防治、纪律处分等组织、工作机制，组建学生保护委员会，统筹负责学生权益保护及相关制度建设。

第四十二条 学校要树立以生命关怀为核心的教育理念，利用安全教育、心理健康教育、环境保护教育、健康教育、禁毒和预防艾滋病教育等专题教育，引导学生热爱生命、尊重生命；要有针对性地开展青春期教育、性教育，使学生了解生理健康知识，提高防范性侵害、性骚扰的自我保护意识和能力。

第四十三条 学校应当结合相关课程要求，根据学生的身心特点和成长需求开展以宪法教育为核心、以权利与义务教育为重点的法治教育，培养学生树立正确的权利观念，并开展有针对性的预防犯罪教育。

第四十四条 学校可以根据实际组成由学校相关负责人、教师、法治副校长（辅导员）、司法和心理等方面专业人员参加的专业辅导工作机制，对有不良行为的学生进行矫治和帮扶；对有严重不良行为的学生，学校应当配合有关部门进行管教，无力管教或者管教无效的，可以依法向教育行政部门提出申请送专门学校接受专门教育。

第四十五条 学校在作出与学生权益有关的决定前，应当告知学生及其家长，听取意见并酌情采纳。

学校应当发挥学生会、少代会、共青团等学生组织的作用，指导、支持学生参与权益保护，对于情节轻微的学生纠纷或者其他侵害学生权益的情形，可以安排学生代表参与调解。

第四十六条　学校应当建立与家长有效联系机制，利用家访、家长课堂、家长会等多种方式与学生家长建立日常沟通。

学校应当建立学生重大生理、心理疾病报告制度，向家长及时告知学生身体及心理健康状况；学校发现学生身体状况或者情绪反应明显异常、突发疾病或者受到伤害的，应当及时通知学生家长。

第四十七条　学校和教职工发现学生遭受或疑似遭受家庭暴力、虐待、遗弃、长期无人照料、失踪等不法侵害以及面临不法侵害危险的，应当依照规定及时向公安、民政、教育等有关部门报告。学校应当积极参与、配合有关部门做好侵害学生权利案件的调查处理工作。

第四十八条　教职员工发现学生权益受到侵害，属于本职工作范围的，应当及时处理；不属于本职工作范围或者不能处理的，应当及时报告班主任或学校负责人；必要时可以直接向主管教育行政部门或者公安机关报告。

第四十九条　学生因遭受遗弃、虐待向学校请求保护的，学校不得拒绝、推诿，需要采取救助措施的，应当先行救助。

学校应当关心爱护学生，为身体或者心理受到伤害的学生提供相应的心理健康辅导、帮扶教育。对因欺凌造成身体或者心理伤害，无法在原班级就读的学生，学生家长提出调整班级请求，学校经评估认为有必要的，应当予以支持。

第六章　支持与监督

第五十条　教育行政部门应当积极探索与人民检察院、人民法院、公安、司法、民政、应急管理等部门以及从事未成年人保护工作的相关群团组织的协同机制，加强对学校学生保护工作的指导与监督。

第五十一条　教育行政部门应当会同有关部门健全教职工从业禁止人员名单和查询机制，指导、监督学校健全准入和定期查询制度。

第五十二条　教育行政部门可以通过政府购买服务的方式，组织具有相应资质的社会组织、专业机构及其他社会力量，为学校提供法律咨询、心理辅导、行为矫正等专业服务，为预防和处理学生权益受侵害的案件提供支持。

教育行政部门、学校在与有关部门、机构、社会组织及个人合作进行学生保护专业服务与支持过程中，应当与相关人员签订保密协议，保护学生个人及家庭隐私。

第五十三条　教育行政部门应当指定专门机构或者人员承担学生保护的监督职责，有条件的，可以设立学生保护专兼职监察员负责学生保护工作，处理或者指导处理学生欺凌、性侵害、性骚扰以及其他侵害学生权益的事件，会同有关部门落实学校安全区域制度，健全依法处理涉校纠纷的工作机制。

负责学生保护职责的人员应当接受专门业务培训，具备学生保护的必要知识与能力。

第五十四条　教育行政部门应当通过建立投诉举报电话、邮箱或其他途径，受理对学校或者教职工违反本规定或者其他法律法规、侵害学生权利的投诉、举报；处理过程中发现有关人员行为涉嫌违法犯罪的，应当及时向公安机关报案或者移送司法机关。

第五十五条　县级教育行政部门应当会同民政部门，推动设立未成年人保护社会组织，协助受理涉及学生权益的投诉举报、开展侵害学生权益案件的调查和处理，指导、支持学校、教职工、家长开展学生保护工作。

第五十六条　地方教育行政部门应当建立学生保护工作评估制度，定期组织或者委托第三方对管辖区域内学校履行保护学生法定职责情况进行评估，评估结果作为学校管理水平评价、校长考评考核的依据。

各级教育督导机构应当将学校学生保护工作情况纳入政府履行教育职责评价和学校督导评估的内容。

第七章　责任与处理

第五十七条　学校未履行未成年人保护法规定的职责，违反本规定侵犯学生合法权利的，主管教育行政部门应当责令改正，并视情节和后果，依照有关规定和权限分别对学校的主要负责人、直接责任人或者其他责任人员进行诫勉谈话、通报批评、给予处分或者责令学校给予处分；同时，可以给予学校1至3年不得参与相应评奖评优，不得获评各类示范、标兵单位等荣誉的处理。

第五十八条　学校未履行对教职工的管理、监督责任，致使发生教职工严重侵害学生身心健康的违法犯罪行为，或者有包庇、隐瞒不报，威胁、阻拦报案，妨碍调查、对学生打击报复等行为的，主管教育部门应当对主要负责人和直接责任人给予处分或者责令学校给予处分；情节严重的，应当移送有关部门查处，构成违法犯罪的，依法追究相应法律责任。因监管不力、造成严重后果而承担领导责任的校长，5年内不得再担任校长职务。

第五十九条　学校未按本规定建立学生权利保护机制，或者制定的校规违反法律法规和本规定，由主管教育部门责令限期改正、给予通报批评；情节严重、影响较大或者逾期不改正的，可以对学校主要负责人和直接负责人给予处分或者责令学校给予处分。

第六十条　教职工违反本规定的，由学校或者主管教育部门依照事业单位人员管理、中小学教师管理的规定予以处理。

教职工实施第二十四条第二款禁止行为的，应当依法予以开除或者解聘；有教师资格的，由主管教育行政部门撤销教师资格，纳入从业禁止人员名单；涉嫌犯罪的，移送有关部门依法追究责任。

教职工违反第三十八条规定牟取不当利益的，应当责令退还所收费用或者所获利益，给学生造成经济损失的，应当依法予以赔偿，并视情节给予处分，涉嫌违法犯罪的移送有关部门依法追究责任。

学校应当根据实际，建立健全校内其他工作人员聘用和管理制度，对其他人员违反本规定的，根据情节轻重予以校内纪律处分直至予以解聘，涉嫌违反治安管理或者犯罪的，移送有关部门依法追究责任。

第六十一条　教育行政部门未履行对学校的指导、监督职责，管辖区域内学校出现严重侵害学生权益情形的，由上级教育行政部门、教育督导机构责令改正、予以通报批评，情节严重的依法追究主要负责人或者直接责任人的责任。

第八章　附则

第六十二条　幼儿园、特殊教育学校应当根据未成年人身心特点，依据本规定有针对性地加强在园、在校未成年人合法权益的保护，并参照本规定、结合实际建立保护制度。

幼儿园、特殊教育学校及其教职工违反保护职责，侵害在园、在校未成年人合法权益的，应当适用本规定从重处理。

第六十三条　本规定自2021年9月1日起施行。

第二节　小学教育法规实施

教育立法的目的在于运用教育法规来调整教育关系，规范教育行为，实现依法治教，实现这一目的的关键在于教育法规的实施。从这个意义上讲，如果说教育立法是教育法规过程的前提的话，那么教育法规实施才是教育法规过程的中心环节。所谓教育法规实施，是通过一定的方式使教育法规在教育活动中得到贯彻和实现的活动，包括在明确教育法规效力基础上的教育执法、教育司法、教育守法等。

一、明确教育法规的效力

教育法规的效力指教育法规的约束力、教育法规的生效范围或适用范围，即教育法规对什么人、什么事、在什么地方和什么时间有约束力。明确教育法规的效力是正确使用教育法规，保护学校、教师和学生合法权益不受侵犯的前提。

(一)时间上的效力

教育法规在时间上的效力是指教育法规开始生效的时间到终止生效的时间，以及教育法规对它颁布以前的事件和行为有无溯及力的问题。

教育法规的生效时间一般根据教育法规的具体性质和实际情况而定，通常有两种情况：一是自发布之日起生效。二是由法律文件规定生效日期。一部教育法规公布后，往往经过一段时间的宣传学习，或经过一段时间的准备后才开始生效，如教师法是由八届人大常委会第四次会议于 1993 年 10 月 31 日审议通过，并于同日以国家主席令予以公布的，该法规定："本法自 1994 年 1 月 1 日起施行。"

教育法规终止生效的时间有三种情况：一是新法取代旧法，新法颁布后，原有的法律即失效，或在新法中明文宣布废止旧法。二是明确规定教育法规的特定生效期限，期限一到或到期未延期则自动失效。三是由立法机关发布专门的决定，明确宣布废止某些教育法规。

教育法规的溯及力是指对它生效前所发生的行为和事件可加以适用的效力。一般情况下，教育法规无溯及力，即不溯及既往。

(二)空间上的效力

教育法规在空间上的效力是指教育法规适用的地域范围，即教育法规在什么地方有法律效力。通常有两种情况：一是教育法规在全国范围内生效，即在我国的整个领域生效，包括我国所有的领土、领空、领海以及延伸意义的领域。二是在特定地域或行业内生效，如地方性法规只能在本行政区域内生效，国家针对某些特定行业制定的相关教育法规也只适用于这一特定行业。

(三)对人的效力

教育法规对人的效力是指教育法规适用于哪些人，即对什么人有效的问题。我国教育法规对我国公民的效力主要表现为两种：一是对所有人具有普遍效力。二是对特定人群具有效力，如教师法只适用于取得教师资格证并在学校任教的公民，未成年人保护法只适用于未满 18 周岁的未成年人。

二、教育执法

(一)教育执法的概念

教育执法也称教育行政执法，是指教育行政部门、法律法规授权组织和行政部门委托组织，依照法定职权和法定程序所采取的直接影响公民、社会组织等有关教育的权利和义务的行政行为。这一概念可从以下几个方面来理解。

第一，教育执法主体是教育行政部门、法律法规授权组织和行政部门委托的组织。当然最主要的教育执法主体是各级教育行政部门。执法活动是教育执法主体行使教育管理职权的活动，属于具体行政行为。

第二，教育执法的内容和程序必须是法定的。一方面，教育执法主体必须在法定职权范围内执法，不得超越职权范围；另一方面，必须依照法定程序执法，遵循程序正当原则。

第三，教育执法的法律后果是对公民或社会组织的有关教育的权利和义务产生影响，通过行政行为使行政相对人的权利得以实现，义务得以履行。

(二)教育执法的原则

1. 合法原则

合法原则指教育行政部门在教育执法过程中要遵守法律、教育法规，在法定权限内，依照法定程序进行。

2. 公正原则

公正原则指教育行政部门在教育执法过程中应客观、适度，不徇私情，不持偏见，符合法律和社会主义制度的要求。教育行政部门的自由裁量是在教育法范围内的自由裁量。

3. 公开原则

公开原则指在教育执法活动中，活动的全部内容和过程都应当以一定方式告知相对人，甚至公之于众，透明、阳光下操作，应向相对人解释教育执法的相关内容，告诉其所享有的申请复议和提起诉讼的权利，避免滥用职权。

4. 权责统一原则

权责统一原则指在教育执法过程中，教育行政部门在对行政相对人适用教育法规同时承担由实施执法行为而引起的法律后果。教育行政部门及其工作人员的执法行为如果侵害了相对人的合法权益，必须予以纠正，使相对人的合法权益得以补救，对所造成的损害承担赔偿责任，对渎职行为也要承担相应的责任。

5. 不停止执行原则

不停止执行原则指教育行政部门对于有效成立的执法决定，无论在相对人申请复议还是提起诉讼期间，都不能停止对该决定的执行。

(三)教育执法的形式

教育执法的形式包括行政检查、行政处罚、行政许可、行政确认和行政奖励等。

教育行政检查是教育行政部门及其公务人员依照法定职权，对行政相对人遵守法律、法规和规章的情况进行检查的行政行为。检查的目的是了解被管理者贯彻执行教育法规的情况，以预防和及时纠正被管理者的违法行为，督促被管理者遵守教育法律法规。

教育行政处罚是由特定的行政执法机关对违反教育法规但尚不构成犯罪的公民、法人和其他组织所给予的一种行政制裁，它是教育执法的主要形式。《教育行政处罚暂行实施办法》规定，实施教育行政处罚的机关主要包括两类：一是县级以上人民政府的教育行政部门；二是受教育行政部门委托的特定组织。该办法还规定了教育行政处罚的10种类型，如警告、罚款、责令停止招生、吊销办学许可证等。

教育行政许可是指教育行政部门根据公民、法人或者其他组织的申请，经依法审查，准予其从事特定活动的行为。如授予某组织或个人办学许可证、许可某学校的收费标准等。教育许可的相关制度在2005年教育部颁布的《实施教育行政许可若干规定》中有具体规定。

教育行政确认是指教育行政部门应行政相对人的申请，依法对行政管理相对人的法律地位、法律关系或者有关法律事实进行甄别，给予确认、认可、证明、登记、鉴证，并予以宣告的具体行政行为，以预防各种教育纠纷的发生、协助解决教育争议，保护相对方的合法权益。

教育行政奖励是指教育行政部门为更好地实施其行政管理目的，依法对国家和社会作出重大贡献的单位和个人在物质精神上予以褒奖、鼓励的具体行政行为。例如，《教师和教育工作者奖励规定》（教人〔1998〕1 号）第 2 条规定，国务院教育行政部门对长期从事教育教学、科学研究和管理、服务工作并取得显著成绩的教师和教育工作者，分别授予"全国优秀教师"和"全国优秀教育工作者"荣誉称号，颁发相应的奖章和证书；对其中作出贡献者，由国务院教育行政部门会同国务院人事部门授予"全国模范教师"和"全国教育系统先进工作者"荣誉称号，颁发相应的奖章和证书。

三、教育司法

教育司法是指国家司法机关及其司法人员依照法定职权和法定程序，具体运用法律处理案件的专门活动。教育司法是国家司法的重要内容，在教育法规的实施中占有特殊地位。我国教育司法主要有以下几种形式。

（一）教育行政诉讼

教育行政诉讼是指行政相对人认为行政主体的具体行政行为侵害其合法权益，依法向人民法院提起诉讼，由人民法院对行政行为进行审理和裁判的活动。教育行政诉讼是"民告官"的活动，其被告和原告是恒定的。法律只赋予公民、法人等行政相对人以诉讼权，即行政诉讼的原告只能是行政相对人。行政主体只能是被告，不能作为原告提起行政诉讼。普通诉讼时效从公民、法人或者其他组织应当在知道行政主体作出具体行政行为之日起 3 个月内提出，法律另有规定的除外。教育行政诉讼中，被告负有举证责任。人民法院在审理教育行政诉讼案件时，不得采用调解作为审理和结案方式。

（二）教育民事诉讼

教育民事诉讼是指人民法院在双方当事人和其他诉讼参与人的参加下，依法审理有关教育的民事纠纷案件的活动。教育民事诉讼范围主要包括：①教育方面的财产纠纷案件，如财产所有权、债权等纠纷；②教育方面的人身权纠纷案件，如生命权、身体健康权、名誉权、荣誉权、肖像权等纠纷；③教育方面的合同纠纷案件，如联合办学合同、联合培养合同、教师聘用合同等；④教育方面的知识产权纠纷案件，如著作权、专利权等纠纷。教育民事纠纷的主体是平等的，谁主张谁举证，一般诉讼时效为 2 年，责任方式主要是赔偿损失。

（三）教育刑事诉讼

教育刑事诉讼是侦查机关、检察机关、审判机关在当事人以及诉讼参与人的参加下，依照法定程序解决犯罪嫌疑人、被告人刑事责任问题的诉讼活动。刑事诉讼主要包括三个阶段：侦查、起诉、审判。教育刑事诉讼的主要内容是确定被告人的行为是否构成犯罪、是否应判决刑罚及应判处何种刑罚。

四、教育守法与违法

(一)教育守法

教育守法是指一切国家机关、社会组织和公民在教育活动中依照教育法律、法规的规定行使权利，履行义务，依法办事。对于国家机关及其工作人员而言，其行使职权、履行公务过程中，行为内容、方式、程序要符合教育法律、法规的要求，既不能越权，也不能徇私、失职、渎职。对于社会组织和公民个人而言，其参与教育活动的行为要符合教育法规，即做出法律所要求或许可的行为，而不做法律所禁止的行为。

从法的调整方式来看，教育守法包括教育义务的履行、教育禁令的执行和教育权利的正确行使。教育义务的履行是指每一个教育法律关系主体自觉做出教育法律、法规所要求的行为。比如，按照义务教育法的规定，学生家长或其他监护人应按时送适龄儿童入学并保证其接受法定年限的义务教育；地方政府应筹措必要的教育经费，提供符合标准的校舍和其他教育设施以保证正常教学的开展。教育禁令的执行是指不做教育法律、法规所禁止的行为。教育权利的正确行使，是指教育活动主体在其法定职权范围内，依照法定程序行使职责和权利，以保证授权性法律法规的正确实施。例如，教育法规定，学校可以根据课程计划和课程标准自主开展教学实践活动，但不能不让学生上课，或让学生停课参加商业性劳动；学校有权对受教育者实施奖励或处分，可以对犯错误学生进行教育或处分，但不能体罚，不能开除正在接受义务教育的适龄学生。

(二)教育违法

教育违法是指不依法办事，不正确行使权利，不履行法定的义务，不遵守教育法律、法规所明令禁止的行为。教育违法应具备四个条件：第一，必须有违反教育法律、法规规定的行为，表现方式为作为或不作为，如教师体罚学生、辱骂学生、不让学生上课、看见学生打架不予制止等；第二，行为人的行为必须具有一定的社会危害性，有损害事实发生；第三，行为人的行为与损害事实之间有因果关系；第四，行为人主观上具有过错，即故意或过失。

教育违法将由法定的法律责任追究主体按照法定职权和程序，追究行为人相应的民事、行政或刑事责任。

第三节 小学教育法律监督

教育法律监督的含义有广义和狭义之分。狭义的教育法律监督是指检察机关、监察机关等特定的国家机关依照法定权限和法定程序，对教育立法、司法、执法活动的合法性进行监察和督促。广义的教育法律监督则是指所有国家机关、社会组织和公民对教育法规活动的合法性进行的监察和督促。无论哪一种含义的教育法律监督，都是教育法律运行中不可或缺的机制，是权力制约体系的有机组成部分，因而也是依法治教的运行机制。本书在广义上使用教育法律监督这一概念。

广义的教育法律监督依监督主体不同，可分为权力机关的教育法律监督、行政机关的教育法律监督、司法机关的教育法律监督、监察机关的教育法律监督和社会的教育法律监督。

一、权力机关的教育法律监督

在我国，权力机关的教育法律监督是指全国人民代表大会和地方各级人民代表大会的教育法制监督。权力机关的教育法律监督的内容主要表现为：①对其所制定和颁布的宪法、法律、地方性法规、自治条例和单行条例的实施情况进行监督；②对教育行政实行的监督。权力机关对各级教育行政部门及其工作人员的监督，最重要的是法治监督，即对各级教育行政部门及其工作人员的一切活动是否坚持依法办事进行的监督。

权力机关教育法律监督的方式主要有：第一，改变或撤销教育行政部门制定的同宪法、法律相抵触的行政法规、决定和命令；第二，听取和审议政府工作报告；第三，对教育行政部门及其主要领导人提出质询和询问；第四，视察和检查教育行政部门工作；第五，罢免或撤销有关人员职务；第六，受理人民群众对教育行政部门及其工作人员的控告、检举和意见。

二、行政机关的教育法律监督

行政机关的教育法律监督包括一般教育行政监督和专门教育行政监督。一般教育行政监督是指具有行政隶属关系的上级教育行政部门对下级教育行政部门所进行的监督，其监督方式主要包括改变或撤销不适当的规章、决定，对违法违规行为的制止和处理，对日常工作进行检查等。专门教育行政监督主要是指教育系统内的教育督导。

教育督导是教育行政监督的主要形式，也是教育法规定的教育基本制度之一。2012年国务院颁布的《教育督导条例》规定，教育督导的内容包括两个方面：一是县级以上人民政府对下级人民政府落实教育法律、法规、规章和国家教育方针、政策的情况进行督导；二是县级以上地方人民政府对本行政区域内的学校和其他教育机构的教育教学工作进行督导。在我国，国家成立了国务院教育督导委员会，负责全国教育督导工作，县级以上人民政府也成立了教育督导机构，负责本行政区域内的教育督导工作。

三、司法机关的教育法律监督

司法机关的教育法律监督有两种：一是检察机关对国家教育部门及其工作人员执法活动的合法性所进行的专门监督；二是人民法院对行政机关的监督，人民法院依法对特定行政机关及其公务人员涉及教育特定行政行为是否违法、侵权、失职、渎职进行审理和判决。

四、监察机关的教育法律监督

为完善国家监察体系，加强对所有行使公权力的公职人员的监督，实现国家监察全覆盖，2018年国家制定颁布了《中华人民共和国监察法》(以下简称监察法)，成立了国家监察委员会，独立行使监察权。监察法第15条第1款第4项规定，监察机关对公办教育单位的公职人员和有关人员进行监察。监察机关教育法律监督的内容包括三个方面：一是对公职人员依法履职、秉公用权、廉洁从政从业以及道德操守的情况进行监督检查。二是对公职人员职务违法和职务犯罪进行调查。三是对违法公职人员作出政务处分；对履职不力、失职失责的领导人员进行问责；对涉嫌职务犯罪的，将调查结果移送人民检察院依法审查、提起公诉；向监察对象所在单位提出监察建议。监察机关的教育法律监督是我国监察法颁布后的教育法律监督的新形式，其最大特点是实现了教育法律监督的全覆盖，不像原来那样只监督领导干部，而是将所有公职人员包括教师和管理人员都纳入监督范围。

五、社会的教育法律监督

社会的教育法律监督即非国家机关的监督，指由各政党、社会团体和人民群众依照宪法和有关法律，对教育法律活动的合法性所进行的监督。这种监督具有广泛性和人民性。按监督主体的不同，可以将社会的教育法律监督分为以下几种。

(一)中国共产党的监督

中国共产党是执政党，在国家生活中处于领导、核心地位，在监督宪法和教育法律的实施，维护国家法制统一，监督党和国家教育方针、政策的贯彻，保证政令畅通，防止各级干部滥用职权等方面具有极其重要的作用。中国共产党运用党内民主监督与制约机制，加强对党员、领导干部的严格监督，保证党员和党组织严格依法办事。

(二)民主党派的监督

各民主党派是接受中国共产党领导的、与中国共产党通力合作、共同致力于社会主义事业的亲密友党，也是参政党。其通过多种形式、多种途径积极开展法律监督工作，是教育法律监督的一支重要社会力量。

(三)人民政协的监督

中国人民政治协商会议是中国人民爱国统一战线的组织，是中国共产党领导的多党合作和政治协商的重要机构，是我国政治生活中发扬社会主义民主的重要形式。长期以来，人民政协积极参与政治协商和民主监督。政协委员以视察、调查研究的方式进行法律监督，在实践中发挥了有效的作用。

(四)社会团体的监督

主要指由工会、共青团、妇联以及城市居民委员会、农村村民委员会等社会组织所进行的教育法律监督。工会、共青团、妇联是中国共产党联系广大人民群众的桥梁和纽带，在管理国家和社会事务中发挥着民主参与和民主监督的重要作用。城市居民委员会、农村村民委员会是群众性自治组织，他们的集体监督，在某些特定领域发挥着不可替代的作用。

(五)社会舆论的监督

在我国，新闻媒介舆论通过报道、评论、讨论、批评、发内参等监督方式公开报道和新闻批评，是人民群众行使社会主义民主权利的有效形式。以新闻媒介为主体的舆论监督在教育法律监督体系中具有特殊作用。新闻工作者以自己对社会事件的报道和评价参与社会生活和政治生活，他们以自己的职业敏感，运用报纸、广播、电视、互联网等大众传媒，对教育活动进行广泛的报道，因其反应速度快、传播范围广而具有相当大的道义影响和震撼力。

(六)公民的监督

公民的监督是指公民个人对所有国家机关及其工作人员、政党、社会团体、社会组织和大众传媒直接进行的法律监督。人民群众法律监督的权利是我国宪法赋予的，是国家权力的必不可少的组成部分和表现形式。

公民的法律监督对象和内容十分广泛，按照法律规定，公民对于任何国家机关及其工作人员，有提出批评和建议的权利；对于任何国家机关的工作人员的违法渎职行为，有向有关国家机关提出申诉、控告或者检举的权利。对于公民的申诉、控告或者检举，有关国家机关必须查清事实，及时处理，任何人不得压制和打击报复。教育行政部门的教育行政行为、学校等教育机构的教育教学活动、公民个人涉及教育的活动，都是属于公民的教育法律监督范围。

复习与思考

1. 什么是教育立法？我国实行什么样的立法体制？

2. 简述我国小学教育法规体系。

3. 什么是教育法规的效力？

4. 什么是教育法的实施、执法、司法？

5. 什么是教育法律监督？其形式有哪些？

综合案例分析

学生分数不达标，教师所在学校要罚款

2004年5月，南昌市高新技术开发区昌东镇政府给全镇中小学下发了一份正式文件，其中说，为了提高昌东镇中小学校的整体教学质量，充分调动广大教师的积极性，促进学校之间和教师之间的良性竞争，以达到奖优罚劣的目的，经镇党委研究，特制订《昌东镇中小学教学质量考评办法》。如果镇里中学九年级升高中的升学率、各小学每学年下学期的考试分数超额完成任务，将由镇财政给校内有关人员(包括校务会成员、任课老师和班主任等)发奖金；反之，如果没达标则校内有关人员和学校都将被罚款。

请问：昌东镇政府的做法是否属于行政违法？为什么？

推荐阅读

1. 阮成武. 小学教育政策与法规[M]. 北京：高等教育出版社，2006.

2. 李晓燕. 教育法学[M]. 2版. 北京：高等教育出版社，2006.

3. 余中根. 小学教育政策与法规[M]. 北京：教育科学出版社，2013.

第六章　政府的教育责任

责任有两层含义：一是应尽的义务，即工作职责；二是应承担的过失，即法律责任。本章第一节讨论政府的教育职责，第二节讨论政府的法律责任。

第一节　政府的教育职责

这里所说的政府的教育职责主要指政府在义务教育方面的职责。

义务教育是国家统一实施的所有适龄儿童、少年必须接受的教育，是国家必须予以保障的公益性事业。义务教育法第4条规定，凡具有中华人民共和国国籍的适龄儿童、少年，不分性别、民族、种族、家庭财产状况、宗教信仰等，依法享有平等接受义务教育的权利。第5条规定，各级人民政府及其有关部门应当履行本法规定的各项职责，保障适龄儿童、少年接受义务教育的权利。那么，"本法规定的各项职责"有哪些？根据义务教育法的规定，政府的职责主要包括以下几个方面。

一、各级政府的职责范围

义务教育法第7条规定，义务教育实行国务院领导，省、自治区、直辖市人民政府统筹规划实施，县级人民政府为主管理的体制。县级以上人民政府教育行政部门具体负责义务教育实施工作；县级以上人民政府其他有关部门在各自的职责范围内负责义务教育实施工作。这一规定既明确了我国义务教育的领导体制，也明确了各级人民政府及其有关部门的职责范围。

义务教育实行"国务院领导、地方政府负责、分级管理、以县为主"的领导体制是1985年教育体制改革以后逐步完善确定的，义务教育法以法律形式固定下来，使之具有稳定性和约束力。这一领导体制明确了中央、省、县三级人民政府及其有关部门的职责。

中央和省级人民政府负责保障义务教育经费。省级人民政府负责农村义务教育发展和中小学布局调整规划，核定教师编制，通过财政转移支付支持困难县解决农村教师工资。县级人民政府对本地农村义务教育负主要责任，统筹规划本地义务教育发展，抓好中小学布局调整、建议和管理；确认对教职工工资发放和对义务教育投入，保证学校正常运转；加强教师队伍建设，负责中小学校长、教师的管理，指导学校教学工作；动员和组织当地各方面支持教育事业发展。

各级教育行政部门是义务教育的主管部门。国务院教育行政部门主管全国教育工作，统筹规划、协调管理全国的教育事业。在义务教育方面，负责推进义务教育均衡发展和促进教育公平，负责义务教育的宏观指导与协调，制定基础教育教学基本要求和教学基本文件，组织审定基础教育国家课程教材，全面实施素质教育。县级以上地方政府教育行政部门具体负责义务教育实施工作，如采取措施保障适龄儿童、少年接受义务教育；依法聘任校长；均衡配置师资力量，组织校长、教师的培训和流动；加强薄弱学校建设改造等。其他有关部门在各自的职责范围内负责义务教育实施工作，如财政部门负责义务教育经费保障；人力资源和社会保障部门负责教师编制和职称评定；公安部门负责义务教育学校校园周边治安等。

二、保障义务教育经费

义务教育是教育工作的重中之重，是教育投入的重点。义务教育法第 2 条规定，国家建立义务教育经费保障机制，保证义务教育制度实施。第 42 条第 1 款规定，国家将义务教育全面纳入财政保障范围。为了实现国家对义务教育的全面保障，义务教育法规定了系列重大举措，赋予政府诸多重要职责。

(一)足额拨付义务教育经费，确保实现"三个增长"

义务教育法第 42 条规定，国务院和地方各级人民政府将义务教育经费纳入财政预算，按照教职工编制标准、工资标准和学校建设标准、学生人均公用经费标准等，及时足额拨付义务教育经费，确保学校的正常运转和校舍安全，确保教职工工资按照规定发放。用于实施义务教育财政拨款的增长比例应当高于财政经常性收入的增长比例，保证按照在校学生人数平均的义务教育费用逐步增长，保证教职工工资和学生人均公用经费逐步增长。这一规定赋予政府两个方面的职责。

1. 按照四个标准足额拨付义务教育经费

义务教育经费包括人员经费、学校基本建设经费和公用经费。政府在制定义务教育经费预算时，应当核定教职工编制标准、工资标准和学校建设标准、学生人均公用经费标准。

教职工编制标准和工资标准是核定人员经费的依据。义务教育教师编制标准有两种，一是生师比，二是班师比，具体比例主要按照 2001 年《国务院办公厅转发中央编办、教育部、财政部关于制定中小学教职工编制标准意见的通知》和 2002 年教育部关于贯彻以上意见的通知来核定，这一编制核定标准带有明显的城乡二元化特征。随着城镇化进程的快速推进，学龄人口不断向城市流动，农村小学小规模化现象不断凸显，这种编制标准难以适应当时形势，《国家中长期教育改革和发展规划纲要(2010—2020 年)》提出，要逐步实行城乡统一的中小学编制标准，对农村边远地区实行倾斜政策。因此，政府编制管理部门在编制义务教育教师编制时应当根据经济社会发展状况适时调整，核定适合义务教育实际需要的教师编制。关于教职工工资标准，教师法和义务教育法都有规定，义务教育法第 31 条规定，教师的平均工资水平应当不低于当地公务员的平均工资水平。政府有关部门可以参照当地公务员平均工资标准确定当地义务教育教师工资标准。

学校建设标准。义务教育法对学校建设有基本要求，即应当符合国家规定的办学标准、选址要求和建设标准，具体的建设标准在住房和城乡建设部、国家发改委颁布的《城市普通中小学校建设标准》（建标102—2002号）和《农村普通中小学校建设标准》（建标109—2008）中有具体规定，总的要求是要遵循"安全、科学、环保、实用、节俭"原则。政府部门在预算义务教育学校建设经费时应当坚持这一原则，符合规定的学校建设标准。

公用经费是指维持义务教育学校正常运转所必需的，在教学活动和后勤保障等方面公共使用的经费，其支出范围包括学校维持正常运转所需开支的业务费、公务费、设备购置费、修缮费和其他属于公用性质的费用等。对于生均公共经费，义务教育法第43条作了规定：学校的学生人均公用经费基本标准由国务院财政部门会同教育行政部门制定，并根据经济和社会发展状况适时调整。制定、调整学生人均公用经费基本标准，应当满足教育教学基本需要。省、自治区、直辖市人民政府可以根据本行政区域的实际情况，制定不低于国家标准的学校学生人均公用经费标准。特殊教育学校（班）学生人均公用经费标准应当高于普通学校学生人均公用经费标准。根据这一规定，2015年国务院印发了《国务院关于进一步完善城乡义务教育经费保障机制的通知》，对生均公用经费基准作了调整，规定从2016年春季学期开始，统一城乡义务教育学校生均公用经费基准定额。中央规定2016年生均公用经费基准定额为：中西部地区普通小学每生每年600元、普通初中每生每年800元；东部地区普通小学每生每年650元、普通初中每生每年850元。在此基础上，对寄宿制学校按照寄宿生年生均200元标准增加公用经费补助，继续落实好农村地区不足100人的规模较小学校按100人核定公用经费和北方地区取暖费等政策；特殊教育学校和随班就读残疾学生按每生每年6000元标准补助公用经费。2019年《国务院办公厅关于印发教育领域中央与地方财政事权和支出责任划分改革方案的通知》对生均公用经费再一次作出调整，将国家制定分地区生均公用经费基准定额，调整为制定全国统一的基准定额，并按规定提高寄宿制学校等公用经费水平，单独核定义务教育阶段特殊教育学校和随班就读残疾学生等公用经费标准。

2. 实现义务教育经费"三个增长"

国务院和地方各级人民政府用于实施义务教育财政拨款的增长比例应当高于财政经常性收入的增长比例，保证按照在校学生人数平均的义务教育费用逐步增长，保证教职工工资和学生人均公用经费逐步增长，即"三个增长"，这是各级人民政府保障义务教育经费的硬性指标。

第一，保障义务教育财政拨款的增长比例高于财政经常性收入的增长比例。各级人民政府财政性教育拨款随国民生产总值和财政收入提高而提高并不一定意味着对教育投入的相对增加，也未能反映教育优先发展的基本战略。对教育投入的相对增加应该是财政性教育拨款提高幅度大于国民生产总值和财政收入的增长幅度。由于税收收入等财政经常性收入较之国民生产总值和一般的财政收入更具有稳定性、可靠性，也更能够反映出国家经济效益的提高，因此为了更好地保证财政性教育经费拨款的相对增加，各级人民政府应使其增长高于财政经常性收入的增长。从我国税制改革以后的情况看，各地财政经常性收入基本是处于增长趋势的，因而要求财政性教育经费增长高于此标准。① 近二十年来，财政性义务教育经费财政拨款的增长总体上高于财政经常性收入的增长，2001—2010 年，公共财政教育投入从约 2700 亿元增加到约 14200 亿元，年均增长 20.2％，高于同期财政收入年均增长幅度。② 2012—2021 年财政性义务教育经费从 1.17 万亿元增加到 2.29 万亿元，占国家财政性教育经费投入的比例始终保持在 50％以上。③

第二，生均义务教育费用逐步增长。生均义务教育费用是衡量义务教育投入的重要指标。教育财政拨款增长并不意味着人均教育费用增长，如果某年度学生规模基数增大，人均教育费用可能还会减少。教育投入是否真正增加，关键要看生均教育经费是否增长。近十年来，生均义务教育费用总体上每年保持增长态势，2012—2021 年，小学生均教育经费支出从每生每年 7447 元增至 14458 元，初中生均教育经费支出从每生每年 10218 元增至 20717 元。④ 其中，2021 年，全国生均义务教育事业费支出，普通小学为 11841.80 元，比上年增长 1.61％；普通初中为 16790.89 元，比上年增长 0.95％。⑤

第三，保证教职工工资和生均公用经费逐步增长。教职工工资包含在教育经费的人员经费中，教育经费拨款中应保证教职工工资是增长的，以此来提高中小学教师的工资待遇。生均公用经费也是衡量教育投入水平的重要指标，各级人民政府应当保证义务教育生均公用经费逐年增长。据教育部网络介绍，我国义务教育生均公用经费标准经过多次提标，截至 2022 年，达到东中西部统一的小学 650 元、初中 850 元的标准。义务教育阶段特殊教育生均公用经费补助标准提高至 7000 元。⑥

(二)中央和地方分项目、按比例分担教育经费

义务教育法第 44 条规定，义务教育经费投入实行国务院和地方各级人民政府根据职责共同负担，省、自治区、直辖市人民政府负责统筹落实的体制。农村义务教育所需经费，由各级人民政府根据国务院的规定分项目、按比例分担。各级人民政府对家庭经济困难的适龄儿童、少年免费提供教科书并补助寄宿生生活费。

① 信春鹰：《中华人民共和国义务教育法释义》，129 页，北京，法律出版社，2006。
② 数据来自《国务院关于进一步加大财政教育投入的意见》。
③ 数据来自教育部"教育这十年""1+1"系列发布会第五场，介绍党的十八大以来义务教育改革发展成效，http://www.moe.gov.cn/fbh/live/2022/54598/twwd/202206/t20220621_639310.html，访问日期：2023-08-18。
④ 数据来自教育部"教育这十年""1+1"系列发布会第五场，介绍党的十八大以来义务教育改革发展成效，http://www.moe.gov.cn/fbh/live/2022/54598/twwd/202206/t20220621_639310.html，访问日期：2023-08-18。
⑤ 数据来自《教育部 国家统计局 财政部关于 2021 年全国教育经费执行情况统计公告》。
⑥ 数据来自教育部"教育这十年""1+1"系列发布会第五场，介绍党的十八大以来义务教育改革发展成效，http://www.moe.gov.cn/fbh/live/2022/54598/twwd/202206/t20220621_639310.html，访问日期：2023-08-18。

中央和地方"分项目、按比例"分担义务教育经费,为实现将农村义务教育全面纳入公共财政保障范围提供了最有力的机制保障。为了推进这一保障机制,从2006年开始,中央开始启动农村义务教育经费保障机制改革。国务院印发的《国务院关于深化农村义务教育经费保障机制改革的通知》提出,2006—2010年按照"明确各级责任、中央地方共担、加大财政投入、提高保障水平、分步组织实施"的基本原则,逐步将农村义务教育全面纳入公共财政保障范围,建立中央和地方分项目、按比例分担的农村义务教育经费保障机制,具体的项目分担比例为:①全部免除农村义务教育阶段学生学杂费,对贫困家庭学生免费提供教科书并补助寄宿生生活费。免学杂费资金由中央和地方按比例分担,西部地区为8∶2,中部地区为6∶4,东部地区除直辖市外,按照财力状况分省确定。免费提供教科书资金,中西部地区由中央全额承担,东部地区由地方自行承担。补助寄宿生生活费资金由地方承担。②农村中小学公用经费。在免除学杂费的同时,先落实各省(区、市)制订的本省(区、市)农村中小学预算内生均公用经费拨款标准,所需资金由中央和地方按照免学杂费资金的分担比例共同承担。在此基础上,为促进农村义务教育均衡发展,由中央适时制定全国农村义务教育阶段中小学公用经费基准定额,所需资金仍由中央和地方按上述比例共同承担。③农村中小学校舍维修改造。中西部地区由中央和地方按照5∶5比例共同承担;东部地区主要由地方自行承担,中央根据其财力状况以及校舍维修改造成效等情况,给予适当奖励。④农村中小学教师工资。中央继续按照现行体制,对中西部及东部部分地区农村中小学教师工资经费给予支持。省级人民政府要加大对本行政区域内财力薄弱地区的转移支付力度,确保农村中小学教师工资按照国家标准按时足额发放。与此同时,对城市义务教育实行奖补政策。

随着我国新型城镇化建设和户籍制度改革的不断推进,一大批农村子女随其父母流动到城市,原来农村和城市不同的义务教育经费保障政策已不能很好地适应新形势要求,鉴于此,2015年,中央对原来的政策进行了调整,《国务院关于进一步完善城乡义务教育经费保障机制的通知》规定,在整合农村义务教育经费保障机制和城市义务教育奖补政策的基础上,建立城乡统一、重在农村的义务教育保障机制,并从2016年起实施。调整的内容为:①统一城乡义务教育"两免一补"政策。对城乡义务教育学生免除学杂费、免费提供教科书,对家庭困难寄宿生补助生活费(简称"两免一补")。民办学校学生免除学杂费按照中央确定的生均公用经费基准定额执行。免费教科书资金,国家规定课程由中央全额承担,地方课程由地方承担。家庭经济困难寄宿生生活费补助由中央和地方按5∶5的比例分担。②城乡义务教育生均公用经费由中央和地方按比例分担,西部地区为8∶2,中部地区为6∶4,东部地区为5∶5。③农村义务教育学校校舍维修改造经费。中西部农村地区公办学校中央和地方按5∶5比例分担,东部农村地区中央按"以奖代补"方式给予奖励。城市地区公办义务教育学校校舍安全保障长效机制由地方建立,所需经费由地方承担。④城乡义务教育教师工资。中央继续对中西部及东部部分地区农村中小学教师工资经费给予支持，省级人民政府加大对本行政区域内财力薄弱地区的转移支付力度。县级人民政府确保县域内义务教育教师工资按时足额发放，教育部门在分配绩效工资时，要加大对艰苦边远贫困地区和薄弱学校的倾斜力度。实施步骤为：2016 年春季学期开始，统一执行新的义务教育学校生均公用经费基准定额（即上文提到的 2016 年生均公用经费基准定额）；2017 年春季学期开始，统一城乡义务教育学生"两免一补"政策；以后年度，根据义务教育发展过程中出现的新情况和新问题，适时完善城乡义务教育经费保障机制相关政策。这次政策调整有两个最明显的特点，一是实施了城乡统一，二是扩大了中央分担的范围。

2019 年，中央再一次对义务教育经费保障作出调整，进一步扩大资助政策受益面，加大投入力度。国务院办公厅印发的《教育领域中央与地方财政事权和支出责任划分改革方案》规定，义务教育总体为中央与地方共同财政事权，并按具体事项细化，其中：涉及学校日常运转、校舍安全、学生学习生活等经常性事项，所需经费一般根据国家基础标准，明确中央与地方财政分档负担比例，中央财政承担的部分通过共同财政事权转移支付安排，涉及阶段性任务和专项性工作的事项，所需经费由地方财政统筹安排，中央财政通过转移支付统筹支持。具体分担的项目和比例为：①公用经费保障。将国家制定分地区生均公用经费基准定额，调整为制定全国统一的基准定额，并按规定提高寄宿制学校等公用经费水平，单独核定义务教育阶段特殊教育学校和随班就读残疾学生等公用经费标准。所需经费由中央与地方财政分档按比例分担，其中：第一档中央财政分担 80%；第二档中央财政分担 60%；第三档、第四档、第五档中央财政分担 50%。① ②家庭经济困难学生生活补助。将家庭经济困难寄宿生生活补助调整为家庭经济困难学生生活补助，并制定家庭经济困难寄宿生和人口较少民族寄宿生生活补助国家基础标准，按照国家基础标准的一定比例核定家庭经济困难非寄宿生生活补助标准，各地可以结合实际分档确定非寄宿生具体生活补助标准。所需经费由中央与地方财政统一按 5：5 比例分担。人口较少民族寄宿生增加安排的生活补助全部由中央财政承担。③校舍安全保障。农村公办学校校舍单位面积补助测算标准由国家统一制定，所需经费由中央与地方财政分档按比例分担，其中：第一档、第二档中央财政分担比例由 50% 分别提高至 80%、60%；第三档、第四档、第五档中央财政由奖补支持调整为分别分担 50%、30%、10%。城市公办学校相关标准由地方制定，所需经费由地方财政承担。④贫困地区学生营养膳食补助。将贫困地区农村义务教育学生营养膳食补助标准由中央与地方分别制定，调整为统一制定国家基础标准。国家试点范围为集中连片特困地区县，

---

① 第一档包括内蒙古、广西、重庆、四川、贵州、云南、西藏、陕西、甘肃、青海、宁夏、新疆 12 个省（自治区、直辖市）；第二档包括河北、山西、吉林、黑龙江、安徽、江西、河南、湖北、湖南、海南 10 个省；第三档包括辽宁、福建、山东 3 个省（不含计划单列市）；第四档包括天津、江苏、浙江、广东 4 个省（直辖市）及大连、宁波、厦门、青岛、深圳 5 个计划单列市；第五档包括北京、上海 2 个直辖市。

所需经费由中央财政承担；地方试点范围为其他国家扶贫开发工作重点县、省级扶贫开发工作重点县、民族县、边境县、革命老区县，具体实施步骤由各地结合实际确定并按照国家基础标准统筹安排经费，中央财政给予生均定额奖补。⑤其他经常性事项。免费提供国家规定课程教科书和免费为小学一年级新生提供正版学生字典，所需经费均由中央财政承担；免费提供地方课程教科书，所需经费由地方财政承担。农村义务教育阶段学校教师特设岗位计划教师补助、集中连片特困地区乡村教师生活补助等所需经费由地方财政统筹安排，中央财政分别给予工资性补助和综合奖补。⑥涉及阶段性任务和专项性工作的事项。薄弱环节改善与能力提升，现阶段重点改善贫困地区薄弱学校基本办学条件，所需经费由地方财政统筹安排，中央财政通过相关转移支付统筹给予支持，今后根据城乡义务教育改革发展形势，适时调整支持内容、范围和重点。教师培训专项工作补助，所需经费由地方财政统筹安排，中央财政通过相关转移支付统筹给予支持。边远贫困地区、边疆民族地区和革命老区人才计划教师选派专项工作补助，由国家统一制定补助标准，所需经费由中央与地方财政分档按比例分担，第一档由中央财政承担，第二档由中央与省级财政按5∶5比例分担，其他由省级财政承担。

"十四五"期间，中央将进一步加大义务教育投入力度。国家发改委、教育部、人力资源和社会保障部联合印发的《"十四五"时期教育强国推进工程实施方案》规划，教育总投入方面：中央预算内投资对地方项目原则上按照东、中、西部地区(含根据国家相关政策享受中、西部政策的地区)分别不超过总投资(不含土地费用、市政费用，仅为工程建设投资)的30%、60%和80%的比例进行支持，西藏自治区、南疆四地州、四省涉藏州县在投资限额内全额支持。同时，基础教育项目，中部地区脱贫县按照不超过项目总投资80%的比例进行支持。义务教育投入方面：中央预算内投资对每所义务教育学校、幼儿园支持分别为1000万元、500万元。对易地扶贫搬迁集中安置点新建项目，可适当上浮中央预算内投资支持额度，支持额度最高不超过上述投资限额的200%。"十四五"期间，每县支持额度不超过4000万元。

(三)财政预算中将义务教育费用单列，均衡安排义务教育经费

教育法第56条规定，各级人民政府的教育经费支出，按照事权和财权相统一的原则，在财政预算中单独列项。义务教育法继承教育法的这一精神，第45条第1款规定，地方各级人民政府在财政预算中将义务教育经费单列。教育经费预算是各级财政进行教育拨款的依据，要保障教育经费拨款，必须首先将教育经费列入财政预算中。义务教育法实施以前，一般把教育经费与科学、文化、卫生、体育等各项事业经费共同作为一项财政支出项目进行预算，教育经费支出项目具有不确定性，国家财政拨给教育的经费可能因科学、文化、卫生、体育等影响而失去稳定的保障。有鉴于此，教育法规定财政预算中将教育经费从其他事业经费预算中独立出来单独列项，义务教育法又规定义务教育经费从教育经费预算中单列，使事权和财权相统

一，体现了国家对义务教育经费保障的高度重视。教育经费、义务教育经费在经费中单独列项有力保证了教育经费和义务教育经费的可靠性、稳定性，同时也便于国家把握对教育经费、义务教育经费的财政投入情况，从而把教育经费投入纳入法制化、规范化的轨道。

随着教育精准扶贫政策的实施和义务教育均衡发展的持续推进，我国农村地区薄弱学校建设已有很大改观，但是地区差距、城乡差距、校际差距仍然存在，从教育部公布的 2021 年全国普通小学生均一般公共预算公用经费支出来看，生均公用经费最高的北京市与最低的河南省相差 5 倍多，各地区城乡之间学校的办学条件同样存在不小差距，因此推进义务教育均衡发展仍然是一项长期的战略任务。为此，义务教育法第 45 条第 2 款规定，县级人民政府编制预算，除向农村地区学校和薄弱学校倾斜外，应当均衡安排义务教育经费。以此推进义务教育均衡发展，促进教育公平，保证每一个儿童、少年都能受到良好的教育。

(四)通过财政转移支付支持落后地区义务教育

义务教育法第 46 条规定，国务院和省、自治区、直辖市人民政府规范财政转移支付制度，加大一般性转移支付规模和规范义务教育专项转移支付，支持和引导地方各级人民政府增加对义务教育的投入。

财政转移支付是指政府间的无偿资金转移，包括上下级和同级政府之间的转移。义务教育财政转移支付是指上级政府给予下级政府用于义务教育发展的财政补助，目的在于弥补下级政府义务教育的财政缺口，解决地区间义务教育财政的不平衡问题。

政府实施义务教育财政转移支付主要基于以下几点考虑：第一，义务教育具有公共产品性质，有很强的外部效应。教育的提供和收益具有很大的外部性，义务教育投资不仅使受教育者本人受益，同时也有利于全民素质的提高和社会文明的进步。地方提供的义务教育会随着受教育者的流动而将义务教育的收益带出本地区。第二，从教育资源的配置情况看，纵向方面，不同级政府通常存在财政实力上的差异，有的某级政府面临财政赤字，而其他级政府却出现盈余；横向方面，一部分地方政府出现财政结余，而另一部分地方政府却面临财政赤字。因此，为了保证义务教育的有效供给，上级政府需要对下级政府实行财政转移，以体现全国性的教育公平目标。第三，作为一项人力资本的投资，为了获得较高的资源利用效率，政府投资义务教育就必须考虑如何配置教育资源，上级政府可以通过义务教育财政转移支付的拨款模式，吸引并调动下级政府的财政积极性，提高义务教育资金的使用效率。[①]

我国现行的义务教育财政转移支付制度包括一般性转移支付和专项转移支付。一般性转移支付包括税收返还与过渡时期转移支付两部分。一般性转移支付是均衡地方财力，实现义务教育公平目标的最佳形式，应充分发挥其优势，重点加大一般

---

① 信春鹰：《中华人民共和国义务教育法释义》，140 页，北京，法律出版社，2006。

性转移支付的规模。例如，2022 年 5 月，财政部下达义务教育相关转移支付资金 2125 亿元(不含教师工资)，引导和支持地方落实"双减"政策，推进薄弱环节改善与能力提升。其中，安排 1391 亿元，支持地方巩固落实义务教育经费保障机制，提高国家规定课程循环教科书更新配给比率。安排 300 亿元，支持地方深入推进薄弱环节改善与能力提升工作，持续改善农村学校基本办学条件，有序扩大城镇学位供给，提升学校办学能力等。安排 262 亿元，支持地方实施好学生营养改善计划，落实每生每天 5 元的营养膳食补助标准，持续改善欠发达地区学生营养健康状况。[①] 在以一般性转移支付为主的同时，还可以根据实际需要实行专项转移支付、扩大专项转移支付规模、增加人员经费等固定支出，把目前一次性投入逐步变为稳定的经常性经费，例如，2010 年中央财政向各地预拨当年免除城市义务教育阶段学生学杂费转移支付资金 31.66 亿元，专项用于城市义务教育阶段学校的公用经费开支，以确保学校春季开学后的正常运转和免学杂费政策的及时落实。

义务教育财政转移支付制度是我国用来解决教育经费总量不足与缩小区域间发展差异的主要政策，地方各级人民政府要加强对转移支付资金使用情况的监督，确保上级人民政府的义务教育转移支付资金按照规定用于义务教育。

三、规划建设学校

教育法规定，国家举办学校及其他教育机构。义务教育是国家予以保障的公益事业，义务教育学校主要由政府来建设，义务教育法在学校一章对各级人民政府规划建设各类义务教育学校的职责作了规定。

(一)制定调整学校设置规划

义务教育法第 15 条规定，县级以上地方人民政府根据本行政区域内居住的适龄儿童、少年的数量和分布状况等因素，按照国家有关规定，制定、调整学校设置规划。新建居民区需要设置学校的，应当与居民区的建设同步进行。

为落实以上规定，2006 年《教育部关于进一步加强中小学校校舍建设与管理工作的通知》对中小学校设置规划提出了具体要求：普通中小学校的设置要在保障适龄儿童、少年在户籍所在地就近入学的前提下，按照城乡规划的要求、结合人口密度与人口分布，尤其是学龄人口数量及其变化趋势，以及交通、环境、地形地貌等因素综合考虑，合理布点。2008 年，国家住建部、发改委批准发布《农村普通中小学校建设标准》(建标 109—2008)，该标准第 14 条规定，农村普通中小学校的布局，应根据乡(镇)总体规划要求、结合人口密度、学生来源、地形地貌、能源、交通、环境等综合条件确定。第 15 条规定，学校服务半径，应以小学就近入学、中学相对集中为原则，根据"规模"办学和学校住宿条件等因素确定。

另外，对于新建居民区需要设置学校的，要坚持同步建设的原则。同步建设是

---

① https://www.gov.cn/xinwen/2022-05/13/content_5690092.htm，访问日期：2024-06-25。

配套设施建设的一个重要原则，它要求规划、设计、施工、验收的同步进行，同步建设有利于统筹安排、合理布局；有利于保证适龄儿童、少年就近入学；有利于缩短建设周期，防止重复建设。

(二)学校建设要符合国家标准

义务教育法第 16 条规定，学校建设，应当符合国家规定的办学标准，适应教育教学需要；应当符合国家规定的选址要求和建设标准，确保学生和教职工安全。这一规定要求学校建设符合国家规定的办学标准、选址要求和建设标准。

"建标 109—2008"对农村普通中小学校选址作了规定：①应选在地质条件较好、环境适宜、交通方便、地形开阔、阳光充足、地势较高、具备必要基础设施的地段。②应避开地震危险地段、泥石流易发地段、滑坡体、悬崖边及崖底、风口、洪水沟口、输气管道和高压走廊等。③应避免学生跨越公路干线、无立交设施的铁路、无安全通行防护设施的河流及水域。④不应与集贸市场，娱乐场所，生产、经营、贮藏有毒有害危险品、易燃易爆物品的场所，噪声等污染源，医院太平间，殡仪馆，消防站等不利于学生学习、身心健康和危及学生安全的场所毗邻。

关于学校办学标准和建设标准，"建标 109—2008"规定学校建设总体规划应按教学区、体育运动区、生活区等不同功能要求合理布局，并应符合下列要求：①教学、图书、实验用房应布置在校园的静区，并保证有良好的建筑朝向。②校园内各建筑之间、校内建筑与相邻的校外建筑之间的距离，应符合国家现行标准、规范中的规划、消防、日照等有关规定。③教学用房与体育活动场地应有合理的间距。田径场地和球类场地的长轴宜为南北方向。④校园内的交通应便捷，校园道路应避免穿越体育运动场地。学校的主出入口不宜设在主要交通干道边上，校门外侧应设置人流缓冲区。另外，校园绿地及种植园地应与校舍建筑统一规划和建设；校园应有围墙(或安全隔离设施)、校门；学校应设置旗杆、旗台，并宜位于校园中心广场或主要运动场区的显要位置。"建标 109—2008"还具体规定了学校的班额标准、校园用地标准和校舍建筑标准，以完全小学 6 个班规模的学校为例，班额标准近期 45 人/班，远期 40 人/班；生均用地面积 34 平方米；生均建筑面积 7.85 平方米。

(三)根据需要设置其他类型学校

政府除了设置、建设一般的普通义务教育学校外，还应设置其他类型的学校，以保障远离学校学生、少数民族学生、残疾儿童、未成年人犯等不同群体适龄儿童、少年接受义务教育的权利。

一是县级人民政府根据需要设置寄宿制学校，保障居住分散的适龄儿童、少年入学接受义务教育。

二是国务院教育行政部门和省、自治区、直辖市政府根据需要，在经济发达地区设置接收少数民族适龄儿童、少年的学校(班)。

三是县级以上地方人民政府根据需要设置相应的实施特殊教育的学校(班)，对视力残疾、听力语言残疾和智力残疾的适龄儿童、少年实施义务教育。特殊教育学校(班)应当具备适应残疾儿童、少年学习、康复、生活特点的场所和设施。普通学校应当接收具有接受普通教育能力的残疾适龄儿童、少年随班就读,并为其学习、康复提供帮助。

四是县级以上地方政府根据需要,为具有预防未成年人犯罪法规定的严重不良行为的适龄少年设置专门的学校实施义务教育。对未完成义务教育的未成年犯和被采取强制性教育措施的未成年人应当进行义务教育,所需经费由政府予以保障。

通过不断建设,我国义务教育办学条件得到明显改善,2012—2021年,全国义务教育学校生均教学及辅助用房面积从 3.7 平方米增至 5 平方米,生均体育运动场占地面积从 7.3 平方米增至 8.2 平方米,生均教学仪器设备值从 727 元增至 2285元,互联网接入率由 25% 提升到近 100%,大班额比例由 17.8% 降至 0.71%。义务教育基本办学条件得到显著改善,危房、大通铺等问题基本解决,特别是许多中西部农村地区办学条件实现了质的飞跃,"最好最安全的建筑在学校"得到了群众的公认。[①]

四、保障教学标准

义务教育由国家统一实施,必然要求国家统一教学标准。义务教育法第 35 条规定,国务院教育行政部门根据适龄儿童、少年身心发展的状况和实际情况,确定教学制度、教育教学内容和课程设置,改革考试制度,并改进高级中等学校招生办法,推进实施素质教育。这一规定赋予国务院教育行政部门对全国义务教育教学进行统一管理的职责。国务院教育行政部门的教学管理是宏观的、顶层的设计,主要体现在以下几方面。

一是通过制定教育规章规范中小学校的教学行为。1996 年教育部制定《小学管理规程》对学校的教学制度进行规范,如规定"小学应当按照教育行政部门颁布的校历安排学校工作。小学不得随意停课,若遇特殊情况必须停课的,一天以内的由校长决定,并报县教育行政部门备案;一天以上三天以内的,应经县级人民政府批准"。

二是通过制定义务教育课程方案和课程标准规范中小学的教学内容。《国务院关于基础教育改革与发展的决定》规定,实行国家、地方、学校三级课程管理。国家制定中小学课程发展总体规划,确定国家课程门类和课时,制定国家课程标准,宏观指导中小学课程实施。目前,国家制定的义务教育各学科的课程方案和课程标准是每一所义务教育学校实施教育教学的重要依据。

---

① 数据来自教育部"教育这十年""1+1"系列发布会第五场,介绍党的十八大以来义务教育改革发展成效,http://www.moe.gov.cn/fbh/live/2022/54598/twwd/202206/t20220621_639310.html,访问日期:2023-08-18。

三是统一审定教材。《小学管理规程》规定，小学使用的教材，须经国家或国家授权的省级教材审定部门审定。实验教材、乡土教材须经有关的教育行政部门批准后方可使用。义务教育法第39条规定，国家实行教科书审定制度。教科书的审定办法由国务院教育行政部门规定。未经审定的教科书，不得出版、选用。《国务院关于基础教育改革与发展的决定》规定，教材编写核准、教材审查实行国务院教育行政部门和省级教育行政部门两级管理，实行国家基本要求指导下的教材多样化。国务院教育行政部门负责核准国家课程的教材编写，审定国家课程的教材及跨省（自治区、直辖市）使用的地方课程的教材；省级教育行政部门负责地方课程教材编写的核准和教材的审定。

五、推进义务教育均衡发展

从1986年义务教育法提出我国实行九年义务教育制度到2011年全国通过了"普九"验收，我国用25年普及了城乡免费义务教育，从根本上解决了适龄儿童少年"有学上"问题。但是由于区域之间、城乡之间、学校之间办学水平和教育质量还存在明显差距，所有适龄儿童、少年"上好学"的问题凸显出来，实现义务教育均衡发展已成为义务教育改革与发展的新的战略任务。为此，2006年重新修订的义务教育法第6条规定，国务院和县级以上地方人民政府应当合理配置教育资源，促进义务教育均衡发展，改善薄弱学校的办学条件，并采取措施，保障农村地区、民族地区实施义务教育，保障家庭经济困难的和残疾的适龄儿童、少年接受义务教育。这一规定把推进义务教育均衡发展作为政府的法定职责。

自义务教育法对义务教育均衡发展立法以来，党中央、国务院高度重视，把推进义务教育均衡发展作为一项长期的、艰巨的战略任务。2010年印发的《国家中长期教育改革和发展规划纲要（2010—2022年）》把推进义务教育均衡发展与巩固提高九年义务教育水平、减轻中小学生课业负担一起作为义务教育的三大任务，提出要建立健全义务教育均衡发展保障机制。推进义务教育学校标准化建设，均衡配置教师、设备、图书、校舍等资源。要切实缩小校际差距，着力解决择校问题；加快缩小城乡差距，率先在县（区）内实现城乡均衡发展；努力缩小区域差距，加大对革命老区、民族地区、边疆地区、贫困地区扶持力度，鼓励发达地区支援欠发达地区。

2012年，《国务院关于深入推进义务教育均衡发展的意见》全面提出了义务教育均衡发展的主要任务、基本目标和实施路径。主要任务是：切实缩小校际差距，加快缩小城乡差距，努力缩小区域差距，办好每一所学校，促进每一个学生健康成长。基本目标是：每一所学校符合国家办学标准，办学经费得到保障；教育资源满足学校教育教学需要，开齐国家规定课程；教师配置更加合理，提高教师整体素质；学校班额符合国家规定标准，消除"大班额"现象；率先在县域内实现义务教育基本均衡发展，县域内学校之间差距明显缩小。到2020年，全国义务教育巩固率达到

95%，实现基本均衡的县(市、区)比例达到95%。实施路径是：①推动优质教育资源共享。包括扩大优质教育资源覆盖面，提高社会教育资源利用水平。②均衡配置办学资源。包括进一步深化义务教育经费保障机制改革，推进义务教育学校标准化建设。③合理配置教师资源。包括改善教师资源的初次配置，各地逐步实行城乡统一的中小学编制标准，实行县域内公办学校校长、教师交流制度。④保障特殊群体平等接受义务教育。包括保障进城务工人员随迁子女平等接受义务教育，建立健全农村留守义务教育学生关爱服务体系，重视发展义务教育阶段特殊教育，关心扶助需要特别照顾的学生。⑤全面提高义务教育质量，包括实施素质教育，促进学生全面发展和生动活泼主动发展，为每位学生提供适合的教育；切实减轻学生过重课业负担。⑥加强和改进学校管理，包括完善学生学籍管理办法，规范招生办法，规范财务管理，规范收费行为。⑦加强组织领导和督导评估。省级政府要建立推动有力、检查到位、考核严格、奖惩分明、公开问责的义务教育均衡发展推进责任机制。把县域义务教育均衡发展作为考核地方各级政府及其主要负责人的重要内容。教育、发展改革、财政、人力资源社会保障、编制等部门要把义务教育均衡发展摆上重要议事日程，各负其责，密切配合，形成协力推进义务教育均衡发展的工作机制。加强对义务教育均衡发展的督导评估工作，对县域内义务教育在教师、设备、图书、校舍等资源配置状况和校际在相应方面的差距进行重点评估。对地方政府在入学机会保障、投入保障、教师队伍保障以及缓解热点难点问题等方面进行综合评估。将县域公众满意度作为督导评估的重要内容。

经过十几年的努力，我国义务教育均衡发展取得阶段性成果，据统计，2021年全国2895个县全部实现义务教育基本均衡。"十四五"期间，在现有成果的基础上，国家又提出了"优质均衡发展"的新要求和新目标。《中国教育现代化2035》提出，要提升义务教育均等化水平，建立学校标准化建设长效机制，推进城乡义务教育均衡发展。在实现县域内义务教育基本均衡基础上，进一步推进优质均衡。《中华人民共和国国民经济和社会发展第十四个五年规划和2035年远景目标纲要》提出，要巩固义务教育基本均衡成果，完善办学标准，推动义务教育优质均衡发展和城乡一体化。

六、保障适龄儿童少年接受义务教育

义务教育的法定学龄是6周岁，条件不具备的地区可以推迟到7周岁。义务教育是国家予以保障的教育，儿童、少年到了义务教育法定学龄，除了父母必须送子女入学外，政府也有责任保障适龄儿童、少年入学，防止辍学。

(一)保障适龄儿童少年免试就近入学

义务教育法第12条规定，适龄儿童、少年免试入学。地方各级人民政府应当保障适龄儿童、少年在户籍所在地学校就近入学。因此，保障适龄儿童少年免试、就近入学是义务教育法的规定，是政府的法定责任，是基本公共服务的重要内容。

免试入学、就近入学是我国义务教育入学政策的核心原则。实行适龄儿童少年就近免试入学的一个重要目的是避免择校问题，保障义务教育均衡发展。免试入学就是义务教育各类学校在适龄儿童、少年入学时不得举行或变相举行考试，学完小学直接升入初中。就近入学是指由县（区）教育行政部门根据本地区公办学校的资源状况和义务教育适龄学生的分布和需求状况，合理规划和确定本县（区）义务教育阶段公办学校招生入学范围和招生人数，为每一位适龄儿童、少年提供"就近入学"的义务教育学额。①

为了更好地落实免试就近入学政策，2014 年教育部印发了《关于进一步做好小学升入初中免试就近入学工作的实施意见》，对免试就近入学作了具体规定：一是要合理划定招生范围。县级教育行政部门要在上级教育行政部门指导统筹下，根据适龄学生人数、学校分布、所在学区、学校规模、交通状况等因素，按照就近入学原则依街道、路段、门牌号、村组等，为每一所初中合理划定对口小学（单校划片）。对于城市老城区暂时难以实行单校划片的，可按照初中新生招生数和小学毕业生基本相当的原则为多所初中划定同一招生范围（多校划片）。优质初中要纳入多校划片范围。片区划定后要相对稳定，确需调整时要由县级教育行政部门邀请相关单位和家长代表参与，进行审慎论证。二是要有序确定入学对象。县级教育行政部门应充分利用全国中小学生学籍信息管理系统组织实施小升初工作，严格实行"一人一籍、籍随人走"，提高学籍管理信息化水平，为小升初学生登记、随机派位及遏制学生无序流动等提供基础性保障。单校划片学校采用对口直升方式招生，即一所初中对口片区内所有小学毕业生入学。多校划片学校，先征求入学志愿，对报名人数少于招生人数的初中，学生直接入学；对报名人数超过招生人数的初中，以随机派位的方式确定学生。随机派位工作由县级教育行政部门统一组织，邀请相关单位和家长代表参与。未在户籍所在片区小学就读的学生，如申请升入户籍所在片区初中，由县级教育行政部门统一受理、审核，统筹安排就学。地方各级教育行政部门和公办、民办学校均不得采取考试方式选拔学生。公办学校不得以各类竞赛证书或考级证明作为招生入学依据。三是做好随迁子女就学。省级教育行政部门要依法制定随迁子女初中入学的政策措施，县级教育行政部门要做好实施工作。各地要依法合理确定随迁子女入学条件，积极接收随迁子女就学，帮助他们解决实际困难，融入城市生活。随迁子女特别集中的地方，要扩大公办学校容量，鼓励社会力量办学，购买民办学校服务，加大对接收随迁子女学校的支持力度，满足随迁子女入学需求。特大城市要结合城市发展规划、人口控制目标和教育承载能力，稳步有序地安排符合条件的随迁子女就学。另外，意见还对办理入学手续、阳光招生、学区化办学等事项作了规定。

---

① 信春鹰：《中华人民共和国义务教育法释义》，36 页，北京，法律出版社，2012。

(二)督促适龄儿童入学，防止学生辍学

随着我国普及九年义务教育工作的推进，义务教育覆盖面、入学率、巩固率持续提高。但受办学条件、地理环境、家庭经济状况和思想观念等多种因素影响，我国一些地区仍存在不同程度的失学辍学现象，初中学生辍学、流动和留守儿童失学辍学问题仍然较为突出。据不完全统计，2019年年初全国义务教育阶段辍学学生人数有60万人。为了防止学生辍学，切实保障适龄儿童、少年接受义务教育的权利，义务教育法要求政府担起应有的责任。义务教育法第13条规定，县级人民政府教育行政部门和乡镇人民政府组织和督促适龄儿童、少年入学，帮助解决适龄儿童、少年接受义务教育的困难，采取措施防止适龄儿童、少年辍学。居民委员会和村民委员会协助政府做好工作，督促适龄儿童、少年入学。除了义务教育法对政府的责任作出规定外，未成年人保护法也对政府的职责作了规定，该法第83条第2款规定，对尚未完成义务教育的辍学未成年学生，教育行政部门应当责令父母或者其他监护人将其送入学校接受义务教育。

为了落实义务教育法的规定，2017年，国务院办公厅专门印发了《国务院办公厅关于进一步加强控辍保学提高义务教育巩固水平的通知》，针对辍学的原因提出了有针对性的工作举措，要求做到"三避免、一落实"，即避免因学习困难或者厌学而失学辍学，避免因贫失学辍学，避免因上学远上学难而辍学。为了保证控辍保学工作落实，该文件还明确了政府的责任，要求省级人民政府要全面负责区域内义务教育控辍保学工作，完善政策措施，健全控辍保学的目标责任制；县级人民政府要履行控辍保学的主体责任，组织和督促适龄儿童少年入学，帮助他们解决接受义务教育的困难，采取措施防止辍学。同时加强对控辍保学工作的督导，将义务教育控辍保学工作纳入地方各级人民政府的考核体系，开展控辍保学专项督导，对义务教育辍学高发、年辍学率超过控制线的县，不得评估认定为县域义务教育发展基本均衡县。切实加强对辍学高发县工作指导，建立控辍保学约谈制度和通报制度，实行控辍保学督导检查结果公告、限期整改和责任追究制度。

案例 6-1

平乐乡政府告失学儿童家长案①

2001年9月3日，正值贵州省安龙县平乐乡龙蛇场坝赶场天。一大早，不足三千平方米的龙蛇场坝就挤满了来自本乡各村和毗邻乡镇的赶场群众。他们等待着乡政府状告失学儿童家长案件在这里开庭。

中午12时，安龙县人民法院民事审判庭庭长胡某某宣布：平乐乡人民政府诉王某坤、韦某、王某英拒不履行法定义务，侵害子女义务教育权利一案正式开庭。

① 申素平：《教育法学：原理、规范与应用》，87～88页，北京，教育科学出版社，2009。

平乐乡政府、教育辅导站工作人员作为原告代理人走上原告席；王某坤、韦某、王某英三位学生家长坐上了被告席。被告人王某坤有未成年子女4人，原就读于平乐乡龙蛇小学；被告人韦某的女儿原就读于平乐乡中学龙蛇代办点；被告人王某英的女儿原就读于平乐小学。2001年春季入学报名开始后，他们的班主任迟迟不见这6名学生到学校报到。学校分别派出任课老师赶到这6名学生家了解情况。韦某、王某英称其子女已外出打工，并说女孩子读书没多大用，只要识几个数就行了。尽管老师一再做工作，但时隔一周，三被告仍没有将6名辍学的学生送到学校。平乐乡政府得知情况后，先后抽调综治办、教育辅导站、学校、司法所的同志，分别由乡党委书记、乡长亲自带队徒步赶到这些学生家中，苦口婆心地给学生家长做工作，同时向他们宣讲义务教育法和未成年人保护法，阐明让孩子接受九年义务教育是父母和学校的共同责任。3月9日和3月26日，乡政府分别向学生家长送达了复学通知书。三被告接到复学通知书后，仍不予理会。4月3日，乡政府正式向三被告下达行政处罚决定书，要求4月13日前必须将其子女送回学校接受义务教育。4个月过去了，三被告未履行处罚决定。为此，根据义务教育法和未成年人保护法的有关规定，平乐乡人民政府于8月26日向人民法院提起诉讼，要求判令三被告送其子女复学，并各支付本案诉讼费50元。

庭审中，原告平乐乡政府当庭陈述三被告长期拒不履行有关法律规定的事实和要求保护未成年人合法权益的理由，法庭当庭进行了调查、取证、辩论。经合议庭对本案进行认真讨论后，法院依法判决：被告王某坤、韦某、王某英停止对其子女接受九年制义务教育权利的侵害，责令三被告立即履行送子女复学的法定义务；案件诉讼费150元分别由三被告承担。

案例分析

这起案件值得讨论的问题有两个，一是政府何以告公民，二是父母不送子女上学如何承担法律责任。第一个问题由于涉及行政诉讼和民事诉讼等法律知识，在此不作讨论，下面主要讨论第二个问题。

本案发生在2001年，1986年实施的义务教育法和1992年实施的未成年人保护法，只是规定了父母有送适龄子女入学的义务，并没有规定不履行这一义务的法律责任。2006年修订的义务教育法对此作了规定，义务教育法第58条规定，适龄儿童、少年的父母或者其他法定监护人无正当理由未依照本法规定送适龄儿童、少年入学接受义务教育的，由当地乡镇人民政府或者县级人民政府教育行政部门给予批评教育，责令限期改正。但问题是，像本案那样，政府责令改正，父母仍然不听怎么办，是否还有后续手段？对此，2020年修订的未成年人保护法作了制度安排。未成年人保护法规定了父母及其他监护人10项监护职责，其中一项是保障适龄未成年人接受并完成义务教育，如果父母不履行监护职责，依照未成年人保护法第118条规定，由居（村）民委员会予以劝诫、制止；情节严重的由公安机关、人民检察院、人民法院予以训诫，并可以责令其接受家庭教育指导。从目前法律明确规定的条文来看，仅有这些途径。

值得思考的是，未成年人保护法第108条规定，未成年人的父母不履行监护责任，人民法院可以依照有关人员申请，依法作出人身安全保护令或者撤销监护人资格。问题在于，根据《关于依法处理监护人侵害未成年人权益行为若干问题的意见》，人民法院裁定作出人身安全保护令和撤销监护人资格主要针对的是监护人严重危害未成年人身心健康的行为，但是"不送子女接受义务教育"又属于未成年人保护法108条规定的父母"不依法履行监护职责"的情形，这种情形是否适用未成年人保护法第118条，尚需进一步探讨或作出司法解释。

七、维护校园周边环境，保障学校安全

多年来，中小学校周边交通事故、网吧对中小学生的影响、不法分子闯进中小学校园伤害师生等事件时有发生，对广大师生的人身安全、财产安全和学校正常的教育教学秩序造成严重影响。维护学校安全，除了学校自身要做好安全工作外，义务教育法还赋予各级人民政府保障学校安全的职责。义务教育法第23条规定，各级人民政府及其有关部门依法维护学校周边秩序，保护学生、教师、学校的合法权益，为学校提供安全保障。

一直以来，政府对义务教育学校安全工作非常重视，2006年教育部、公安部、司法部、建设部、交通部、文化部、卫生部、工商总局、质检总局、新闻出版总署十部门联合印发了《中小学幼儿园安全管理办法》，明确了相关职能部门的职责，同时规定，举办学校的地方政府应当对学校安全工作履行下列职责：①保证学校符合基本办学标准，保证学校围墙、校舍、场地、教学设施、教学用具、生活设施和饮用水源等办学条件符合国家安全质量标准。②配置紧急照明装置和消防设施与器材，保证学校教学楼、图书馆、实验室、师生宿舍等场所的照明、消防条件符合国家安全规定。③定期对校舍安全进行检查，对需要维修的，及时予以维修；对确认的危房，及时予以改造。同时该管理办法还规定了政府各部门的安全保障职责。2019年，教育部、最高人民法院、最高人民检察院、公安部、司法部五部门联合印发了《关于完善安全事故处理机制　维护学校教育教学秩序的意见》，这是一份专门打击"校闹"的文件，该意见完善了学校安全事故预防和处置机制，建立了多部门协调配合的工作机制，要求各地、各有关部门加强组织领导与协调配合，形成工作合力；要求地方教育部门积极协调相关部门建立联席会议等工作制度，定期互通信息，及时研究解决问题，共同维护学校安全，切实为学校办学安全托底，解除学校后顾之忧，保障学校安心办学、静心育人。

八、加强义务教育督导

为保证依法治教，依法治校，保证教育法律法规和重要教育政策的落实，有必

要对各级人民政府及其有关部门和学校等教育机构执行国家政策法规的情况进行督导。义务教育法第 8 条规定，人民政府教育督导机构对义务教育工作执行法律法规情况、教育教学质量以及义务教育均衡发展状况等进行督导，督导报告向社会公布。

2012 年，国务院公布了《教育督导条例》，使教育督导有了法规依据。条例规定，教育督导的内容主要是两个方面：一是县级以上人民政府对下级人民政府落实教育法律、法规、规章和国家教育方针、政策的督导；二是县级以上地方人民政府对本行政区域内的学校和其他教育机构教育教学工作的督导。教育督导的领导体制为：国务院教育督导机构承担全国的教育督导实施工作，制定教育督导的基本准则，指导地方教育督导工作。县级以上地方人民政府负责教育督导的机构承担本行政区域的教育督导实施工作。国务院教育督导机构和县级以上地方人民政府负责教育督导的机构在本级人民政府领导下独立行使督导职能。

按照义务教育法第 8 条的规定，义务教育督导的重点主要包括三个方面：一是对义务教育工作执行法律法规情况进行督导。如 2016 年，国务院教育督导委员会办公室公布《中小学(幼儿园)安全工作专项督导暂行办法》，对各地各校执行《中小学幼儿园安全管理办法》的情况进行督导。二是对教育教学质量进行督导。如 2021 年，国务院教育督导委员会办公室印发《关于组织责任督学进行"五项管理"督导的通知》，对加强中小学生作业、睡眠、手机、读物、体质管理("五项管理")进行专项督导。又如 2022 年，国务院教育督导委员会办公室印发《关于继续把"双减"督导作为 2022 年教育督导"一号工程"的通知》和《责任督学"双减"实地督导工作指引》，对"双减"这一重点工作进行督导。三是对义务教育均衡发展工作进行督导，这是我国教育义务教育督导工作的重中之重。为此国家建立了县域义务教育基本均衡发展督导评估认定制度，由国务院教育督导委员会办公室具体组织实施，从 2013 年启动了国家督导评估认定工作，2017 年教育部印发《县域义务教育优质均衡发展督导评估办法》，2013—2021 年，国务院教育督导委员会办公室每年组织开展县域义务教育基本均衡发展国家督导评估认定工作。

第二节　政府的法律责任

义务教育法规定了政府多项职责，如果各级人民政府(主要是县级人民政府)及其有关部门不履行这些职责，或者实施了义务教育法所禁止的行为，就应承担相应的法律责任，根据义务教育法，政府及其有关部门的法律责任主要包括以下几个方面。

一、国务院有关部门和地方政府的法律责任

义务教育法第 51 条规定，国务院有关部门和地方各级人民政府违反本法第六章的规定，未履行对义务教育经费保障职责的，由国务院或者上级地方政府责令限期

改正；情节严重的，对直接负责的主管人员和其他直接责任人员依法给予行政处分。

义务教育法第六章规定的政府的经费保障职责概括起来主要包括六个方面：一是足额及时拨付义务教育事业经费，并实现"三个增长"；二是国务院和地方政府分项目、按比例分担义务教育经费；三是地方各级人民政府在财政预算中将义务教育经费单列；四是通过财政转移支付支持困难地区义务教育；五是设立专项资金扶持农村地区、民族地区义务教育；六是义务教育经费专款专用。国务院有关部门和地方各级人民政府未履行以上职责的，将依照义务教育法第51条规定承担法律责任。

二、县级以上政府的法律责任

义务教育法第52条规定，县级以上地方人民政府有下列情形之一的，由上级人民政府责令限期改正；情节严重的，对直接负责的主管人员和其他直接责任人员依法给予行政处分。

(一)未按照国家有关规定制定、调整学校的设置规划的

义务教育法第15条规定，县级以上地方人民政府根据本行政区域内居住的适龄儿童、少年的数量和分布状况等因素，按照国家有关规定，制定、调整学校设置规划。新建居民区需要设置学校的，应当与居民区的建设同步进行。这一规定赋予县级以上人民政府根据本行政区域内的实际情况制定、调整学校设置规划，以确保适龄儿童、少年就近入学。同时，在新建居民区设置学校应与居民区同步建设，避免布局不当、延误工期、重复建设。如果没有履行这一职责，将依照义务教育法第52条规定承担法律责任。

(二)学校建设不符合国家规定的办学标准、选址要求和建设标准的

义务教育法第16条规定，学校建设，应当符合国家规定的办学标准，适应教育教学需要；应当符合国家规定的选址要求和建设标准，确保学生和教职工安全。安全问题重于泰山，学校安全问题的两个至关重要的方面就是选址安全和校舍安全，在什么地方建学校，要符合国家规定的选址标准，远离易燃易爆、剧毒、放射性等危险物品生产、经营、储存、使用场所或者设施，远离加油站、高压电线和废弃物品收集、储存、处理的场所和设施。学校校舍的建设要符合国家规定的标准，在校舍建成验收时，有关方面要严把质量关，不合格的不予验收。如果县级以上地方人民政府在建设学校中，建设的校舍不符合国家规定的办学标准、选址要求和建设标准的，将依照义务教育法第52条规定承担法律责任。

(三)未定期对学校校舍安全进行检查，并及时维修、改造的

义务教育法第24条第2款规定，县级以上地方人民政府定期对学校校舍安全进行检查；对需要维修、改造的，及时予以维修、改造。这一规定要求校舍建成后，县级以上人民政府应当定期对校舍进行安全检查，发现问题的，要及时予以维修、改造，确保不出现危房。如果县级人民政府没有履行这一职责，就要依照义务教育法第52条承担法律责任。

(四)未依照本法规定均衡安排义务教育经费的

义务教育法第 45 条第 2 款规定，县级人民政府编制预算，除向农村地区学校和薄弱学校倾斜外，应当均衡安排义务教育经费。促进义务教育资源(包括资金、师资力量)的均衡发展是县级人民政府的法定职责，如果县政府没有履行职责，把大量资金投给条件好的学校、名校，而对于一般学校、薄弱学校则少投或者不投，就与教育公平的理念相悖，与均衡发展的政策相反，对于这种行为将依照义务教育法第 52 条承担法律责任。

三、县级以上政府和教育行政部门的法律责任

义务教育法第 53 条规定，县级以上人民政府或者其教育行政部门有下列情形之一的，由上级人民政府或者其教育行政部门责令限期改正、通报批评；情节严重的，对直接负责的主管人员和其他直接责任人员依法给予行政处分。

(一)将学校分为重点学校和非重点学校的

义务教育法第 22 条第 1 款规定，县级以上人民政府及其教育行政部门应当促进学校均衡发展，缩小学校之间办学条件的差距，不得将学校分为重点学校和非重点学校。学校不得分设重点班和非重点班。县级以上人民政府及其教育行政部门作为实施义务教育工作的主要责任主体，负有促进学校均衡发展的法定义务，一律不得将所管辖区域内的义务教育学校分为重点学校和非重点学校。目前，公开将义务教育学校分为重点学校、非重点学校的情况基本上得到解决，但城区之间校际差距仍然存在，推进义务教育均衡发展将是一项长期而艰巨的战略任务。

(二)改变或者变相改变公办学校性质的

义务教育法第 22 条第 2 款规定，县级以上人民政府及其教育行政部门不得以任何名义改变或者变相改变公办学校的性质。这一规定主要是针对 20 世纪末、21 世纪初一些地方的学校，特别是师资力量较强的名校，利用现有的校舍、师资等资源，举办民办学校，搞"一校两制""校中校"，向学生增加收费。对于这种现象，虽然现在基本上得到整治，但仍需要引起注意，义务教育法将其作为一项禁止性规定，建立的就是一种长效机制。

(三)未采取措施组织适龄儿童、少年入学或者防止辍学的

县级人民政府教育行政部门或者乡镇人民政府在实施义务教育工作中负有重要责任。县级教育行政部门是县级人民政府的教育主管部门，具体负责义务教育实施工作；乡镇人民政府作为最基层的一级人民政府，其在义务教育的实施工作中，同样责任重大，特别是在辖区内组织适龄儿童、少年入学、防止辍学方面，更是负有不可推卸的责任。义务教育法第 13 条第 1 款规定，县级人民政府教育行政部门和乡镇人民政府组织和督促适龄儿童、少年入学，帮助解决适龄儿童、少年接受义务教育的困难，采取措施防止适龄儿童、少年辍学。居民委员会和村民委员会协助政府

做好工作，督促适龄儿童、少年入学。根据这一规定，组织适龄儿童、少年入学，防止其辍学是县级人民政府教育行政部门和乡镇人民政府的法定职责，未履行这一职责，将依照义务教育法第53条承担法律责任。

四、政府部门和公职人员的法律责任

义务教育法第49条规定，义务教育经费严格按照预算规定用于义务教育；任何组织和个人不得侵占、挪用义务教育经费，不得向学校非法收取或者摊派费用。第54条规定，侵占、挪用义务教育经费的，向学校非法收取或者摊派费用的，由上级人民政府或者上级人民政府教育行政部门、财政部门、价格行政部门和审计机关根据职责分工责令限期改正；情节严重的，对直接负责的主管人员和其他直接责任人员依法给予处分。

侵占、挪用义务教育经费的违法主体比较广泛，包括公民、法人和其他组织，如政府的部门及其公职人员、学校的校长及财务人员等，这些组织和个人在划拨、管理、经手处理义务教育经费时，都必须严格遵守法律的规定和财务制度，专款专用，不得侵占、挪用义务教育经费。

向学校非法收取或者摊派费用的违法主体也比较广泛，包括政府的部门及其公职人员、社会组织和个人，这些部门、组织和个人都不得以任何借口、任何形式非法向学校收取或者摊派费用。强令学校订购某些书报杂志，非法向学校征收排污费、防空费等，这些都是需要承担法律责任的违法行为。

复习与思考

1. 义务教育经费"三个增长"指的是什么？

2. 比较2006年、2016年、2019年义务教育经费保障机制的变化。

3. 义务教育经费为什么要在预算中单列？

4. 政府在推进义务教育均衡发展工作中主要有哪些职责？

5. 简述政府保障适龄儿童少年免试就近入学、防止失学辍学的职责及法律责任。

6. 政府在保障学校安全方面有哪些职责？

7. 义务教育督导的重点主要包括哪些方面？

8. 义务教育法规定的政府保障义务教育经费的职责主要包括哪些方面？违反这些职责将承担什么法律责任？

推荐阅读

1. 信春鹰. 中华人民共和国义务教育法释义[M]. 北京：法律出版社，2016.

2. 杨颖秀. 教育法学[M]. 北京：中国人民大学出版社，2008.

第七章　小学的权利和责任

第一节 小学的法律地位

一、法律地位的概念

(一)法律地位

法律地位是法学研究中经常使用的术语,如律师的法律地位、学校的法律地位、教师的法律地位等。那么什么是法律地位呢?

德国法学家萨维尼认为,当事人的法律地位表现为当事人在法律关系中具有享有某种权利的资格(权利能力)以及当事人在法律关系中能够以自己的行为取得某种利益的资格(行为能力)。[①] 我国学者邹瑜主编的《法学大辞典》解释为:法律地位实即法律上的人格或者称为权利能力,指法律主体享受权利与承担义务的资格。也用以指法律主体在法律关系中所处的位置,它常用来表示权利和义务的相应程度。周振想主编的《法学大辞典》解释为:主体在法律上所处的地位,该地位决定其在特定情况下的权利和义务。按照以上解释,本书对法律地位的理解是:法律地位有广义和狭义之分,广义的法律地位是指法律主体在法律关系中的法律身份或主体资格,以及其享有的权利和承担的义务。狭义的法律地位仅指法律主体在法律关系中的法律身份或主体资格。人们通常所讲的法律地位多是狭义的,本书也主要从狭义上讨论学校、教师、学生的法律地位。

(二)学校的法律地位

目前关于学校法律地位的定义主要有以下几种:学校法律地位是指学校作为教育教学活动的社会组织和机构在法律上所享有的权利能力、行为能力和责任能力。[②] 学校法律地位是指学校作为法人或法律主体的地位,是学校的权利和责任的统一体。[③] 公立学校的法律地位是研究公立学校属于某类,以及属于此类的权利、责任、能力和无能力是什么。[④] 研究学校法律地位须回答:学校属于哪类法律关系主体,其主体资格是什么?学校作为该主体的权利和义务有哪些?[⑤]

从以上定义中可以看出,学校的法律地位也可以从广义和狭义两层意思去理解:广义上,学校的法律地位是指学校在法律关系中的法律身份或主体资格,以及其所

---

① [德]萨维尼:《法律冲突与法律规则的地域和时间范围》,66 页,李双元等译,北京,法律出版社,1999。

② 褚宏启:《中小学法律问题分析(理论篇)》,37 页,北京,红旗出版社,2003。

③ 黄崴:《教育法学》,149 页,广州,广东高等教育出版社,2002。

④ 劳凯声:《变革社会中的教育权与受教育权:教育法学基本问题研究》,241 页,北京,教育科学出版社,2003。

⑤ 石正义:《高等学校法律地位研究述评》,见《中国教育法制评论》第 4 辑,131 页,北京,教育科学出版社,2006。

享有的权利和义务。狭义上，学校的法律地位仅指学校在法律关系中的法律身份或主体资格。本节从狭义上讨论学校的法律地位，即学校在不同法律关系中的法律身份或主体资格是什么。学校的权利和义务在第二节单独讨论。需要说明的是，法律身份或主体资格是学校享有权利、承担义务的前提和基础，权利和义务是学校法律地位的具体体现，两者紧密联系，不可分割。

二、小学的法律地位

在不同的法律关系中，小学具有不同的法律地位。在行政法律关系中，小学依法律法规授权对教师和学生实行管理时，是行政主体；[①] 在接受政府及行政机关行政管理时，是行政相对人。在民事法律关系中，小学是独立的法人。

(一)小学的行政主体地位

1. 行政主体的概念

行政主体是指依法享有国家行政权，代表国家独立进行管理并独立参加行政诉讼的组织。[②] 理解这一概念需把握以下几点。

第一，行政主体是依法享有国家行政权的组织。国家行政权的范围较广，由于"教育的本质是国家的事务"[③]，因此，国家教育权也属国家行政权，国家教育权包括教育方针决定权、教育行政管理权、教育教学实施权[④]，其中教育方针决定权属于国家最高权力机关，教育行政管理权由各级教育行政机关行使，教育教学实施权由各级各类学校行使。

第二，行政主体有权独立代表国家行使权力。所谓独立行使权利是指在法律法规规定的范围内，行政主体在形式上以自己的名义行文，以自己的名义作出决定。

第三，行政主体能够独立参加行政诉讼。在我国，行政诉讼的被告具有恒定性，即行政诉讼的被告只能是行政主体。行政主体在行政管理中，若其行为侵犯了行政相对人的合法权益，或行政相对人对行政主体的处理不服时，行政相对人可以提起行政诉讼，行政主体则作为被告独立参加行政诉讼。

2. 行政主体的范围

在我国，行政主体包括两类：一类是行政机关，另一类是法律法规授权组织。

所谓法律法规授权组织，是指依具体法律法规授权而行使特定行政职能的非国家机关组织，[⑤] 包括社会团体、事业与企业组织、基层群众性自治组织等。理解法律法规授权组织需把握两点：其一，在行使法律法规所授行政职能时，其是行政主体，具有与行政机关相同的法律地位；其二，在非行使法律法规授权职能的场合，

---

① 具有行政主体地位的学校仅指公立学校，私立学校只具有法人地位或行政相对人地位。
② 应松年：《行政法学新论》，62页，北京，中国方正出版社，2004。
③ ［英］博伊德、金：《西方教育史》，302页，任宝贤、吴元训主译，北京，人民教育出版社，1985。
④ 杜力夫等：《论国家教育权的内容和结构》，载《航海教育研究》，2000(2)。
⑤ 姜明安：《行政法与行政诉讼法》，110页，北京，北京大学出版社，高等教育出版社，1999。

其不享有行政主体地位，而只具有法人地位。

3. 小学的行政主体地位

对学校行政主体地位的研究是从公立高等学校开始的，最先确认高等学校行政主体地位的是司法判例，即"田永案"。[①] 审理此案的北京市海淀区人民法院认为，学校享有根据章程自主管理的权利，行使对受教育者颁发相应的学业证书的权利，学校在行使这些法律授予的权利时，属于法律法规授权组织，具备行政主体资格。随后学界对高等学校的行政主体资格从理论上又进行了探讨，进一步确认了高等学校的行政主体地位。[②]

高等学校具有行政主体地位，那么公立小学是否与高等学校一样也具有行政主体地位呢？目前关于这方面的研究还是空白。本书认为，教育法赋予学校的权利（虽然是"权利"，但有些"权利"具有"权力"的性质，如学业证书授予权，对教师和学生的奖励处分权）不仅仅是针对大学的，也是针对中小学的。大学和中小学只有人才培养层次的差别，没有法律地位的差别；只有权利范围大小的不同，没有权利性质的不同。大学作为法律法规授权组织，取得行政主体资格，小学也应当具备行政主体资格。

值得注意的是，从当代行政法的实际方法进程看，依授权来判断是否是行政主体的论证方法逐步被削弱，人们更倾向于从事实的管理行为出发，审视管理者对被管理者的权利造成何种影响。若管理者对被管理者的重要权利乃至基本权利造成较大影响，而这种管理行为又可获得法律在某种程度上的授权——即使是某种模糊的概括权——管理者也将被认为是一个行政主体。从目前法律确认的授权标准看，它在理论和实践中也被不断放宽，只要一项权利能通过规范分析方法论证为法律授权，基于权利保障的需要，即可将管理者纳入行政主体的范围。[③] 从小学的实际权能看，小学虽然不像行政机关那样享有对外的公共管理权力，也不像大学那样拥有更多的办学自主权，但是小学的招生权、学籍管理权、学业证书授予权等权利（力），足以对学生的受教育权这一宪法保护的基本权利产生影响。如果小学不具备行政主体资格，小学就不能成为行政诉讼的被告，学生的基本权利就得不到法律救济。因此，小学在行使以上权利时，就应当将其纳入行政主体的范围。

赋予小学行政主体地位的意义在于：第一，有利于小学独立行使教育管理权。以自己的名义独立行使行政权是行政主体的重要特征。教育法赋予包括小学在内的所有学校按照章程自主管理、对学生和教师实施奖励和处分、招收学生、对学生进

[①] 北京科技大学 1994 级本科生田某在 1996 年 2 月的一门课程补考中因携带与考试内容有关的纸条，被监考老师发现，北京科技大学认定田某考试作弊，依据校规决定给予田某退学处理。但由于各种原因，田某并未离校，继续留在学校学习，并缴纳学费、参加考试、实习、毕业论文答辩。1998 年 6 月，田某毕业时，学校以田某不具备学籍为由，拒绝为其颁发毕业证、学位证。田某为此将北京科技大学告上北京市海淀区人民法院。详情参见《最高人民法院公报》1999 年第 4 期。

[②] 参见湛中乐等：《公立高等学校法律问题研究》，2～14 页，北京，法律出版社，2009。

[③] 湛中乐等：《公立高等学校法律问题研究》，8 页，北京，法律出版社，2009。

行学籍管理和颁发学业证书等权利，这是所有学校依法享有的基本权利，应该得到充分的落实和尊重。应当看到，现实中与大学相比，小学自主办学的空间还是很小的，许多本应属于小学的权力还掌握在当地教育行政部门手中。但是，我们相信，随着教育管理体制改革的进一步深入和学校办学自主权的进一步落实，会有更多的权力下放到中小学校，小学作为行政主体的表征也会越来越明显。第二，有利于学生的权利救济。赋予小学行政主体地位不是为了促进小学教育管理的行政化，其真实的意图在于更好地保护学生的正当权益。因为在我国行政诉讼中，只有行政主体才是适格的被告，如果小学不是行政主体，学生的基本权利受到学校侵害时，学生就缺乏行政诉讼的途径，学校的管理行为也缺乏法律的审查和监督。当前教育实践中已经出现了一些小学侵犯学生基本权利的现象，如拒绝接受具有接受普通教育能力的残疾儿童、少年入学，强行将学生送入工读学校，为有不良行为学生或严重违纪学生入学设置条件，改变学生学籍等。这些现象明显属于学校违法行使教育权而引起的对学生受教育权利的侵犯。但现实中遇上这种情况，有的只是求助于媒体，有的只是提起民事诉讼要求学校补偿因转学而造成的损失，这些都不是正确的救济途径。究其原因在于对学校行政主体地位的认识不清。因此，赋予小学行政主体地位，一方面要充分尊重和落实小学的办学自主权，认可小学的教育管理权；另一方面，小学的管理也不能游离于司法审查的范围之外，应当接受法律监督和审查，以便更好地保护学生的权益。

(二)小学的行政相对人地位

小学进行教育教学活动时，与其他社会组织一样，也受到政府及其他行政机关行政权力的管理，这些机关既包括教育行政部门，也包括其他行政部门，如国土资源、人力资源和社会保障、卫生、物价等部门。在小学与行政机关的关系中，行政机关是行政主体，小学是行政相对人。行政机关享有行政管理权，对小学具有支配地位。小学作为被管理的对象，应当接受行政机关的管理。但是小学作为行政相对人，也享有行政参与权、行政受益权与行政保护权。行政参与权是指学校依法参与国家行政管理活动的权利；行政受益权是指学校依法从行政机关的管理活动中获得利益的权利；行政保护权是指学校获得行政法保护，合法权利免受侵害的权利。小学作为行政相对人的权利受到侵害时，可通过行政复议、行政诉讼的途径寻求救济。

(三)小学的法人地位

1. 法人的概念和特征

法人是民事主体，民事主体有两个，一个是法人，另一个是自然人。民法典第57条规定："法人是具有民事权利能力和民事行为能力，依法独立享有民事权利和承担民事义务的组织。"法人这一概念揭示了法人的以下本质特征。

第一，法人是社会组织。所谓社会组织是指按照一定的宗旨和条件建立起来的具有明确的活动目的和内容，有一定组织机构的有机整体。

第二，法人是具有民事权利能力和民事行为能力的社会组织。法人是社会组织，但不是任何社会组织都能取得法人资格。只有具备法人条件，被批准设立或者登记注册的社会组织，才能取得法人资格。

第三，法人是依法独立享有民事权利和承担民事义务的组织。这里的"独立"表现为：①独立的组织，这是取得法人资格的基本条件；②独立的财产，这是法人成立的物质基础；③独立的责任，这是法人制度的突出优点，也是法人的重要特征。

我国教育法赋予了学校法人地位，小学作为法人，同样具有法人的基本内涵和本质特征。

2. 小学成为法人的条件

教育法第32条第1款规定，学校及其他教育机构具备法人条件的，自批准设立或者登记注册之日起取得法人资格。那么小学取得法人资格的条件是什么呢？根据民法典和教育法的规定，小学成为法人的条件有以下几点。

(1)依法成立。民法典第58条第1款规定，法人应当依法成立。依法成立包括两层意思：一是依法举办学校。教育法第26条规定，国家鼓励企业事业组织、社会团体、其他社会组织和公民个人依法举办学校；以财政性经费、捐款资产举办或者参与举办的学校不得设立为营利性组织。这是合法设立学校的前提条件。二是设立学校的程序合法。教育法第28条规定，学校的设立、变更和终止，应当按照国家有关规定办理审核、批准、注册或者备案手续。一般来说，公办学校由政府批准设立，民办学校由相关职能部门审批登记注册。不管是何种方式，都需要登记注册取得法人资格证书。

(2)有组织机构和章程。学校只是一个名称，其组织机构才是实体，学校的意思表示和教育活动是通过其组织机构来完成的，没有组织机构，学校的管理就无法进行，每一所小学都应当有自己的组织机构，如教务部门、学生部门、师资管理部门、总务后勤部门等都是必需的。章程是每一所学校最重要、最基本的制度，被人们称为学校的"宪法"，每一所小学都必须制定学校的章程。

(3)有合格的教师。教师是学校的第一资源，学校的教育理念和教育目标需要通过教师去实现，没有好的教师，就不可能培养优秀的学生。合格的教师是教育教学质量的保证。

(4)有符合规定标准的教学场所及设施、设备，必要的办学资金和稳定的经费来源。学校的教学场所、设施、设备、办学经费和经费来源是学校的基本办学条件，没有这些条件，学校的教育教学活动就无法开展。学校的这些基本条件还必须符合规定的标准。目前国家没有统一制定小学办学条件标准，但由于中等及中等以下教育由地方人民政府管理，所以各省(市)制定了相应的标准，如《山东省普通小学基本办学条件标准(试行)》，该标准规定了学校设置与规划、学校建设用地标准、学校校舍建设标准、学校装备标准、师资配备标准、公用经费标准。这些标准是小学设立并取得法人资格的基本条件。

3. 小学法人的民事权利能力、行为能力和责任能力

小学取得法人地位后，它就具有民事权利能力、民事行为能力和民事责任能力。

民事权利能力是指法人依法享有民事权利和承担民事义务的资格。小学取得法人资格后，也就享有法律赋予的权利，承担法律规定的义务。民法典第 110 条第 2 款规定，法人享有名称权、名誉权和荣誉权；第 131 条规定，民事主体行使权利时，应当履行法律规定的和当事人约定的义务。教育法第 29 条、第 30 条分别规定了学校的权利和义务。小学取得法人资格后，就获得了享有这些权利和履行这些义务的资格。

民事行为能力是指法人能以自己的行为取得民事权利和承担民事义务的资格。小学取得民事行为能力的时间和范围与其取得民事权利能力的时间和范围是一致的，即一旦小学取得了民事权利能力，其民事行为能力也随之确定。小学民事行为能力的范围包括：①在法律规定的办学范围内从事教育活动；②切实维护教师和学生的合法权益；③履行与教师的聘约以及与其他法人的约定。

民事责任能力是指法人对自己侵权行为承担民事责任的能力。法人之所以能够承担民事责任是因为其取得了法人资格，不具备法人资格的组织是不能独立承担民事责任的，如学校内部的某个部门，由于该部门不是法人，所以它不能对外承担民事责任，其民事责任只能由学校承担。小学在民事活动中，如果对他人或其他组织的权益造成侵害，学校应当承担民事责任。民法典第 1199 条、第 1200 条、第 1201 条对学校的民事责任作了相应规定。

第二节 小学的权利义务和责任

一、小学的权利

这里所讨论的小学的权利专指教育法赋予小学实施教育管理的权利。教育法第 29 条赋予所有学校 9 项权利，这 9 项权利也是小学所享有的法定权利。

(一)依章程自主管理权

学校享有按照章程自主管理的权利。依章程自主管理是学校办学自主权的充分体现。学校章程是学校依法自主办学、实施管理和履行公共职能的基本准则，是学校全面规范学校的办学宗旨、培养目标、内部管理体制和运行机制、各主体的权利和义务等重要事项的规范性文件。章程在学校制度中具有非常重要的地位，有学者认为它是国家法律、法规之"下位法"，应当属于国家法律、法规的范围；是学校之

"宪法",为学校最高行动纲要与基本行为依据。[1] 学校依章程自主办学,有利于形成学校自主办学、民主管理、科学发展的良性运行机制,有利于提高办学水平和社会效益,培养合格的社会主义建设者和接班人。

目前,教育部制定了《高等学校章程制定暂行办法》,各省教育行政部门也制定了中小学校章程制定办法或指导意见。从这些办法和意见看,章程的内容包括:①学校名称和校址。②办学宗旨与办学理念。主要规定学校的办学目的、办学规模、培养目标、学校教育的基本原则以及发展规划等,同时可以结合学校实际,规定校训、校徽、校歌、校庆纪念日等。③学校内部管理体制和运行机制。主要规定校内设立的主要管理机构及其职能和运行方式。要具体明确校长的职权、责任以及履行职责的方式;党组织在学校中的地位、作用及工作方式;副职领导及主要机构负责人的职责;学校重大事项的决策程序和办法;教职工、学生和家长参与学校民主管理监督的方式和途径等。④教职工管理。主要规定教师和其他教育工作者的来源、聘任或解聘、权利和义务、晋职、奖惩,教师队伍建设的目标和任务等。⑤学生管理。主要规定学生入学及学籍管理、日常管理、权利和义务等。⑥教育教学管理。主要规定教育教学工作的主要内容、实施方式、基本要求等。⑦校产和财务管理。主要规定校产、经费使用和管理的机构、使用程序和原则、教职工福利待遇及分配原则等。⑧需要在学校章程中规定的其他事项。⑨学校章程的修订。主要规定学校章程的修订权限、程序和办法。⑩学校章程的解释权归属和正式实施时间。

(二)教育教学权

教育教学权是指学校组织实施教育教学活动的权利。教育教学权是学校最基本的权利。教育教学活动是学校的基本活动,也是学校最主要的功能。它反映了教育的本质,是学校法人区别于其他法人的本质特征。教育教学活动的内容体现在确定人才培养的目标,制定人才培养方案、课程设置方案、课程标准,教科书选用及教育教学改革等方面。教育教学权对于大学和小学来说,其权利的范围有所不同,大学的自主程度远大于小学。小学作为实施义务教育的学校,课程设置、课程标准、教科书都由国家统一设定。小学的任务就是按照国家的教育方针和教育行政部门颁布的教育教学标准,组织实施具体的教育教学活动,其自主权主要体现在人才培养模式探索、课程进度安排、校本课程开发、教学效果评价、教育教学改革、对学生进行考试考核等。

(三)招生权

学校有权招收学生或者其他受教育者。自主招生权是学校享有的重要权利。学校有权根据自己的办学宗旨、培养目标、发展规划以及实际办学条件和能力,依据国家有关规定进行招生。经教育行政主管部门许可,学校可规定具体的招生办法,自主确定招生人数、录取标准等。学校的自主招生权也并非没有限制,招生须保证

---

[1]　湛中乐等:《公立高等学校法律问题研究》,37~39页,北京,法律出版社,2009。

公平、公正、公开，设置的招生条件不得与法律、法规相抵触，教育行政主管部门监督学校的招生活动。义务教育法规定，年满 6 周岁或 7 周岁的适龄儿童符合进入小学学习的条件，而且小学的入学原则是免试入学，就近入学。另外，对于适龄儿童、少年的父母或法定监护人在非户籍所在地工作或居住，其子女可以在该非户籍所在地接受义务教育。小学的招生必须遵守这些规定。

(四)学籍管理和奖励处分权

学校有对受教育者进行学籍管理的权利。不管是大学生还是中小学生，都要取得学籍，学生的学籍是学生的一种在学身份。小学生的学籍管理主要包括入学与报名注册、成绩考核、纪律与考勤、留级、降级、休学与复学、转学等方面的管理。学生进入学校接受教育的同时，也必须接受学校的管理。学籍管理是学校对学生进行有效管理的手段，一方面有利于提高学校管理水平与教育教学质量，另一方面对学生形成制度上的约束，从而使其有效地接受教育。

学校有对受教育者实施奖励或处分的权利。学校可根据国家有关规定，结合本校实际，制定具体的奖励与处分办法。"奖惩分明"是教育的有效手段，学校实施奖励或处分，也是加强对学生管理的体现，促使学生约束自身行为。但学校对学生的处分必须符合有关教育法规的规定，且同一行为的处分不得重于法规的规定。义务教育法第 27 条规定："对违反学校管理制度的学生，学校应当予以批评教育，不得开除。"因此，小学对违纪学生处理的形式主要是批评教育，不得开除其学籍，除非法律有特别的规定。

(五)颁发学业证书权

学校有对受教育者颁发相应的学业证书的权利。国家授权学校对受教育者颁发相应的学业证书，这是学校代表国家行使学业证书管理职权。学校有权依据国家有关学业证书管理的规定，对经考核成绩合格的受教育者，按其类别颁发毕业证、结业证等学业证书。学校向受教育者颁发相应的学业证书，要遵循公正、公开的原则，并接受主管机关和受教育者的监督。

(六)聘任教师及奖励处分权

学校有聘任教师及其他职工的权利。聘用制是事业单位人事管理的基本制度，也是学校对教师管理的三大基本制度之一。教师法第 17 条规定，教师的聘任应当遵循双方地位平等的原则，由学校和教师签订聘任合同，明确双方的权利、义务和责任。因此，聘任教师是学校的事务。学校有权在上级管理部门核定的编制范围内，从本校的办学条件、办学需要出发，制定本校教职工的聘任管理办法，自主决定聘任、解聘教师和其他职工。需要指出的是，目前小学聘任教师的权力大部分掌握在当地教育行政部门的手中，有的小学甚至根本没有人事权和聘用权。现在小学招聘教师首先必须经过人事和教育行政部门组织的统一考试，通过考试、公开招聘是对的，但是否一定需要教育行政部门来主持，则值得商榷。教育法赋予学校依章程自主管理和聘任教师的权利，聘任教师理应由学校全权负责，只不过学校应遵守公开聘任程序，接受行政部门和社会的监督。

学校有对教师及其他职工实施奖励和处分的权利。对教师及其他职工实施奖励、处分是学校维护正常教育教学活动的制度保证。教师法、《事业单位人事管理条例》等法律、法规对教师实施奖励、处分的具体情形、方式作了相应规定，这些将在第八章中再具体讨论。

(七)管理财产权

学校有管理、使用本单位的设施和经费的权利。学校作为法人，依法享有财产权。学校的财产主要源于国家的投入和自主办学所得，国家投入的国家资产，所有权归国家，学校享有管理权、使用权。对学校自主办学取得的财产，学校享有所有权、管理权、使用权。学校的财产包括场地、教室、宿舍等教育基本设施，图书资料、实验仪器等教学设备以及办学经费。学校有权对这些财产进行管理和使用，但是学校管理和使用这些财产也应遵守国家有关国有资产管理、教育经费投入的规定，保证国家资产不流失。用于教学、科研的资产学校不得随意转移使用目的，不得用于作抵押或为他人担保。对于财政性教育经费、社会组织和个人的捐赠，学校必须用于教育，不得挪用、克扣。

(八)拒绝非法干涉权

学校有拒绝任何组织和个人对教育教学活动非法干涉的权利。为了保证学校教育教学活动的顺利进行，维护正常的教育教学秩序，必须对来自行政机关、企事业单位、社会团体、个人等任何方面的影响教育教学活动正常进行的行为予以阻止。较为常见的非法干涉活动有侵占、破坏学校场地、校舍、财产，向学校违法收取或摊派费用，要求学校从事与其教育教学无关的活动或事务，寻衅滋事、扰乱学校教育教学秩序等。

对于社会人员在学校寻衅滋事、扰乱学校教育教学秩序的行为，法律是禁止并予以打击的。教育法第 72 条规定："结伙斗殴、寻衅滋事，扰乱学校及其他教育机构教育教学秩序或者破坏校舍、场地及其他财产的，由公安机关给予治安管理处罚；构成犯罪的，依法追究刑事责任。侵占学校及其他教育机构的校舍、场地及其他财产的，依法承担民事责任。"《学生伤害事故处理办法》第 36 条规定："受伤害学生的监护人、亲属或者其他有关人员，在事故处理过程中无理取闹，扰乱学校正常教育教学秩序，或者侵犯学校、学校教师或者其他工作人员的合法权益的，学校应当报告公安机关依法处理；造成损失的，可以依法要求赔偿。"2019 年，教育部、最高人民法院、最高人民检察院、公安部、司法部联合颁布的《关于完善安全事故处理机制　维护学校教育教学秩序的意见》是专门打击"校闹"的意见，8 种"校闹"行为将依照治安管理处罚法相关规定予以处罚：①殴打他人、故意伤害他人或者故意损毁公私财物的；②侵占、毁损学校房屋、设施设备的；③在学校设置障碍、贴报喷字、拉挂横幅、燃放鞭炮、播放哀乐、摆放花圈、泼洒污物、断水断电、堵塞大门、围堵办公场所和道路的；④在学校等公共场所停放尸体的；⑤以不准离开工作场所等方式非法限制学校教职工、学生人身自由的；⑥跟踪、纠缠学校相关负责人，侮辱、恐吓教职工、学生的；⑦携带易燃易爆危险物品和管制器具进入学校的；⑧其他扰乱学校教育教学秩序或侵害他人人身财产权益的行为。

案例 7-1

聚众扰乱学校教育教学秩序被判刑①

2002 年 5 月某天，某校学生黄某因与同学肖某打架，受伤严重，经抢救无效死亡。学校在事件发生后，及时安抚家长，并组织专人处理此事。但死亡学生家长周某、卢某在与学校协商赔偿问题无果的情况下，不顾校方阻拦，私自将校门砸开，抬尸进校，并停放在教学楼大厅，致使学校无法上课。经侦查，某检察院以聚众扰乱社会秩序罪将周某、卢某起诉至某法院。

法院判决：周某、卢某构成聚众扰乱社会秩序罪，判处有期徒刑一年，缓刑一年。

案例分析

教育法赋予学校有拒绝任何组织和个人对教育教学活动非法干涉的权利。为了维护学校的这一权利，保证学校正常的教育教学秩序，《中华人民共和国教育法》《学生伤害事故处理办法》《关于完善安全事故处理机制 维护学校教育教学秩序的意见》等法律法规对寻衅滋事、扰乱学校教育教学秩序的"校闹"行为坚决打击。根据以上法律法规，"校闹"行为由公安机关给予治安处罚，构成犯罪的依法追究刑事责任。本案周某、卢某因学生伤害，砸开校门，抬尸进校，致使学校无法上课，严重影响了学校教育教学秩序，构成聚众扰乱社会秩序的刑事犯罪，应当受到刑事处罚。

（九）法律、法规规定的其他权利

这项权利是一项兜底性规定，指除前述八项权利外，学校还享有现行法律、法规和规章规定的其他权利，同时包括将来法律、法规规定的有关权利。学校除了是行政主体外，还是行政相对人和法人，学校作为行政相对人的权利和法人的权利分别由有关行政法和民法规定。

教育法第 29 条第 2 款规定："国家保护学校及其他教育机构的合法权益不受侵犯。"这意味着学校权利是有国家强制力作保障的。

二、小学的义务

小学的义务是指教育法等法规要求小学应履行的责任。教育法第 30 条规定了学

---

① 见《教育（旬刊）》2011 年第 8 期。

校的 6 项义务，也是小学应当履行的。

(一)遵守法律、法规

宪法第 5 条规定："一切国家机关和武装力量、各政党和各社会团体、各企业事业组织都必须遵守宪法和法律。一切违反宪法和法律的行为，必须予以追究。任何组织或者个人都不得有超越宪法和法律的特权。"遵守法律、法规是学校作为一个社会组织所必须履行的首要义务，是学校开展教育教学活动的前提，也是学校自治权的底线。

(二)贯彻国家的教育方针，执行国家教育教学标准，保证教育教学质量

这一义务是国家实现人才培养目标的重要保障，也是实现各地区教育平等，共同发展现代化高水平教育的关键手段。教育法第 5 条指出我国的教育方针是：教育必须为社会主义现代化建设服务、为人民服务，必须与生产劳动和社会实践相结合，培养德智体美劳全面发展的社会主义建设者和接班人。这一教育方针明确了我国教育的总任务是为社会主义现代化建设服务、为人民服务，整个教育事业要与国民经济发展的要求相适应，并在教育与生产劳动和社会实践相结合的内容和方法上有不断的新的发展。教育培养目标的重要标准是德智体美劳全面发展。教育的日标是培养社会主义建设者和接班人。这一教育方针是从宏观上要求学校坚持社会主义办学方向的。

执行国家教育教学标准则是从微观上实现保证教育教学目标的具体做法。教育部制定印发了《义务教育学校管理标准》，其意义有四。第一，制定管理标准是落实规划纲要、提高管理水平的重要举措。第二，制定管理标准是实现管理育人、构建和谐校园的迫切要求。第三，制定管理标准是规范办学行为、推进科学治理的现实需要。制定管理标准，基本可以回应解决学校管理"管什么"的问题，为学校依法办学、科学管理提供参考和依据，有利于地方教育部门规范学校办学行为，提高学校管理水平。第四，制定管理标准是转变政府职能、理顺政校关系的具体体现。

(三)维护受教育者、教师及其他职工的合法权益

这项义务包括两方面的含义：一是要求学校自身不得侵犯受教育者、教师及其职工的合法权益，如不得克扣、拖欠教职工工资，不得拒绝符合入学标准的受教育者入学等；二是当其他社会组织和个人侵犯了学校受教育者、教师及其他职工的合法权益时，学校有义务以合法方式，积极协助有关单位查处违法行为的当事人，维护本校成员的合法权益。

(四)以适当方式为受教育者及其监护人了解受教育者的学业成绩及其他有关情况提供便利

这一义务体现了以下几方面的内涵：第一，学校应让受教育者及其监护人了解的内容是学业成绩和其他有关情况。学业成绩是学生受教育状况的重要体现，同时，学校承担的育人职责，也要求学生德智体美劳全面发展，除了学业成绩之外学生的

其他表现如道德、心理等状况也需向监护人告知。第二，了解的对象除了受教育者本人外，还包括其监护人。这一方面是基于监护人对子女受教育情况的"知情权"，另一方面中小学教育除了在学校的教育之外，家长与学校的配合合作也十分重要。第三，学校提供这种便利时应采取适当方式，应考虑保护学生的隐私权、名誉权，避免采取发放排名表、张贴红黑榜等方式。

(五)遵照国家有关规定收取费用并公开收费项目

学校是公益性的社会组织，不以营利为目的，义务教育阶段的办学经费来源于国家财政。义务教育法第 2 条规定："实施义务教育，不收学费、杂费。国家建立义务教育经费保障机制，保证义务教育制度实施。"因此，小学等义务教育学校不得巧立名目乱收费，所有除学费、杂费以外的收费项目必须得到主管部门批准，且公开透明。

(六)依法接受监督

法律授权学校行使一定的教育管理权，有权力就有监督，对学校的监督源于政府、教育主管部门、社会各界。教育法虽然授予了学校办学自主权，但办学自主权并非没有边界，任何没有监管的权力都会导致权力的滥用。因此，学校接受监督，是保障学校在国家教育方针指引下实现国家教育目标的必要措施，也是保护受教育者、教师、教职工合法权益的必要手段。

三、小学的法律责任

小学的法律责任是指小学违反教育法规的行为所引起的应当由其依法承担的惩罚性的法律后果。学校的法律责任在教育法、义务教育法、未成年人保护法等法规中作了明确规定，根据上述三部法律的规定，小学的法律责任包括以下几个方面。

(一)对危险校舍不采取措施的法律责任

校舍、教育教学设施的不安全直接威胁到学生的人身安全，现实中因校舍和教育教学设施存在安全隐患导致学生伤害事故的现象时有发生，确保校舍和教育教学设施安全是学校首要的安全保障义务。义务教育法第 16 条规定，学校建设，应当符合国家规定的办学标准，适应教育教学需要；应当符合国家规定的选址要求和建设标准，确保学生和教职工安全。教育法第 73 条规定，明知校舍或者教育教学设施有危险，而不采取措施，造成人员伤亡或者重大财产损失的，对直接负责的主管人员和其他直接责任人员，依法追究刑事责任。《中华人民共和国刑法》第 138 条规定，明知校舍或者教育教学设施有危险，而不采取措施或者不及时报告，致使发生重大伤亡事故的，对直接责任人员，处三年以下有期徒刑或者拘役；后果特别严重的，处三年以上七年以下有期徒刑。可见，因校舍和教育教学设施不安全而造成人员伤亡事故的，不是一般的行政责任或民事责任，而是刑事责任。

案例7-2

校园踩踏事故敲警钟　管理者责任重大被判刑①

2009年12月7日晚，湖南省湘乡市某中学下晚自习后，一拥而出的学生在教学楼昏暗的楼梯间发生了踩踏，造成8名学生死亡、多人受伤的重大事故。

湘乡市人民检察院认为，该中学校长叶某、政教处干事彭某、政教处主任陈某犯教育设施重大安全事故罪，遂将三人公诉至湖南省湘乡市人民法院。

庭审中，叶某及其辩护人认为，自己已经履行了职责，踩踏事故属于意外，自己不应承担责任。

湘乡市人民法院审理后认为，三被告同任校安全领导小组成员，明知学校教学楼就读学生严重超编，楼梯灯光不符合相关标准，对于教学楼存在的安全隐患不报告，直接导致了踩踏事故的发生，被告人所提出的无罪辩护理由均不能成立，法院不予采纳。鉴于三被告在案发时采取了积极的抢救措施，案发后能积极配合党委、政府及时妥善处理伤亡学生的善后处理工作，且三被告一贯表现较好，故依法可对其从轻处罚。

2010年4月27日，湘乡市人民法院一审以教育设施重大安全事故罪分别判处被告人叶某有期徒刑一年六个月；判处彭某、陈某各有期徒刑一年，缓刑一年。

案例分析

这是一起因教育教学设施安全隐患导致的校园重大安全事故。这一事故不能认为是简单的意外事故，它既存在学校管理疏忽大意，也存在教学楼楼梯间设计太窄，又无灯光照明的原因，故而是一起重大责任事故。学校管理者虽不是主观故意，但属于重大过失。学校管理者的不作为与踩踏伤亡事故有必然的因果关系，因而应承担刑事责任。

(二)乱收费的法律责任

义务教育的收费问题一直是政府非常重视和社会特别关注的问题。为了治理义务教育乱收费的现象，让学生家长明明白白地缴费，让社会明明白白地监督，2004年，教育部、国家发展改革委、财政部联合制定了《关于在全国义务教育阶段学校推行"一费制"收费办法的意见》。"一费制"是指在严格核定杂费、课本和作业本费标准的基础上，一次性向学生收取费用。"一费制"政策的实行对规范学校办学行为，减轻广大群众的负担起到积极的作用。2006年修订的义务教育法更进一步，规定义务教育不收学费、杂费。那么对于学费、杂费以外，其他应收取的费用，同样需要落实"一费制"，接受社会监督。除此之外，学校不得向学生收取其他费用。义务教育法第25条规定，学校不得违反国家规定收取费用，不得以向学生推销或者变相推销

---

① 资料来源：北大法宝案例库。

商品、服务等方式谋取利益。第 56 条规定，学校违反国家规定收取费用的，由县级人民政府教育行政部门责令退还所收费用；对直接负责的主管人员和其他直接责任人员依法给予处分。学校以向学生推销或者变相推销商品、服务等方式谋取利益的，由县级人民政府教育行政部门给予通报批评；有违法所得的，没收违法所得；对直接负责的主管人员和其他直接责任人员依法给予处分。教育法第 78 条也有类似的规定。

(三)拒绝招收具有接受普通教育能力的特殊儿童入学的法律责任

残疾人虽然在心理、生理、人体结构上，某种组织、功能丧失或者不正常，全部或者部分丧失以正常方式从事某种活动能力，但其享有与其他公民平等的权利，包括接受教育的机会。国家对残疾人的教育非常重视，先后颁布了《中华人民共和国残疾人保障法》(全国人大常委会 1990 年颁布，2018 年修正，以下简称残疾人保障法)、《残疾人教育条例》(国务院 1994 年颁布，2017 年修订)、《关于发展特殊教育的若干意见》(教育部等 8 部门 1989 年发布)、《关于进一步加快特殊教育事业发展的意见》(教育部等 8 部门 2009 年发布)。以上政策法规对我国残疾人接受教育的方针、目标、任务、管理体制、学制、教育方式、各主体的职责和法律责任等作了明确规定，使我国残疾人接受教育有了法律保障。根据以上法律法规，我国残疾人接受教育的方式，依据其残疾类别和接受能力分为普通教育和特殊教育两种：一是具有接受普通教育能力的残疾人在普通学校接受普通教育，即"随班就读"；二是不具有普通教育能力的残疾人在特殊教育学校和普通学校附设的特殊教育班接受特殊教育。不管是何种形式的教育，有关学校均不得拒绝残疾人入学，否则就要承担法律责任，对此残疾人保障法第 63 条和《残疾人教育条例》第 57 条有明确规定。现实中，普通学校附设的特殊教育班和特殊教育学校多由政府特设或支持，在其接受教育的残疾儿童、少年也由县级人民政府教育行政部门指定入学或统筹安排入学，学校一般不会拒收学生，但接收具有普通教育能力的残疾儿童、少年随班就读主要由学校决定，出于对残疾学生实施教育的难度，普通教育学校拒收残疾儿童、少年入学的情况时有发生(如 2012 年影响较大的"李孟事件")，为此，残疾人保障法和义务教育法对此作了强制性规定。残疾人保障法第 25 条规定，普通教育机构对具有接受普通教育能力的残疾人实施教育，并为其学习提供便利和帮助。普通小学、初级中等学校，必须招收能适应其学习生活的残疾儿童、少年入学。义务教育法第 19 条第 2 款规定，普通学校应当接收具有接受普通教育能力的残疾适龄儿童、少年随班就读，并为其学习、康复提供帮助。普通学校如果拒收能够接收普通教育的残疾儿童少年入学，将会承担法律责任。义务教育法第 57 条规定，学校拒绝接收具有接受普通教育能力的残疾适龄儿童、少年随班就读的，由县级人民政府教育行政部门责令限期改正；情节严重的，对直接负责的主管人员和其他直接责任人员依法给予处分。

案例 7-3

孤独症少年李孟重返校园 家长曾联名拒绝[①]

2012年9月4日,李孟(化名)的母亲郝楠(化名)按照某小学的要求领着李孟依依不舍地离开学校,这是李孟自2012年8月27日以来第四次被"赶"出学校,因为他患有孤独症。该校负责人说:"他是孤独症儿童,根本无法约束自己的行为,上课会扰乱纪律,且年龄已经达到15岁,与小学五年级孩子的年龄、身高都不相符。学校没有专业的孤独症教师,无法教授其课程。"但据李孟的母亲和之前就读的元平学校班主任反映,李孟能适应正常的学习环境,语文、数学这些课程他都可以独立完成,语言能力、沟通能力也不错,而且钢琴也弹得非常好。

9月7日,李孟班上19名学生的家长(该班共45名学生)联名给该小学写信,信中说:"我们作为家长,很希望自己的孩子能在学校里接受最好的教育……孤独症儿童,国家有特殊学校,为什么要安插在我们这样的学校呢?……我们请求,为了孩子,也为了那名孤独症孩子,还全班一个轻松的学习环境……学校应遵守承诺,不要再让李孟到班上来。"有的家长甚至强硬地说:"我只有一个要求,不要再让他影响或伤害我的孩子了,不然我绝不客气!"

班主任对李孟的教育也是一肚子的苦衷和挫折感,班主任说:"我没有对待孤独症孩子的专业经验,我不知道该怎么帮他,不知道怎么说话才不会伤害他……我一直小心翼翼对待李孟,可还是觉得束手无策……"

2012年9月18日,《新快报》报道了孤独症儿童李孟被其他学生家长联名拒绝入学一事,引发全国轰动,百余家媒体纷纷跟进报道。

最后在深圳市残联、深圳市教育局、广东省教育厅、广东省政府的多方重视、协调和努力下,李孟终于回到了学校。

案例分析

李孟事件虽然是个案,但反映了残疾儿童教育中普遍存在的问题。一方面是社会对残疾儿童还存在偏见,对残疾儿童教育的法律、法规还不了解;另一方面,普通教育学校在残疾儿童教育方面还存在诸多问题,既缺乏专业的教师,也缺乏专门的设施设备。残疾儿童教育是一门特殊的教育,随班就读也好,附设特教班也好,都必须有专业的教师和专门的设施设备作保证,否则既会影响残疾儿童自身的教育,也会影响其他学生的教育。因此,加强特殊教育教师队伍建设和特殊教育基本条件建设,加强特殊教育法治宣传教育,是特殊教育中需要引起重视的现实问题。从法律角度讲,学校拒绝接收具有接受普通教育能力的残疾儿童入学显然是违法的,学校和社会都应保护残疾儿童平等接受教育的权利。

---

① 资料来源:《新快报》2012年9月18日相关报道。

(四)分设重点班和非重点班的法律责任

义务教育法第 22 条规定，县级以上人民政府及其教育行政部门应当促进学校均衡发展，缩小学校之间办学条件的差距，不得将学校分为重点学校和非重点学校。学校不得分设重点班和非重点班。地方政府不得将学校分为重点学校与非重点学校，学校不得将班级分为重点班和非重点班，这是国家促进义务教育均衡发展，实现教育公平的重要举措。作为义务教育学校，在教育活动中要贯彻面向全体学生的原则，不得通过设置重点班的方式搞所谓"精英教育"。对学生进行区别教学、区别对待，不利于促进全体学生的全面发展，也有悖教育公平，违反义务教育基本原则。因此，对义务教育分设重点班和非重点班的行为，是一种违反义务教育法的行为。义务教育法第 57 条规定，对于学校分设重点班和非重点班的，直接负责的主管人员和其他直接责任人员将受到处分。

(五)违反规定开除学生的法律责任

义务教育法第 27 条规定，对违反学校管理制度的学生，学校应当予以批评教育，不得开除。未成年人保护法第 28 条规定，学校应当保障未成年学生受教育的权利，不得违反国家规定开除、变相开除未成年学生。《小学管理规程》第 15 条规定，小学不得开除学生。2021 年教育部公布的《未成年人学校保护规定》第 12 条规定，义务教育学校不得开除或者变相开除学生，不得以长期停课、劝退等方式，剥夺学生在校接受并完成义务教育的权利。因此，义务教育学校不得开除或者变相开除学生是法律的硬性规定，违者将依据义务教育法第 57 条规定给予行政处分。

(六)选用未经审定教科书的法律责任

义务教育是由国家统一实施的教育，国家统一制定义务教育课程标准，统一审定教科书。教科书不是一般的书籍，它要根据国家的教育方针和课程标准编写，精选必备的基础知识和基本技能。义务教育法第 39 条规定，国家实行教科书审定制度。教科书的审定办法由国务院教育行政部门规定。未经审定的教科书，不得出版、选用。学校违反规定，不执行国家课程标准，不使用国家统一审定的教材，就是违反义务教育法，将依据义务教育法第 57 条给予处分。需要指出的是，现在有些学校为帮助学生了解地方文化，自主开发一些校本课程和教材，这是允许也是应当鼓励的，但前提条件是应当保证学生学习国家规定的基本课程的教材。

(七)侵占、挪用教育经费的法律责任

义务教育法第 49 条规定，义务教育经费严格按照预算规定用于义务教育；任何组织和个人不得侵占、挪用义务教育经费。第 54 条规定，侵占、挪用义务教育经费的，由上级人民政府或者上级人民政府教育行政部门、财政部门、价格行政部门和审计机关根据职责分工责令限期改正；情节严重的，对直接负责的主管人员和其他直接责任人员依法给予处分。教育法第 71 条第 2 款规定，违反国家财政制度、财务

制度，挪用、克扣教育经费的，由上级机关责令限期归还被挪用、克扣的经费，并对直接负责的主管人员和其他直接责任人员，依法给予处分；构成犯罪的，依法追究刑事责任。这一法律责任的违法主体比较广泛，不仅包括行政机关及其工作人员，也包括学校的校长及财务人员，有时也可能涉及学校专门项目的负责人。义务教育经费是国家对义务教育的投入，学校必须依法管理好、使用好，对于专项经费要专款专用，不得侵占、挪用，违反规定的要承担行政责任，数量较大，构成犯罪的还要承担刑事责任。

从以上分析看，教育法、义务教育法、未成年人保护法所规定的学校的法律责任，从性质上讲主要是行政法律责任，只有在特别严重的情形或造成重大人身伤害事故的情形下，学校相关人员才承担刑事责任，至于学校的民事责任，主要发生在未对未成年人尽到保护义务或侵犯未成年学生人身权方面。学校法律责任除了以上7个方面的情形外，还包括学校在学生伤害事故中的侵权责任，由于这方面涉及的内容较多，责任认定也比较复杂，以下将列单节讨论。

第三节　小学的侵权责任

一、学校侵权责任的概念

学校的侵权责任是指在学生人身损害事故中学校应当承担的侵权责任，即学生在学校学习、生活期间遭受人身损害时，学校因未尽到应有的教育、管理职责而承担的人身损害赔偿责任。了解这一概念需把握以下三点。

第一，受损害的主体是在校学生。《学生伤害事故处理办法》第37条、第38条规定，"在校学生"是指在国家或者社会力量举办的全日制学校就读的受教育者，不包括在学校接受培训的学员，在学校接受培训的学员的人身损害适用一般的侵权责任规定。

第二，学校承担侵权责任的范围是特定的。这个范围包括时间和空间两个方面。其一，时间的特定性，即"学生在学校学习、生活期间"，也就是在学校正常的作息时间内，节假日、寒暑假期间，如果学生擅自到校发生了人身损害，则不能让学校承担责任。其二，空间的特定性。《学生伤害事故处理办法》第2条规定，在学校实施的教育教学活动或者学校组织的校外活动中，以及在学校负有管理责任的校舍、场地、其他教育教学设施、生活设施内发生的，造成在校学生人身损害的事故的处理，适用本办法。这一规定对学校承担侵权责任的空间作了界定，包括校内和校外。就校内而言，包括在校内实施的教育教学活动中和在学校负有管理责任的校舍、场地和其他教育教学设施、生活设施中发生的学生人身损害。就校外而言，仅指在校外以学校名义组织的活动，如果学生在校外但不是在学校组织的活动中遭受了人身损害，则学校不承担责任，如学生在上学、放学途中发生的人身损害，学生自行在校外游泳发生的人身损害，学校不承担责任。

第三，学校仅就未尽到安全教育、管理职责承担侵权责任。学校承担的侵权责任是过错责任或推定过错责任，即有过错（未尽到安全教育、管理职责）才承担责任，如果没有过错（已尽到了安全教育、管理职责）则不承担侵权责任。

二、学校侵权责任的归责原则

侵权责任的归责是指侵权责任的归属，即回答如果发生了人身损害由谁来承担责任。我国侵权责任归责的原则主要有四大原则：过错责任原则、推定过错责任原则、无过错责任原则、公平责任原则。《中华人民共和国民法典》和《学生伤害事故处理办法》对学校侵权责任适用的归责原则主要是两个：过错责任原则、推定过错责任。

（一）过错责任原则

过错责任原则，是指在学生遭受人身损害时，学校有过错才承担侵权责任，没有过错就不承担侵权责任。民法典第1200条规定，限制民事行为能力人在学校或者其他教育机构学习、生活期间受到人身损害，学校或者其他教育机构未尽到教育、管理职责的，应当承担侵权责任。这一规定说明，限制行为能力人（满8周岁至不满18周岁）在学校学习、生活期间受到人身损害时，学校未尽到教育、管理职责（有过错）的承担侵权责任，已尽到教育、管理职责（无过错）就不承担侵权责任。《学生伤害事故处理办法》采用的都是过错责任原则，其中，第9条是学校有过错承担侵权责任的情形，第10条是学生或者未成年人监护人有过错承担侵权责任的情形，第11条是校外第三人有过错承担侵权责任的情形，第12条、第13条是学校没有过错不承担侵权责任的情形。

（二）推定过错责任

推定过错责任，是指在学生遭受人身损害时，法律首先推定学校有过错，如果学校不能证明自己没有过错，就要承担侵权责任。民法典第1199条规定，无民事行为能力人在幼儿园、学校或者其他教育机构学习、生活期间受到人身损害的，幼儿园、学校或者其他教育机构应当承担侵权责任；但是，能够证明尽到教育、管理职责的，不承担侵权责任。这是因为不满8周岁的无民事行为能力人缺乏对自己行为的认知能力和判断能力，故而他们在学校学习、生活期间受到人身损害时，法律首先推定学校承担侵权责任。学校要想推翻自己的责任，必须举证证明自己已尽到教育、管理职责。

（三）过错责任原则与推定过错责任的区别

1. 适用对象不同。过错责任原则适用限制民事行为能力人，推定过错责任适用无民事行为能力人。小学一年级至三年级学生一般为无民事行为能力人，适用推定过错责任,四年级至六年级学生一般为限制行为能力人,适用过错责任原则。《学生伤害事故处理办法》未区分无民事行为能力人和限制行为能力人,但民法典对此作了明确区分,按照上位法优于下位法的原则,遵从民法典的规定。

2. 举证主体不同。过错责任原则由受损害的学生对学校的过错承担举证责任;而推定过错责任是法律已经推定学校承担侵权责任,受损害的学生无须再举证,而由学校对自己没有过错承担举证责任。因此,推定过错与过错责任相比是举证责任的倒置。但是两者在责任构成要件上没有本质区别,均以过错作为确定责任的根本依据。因此,推定过错责任实质上仍属于过错责任原则的范围,是过错责任原则的一种方法。[1]

三、小学的侵权责任

(一)小学承担侵权责任的情形

按照过错责任和推定过错责任的归责原则,学生在学校学习、生活期间受到人身损害时,学校有过错的,都要承担侵权责任。对此,民法典第1199条、第1200条作了规定,《学生伤害事故处理办法》作了具体列举,共12种情形,包括:①学校的校舍、场地、其他公共设施,以及学校提供给学生使用的学具、教育教学和生活设施、设备不符合国家规定的标准,或者有明显不安全因素的;②学校的安全保卫、消防、设施设备管理等安全管理制度有明显疏漏,或者管理混乱,存在重大安全隐患,而未及时采取措施的;③学校向学生提供的药品、食品、饮用水等不符合国家或者行业的有关标准、要求的;④学校组织学生参加教育教学活动或者校外活动,未对学生进行相应的安全教育,并未在可预见的范围内采取必要的安全措施的;⑤学校知道教师或者其他工作人员患有不适宜担任教育教学工作的疾病,但未采取必要措施的;⑥学校违反有关规定,组织或者安排未成年学生从事不宜未成年人参加的劳动、体育运动或者其他活动的;⑦学生有特异体质或者特定疾病,不宜参加某种教育教学活动,学校知道或者应当知道,但未予以必要的注意的;⑧学生在校期间突发疾病或者受到伤害,学校发现,但未根据实际情况及时采取相应措施,导致不良后果加重的;⑨学校教师或者其他工作人员体罚或者变相体罚学生,或者在履行职责过程中违反工作要求、操作规程、职业道德或者其他有关规定的;⑩学校教师或者其他工作人员在负有组织、管理未成年学生的职责期间,发现学生行为具有危险性,但未进行必要的管理、告诫或者制止的;⑪对未成年学生擅自离校等与学生人身安全直接相关的信息,学校发现或者知道,但未及时告知未成年学生的监护人,导致未成年学生因脱离监护人的保护而发生伤害的;⑫学校有未依法履行职责的其他情形的。

---

[1] 马俊驹、余延满:《民法原论(第二版)》,1004页,北京,法律出版社,2005。

(二)小学不承担责任的情形

小学不承担责任的情形在侵权法中称为免责事由,免责事由是指那些因其之存在而使侵权责任不成立的法律事实。我国民法典认可的免责事由包括受害人故意、第三人原因、不可抗力、正当防卫、紧急避险、自助行为、受害人同意、自甘风险、行使权利、执行职责等,民法典和《学生伤害事故处理办法》有关学校的免责事由有:受害人故意、第三人原因、不可抗力、自甘风险。

1. 受害人故意

受害人故意是指受害人给自己造成损害的情形。民法典第1174条规定,损害是因受害人故意造成的,行为人不承担责任。《学生伤害事故处理办法》第10条第1项、第2项、第3项、第5项以及第12条第4项规定受害人故意的情形有5种:①学生违反法律法规的规定,违反社会公共行为准则、学校的规章制度或者纪律,实施按其年龄和认知能力应当知道具有危险或者可能危及他人的行为的;②学生行为具有危险性,学校、教师已经告诫、纠正,但学生不听劝阻、拒不改正的;③学生知道自己有特异体质,或者患有特定疾病,但未告知学校的;④学生有其他过错的;⑤学生自杀、自伤的。以上四种情形是学生故意或者学生自己过错造成的自己的损害,在此情形下,学校如果没有过错就不承担责任。

2. 第三人原因

第三人原因,有的称为“第三人过错”“第三人行为”,这里的“第三人”是指受害人和加害人以外的人,就学校而言,是指除学生、教师和教职工以外的其他人,即校外人员。民法典第1175条规定,损害是因第三人造成的,第三人应当承担侵权责任。这是关于第三人原因的一般规定。《学生伤害事故处理办法》第10条和民法典第1201条规定的第三人承担侵权责任的情形有4种:①学生的监护人知道学生有特异体质,或者患有特定疾病,但未告知学校的;②未成年学生的身体状况、行为、情绪等有异常情况,监护人知道或者已被告知,但未履行相应监护职责的;③未成年学生的监护人有其他过错的;④第三人致学生人身损害时,第三人承担侵权责任,学校承担相应的补充责任。以上第1至第3种情形是由未成年学生的监护人承担责任,第4种情形由学校以外的第三人(包括在校内开展活动的经营者、组织者以及致学生伤害的校外人员)承担责任,学校没有过错不承担责任,学校有过错的承担相应的补充责任。

这里需要特别强调的是学校的补充责任。民法典第1201条规定,无民事行为能力人或者限制民事行为能力人在幼儿园、学校或者其他教育机构学习、生活期间,受到幼儿园、学校或者其他教育机构以外的第三人人身损害的,由第三人承担侵权责任;幼儿园、学校或者其他教育机构未尽到管理职责的,承担相应的补充责任。幼儿园、学校或者其他教育机构承担补充责任后,可以向第三人追偿。准确理解这一规定需把握三点:第一,在第三人致学生人身损害的情形下,第三人应当承担侵权责任，学校承担的是补充责任。因为第三人实施的侵权行为是导致学生损害的直接原因，其赔偿是对自己的行为负责，理应承担直接责任。学校作为安全保障义务人只是未防止或制止损害结果的发生，该不作为行为只是导致学生损害的间接原因，或者一个必要条件，学校承担的只是相应的补充责任。所以第三人承担的是第一顺位的赔偿责任，学校承担的是第二顺位的赔偿责任。第二，所谓"相应的补充责任"是指第三人承担责任的大小决定学校承担补充责任的大小。当第三人承担全部赔偿责任时，学校不再承担赔偿责任；当第三人无法确定、无力赔偿或者赔偿不足时，才由学校承担相应的补充责任。这里的"相应"是指与学校过错大小和程度相当。[①]例如，校外人员 A 在 M 小学校园内致学生 B 受到伤害，B 的人身损害共计 10 万元，假定校外人员 A 有 70% 的过错，M 小学有 30% 过错。当校外人员 A 能赔偿全部 10 万元时，M 小学不再赔偿；当校外人员 A 赔偿 7 万元时，M 小学补充赔偿 3 万元；当校外人员尽力只能赔偿 5 万元时，M 小学也只需赔偿与其过错相当的 3 万元。第三，当学校对外承担补充责任后，对内可以向第三人追偿。[②]

案例 7-4

校外车辆致学生伤害，学校承担补充责任

2017 年，湖北省咸宁市中级人民法院受理的一件上诉案。二原告之女蔡某为被告嘉鱼县 HM 小学三年级学生。2015 年某天，被告的校车将学生蔡某等同学送至鱼岳镇某某路段停靠点下车后，蔡某经校车车头前方右侧往左侧横过道路时，被同向的马某某驾驶的重型货车撞倒并碾压，造成蔡某当场死亡(殁年 9 岁)。二审法院判决，马某某的重型货车是造成蔡某死亡的主要原因，马某某承担 80% 的赔偿责任；HM 学校校车司机在蔡某家长未到的情况下让无民事行为能力人擅自下车，存在过错，承担 10% 的补充责任；蔡某自行横穿马路也存在过错，其监护人原告承担 10% 的责任。[③]

案例分析

本案是一起关于学校补充责任的案例。首先，事故虽然发生在校外，但由于学校校车接送学生是学校事务，因而属于学校侵权责任的范围。其次，重型货车将学

---

① 关于如何理解"相应的补充责任"，学界存在不同看法，本书以补充责任制度创始人张新宝教授的观点为主。

② 《中华人民共和国民法典》确认了补充责任人的追偿权，但是关于补充责任人的追偿权，学界存在争议，有的认为可以追偿，有的认为不可以追偿，如果可以追偿哪一部分可以追偿，都有不同的观点。参见黄薇：《中华人民共和国民法典释义》，下册，2326 页，北京，法律出版社，2020；石正义：《学校的补充责任——兼析〈中华人民共和国民法典〉第 1201 条之适用》，见《中国教育法制评论(第 18 辑)》，154～157 页，北京，教育科学出版社，2020。

③ 湖北省咸宁市中级人民法院民事判决书(2017)鄂 12 民终 188 号。案例来源：北大法宝案例库。

生蔡某撞倒并碾压，是学生蔡某死亡的直接原因，其司机应当承担直接责任。最后，校车司机在蔡某家长未到的情况下让学生蔡某自行下车并横穿马路，未尽到应有的注意义务，存在一定过错，应当承担补充责任。此外，学生蔡某年龄9岁，事故发生时间为2015年，在《中华人民共和国民法总则》颁布之前，故其属于无民事行为能力人。要求无民事行为能力人认知横穿马路的危险性过于苛刻，法院认为，蔡某也有过错应承担10％的责任值得商榷。我们认为，按照补充责任条款，货车司机应当承担直接责任，能全额赔偿时，学校不再赔偿；当货车司机无力全额赔偿时，由学校给予补充，但学校补充赔偿的大小仅与其过错大小和程度相当。本案中，如果法院认定学校具有10％的过错，那么学校仅承担10％的责任，货车司机应承担90％的责任。

3. 不可抗力

不可抗力是指不能预见、不能避免且不能克服的客观情况。民法典第180条规定，因不可抗力不能履行民事义务的，不承担民事责任。法律另有规定的，依照其规定。《学生伤害事故处理办法》第12条第1项、第2项规定，因地震、雷击、台风、洪水等不可抗的自然因素造成的，来自学校外部的突发性、偶发性侵害造成的学生损害，学校如果已履行了相应的职责，行为并无不当，则不承担法律责任。

4. 自甘风险

所谓自甘风险是指受害人已经意识到某种风险的存在，或者明知将遭受某种风险，却依然冒险行事，致使自己遭受损害，[1] 它是我国民法典最新确认的一项侵权责任免责事由。民法典第1176条规定，自愿参加具有一定风险的文体活动，因其他参加者的行为受到损害的，受害人不得请求其他参加者承担侵权责任；但是，其他参加者对损害的发生有故意或者重大过失的除外。活动组织者的责任适用本法第一千一百九十八条至第一千二百零一条的规定。这一规定解决了长期困扰学校的体育伤害事故的赔偿责任问题，民法典实施前，学生在学校体育课或者课余时间进行的体育活动中发生人身损害时，多数法院都依据侵权责任法第24条的公平责任条款判决，让加害学生、受害学生和学校公平分担损失，即使学校在体育活动中没有任何过错，也要根据公平责任原则分担损失，予以赔偿。所以现实中许多学校因担心承担无谓的责任，稍有风险的体育运动都不愿开展，这样明显不利于学生德智体美劳全面发展。民法典自甘风险规则的确立必将消除学校的顾虑，推动学校体育工作的开展。按照民法典自甘风险规则，学生之间进行体育活动，以及学生在学校组织的体育运动中受到伤害，如果是在运动规则范围内受到损害的，受害学生不得向其他参加者和学校请求赔偿。但是其他参加者有故意或者重大过失导致学生损害的，则要承担侵权责任。学校作为体育活动的组织者，如果尽到应有的安全保障义务，则不承担侵权责任；如果未尽到安全保障义务，则按照民法典第1199条至第1201条的规定，承担与其过错大小和程度相当的侵权责任。

---

[1] 王利明：《论受害人自甘冒险》，载《比较法研究》，2019(2)。

案例 7-5

小学生体育课中打篮球是否适用自甘风险①

原告：王某

被告：民乐县 HX 小学、韩某

原告王某、被告韩某系被告民乐县 HX 小学五年级学生。2019 年 7 月 8 日下午，原告王某、被告韩某在 HX 小学上体育课时，参加篮球兴趣小组考核，期间原告王某的左眼被被告韩某所传的篮球砸伤。经医院诊断为孔源性视网膜脱离、脉络膜脱离、家族性渗出性玻璃体视网膜病变，鉴定结论为十级伤残。原告各项损失 149387.6 元。

2021 年 3 月 25 日，甘肃省民乐县人民法院受理此案。法院认为，事故发生时，原告及被告韩某均未成年，系限制民事行为能力人，根据侵权责任法第 39 条规定，限制民事行为能力人在学校或者其他教育机构学习、生活期间受到人身损害的，学校或者其他教育机构未尽到教育、管理职责的，应当承担责任。本案中，被告 HX 小学在体育课上，由任课老师组织学生进行篮球兴趣小组考核属于正常的教学行为。学校作为教育机构，课堂上代课老师面对众多的学生，无法苛求学校对每一名学生时刻尽到教育、管理职责。事实查明，事发时代课老师在教学现场履行了监督和管理职责，其对学生的受伤没有过错。体育活动具有对抗性、风险性，容易发生意外伤害，原告作为五年级学生，对此具有一定的认知和判断能力，原告在体育教学活动中对自身的安全未能尽到一定的注意义务，应对自身受伤承担相应的责任。原告在教学活动中被被告韩某传递的篮球击中致伤，属于体育活动中的意外伤害。原告也不能证明被告韩某有故意伤害或违反体育规则的行为，故被告韩某的行为不构成侵权。鉴于各被告对事故的发生均无过错，依据公平责任原则，原告的经济损失，各被告应予以适当的补偿。被告韩某系限制民事行为能力人，无独立的财产，应由其监护人承担相应的民事责任。事发时原告王某、被告韩某均系被告民乐县 HX 小学五年级学生。参加兴趣小组的学生主观意愿中服从多于自愿，限制行为能力人对活动风险的认识与判断能力亦不能等同于成年人，况且要求学生自担活动风险，其价值取向亦不为社会公众所认同，故本案不适用自担风险规则。被告辩称按照"自甘风险"原则承担相应责任的辩解理由不予采纳。

考虑损害发生的原因以及各方的利益得失等因素，一审法院判决两被告各分担 25% 的损失，其余经济损失由原告自行承担。

---

① 参见甘肃省民乐县人民法院民事判决书(2021)甘 0722 民初 1406 号，可获取于中国裁判文书网。

　　HX 小学不服一审判决，提起上诉。2021 年 11 月 18 日，二审法院作出认可一审两被告各分担 25％损失的判决。

案例分析

　　本案反映了一些重要的法律问题，值得探讨。

　　一、关于民法典适用的时间效力问题。我国民法典于 2021 年 1 月 1 日起实施。本案发生在民法典施行前，而审理在民法典施行后。民法典施行后审理民法典施行前的案件如何适用法律，最高人民法院专门出台了司法解释。《最高人民法院关于适用〈中华人民共和国民法典〉时间效力的若干规定》第 1 条第 2 款规定："民法典施行前的法律事实引起的民事纠纷，适用当时的法律、司法解释的规定，但是法律、司法解释另有规定的除外。"因本案的法律事实发生在民法典施行前，故法院依照当时的法律处理本案。民法典施行前，此案件的法律依据是《中华人民共和国侵权责任法》，具体的依据条款是该法第 39 条和第 24 条。第 39 条是过错责任原则，即限制行为能力人在学校发生人身损害，学校有过错才承担责任。第 24 条是公平责任原则，即行为人和受害人都没有过错的，根据实际情况，由双方分担损失。一审法院审理中，认定被告 HX 小学在该事件中没有过错，也认定被告韩某没有过错，故按照侵权责任法第 24 条，判决 HX 小学、韩某两被告各分担 25％的损失，原告王某自行承担 50％的损失。这一判决并不违反法律，民法典施行以前，多数此类案例也都是依据第 24 条审理的。

　　二、体育课中学生受伤、小学生在体育活动中受伤是否适用自甘风险规则。根据民法典第 1176 条规定，适用自甘风险规则的前提是"自愿参加一定风险的文体活动"，这里"自愿参加"和"参加者能事先认知活动的风险"是适用自甘风险规则的两个基本要件。学生上体育课是否属于"自愿"？小学生是否能认知体育活动的风险性？这两种问题还值得考虑。本案在审理中，被告 HX 小学认为本案应按自甘风险规则承担责任，但被法院否认，法院认为，参加兴趣小组的学生主观意愿中服从多于自愿，限制行为能力人对活动风险的认识与判断能力亦不能等同于成年人，况且要求学生自担活动风险，其价值取向亦不为社会公众所认同，故本案不适用自甘风险规则。本案中，法院否认适用自甘风险的核心理由有两个：第一，参加篮球兴趣小组的学生主观意愿中"服从"多于"自愿"，否认学生上体育课是学生完全自愿的。另有一个同样的案例，法院也不认同学生上体育课是属于"自愿"的，如云南省楚雄彝族自治州中级人民法院在审理周某与杨某生命权、健康权、身体权纠纷案[①]中认为，学校上体育课组织学生篮球比赛，是正常的教学活动，不是学生自发组织的活动，不能完全认定是学生自甘风险的行为。第二，不能要求限制行为能力人像成年人一

---

　　① 参见云南省楚雄彝族自治州中级人民法院民事判决书(2020)云 23 民终 1570 号，可获取于中国裁判文书网。

样完全认知体育活动的风险性。小学生中既有限制行为能力人(高年级学生),也有无民事行为能力人(低年级学生),他们都是未成年人,要求未成年人特别是无民事行为能力人事先认知体育活动的风险性显然过于苛刻。因此,学校的体育课如何适用自甘风险,无民事行为能力人参加的体育活动如何适用自甘风险,这些问题的确有待进一步深入探讨。

四、小学的安全保障义务

小学的安全保障义务是指小学对在学校学习、生活的学生应尽的安全教育、管理职责。小学之所以承担侵权责任,是因为小学未尽到安全保障义务(安全教育、管理职责),因此,学校加强安全教育、管理是加强学校安全工作,预防学生伤害事故发生,保护学生生命安全的前提,每所学校都应高度重视校园安全,尽到安全教育、管理职责,履行安全保障义务。依据《学生伤害事故处理办法》第5条和《中小学幼儿园安全管理办法》的规定,学校的安全保障义务概括起来包括以下五个方面。

1. 开展安全教育和自护自救教育

一是学校应当将安全教育纳入教学内容,培养学生的安全意识,提高学生的自我防护能力。二是学校应当在开学初、放假前,有针对性地对学生集中进行安全教育。新生入校后,学校应当帮助学生及时了解相关的学校安全制度和安全规定。三是学校应当针对实验课的特点与要求,对学生进行实验用品的防毒、防爆、防辐射、防污染等的安全防护教育。对学生进行用水、用电的安全教育,对寄宿学生进行防火、防盗和人身防护等方面的安全教育。四是学校应当对学生开展安全防范教育、交通安全教育、消防安全教育、戏水游泳安全教育,提高学生的安全防范意识、交通安全意识、防火意识和逃生自救的能力。五是学校可根据当地实际情况,组织师生开展多种形式的事故预防演练,提高学生自护自救能力。

2. 健全完善安全管理制度

小学的安全管理制度主要包括:完善安全管理体制机制、责任体系和问责制度,门卫制度和交接制度,定期检查制度和危房报告制度,消防制度,用水、用电、用气等相关设施安全管理制度,饮食安全管理制度,实验室安全管理制度,安全信息通报制度,宿舍安全管理制度,校车安全管理制度,投保校方责任险和法律支持服务制度等。这些制度应当得到完善并落实。

3. 确保设施设备安全

学校应当确保校园、校舍、设施、设备安全。校园选址应远离污染和危险地带,校舍建设应符合国家建设标准,应对校舍、设施、设备定期进行安全检查,消除各种可能的安全隐患。

4. 做好日常安全管理,履行应尽的注意义务

日常安全管理和注意义务体现在学校工作的方方面面,主要包括:组织学生参

加大型活动时各项安全工作要落实到位，保证学生体育活动安全，做好学生上下学交接工作，教室寝室楼道安全设施配置到位，不得组织学生参加抢险和危险活动，不得出租学校场地从事危险经营，不得聘任被判处有期徒刑和剥夺政治权利的人员担任教师，对学生从事危险活动尽到应当可以注意义务，关注特异体质学生，及时发现制止校园欺凌行为，建立日常安全档案。

5. 发生学生伤害事故时要及时施救

《学生伤害事故处理办法》第 15 条规定，发生学生伤害事故，学校应当及时救助受伤害学生，并应当及时告知未成年学生的监护人；有条件的，应当采取紧急救援等方式救助。及时施救是学校安全保障义务的重要环节，学校即使前面四项义务都全部履行，但如果没能及时施救，同样要承担侵权责任。

复习与思考

1. 学校何以取得法人资格？
2. 学校有哪些权利和义务？
3. 学校有哪些法律责任？
4. 结合民法典第 1999 条和第 2000 条，简述学校侵权责任的归责原则。
5. 学校在什么情形下应承担侵权责任？
6. 简述学校的免责事由。
7. 学校的安全保障义务有哪些？

综合案例分析

1. 小燕（化名）系某小学三年级学生（9 周岁）。某日 15 点 20 分第一节课间休息时，小燕与同班同学在学校教学楼二楼走廊上玩"躲猫猫"游戏。游戏中小燕翻越栏杆（栏杆高度符合国家标准）不小心坠楼。后被其班主任等人送到村卫生所抢救。因该所条件有限，无法急救，要求转至县医院抢救。该小学的领导便拨打 120 电话联系救护车，但因本地救护车数量有限，现有救护车已经出车，未能前来接治。17 点20 分，小燕被其父母强行抱到学校。小燕于当天 18 点 30 分死亡。

请问：

（1）本案责任认定应当依据什么归责原则？

（2）对于小燕死亡应当如何划分侵权责任？

2. 某校学生张某平时就与校外无业人员接触，并曾经因为与外来人员一起勒索本校学生，受到学校处分。一天，张某正在学校上课，校外无业人员朱某来到学校，将张某叫出教室，在教室外的走廊上，与张某发生口角后，将张某打成重伤。学校教师发现双方口角后动手打架等出面劝止，没有奏效后拨打了报警电话。事后，张某的监护人将学校诉至法院，认为学校没有尽到管理义务，让外来无业人员朱某擅自进入学校，导致张某被打伤，学校在管理上存在过失。法院认定学校存在过失行为，判定学校承担补充赔偿责任。因朱某无力承担赔偿责任，最后由学校承担全部的赔偿责任。

请问：你对此案的判决有何看法？

3. 臧某（校外学生）受球友邀请周末到北京市某中学操场打篮球，臧某在接到同伴传球运球过程中，被段某（本校学生）冲撞倒地受伤。经医院诊断为左锁骨骨折。臧某的监护人在起诉中称，臧某伤势严重，起居不便须贴身照顾，其父请假照顾。段某家长在臧某受伤后，曾赔付过部分医药费，但就具体数额双方分歧较大，没有达成协议。臧某监护人同时认为事故发生在学校属地管辖，事故发生后学校没有急救措施，存在管理上的漏洞，负有责任。于是向法院起诉，要求段某及学校赔偿医药费、营养费、交通费、护理人员误工费共计5万元。

请问：如果你是法官，此案例应当如何裁决？

📂 **推荐阅读**

1. 劳凯声. 变革社会中的教育权与受教育权：教育法学基本问题研究[M]. 北京：教育科学出版社，2003.

2. 湛中乐. 公立高等学校法律问题研究[M]. 北京：法律出版社，2009.

3. 应松年. 行政法学新论[M]. 北京：中国方正出版社，2004.

4. 马俊驹，余延满. 民法原论[M]. 2版. 北京：法律出版社，2005.

第八章　小学教师的权益及保护

本章重点 ▶

- 小学教师的权利与义务
- 教师惩戒与教师权利救济
- 小学教师职业制度

第一节　小学教师的法律地位

一、教师的法律概念

教师法第 3 条明确规定，教师是履行教育教学职责的专业人员，承担教书育人，培养社会主义事业建设者和接班人，提高民族素质的使命。这就是教师的法律概念。这一概念包含以下几层含义。

第一，教师是专业人员。从某种意义上说，教师如同医生、律师一样，是一种从事专门职业活动的专业人员。这是就教师的职业属性而言的。教师必须具备专门的资格，符合特定的要求。这种要求主要有三点：一是教师要达到符合规定的学历；二是教师要具备相应的专业知识；三是教师要符合与其职业相称的其他有关规定，如语言表达能力、身体状况等。教师必须专门从事教育教学工作。

第二，教师的职责是教育教学。这是就教师的职业特征而言的，是教师职业与其他职业的本质区别。"教育"的范围较大，包括教书育人、管理育人、服务育人，因此从广义上讲，学校的教学人员、管理人员、服务人员都可以称为教师。"教学"的范围相对较小，主要指传授知识的活动，其职责由教学人员履行，因此狭义的教师是指履行教学职责的专任教师。

第三，教师的使命是教书育人，培养社会主义事业建设者和接班人，提高民族素质。教师所有教育教学工作必须服务于这个目的，并认真履行自己的职责。

二、教师的法律地位

教师的法律地位是指教师在教育法律关系中的法律身份或主体资格。从法律上讲，小学教师的法律地位与中学教师和大学教师的法律地位是相同的。

关于教师的法律地位，不同的国家有不同的规定，我国理论界也存在较大争议。

从世界范围讲，教师的法律地位大致有三种类型：公务员、雇员、公务员兼雇员。例如，法、日等国将公立学校教师规定为国家公务员，由政府任用，享有公务员规定的各项权利，基于教育者地位，还享有诸如教员会议权、教育自由等特殊权利。与此同时，也要履行与公务员身份相应的义务。世界上几乎所有的私立学校教师均属于雇员身份。也有一些国家的公立学校教师属于公职雇员。比如，德国公立学校的兼职教师以及暂时尚未达到公务员任命条件的一些专职教师即属公职雇员教师。他们虽不享有听证权、申诉权、行政诉讼权等公务员教师特有的一些权利，但也不可随便解约。还有一些国家(如英、美等国)公立学校的教师则兼有公务员和雇员双重身份。一方面，基于公务员身份，他们享有公务员法律规定的各项权利；另一方面，基于雇员身份，他们又具有契约中所规定的权利和义务。

我国学界对于民办学校教师的雇员、劳动者的法律地位没有争议，但对于公立学校教师的法律地位则有不同观点，具有代表性的主要有以下几种。

第一，教师是公务员。这种观点认为教师的主要职责是完成国家交付的教学任务，教师的这一职务行为具有浓厚的公法色彩，国家对教师的管理都是比照公务员来进行的，如教师法规定，教师的平均工资应当不低于或高于公务员的平均工资水平，教育法赋予学校对教师行政处分权，行政处分是国家机关对具有行政隶属关系的工作人员的一种行政制裁措施，只有国家公职人员才可给予行政处分。因此，国家与教师的关系应属于公职关系，教师具有类似公务员的法律地位。[①] 将教师定位为公务员，对于教师的职业保障、工资福利待遇有一定好处，但它不利于教师的专业自主和学术自由，也无法解释教师和学校双方为什么能在平等自愿原则前提下签订聘用合同，特别是 1993 年国务院公布的《国家公务员暂行条例》和 2006 年施行的《中华人民共和国公务员法》相继将教师等事业单位工作人员排除在公务员队伍之外的情况下，将教师定位为公务员，显然与现行法律规范不一致。

第二，教师是劳动者。这种观点认为教育法和教师法规定学校实行聘用制，学校与教师在签订聘用合同中遵循地位平等原则，而且聘用合同的主要内容和程序与劳动合同基本相似，因此，聘用合同本质上就是劳动合同，教师就是劳动者，应该纳入劳动法调整。[②] 这种观点是在劳动法和劳动合同法颁布后产生的，由于我国劳动法主要是从保护劳动者权益的角度出发的，这种观点就特别强调有利于对教师权益的保护，因而得到不少学者的支持。但是由于教师与企业职工的职业性质、工作任务、工资定级、管理制度等方面有一定的差别，将教师聘用纠纷完全纳入劳动法调整，不能体现教师的职业特点，也不能解释为什么学校能对教师给予行政处分。

第三，教师是特别公务员。这种观点是在考察大陆法系国家和地区，特别是考察我国台湾地区关于教师身份定位的做法，以及考虑我国教师职业性质、薪资来源和相关法律规范的基础上得出的。这种观点首先认可教师应当具有与公务员类似的地位，属于国家公职人员，先纳入公务员法调整，然后根据教师的职业性质与特点及与公务员的不同之处，再由教育法作出特别规定，以体现教师是特别类型的国家公职人员。[③] 应该说，这一观点比以上观点全面，既考虑了教师的职业渊源、现实状况，也考虑了教师的职业性质与特点。但是，将教师定位为特别公务员，教师还是属于公务员，这一定位同样不符合公务员法将教师排除在公务员队伍之外的立法现状，也与当前事业单位人事制度改革的走向不太吻合。

第四，教师是公务劳动者。这种观点是在分析以上三种观点的基础上，综合考虑各种因素后给出的一种定位。将教师定位于公务劳动者，一是因为教师与学校既

① 成有信：《教师职业的公务员性质与当前我国师范院校的公费干部学校特征》，载《教育研究》，1997(12)。
② 吴开华：《教师聘任纠纷法律适用的现实状况与未来走向》，载《教学与管理》，2008(10)。
③ 申素平：《对我国公立学校教师法律地位的思考》，载《高等教育研究》，2008(9)。

存在公勤关系，也存在劳动关系，因而教师不可能是一种身份——公务人员或者劳动者，而应当具有双重身份。二是教师职业具有特殊性，教师不是一般的劳动者，而是特殊的公务劳动者。三是与事业单位人事制度改革的走向是一致的，公务员法将教师从公务员队伍中分出，与此同时，事业单位人事制度改革打破干部、工人身份之别，将人事关系和劳动关系一并纳入人力资源统一管理，人事关系和劳动关系将逐步趋同。四是与现行法律规定能很好地衔接，按照劳动合同法的规定，事业单位工作人员的聘用纠纷首先适用人事法规，人事法规未规定的适用劳动合同法。教师作为事业单位工作人员，作为公务劳动者，其聘用纠纷首先适用特别法——人事法规和教育法规，人事法规和教育法规未规定的适用劳动合同法，前者体现了教师的公务身份，后者体现了教师的劳动者身份。五是与公立学校的法律地位一致的，公立学校的法律地位是公务法人，学校首先是法人，同时又是公务法人，教师的地位与之相对应，教师是劳动者，而且又是公务劳动者。六是国外也有先例，如美国、英国将公立学校教师定位为公务雇员，这里的"雇员"类似于我国劳动法的"劳动者"。[1]

以上四种观点的共同特点是将教师作为一个职业群体来讨论教师的法律地位，并没有考虑不同阶段学校教师法律地位的差异。有学者注意到，在法律上以及事实上，不同阶段学校教师的法律地位并不相同。这种不同具体表现在教师职业的公共性和自主性上面，也就是说，教师职业的公共性和自主性不同，决定了教师法律地位的不同。教师所处的学段越高，其自主性越强，但公共性越弱；教师所处的学段越低，其公共性越强，但自主性越弱。公共性是教师职业的典型、基本特征，既体现了其与其他专业人员的区别，也反映出教师内部不同群体的差异性。因此主张以公共性强度差异为分析维度，来确立不同教师群体的法律身份。义务教育阶段公立学校教师的公共性最强，受到监督的力度最大，应确立其教育公务员身份；非义务教育阶段公立学校教师为公务雇员；民办学校教师为学校雇员。[2] 根据这种观点，小学教师的法律身份属于"教育公务员"。当然，这种观点是否能成为现实，有待新修订的教育法规确认。

从以上四种观点中可以看出，我国教师的法律地位尚存在争议，有待在进一步探讨的基础上形成共识。在我国教育法规没有正式确认教师法律地位之前，我们可以从实务角度，依据现有法律法规，对公立小学教师的法律地位作出以下概括：首先，教师是公民，其法律地位由宪法、民法典等法律确定；其次，教师是教育者，其法律地位由教育法、教师法、义务教育法等教育法规确定；最后，教师是事业单位工作人员，其法律地位由《事业单位人事管理条例》确定。

---

① 石正义：《公立学校教师法律地位新探》，载《湖北社会科学》，2012(12)。
② 余雅风、王祈然：《教师的法律地位研究》，载《华东师范大学学报(教育科学版)》，2021(1)。

第二节　小学教师的权利与义务

根据教师的法律地位，小学教师的权利和义务可分为三个方面：一是教师作为公民享有宪法等法律所规定的权利和义务，如政治权利、经济文化权利、人身权利、财产权利、劳动权利和受教育权利等；二是教师作为事业单位工作人员，在聘用制管理中享有聘用合同规定的权利和义务；三是教师作为教育者所享有教育法、教师法等教育法律规定的专业权利和义务。教育法学重点关注的是教师的专业权利和义务，也就是以上第三个方面的权利和义务。

一、小学教师的权利

教师的权利是指法律对教师在履行国家教育教学职责时，必须享有的权利，是得到法律许可和保障的，是不可侵犯和剥夺的。教育法第 33 条和第 34 条规定，教师享有法律规定的权利，国家保护教师的合法权益，改善教师的工作条件和生活条件，提高教师的社会地位。教师法第 7 条对教师的权利作了具体规定，这些权利包括以下六个方面。

(一)教育教学权

教师进行教育教学活动，开展教育教学改革和实验的权利，简称教育教学权。这是教师最基本的权利。作为教师，有权依据其所在学校的教学计划、教育工作量等具体要求，结合自身教学特点自主组织课堂教学；有权依照教学大纲的要求确定其教学内容、进度，不断完善教学内容；有权针对不同的教育教学对象，在教育教学的形式、方法、具体内容等方面进行改革和实验。任何人不得非法剥夺教师的这一基本权利。

(二)科学研究权

教师从事科学研究，学术交流，参加专业的学术团体，在学术活动中充分发表意见的权利，简称科学研究权，也称学术自由权。这是教师作为专业技术人员所享有的一项基本权利。作为教师，在完成规定的教育教学任务的前提下，有权进行科学研究、技术开发、撰写学术论文、著书立说；有权参加有关的学术交流活动，参加依法成立的学术团体并在其中兼任工作；有权在学术研究中发表自己的学术观点，开展学术争鸣。教师在行使此项权利时，要注意处理好教学与科研的关系，使二者相辅相成，更好地提高教育教学质量。

(三)指导评定权

教师指导学生的学习和发展，评定学生的品行和学业成绩的权利，简称指导评定权，也称管理学生权。这是与教师在教育教学过程中的主导地位相适应的一项基本权利。作为教师，有权根据教育规律和学生的身心发展特点，因材施教，有针对性地指导学生的学习，并在升学、就业等方面给予学生指导；有权对学生的思想品德、学习、文体活动、劳动等方面给予客观公正的评价；有权运用正确的指导思想和科学的方式方法，使学生的个性和能力得到充分发展。教师在行使管理学生权时，要注意加强对学生的各方面管理，将关心、爱护学生与严格要求学生相结合，促进学生德智体美劳全面发展。

（四）获取报酬待遇权

教师按时获取工资报酬，享受国家规定的福利待遇以及寒暑假期的带薪休假的权利，简称获取报酬待遇权。这是教师的基本物质保障权利。教师的工资报酬，一般包括岗位工资、薪级工资、绩效工资以及各种津补贴。福利待遇主要包括教师的医疗、住房、退休等方面的各项待遇和优惠。寒暑假期的带薪休假是教师职业特别的待遇，寒暑假的假期虽长，但不能停发教师工资。作为教师，有权要求所在学校及其主管部门根据国家教育法律、教师聘任合同的规定按时足额地支付工资报酬；有权享受国家规定的福利待遇。要动员全社会力量，采取有效措施，依据法律的规定，切实保障教师这一基本权利的行使。

（五）民主管理权

教师对学校教育教学、管理工作和教育行政部门的工作提出意见和建议，通过教职工代表大会或者其他形式，参与学校的民主管理的权利，简称民主管理权。这是教师参与教育管理的民主权利，是宪法所规定的"公民对任何国家机关和国家工作人员，有提出批评和建议的权利"的具体体现，有利于调动教师参政议政的自觉性和积极性，发挥教师的主人翁作用，加强对学校和教育行政部门工作的监督。作为教师，有权通过教职工代表大会、工会等组织形式以及其他适当方式，参与学校民主管理，讨论学校改革、发展等方面的重大事项，保障自身的民主权利和切身利益，推进学校的民主建设。以教职工代表大会形式为例，教师的参与管理权体现在以下方面：听取校长的工作报告，讨论学校年度工作计划、发展规划、改革方案、教职工队伍建设等重大问题；讨论教职工奖惩办法以及其他与教职工有关的基本规章制度；讨论教职工的住房分配以及其他有关教职工的一些福利事项；监督学校管理工作。教师在行使民主管理权时，应注意遵循民主集中制的原则，并充分发挥自己对学校、教育行政部门工作的监督作用。

（六）进修培训权

教师参加进修或者其他方式的培训的权利，简称进修培训权。这是教师享有的继续教育的权利。现代社会和科技的飞速发展，要求教师及时更新知识，不断提高自身素质。作为教师，有权参加进修或其他多种形式的培训，以提高思想政治觉悟和业务水平。教育行政部门、学校及其他教育机构，应采取多种形式，开辟多种渠道，努力为教师的进修培训创造有利条件，切实保障教师权利的实现。我国2010年起实施的"国培计划"，对教师进行每五年一轮的全员培训，正是对教师进修培训权利的保障和落实。

案例 8-1

教师无法正常参与进修与培训[①]

陈某是某学校的二级教师，工作十多年了，一直没有参加过进修或其他方式的培训。1998 年 9 月，学校有一次教师进修机会，陈某向学校提出要去进修。学校以没人替他上课为由，不同意他的请求。陈某认为校长故意和自己作对，于是与学校发生了纠纷，经常缺课。学校扣发陈某 9 月一个月的工资及奖金 900 多元。陈某认为处理不公，向区教育委员会提出申诉。

案例分析

教师参加进修培训是教师的一项法定权利，学校应当依法给予保护和尊重。按照规定，教师每五年就需要进修一次，这是提高教师教育教学水平的基本保证。教师陈某十多年未进修，学校应当依法给予其进修提高的机会。陈某认为学校的安排不合理，可以向主管教育行政部门提出申诉。但是，陈某经常缺课，则是一种错误的做法，学校对经常缺课的陈某进行扣发工资的处理是合法的。

二、小学教师的义务

教师享有法律规定的权利，同时必须履行法律规定的义务。教师的义务，是指教师在教育教学活动中依法应当履行的责任。教师必须依法"为"或"不为"一定的行为，这种约束的目的在于促使教师忠实履行自己的法定义务。义务教育法第 28 条、29 条规定，教师履行法律规定的义务，应当为人师表，忠诚于人民的教育事业。教师在教育教学中应当平等对待学生，关注学生的个体差异，因材施教，促进学生充分发展。教师应当尊重学生的人格，不得歧视学生，不得对学生实施体罚、变相体罚或者其他侮辱人格尊严的行为，不得侵犯学生的合法权益。法律的这些规定，都是教师作为教育者在教育教学中应当履行的基本义务。除此之外，教师法第 8 条专门对教师义务作了具体规定。

(一)遵守宪法、法律和职业道德，为人师表

宪法和法律是国家、社会组织和公民活动的基本行为准则，任何组织和公民都必须遵守，教师也不例外。同时教师作为教育者，承担着教书育人的职责，肩负着培养社会主义建设者和接班人的使命，因此国家对教师提出了比一般公民更高的职业要求。1991 年，国家教委和全国教育工会发布了《中小学教师职业道德规范》，2018 年，教育部发布了《新时代中小学教师职业行为十项准则》，要求中小学教师坚

---

① 资料来源：北大法宝案例库。

定政治方向，自觉爱国守法，传播优秀文化，潜心教书育人，关心爱护学生，加强安全防范，坚持言行雅正，秉持公平诚信，坚守廉洁自律，规范从教行为，这些职业道德和行为规范都是小学教师必须遵守的。

(二)贯彻国家的教育方针，遵守规章制度，执行学校的教学计划，履行教师聘约，完成教育教学工作任务

教师在教育教学活动中，应当全面贯彻国家关于教育必须为社会主义现代化建设服务、为人民服务，必须与生产劳动和社会实践相结合，培养德智体美劳全面发展的社会主义建设者和接班人的教育方针；自觉遵守教育行政部门和学校制定的教育教学管理的各项规章制度；认真执行学校依据国家规定的教学大纲、教学计划或教学基本要求制订的具体教学计划；严格履行教师聘任合同中约定的教育教学职责，完成规定的教育教学任务，保证教育教学质量。

(三)对学生进行宪法所确定的基本原则的教育和爱国主义、民族团结的教育，法制教育以及思想品德、文化、科学技术教育，组织、带领学生开展有益的社会活动

这是对教师教育教学工作内容方面的全面规范。作为教师，应结合自身教育教学业务特点，将政治思想品德教育贯穿于教育教学过程之中。对学生进行政治思想品德教育，不仅是政治思想品德课教师的职责，也是每一位教师的基本义务。在对学生进行政治思想品德教育的内容上，教师要遵循我国宪法确定的坚持社会主义道路，坚持人民民主专政，坚持中国共产党的领导，坚持以马克思列宁主义、毛泽东思想、邓小平理论、"三个代表"重要思想、科学发展观、习近平新时代中国特色社会主义思想为指导，并将其作为对学生进行思想政治教育的首要内容。教师应当有意识地对学生进行爱国主义教育、民族团结教育、法制教育、文化科学技术教育，弘扬中华民族优良传统，引导学生逐步树立科学的人生观和世界观，教育学生热爱祖国、爱人民、爱劳动、爱科学、爱社会主义，把学生培养成德智体美劳全面发展的社会主义建设者和接班人。在德育的形式和方法上，应注意根据学生身心发展的特点，采用灵活生动的形式，注重实效，反对形式主义。

(四)关心、爱护全体学生，尊重学生人格，促进学生在品德、智力、体质等方面全面发展

我国宪法规定："中华人民共和国公民的人格尊严不受侵犯。"人格尊严是宪法赋予公民的一项基本权利。由于学生在教育教学活动中居于受教育者的地位，其人格尊严较易受到侵犯。作为教师要关心爱护学生，对学生应一视同仁，不因民族、性别、身体情况、学习成绩等因素歧视学生，尤其是对学困生，教师应给予特别关怀，要满腔热情地教育指导，绝不能采取简单粗暴的办法，不能侮辱、歧视学生，不能体罚或变相体罚学生，不能泄露学生隐私。因侮辱学生影响恶劣或体罚学生经教育不改的，应依法承担相应的法律责任。

案例 8-2

女生迟到被罚爬进教室①

一名女生离家出走，家人找回后却发现，该女生之前因为早上上学迟到，竟然爬行了 10 余米的距离进教室，而全程都有班主任和同学"监督"。小洁（化名）的母亲张女士激动地说："这件事太侮辱人了，我们一定要为娃娃讨个说法。"

1998 年 1 月的一天，小洁因为披着头发去上学，被丁老师批评，两人发生了一些争执。小洁下午没有去上学，离家出走了。据当地巡警介绍，当天晚上 8 时许，小洁的母亲张女士拨打了 110 报警。张女士当时在学校门口非常激动："娃娃不在了，学校管都不管，班主任说与她无关。"当天晚上 9 时许，同学终于找到了小洁。晚上，小洁的奶奶再次批评小洁，和小洁同班的表妹小丹（化名）突然哭了起来："奶奶，丁老师对小洁有偏见。她有一次喊小洁从办公室爬着进教室。"小洁奶奶当即震惊了，连夜通知了小洁父母，他们都觉得对此难以置信。第二天，张女士找到该学校校长反映了此事。

据小洁回忆，当天早上 7 时许，她匆匆忙忙骑车从家往学校赶，但还是比班主任丁老师规定的到校时间 7 时 30 分晚了 2 分钟。看见丁老师拉着脸站在教室门口，小洁说："丁老师，对不起，我迟到了。"丁老师当时说："小洁，你上次迟到时给我保证过，如果再迟到就要从老师办公室爬进教室，你今天怎么不爬呢？快点爬。"小洁双膝跪地，犹豫了几秒后，便弓着身子，双掌着地，一步一步地往前爬，"大概有 10 米的距离"。

据同学小丽（化名）称，她当时刚好走向教室，被丁老师叫住："小丽，你看一下，做个证。"此外，丁老师还从班上叫了一名同学小鹏（化名），3 人一起观看了小洁爬行的过程，爬行的动作大概持续了半分钟。对此，丁老师表示，当时她并没有命令小洁在地上爬。是小洁要证明自己"说话算数"，也是小洁主动要求要同学出来看，为她做证的。丁老师称，她当时觉得小洁太可爱了，真的说话算数爬行至教室，还跑上去抱着小洁，亲了亲她的脸。这件事发生后，小洁回家没有告诉父母。"我当时觉得很屈辱。"小洁说，"幸好同学们没有歧视我。"

"我觉得这件事情不单单是侮辱了小洁的人格，也侮辱了我们做父母的。"张女士提起这件事，仍然很激动。"我现在特别担心会对孩子以后造成不良的影响。"张女士说，她现在一想起小洁描述的那一幕，心都发紧，她一定要学校给个说法。

班主任丁老师在接受采访时承认，她在教学的过程中用了一些特殊的手段。这件事情发生以后，她开始觉得这只是一个玩笑，并不觉得很严重，校长找她谈过话后，她才觉得这件事情有可能会对学生造成很大的伤害。对此，学校副校长表示，"五一"过后学校将对丁老师作出严肃处理。

---

① 褚宏启：《学校法律问题分析》，98 页，北京，法律出版社，1998。

案例分析

我国宪法规定："中华人民共和国公民的人格尊严不受侵犯。"人格尊严是宪法赋予公民的一项基本权利。我国未成年人保护法、义务教育法、教师法都特别强调了应尊重学生的人格尊严，不得侵犯学生的人格，不得体罚和变相体罚学生。丁老师对小洁的行为是一种变相体罚行为，也是损害小洁人格尊严的行为，应当立即纠正，并给予批评教育。好在没有产生严重后果，否则丁老师要承担法律责任。

(五)制止有害于学生的行为或者其他侵犯学生合法权益的行为，批评和抵制有害于学生健康成长的现象

保护学生的合法权益和身心健康成长，是全社会的共同责任。作为教师自然负有此项义务。教师履行此项义务具有特定的范围，主要是制止在学校工作和与教育教学工作相关的活动中，侵犯其所负责教育管理的学生合法权益的违法行为；批评和抵制社会上出现的有害于学生身心健康成长的不良现象。

案例 8-3

学生课堂被砍，教师没有制止[①]

小春(化名)因和同学发生争执，在课堂上被同学用刀砍伤，而教师当时并未制止。

2006年3月26日，杞县付集乡的晏先生向当地媒体反映，他弟弟小春是杞县付集乡某校学生，因在食堂买馒头时踩了同班同学洋洋(化名)的脚，两人发生争执。3月18日下午，洋洋在上课时再次和小春发生冲突，洋洋抄起一把砍刀在教室内追着砍小春。"当时有老师在课堂上，但她看到这样的情景，没有上前制止，小春背上被洋洋砍了三刀，被送到医院救治。"事发后，洋洋的家人把400元丢到医院就不露面了，学校也没有人去看望小春。晏先生认为，小春是在学校的课堂上被人砍伤的，学校应该为这件事负责，学校老师应该及时制止，保护学生。谈到事件发生时，给小春上课的一名教师该不该上前制止洋洋的暴力行为时，有的学生家长认为，不管多么危险，教师都应该及时上前制止；但也有学生家长认为，教师面对手持砍刀的学生处于弱势，上前制止不一定能达到效果，还有可能使自己受到伤害。该校校长表示，一个手无寸铁的女教师如果硬和拿刀的男学生争夺，吃亏的肯定是教师。谈到学校的责任问题，徐校长表示学校负有不可推卸的责任，他们将尽快到医院看望受伤的学生，并为他送去一部分医疗费。最后，砍人学生被警方拘留。

---

① 资料来源：北大法宝案例库。

案例分析

学校教师在碰到这样的情况时，不应该退缩，应该毫不犹豫地冲上去制止正在发生的暴力行为。身教重于言传，是学校教师的职务行为。因此该案从法律层面上说，除了砍人学生应承担相应的主要责任外，学校以及教师本人也应该承担相应的后果和责任。

（六）不断提高思想政治觉悟和教育教学业务水平

教育教学工作是一项专业性较强的工作，担负着提高民族素质的使命，这就要求教师具有较高的思想觉悟和业务水平。这也是社会进步和科学技术发展对教师提出的要求。为此，教师应加强学习，调整知识结构，不断提高思想政治觉悟和教育教学业务水平，以适应教育教学的实际需要。

教师的基本权利、义务基于教育活动产生，由教育法律规范所设定，是一种职业特定的法律权利和职业特定的法律义务。它们之间是对立统一、相互依存的关系。"没有无义务的权利，也没有无权利的义务。"作为教师，既是权利的享有者，又是义务的承担者，因此应正确行使自己的权利，严格履行自己的义务。

第三节　教师惩戒与权利救济

一、教师惩戒

（一）教师惩戒的概念

教师惩戒是指当教师出现违反法律或学校纪律时，由教育行政部门或学校对教师给予不利处分的措施。[①] 包括对教师的行政处分；对教师的各种处理，如扣发工资、停发工资、撤销奖励等；还包括与聘任有关的惩戒，如低聘、解聘等。

教师惩戒具有消极和积极两个方面的目的，消极目的主要在于矫正教师的不当行为并以资警告，积极目的则在于维持学校的纪律和利于教育活动的有序进行，以实现教育目标。

（二）教师惩戒的类型

从我国现行法规看，教师惩戒的类型主要有以下三种。

1. 行政处罚

对教师的行政处罚是指教育行政部门对违反教育行政管理秩序的教师予以制裁的行政行为。从现行法规看，对教师行政处罚的种类主要指撤销教师资格证书。对教师实行行政处罚的机关是县级以下人民政府的教育行政部门。

---

① 申素平：《教育法学：原理、规范与应用》，北京，教育科学出版社，2009。

2. 行政处分

行政处分是行政管理的一种手段，由于学校属于事业单位，教师属于事业单位工作人员，对教师的管理适用事业单位人事管理的规定。根据《事业单位人事管理条例》，对教师的行政处分的种类有：警告、记过、降低岗位等级或者撤职、开除。

以上行政处分的时间为：警告，6个月；记过，12个月；降低岗位等级或者撤职，24个月。工作人员受开除以外的处分，在受处分期间没有再发生违纪行为的，处分期满后，由处分决定单位解除处分并以书面形式通知本人。

3. 人事处理。

人事处理的范围较广，涉及人事管理的方方面面，如人事关系的确认，聘用合同的履行、解聘，分级分类管理，考核与培训，工资报酬等。

(三)教师惩戒的事由

教师法、《教师资格条例》、《教育行政处罚暂行实施办法》对教师资格丧失、撤销和教师资格考试作弊的事由以及对教师解聘事由作了具体规定，这方面的规定将在教师资格制度、教师聘用制度部分介绍。以下主要讨论对教师行政处分的事由。

教师法第37条规定，教师有下列情形之一的，由所在学校、其他教育机构或者教育行政部门给予行政处分或者解聘：故意不完成教育教学任务给教育教学工作造成损失的；体罚学生，经教育不改的；品行不良、侮辱学生，影响恶劣的。

《事业单位人事管理条例》第28条规定，事业单位工作人员有下列行为之一的，给予处分：损害国家声誉和利益的；失职渎职的；利用工作之便谋取不正当利益的；挥霍、浪费国家资财的；严重违反职业道德、社会公德的；其他严重违反纪律的。

除了以上法规对教师惩戒的事由作出规定外，教育行政部门也会根据有关法律规定，结合实现教育目标的需要，制定教师纪律和工作规范，如教育部制定的《中小学教师职业道德规范》《中小学教师违反职业道德行为处理办法(2018年修订)》，以及各学校有关教师管理的制度，包括教学事故界定与处理办法、考核办法、考勤管理办法等。教师如果违反了教师职业道德和职业行为规则，违反了学校的管理制度，都会受到相应的惩戒。

需要指出的是，对教师的惩戒应当遵循程序正当原则，这是保证处分合法性的条件。《事业单位人事管理条例》第30条规定，给予工作人员处分，应当事实清楚、证据确凿、定性准确、处理恰当、程序合法、手续完备。

二、教师权利救济

教师权利救济是指当教师受到不利处分或认为自己的合法权益受到学校或政府有关部门侵害时，通过法定程序和途径请求特定部门裁决纠纷，使教师受到损害的权益获得补救的一种法律制度。教师在受到不利处分或合法权益受到侵害时，应当有适当的途径寻求法律救济。没有救济就没有权利，建立和完善教师权利救济制度，是维护教师权益的重要保证。

在我国，权利救济的途径还是比较多的，如调解、申诉、行政复议、行政诉讼、民事诉讼、刑事诉讼、国家赔偿、仲裁等。依据教师法和《事业单位人事管理条例》，教师权利救济常用的途径有：申诉、人事仲裁。

(一)教师申诉制度

1. 教师申诉制度的含义与特征

教师申诉制度是指教师对学校作出的处理不服，或认为学校或教育行政机关侵害其合法权益时，依法向政府或上级教育行政机关提出申诉理由，请求重新作出处理的制度。教师申诉制度具有以下特征。

第一，教师申诉制度是一项法定申诉制度。以前，申诉制度还只是行政机关内部制度，1993年教师法颁布后，第39条规定教师对学校的处理不服或者认为学校、教育行政机关侵犯合法权益，可以进行申诉。2014年国务院颁布的《事业单位人事管理条例》也为事业单位人员设定了申诉制度。因此，教师申诉制度已经成为一项法定制度，由法律予以保障。

第二，教师申诉制度是一项专门保护教师权益的法律救济制度。有人认为，教师与学校、教育行政机关的关系同医生与医院、卫生管理部门的关系，以及律师与律师事务所、律师协会的关系相类似，但是执业医师法未设定类似教师法规定的救济手段，律师法也未规定对处分不服可以申诉的救济渠道。可见，教师法比其他类似法律多设定了一个救济途径，专门用来保护教师的权益，体现了立法者对教师权益救济的特别关注和重视，也体现了社会对教师职业的尊重。

第三，教师申诉制度是一种非诉讼意义的行政申诉制度。教师申诉中的申诉是教师认为自己的合法权益受到侵害或对学校的处理不服，而向作出处理或行政行为的上一级机关提出的申诉，申诉过程发生在行政系统内，是一种行政救济渠道。这一特点与诉讼法中的申诉有所区别，诉讼法中也有申诉，但它是公民对司法机关已经发生效力的判决、裁定不服，而向法院或检察院提出申诉，请求再审的制度，它是一种司法救济渠道。

2. 教师申诉中的申诉参加人

教师申诉中的申诉参加人是指参加申诉和处理活动的申诉人、被申诉人和受理机关等。申诉人是教师本人，申诉人因特殊原因疾病不能亲自申诉的，可委托他人；如果权益被侵害的是一批人，可派代表申诉。被申诉人是指对教师作出处理或行政行为的学校、教育行政部门和其他行政部门。受理机关是指被申诉人的上级主管机关。如果被申诉人是学校，受理机关就是主管学校的教育行政部门；如果被申诉人是当地人民政府的行政部门，则受理机关是同一级人民政府或上一级人民政府的有关行政部门。需要指出的是，教师申诉不应针对行政部门的个人提出，而应针对行政部门提出，否则将按一般群众来信办理。

3. 教师申诉的范围

教师申诉的范围是指教师在哪些情况下可以提起申诉。根据教师法第 39 条的规定，教师申诉范围包括以下三种情形。

(1)教师对学校作出的处理不服的，可以提起申诉。这里的处理是指学校内部的处理决定，如行政处分、考核结果等。

(2)教师认为学校侵犯其合法权益的，可以提起申诉。这里的合法权益主要是指人身权、财产权等基本权利，以及教师法赋予教师的职业权利。

(3)教师认为当地人民政府有关部门侵犯其合法权益的，可以提起申诉。这里的合法权益主要是指教师法赋予教师的职业权利。

4. 教师申诉的程序

(1)申诉的提出。教师提出申诉必须符合下列条件：①符合法定申诉范围，即我国教师法规定的教师申诉的三种情形。只有在此范围内提起的申诉，才会被有关机关受理，否则不予受理。②有明确的理由和请求。从申诉的理由看，一般是被申诉人侵害了教师的合法权益，或者是被申诉人对教师的处理不当。教师根据其理由应当向受理机关提出明确的申诉请求，如撤销处理决定、停止侵害、补偿或赔偿等。③以法定形式提出。教师申诉应当以书面形式提出。申诉书中应载明申诉人的姓名、性别、年龄、住址；被申诉人的名称、地址以及法定代表人的姓名、性别、职务；申诉理由；申诉请求；附项；等等。

(2)申诉的受理。对于教师的申诉，受理机关在接到申诉书后，要对申诉人的资格和申诉条件进行认真审查，并就不同情况，作出相应决定。对于符合申诉条件的，应予以受理；对于不符合申诉条件的，可以答复申诉人不予受理；申诉书未说清理由和要求时，应当要求申诉人重新提交申诉书。

(3)申诉的处理。受理机关对于受理的申诉案件，在进行调查研究，全面核查的基础上，应区别不同情况，分别作出如下处理决定：①学校或者其他教育机构的管理行为符合法定权限和程序，适用法律法规正确，事实清楚，则维持原处理结果。②管理行为有形式上和程序上不足的，可以责成被申诉人改正。③被申诉人不履行法律、法规职责的，可责令其限期改正。④管理行为的一部分适用法律、法规错误，处理不当或越权的，可以变更原处理结果。⑤管理行为违反法律法规，越权或滥用职权，处理明显不当的，可以撤销原处理决定，或责成被申诉人重新处理。⑥学校的管理行为所依据的内部规章制度与法律法规及其他规范性文件相抵触的，可以决定撤销其内部管理规定或者责成学校对其内部管理规定进行修改。教育行政部门应当在接到申诉书的次日起 30 日内，作出处理。逾期未作处理或者久拖不决的，若申诉内容涉及人身权、财产权及其他属于行政复议、行政诉讼受案范围的，申诉人可依法提起行政复议或行政诉讼。受理机关作出申诉处理决定后，应将处理决定书发送当事人。申诉处理决定书自送达之日起生效。如果申诉当事人对处理决定不服，可以向原处理机关隶属的人民政府申请复核或依法提起行政复议或行政诉讼。

(二)仲裁制度

1. 仲裁的含义

1994 年，国家颁布了《中华人民共和国仲裁法》；1997 年，原人事部颁布了《人事争议处理暂行规定》；2007 年，国家颁布了《中华人民共和国劳动争议调解仲裁法》；2009 年，随着劳动、人事"合二为一"的机构改革，人力资源和社会保障部颁布了《劳动人事争议仲裁办案规则》(该规则 2017 年进行了修订)，使劳动人事仲裁有了较为健全的法律依据。所谓劳动人事仲裁是平等主体的公民、法人和其他组织之间因发生劳动人事争议，请求专门的仲裁机构进行调解及裁决的制度。就教师的劳动人事仲裁而言，主要是教师与学校因发生劳动人事争议，请求专门仲裁机构进行调解裁决的制度。

2. 仲裁的范围

根据 2017 年修订的《劳动人事争议仲裁办案规则》第 2 条第 3 项规定，适用教师仲裁的范围主要是学校与教师之间因终止人事关系及履行聘用合同发生的争议。履行聘用合同发生的争议包括订立、解除、终止聘用合同的争议。

3. 仲裁的程序

(1)申请和受理

申请人申请仲裁应当提交书面仲裁申请，并按照被申请人人数提交副本。仲裁申请书应当载明下列事项：①劳动者的姓名、性别、出生日期、身份证号码、住所、通讯地址和联系电话，用人单位名称、住所、通讯地址、联系电话和法定代表人或者主要负责人的姓名、职务；②仲裁请求和所根据的事实、理由；③证据和证据来源、证人姓名和住所。申请仲裁的时效为一年，从当事人知道或应当知道其权利被侵害之日起计算。

仲裁委员会对符合条件的仲裁申请应当受理，并在收到仲裁申请之日起 5 日内向申请人出具受理通知书；对不符合规定的仲裁申请，仲裁委员会不予受理，并在收到仲裁申请 5 日内向申请人出具不予受理通知书。对劳动争议仲裁委员会不予受理或者逾期未作出决定的，申请人可以就该劳动争议事项向人民法院提起诉讼。仲裁委员会受理仲裁申请后，应当在 5 日内将仲裁申请书副本送达被申请人。

(2)开庭和裁决

仲裁委员会应当在受理仲裁申请之日起 5 日内将仲裁庭的组成情况、开庭日期、地点书面通知双方当事人。

仲裁庭裁决案件，应当自仲裁委员会受理之日起 45 日内结束。案情复杂需要延期的，经仲裁委员会认定或者其委托的仲裁院负责人书面批准，可以延期并书面通知当事人，但延长期限不得超过 15 日。

当事人对裁决不服，可向人民法院提起诉讼，提起诉讼的，按《中华人民共和国劳动争议调解仲裁法》规定处理。

仲裁委员会处理争议案件，应当坚持调解优先，引导当事人通过协商、调解方式解决争议。

案例 8-4

"反补课英雄"案①

肖某，广东省佛山市 N 区 L 高级中学政治教师。

2003 年国庆前夕，百名学生在肖某的支持下，打出"我们要诚信，不要补课"的横幅，之后引起风波。肖某以反对补课的系列言论和行动，被媒体称为"反补课英雄"。

从 2003 年 10 月到 2004 年 6 月，肖某向 N 区教育局两次书面反映反对补课的意见，同时还给中央领导写信，打广东"两会"热线电话等。

2004 年 7 月，肖某在学校的年度考核中被评为"不称职"。

2004 年 9 月 1 日，校方宣布肖某待岗。

2004 年 11 月 25 日，肖某因教育局不给任何答复，向法院起诉教育局不作为。结果肖某一审、二审均败诉。

2005 年 6 月，肖某向 N 区人事仲裁委员会申请仲裁，请求确认 L 高中在 2004 年 8 月组织的考核活动违法，撤销对其作出的"不称职"考核结果等。9 月 6 日，仲裁委员会裁决，撤销对肖某考核结果，驳回其他仲裁请求。双方均不服，上诉法院，后来法院一审、二审均维持人事仲裁委员会的裁决。

2007 年 12 月 20 日，肖某以 L 高中将其考核为不称职、侵犯其名誉权为由向 N 区人民法院提起诉讼。一审法院裁定：驳回肖某的起诉。肖某不服提起上诉。佛山中级人民法院终审裁决，L 高中在学年度考核过程及结论当中，并不存在侮辱或诽谤肖某，并向不特定第三人散布进而损害肖某名誉权的侵权行为。

案例分析

本案涉及仲裁、民事诉讼等救济途径，申请了多次救济。其中有三个问题值得讨论。

1. 对考核结果不服是否可以提起仲裁？《事业单位人事管理条例》第 37 条规定，事业单位工作人员与所在单位发生人事争议的，依照《中华人民共和国劳动争议调解仲裁法》等有关规定处理。而《中华人民共和国劳动争议调解仲裁法》第 2 条规定了仲裁的范围包括六个方面：(一)因确认劳动关系发生的争议；(二)因订立、履行、变更、解除和终止劳动合同发生的争议；(三)因除名、辞退和辞职、离职发生的争议；(四)因工作时间、休息休假、社会保险、福利、培训以及劳动保护发生的争议；

---

① 资料来源：北大法宝案例库。

（五）因劳动报酬、工伤医疗费、经济补偿或者赔偿全等发生的争议；（六）法律、法规规定的其他劳动争议。这六个方面的范围并没有考核结果方面的争议，因而对考核结果不服，不属于人事仲裁的范围。

2. 对考核结果不服的正确救济途径是什么？教师法第 39 条规定，教师对学校的处理不服可以向教育行政部门提起申诉。《事业单位人事管理条例》第 38 条规定，事业单位工作人员对涉及本人的考核结果、处分决定等不服的，可以按照国家有关规定申请复核、提出申诉。可见，对考核结果不服，正确的救济途径是申诉。

3. 教育行政部门对申诉不给答复怎么办？教师法第 39 条规定，教育行政部门应当在接到申诉三十日内，作出处理。如果教育行政部门"不给任何答复"怎么办？有两条途径：一是像本案那样向人民法院提起诉讼，告教育行政部门不作为。二是按照教育法的规定对教育行政部门的处理不服，继续向教育行政部门的上级申诉。

第四节　小学教师职业制度

一、教师资格制度

教师资格是国家对专门从事教育教学工作人员的最基本要求，是从事教师职业的一项准入制度。世界上许多国家对教师的资格标准都有严格的规定，不少国家建立了教师许可证制度或教师资格证书制度。我国的教师法、《教师资格条例》对教师资格的分类、取得条件、认定程序等一系列问题作了具体规定，以法律的形式确立了我国的教师资格制度。

(一)教师资格的分类

《教师资格条例》规定，教师资格分为：幼儿园教师资格；小学教师资格；初级中学教师和初级职业学校文化课、专业课教师资格(统称初级中学教师资格)；高级中学教师资格；中等专业学校、技工学校、职业高级中学文化课、专业课教师资格(统称中等职业学校教师资格)；中等专业学校、技工学校、职业高级中学实习指导教师资格(统称中等职业学校实习指导教师资格)；高等学校教师资格。成人教育的教师资格，按照成人教育的层次，依照上述规定确定类别。

对于取得教师资格的公民而言，可以在本级及其以下等级的各类学校和其他教育机构担任教师；但取得中等职业学校实习指导教师资格的公民只能在中等专业学校、技工学校、职业高级中学或者初级职业学校担任实习指导教师。高级中学教师资格与中等职业学校教师资格相互通用。

(二)教师资格条件

教师法第 10 条规定，中国公民凡遵守宪法和法律，热爱教育事业，具有良好的思想品德，具备本法规定的学历或者经国家教师资格考试合格，有教育教学能力，经认定合格的，可以取得教师资格。它包括以下四个要件。

1. 必须是中国公民

这是成为教师的先决条件。凡符合规定条件的中国公民均可取得教师资格。需要指出的是，虽然外国公民符合规定的条件，也可以进入中国学校及其他教育机构任教，但并不等于他们取得了中国教师的资格，他们在中国学校任教须经过一定的审批手续。

2. 必须具有良好的思想道德品质

这是取得教师资格的一个重要条件。这一要求主要表现在全面贯彻执行党和国家的教育方针，热爱教育事业，实事求是，探求真理，忠于职守，爱护学生，作风正派，团结协作等方面。教师要教书育人，为人师表，必须具备良好的思想政治道德素质。

3. 必须具有规定的学历或者经国家教师资格考试合格

从某种意义上讲，学历是一个人受教育程度和文化素质的一个标志，是人们从事一定层次工作所应具备的基本条件。许多国家都对教师资格的取得规定了相应的学历要求。比如，美国各州规定，小学教师必须具有学士学位；日本政府规定小学或初中教师必须具备学士学位；朝鲜政府规定，中小学教师必须是师范大学和教员大学毕业生；英、法等国要求中小学教师必须由受过高等师范教育的人来担任。

结合我国实际，教师法对各类教师应具备的相应学历作了明确规定：①取得幼儿园教师资格，应当具备幼儿师范学校毕业及其以上学历；②取得小学教师资格，应当具备中等师范学校毕业及其以上学历；③取得初级中学教师、初级职业学校文化、专业课教师资格，应当具备高等师范专科学校或其他大学专科毕业及其以上学历；④取得高级中学教师资格和中等专业学校、技工学校、职业高中文化课、专业课教师资格，应当具备高等师范院校本科或者其他大学本科毕业及其以上学历；取得中等专业学校、技工学校和职业高中学生实习指导教师资格应当具备的学历，由国务院教育行政部门规定；⑤取得高等学校教师资格，应当具备研究生或者大学本科毕业学历；⑥取得成人教育教师资格，应当按照成人教育的层次、类别，分别具备高等、中等学校毕业及其以上学历。

需要指出的是，21世纪初国家制定了《面向21世纪教育振兴行动计划》，开始启动"跨世纪园丁工程"，"园丁工程"主要结果是，实现从教师教育由"三级师范"向"二级师范"过渡，即取消了中等师范学校，教师教育只保留专科教育和本科教育。相应地对中小学教师的学历要求进行了提高：小学教师应具备大学专科学历，中学教师应具备大学本科学历，高中教师的学历要求提高到本科或研究生。当然这只是一项政策要求，并非法定条件。

4. 必须具有教育教学能力

教育教学是教师的本职工作。教育教学能力是教师完成教育教学任务的必备条件。主要包括语言表达能力，科学地选择、运用教育教学方法的能力，课堂管理能力，组织能力，提高教学水平的能力等。其中，普通话水平也是教师能力的一项要求，担任中小学语文教学的教师普通话水平应达到二级甲等，其他任课教师要达到二级乙等。此外，教师的身体状况也应当符合有关规定。

（三）教师资格考试

不具备教师法规定的教师资格学历的公民，要申请获取教师资格，必须通过国家教师资格考试。具备学历条件的则可按程序申请，如师范毕业生，凭毕业证和普通话合格证，可以申请相应的教师资格证。

2012年开始，国家实行教师资格考试改革，2011年教育部发布了《关于开展中小学和幼儿园教师资格考试改革试点的指导意见》，同时制定了《中小学和幼儿园教师资格考试标准》。规定2012年以前入学的师范专业学生，按原政策执行，2012年及以后入学的都要参加全国统一的教师资格考试。教师资格考试分笔试和面试，小学和幼儿园教师资格考试的笔试分科目一、科目二两个科目，中学教师资格考试加考科目三。科目一为综合素质，科目二为教育教学知识和能力，科目三为学科知识和能力。申请中小学和幼儿园教师资格，必须参加笔试和面试，并取得教师资格考试合格证。

（四）教师资格认定

1. 教师资格的认定机构

教师资格的认定机构，是指依法负责认定教师资格的行政机构或依法委托的教育机构。依照教师法、《教师资格条例》有关规定，幼儿园、小学和初级中学教师资格，由申请人户籍所在地或者申请人任教学校所在地的县级人民政府教育行政部门认定。高级中学教师资格，由申请人户籍所在地或者申请人任教学校所在地的县级人民政府教育行政部门审查后，报上一级教育行政部门认定。中等职业学校教师资格和中等职业学校实习指导教师资格，由申请人户籍所在地或者申请人任教学校所在地的县级人民政府教育行政部门审查后，报上一级教育行政部门认定或者组织有关部门认定。受国务院教育行政部门或者省、自治区、直辖市人民政府教育行政部门委托的高等学校，负责认定在本校任职的人员和拟聘人员的高等学校教师资格。在未受国务院教育行政部门或者省、自治区、直辖市人民政府教育行政部门委托的高等学校任职的人员和拟聘人员的高等学校教师资格，按照学校行政隶属关系，由国务院教育行政部门认定或者由学校所在地的省、自治区、直辖市人民政府教育行政部门认定。

2. 教师资格认定程序

（1）提出申请。认定教师资格，应当由本人提出申请。申请人应当在受理期限内提出申请，并提交教师资格认定申请表和有关证明材料，包括：①身份证明；②学历证书、教师资格考试合格证明、普通话合格证明；③教育行政部门或者受委托的高等学校指定的医院出具的体格检查证明；④户籍所在地的街道办事处、乡人民政府或者工作单位、所毕业的学校对其思想品德、有无犯罪记录等方面情况的鉴定及证明材料。

（2）受理。教育行政部门或者受委托的高等学校在接到公民的教师资格认定申请后，应当对申请人的条件进行审查。对符合认定条件的，应当在受理期限终止之日起30日内颁发相应的教师资格证书；对不符合认定条件的，应当在受理期限终止之日起30日内将认定结论通知本人。对于非师范院校毕业或者教师资格考试合格的公民申请认定幼儿园、小学或者其他教师资格的，应当进行面试和试讲，考察其教育教学能力；根据实际情况和需要，教育行政部门或者受委托的高等学校可以要求申请人补修教育学、心理学等课程。

（3）颁发证书。申请人提出的教师资格认定申请经认定合格后，由教育行政部门或受委托的高等学校颁发国务院教育行政部门统一印制的教师资格证书。教师资格证书终身有效，且全国通用。

需要指出的是，教师资格认定是教育行政部门的一种行政许可行为，如果对教育行政部门的行为不服，可以申请行政复议或提起行政诉讼。

（五）教师资格的丧失和撤销

1.教师资格的丧失

教师法第14条对教师资格的丧失作了规定："受到剥夺政治权利或者故意犯罪受到有期徒刑以上刑事处罚的，不能取得教师资格；已经取得教师资格的，丧失教师资格。"丧失教师资格的，不能重新取得教师资格，其教师资格证书由县级以上人民政府教育行政部门收缴。

2.教师资格的撤销

《教师资格条例》第19条规定，有以下情形之一时，由县级以上人民政府教育行政部门撤销其教师资格：①弄虚作假、骗取教师资格的；②品行不良、侮辱学生、影响恶劣的。被撤销教师资格的，自撤销之日起5年内不得重新申请认定教师资格，其教师资格证书由县级以上人民政府教育行政部门收缴。

3.教师资格考试作弊的处罚

《教师资格条例》第20条还规定，参加教师资格考试有作弊行为的，其考试成绩作废，3年内不得再次参加教师资格考试。

二、教师职务制度

教师职务是根据学校教学、科研等实际工作需要设置的有明确职责、任职条件和任期，并需要具备专门业务知识和相应的学术技术水平才能担负的专业技术工作岗位。教师职务制度是国家对教师岗位设置及各级岗位任职条件和取得该岗位职务的程序等方面规定的总称。教育法、教师法规定了国家实行教师职务制度。

(一)教师职务设置

根据国家有关规定，教师职务设高等学校教师职务、中等专业学校教师职务、中学教师职务、小学教师职务、技工学校教师职务五个系列。其中，高等学校教师职务设助教、讲师、副教授、教授；中等专业学校设教员、助教、讲师、高级讲师、正高级讲师；普通中小学及幼儿园教师职务设有三级教师、二级教师、一级教师、高级教师、正高级教师。其中三级教师、二级教师、小学一级教师为初级职务，中学一级教师和小学高级教师为中级职务，小学正高级教师、中学高级教师、中学正高级教师为高级职务。

在教师职务设置上，不同类型、不同任务学校的职务结构不尽相同。各级职务数额应视各校定编、定员的基础，按照教学科研工作需要来合理设置。

(二)任职条件

担任一定的教师职务，必须具备相应的任职条件。从我国教师职务系列各试行条例的规定来看，担任教师职务的任职条件一般包括：①具备各级各类相应教师的资格；②遵守法纪，具有良好的思想政治素质和职业道德，为人师表，教书育人；③具有相应的教育教学水平、学术水平，能全面、熟练地履行现职务职责；④具备学历、学位以及工作年限的要求；⑤身体健康，能坚持正常工作。除符合上述条件外，各级各类教师任职条件要求视岗位而有所差异。

(三)职务评审

一般而言，各级教师职务由同行专家组成的教师职务评审小组依据现行各级教师职务试行条例的有关规定予以评审。关于教师职务评审的程序、权限以及评审组织的组成办法等，在教师职务各系列试行条例中，都有明确规定。现在许多地区中小学教师职务评审开始探索量化评审的办法，这些办法值得推广。

关于教师职务评审行为的性质，目前理论界和司法界对此问题的认识还不统一，有的人认为它是学术权力，有的人认为它是行政行为。实务上，对于教师与学校或教育行政部门因职称评审所引起的纠纷，有的法院受理，有的法院不受理。因此，职务评审行为到底是否具有可诉性，有待进一步研究。

三、教师聘任制度

教师聘任制，就是聘任双方在平等自愿的前提下，由学校或者教育行政部门根据教育教学岗位设置，聘请有资格的公民担任相应教师职务的一项教师任用制度。教育法规定，国家实行教师聘任制度。教师法第17条规定，学校和其他教育机构应当逐步实行教师聘任制。教师的聘任应当遵循双方地位平等的原则，由学校和教师签订聘任合同，明确规定双方的权利、义务和责任。

(一)教师聘任制度的特征

第一，教师聘任是教师与学校或教育行政部门之间的法律行为。通过聘任确定了聘任人和受聘人双方的法律关系。聘任双方关系基于独立而结合，基于意见一致或相互同意而成立，并在平等地位的基础上签订聘任合同。

第二，以平等自愿、"双向选择"为依据。作为聘任人，学校或教育行政部门可根据国家有关规定和学校教学科研需要，自主确定教师结构比例，自主聘任教师；作为受聘人，教师有权根据本人的知识水平、业务能力选择适合于自己的工作岗位，自主应聘。换言之，学校或教育行政部门对于应聘者，可以根据学校用人的需要作出聘任或不聘的选择；教师也可以根据自己的意愿作出应聘或拒聘的选择。任何第三者无权干预。

第三，聘任双方依法签订的聘任合同具有法律效力。学校与教师之间在平等地位上签订的聘任合同，对于双方均有约束力。它以聘书的形式明确规定了双方的权利、义务和责任。对于学校而言，有权对受聘教师的政治思想、业务水平、工作态度、工作成绩进行考核，并作为提职、实施奖惩的重要依据。同时有义务按合同为教师提供教育教学、科研、进修等工作条件，并支付报酬。教师在聘期间，无特殊理由，一般不能辞聘或解聘。确需变动，应提前与当事人协商，意见达到一致后方可变更或解除。对于教师来讲，按照合同，享有权利，承担义务，要遵守学校规章制度，执行学校的教学计划，履行教师聘约，完成教育教学任务。聘任期满后，校方可根据教师的实际表现及岗位需要等决定是否续聘；教师可根据单位工作情况、专业要求等决定去留。

第四，教师聘任遵循一定的程序。一般说来，教师聘任需遵循以下程序：一是根据工作需要设置专业技术岗位；二是在定编定岗的基础上确定职务结构；三是聘任，签订聘任合同。对于中小学教师职务聘任，中学高级、一级教师职务由地市一级教育局聘任，二级、三级教师职务，由县级教育局聘任；小学高级教师由地市级教育局聘任，小学一级、二级、三级教师由县级教育局聘任。由聘任学校颁发聘书。

（二）教师聘任制的形式

教师聘任制依其聘任主体实施行为的不同分为以下几种形式。

1. 招聘。即用人单位面向社会公开、择优选择具有教师资格的应聘人员。一般是用人单位经人才交流部门批准后，将所需人员的任职条件、职责及工资待遇等，以广告或启事的形式公示出来，并对应聘者进行审查和考核，符合条件即予以聘任。招聘、受聘双方签订聘任合同，明确双方的权利、义务和责任。聘任合同一经成立，即具有法律效力。招聘形式具有公开、直接、透明度高等优点。

2. 续聘。即聘任期满后，聘任单位与教师继续签订聘任合同。通常是聘任期间双方合作愉快，聘任单位对在聘教师的工作满意，教师对自己的工作状况和报酬满意，双方自愿续签聘任合同。聘任书一经签订，即具有法律效力。续聘合同的内容可与上次聘任相同，也可以根据实际需要进行一定变更。

3. 解聘。即用人单位因某种原因不适宜继续聘任教师，双方解除合同关系。这里的原因可能是用人单位发现聘任后受聘者不符合原定聘用条件，也可能是受聘者不称职或违反有关规定，已不适合继续聘任。聘任合同具有法律效力，用人单位在解聘教师时，须有正当理由，否则应承担相应的法律责任。

4. 辞聘。即受聘教师主动请求用人单位解除聘任合同的行为。对辞聘原因要正确区分。教师因某种原因，不能继续履行聘任合同，给用人单位造成损失的，应依合同规定承担相应的法律责任。

(三)解聘和辞聘

解聘和辞聘是聘用合同纠纷的两种重要形式，它意味着人事关系的解除，对学校和教师双方的利益都会产生较大的影响，因此，教师法、《事业单位人事管理条例》对解聘和辞聘的事由作了具体规定。

教师法规定学校解聘教师的事由是：故意不完成教育教学任务给教育教学工作造成损失的；体罚学生，经教育不改的；品行不良、侮辱学生，影响恶劣的。

除教师法规定的事由外，《事业单位人事管理条例》还增加了学校解聘教师的三种事由：①教师连续旷工超过 15 个工作日，或者 1 年内累计旷工超过 30 个工作日的，学校可以解除聘用合同。②教师年度考核不合格且不同意调整工作岗位，或者连续两年年度考核不合格的，学校提前 30 日书面通知教师，可以解除聘用合同；③教师受到开除处分的，可以解除聘用合同。

需要强调的是，根据劳动合同法第 96 条的规定，在解聘和辞聘中，《事业单位人事管理条例》没有规定的，按劳动合同法执行。这一规定为《事业单位人事管理条例》与劳动合同法的衔接提供了空间，表明《事业单位人事管理条例》与劳动合同法是特别法与一般法的关系。按照这一规定，教师与学校的人事纠纷或聘用纠纷，先按《事业单位人事管理条例》处理，《事业单位人事管理条例》没有规定的，按劳动合同法处理。

复习与思考

1. 教师享有哪些权利，应当履行哪些义务？
2. 什么是教师惩戒？教师法规定的教师惩戒的事由是什么？
3. 什么是教师权利救济？教师权利救济的常用途径有哪些？
4. 什么是教师申诉制度？教师申诉的范围有哪些？
5. 人事仲裁的范围是什么？
6. 取得教师资格的条件是什么？教师资格撤销或丧失的情形是什么？

综合案例分析

　　某小学语文老师郭某在怀孕期间，学校为了照顾她，将其调整到政教处工作。郭老师休满四个月的产假后来校上班，校长找其谈话说："你现在的工作已经安排了人，你看你想做什么工作？"这位教师说："我只想教课。"校长说："好吧，我们研究研究。"学校研究的结果是：郭老师在政教处的工作岗位已安排了人，又因学校不缺语文老师，故无法为其安排工作，学校决定将其解聘，让郭老师自己找单位。郭老师不得已向区教育局提出申诉。经区教育局有关部门与学校多次协调后，学校留下了郭老师。工作虽然安排了，但郭老师最终还是离开了这所学校。

　　请问：

　　1. 学校解聘郭老师的决定是否正确？为什么？

　　2. 郭老师运用了什么救济途径？

　　3. 你是否赞同郭老师离开学校？

推荐阅读

　　1. 劳凯声. 变革社会中的教育权与受教育权：教育法基本问题研究[M]. 北京：教育科学出版社，2003.

　　2. 黄崴. 教育法学[M]. 广州：广东高等教育出版社，2002.

　　3. 张维平，马桂新. 教育法学[M]. 沈阳：辽宁大学出版社，1994.

　　4. 李晓燕. 教育法学[M]. 2版. 北京：高等教育出版社，2006

　　5. 李连宁等. 学校教育法制基础[M]. 北京：教育科学出版社，1997.

第九章　小学生的权益及保护

第一节　小学生的法律地位

一、小学生的法律地位概述

小学生作为学生中的特殊群体，既具有所有学生共有的法律地位，同时又具有自己特殊的法律地位。小学生的法律地位主要表现为两种法律身份。

其一，小学生是受教育者。小学生作为受教育者与中学生、大学生具有相同的法律地位，享有教育法赋予的受教育权，履行教育法规定的义务。

其二，小学生是未成年人。我国民法典规定，18 周岁以上的自然人为成年人，不满 18 周岁的自然人为未成年人。成年人为完全民事行为能力人；16 周岁以上的未成年人，以自己的劳动收入为主要生活来源的，视为完全民事行为能力人。8 周岁以上的未成年人为限制民事行为能力人，不满 8 周岁的未成年人为无民事行为能力人。小学生一般在 6～12 周岁，因此，小学生既是未成年人，同时又是无民事行为能力人或者限制民事行为能力人。小学生作为未成年人享有未成年人保护法赋予的各项权利；作为无民事行为能力人或者限制民事行为能力人，其实施民事法律行为全部或者部分由其法定代理人代理，其侵权责任也由其监护人承担。

二、学校与学生的特别权力关系

特别权力关系是大陆法系国家行政法学的一个特有概念，与一般权力关系相对应，共同构成行政法律关系的一种基本分类。按照通常的理解，特别权力关系是指行政主体基于特别的法律原因，为实现特殊的行政目标，在一定范围内对行政相对人具有概括的命令强制权力，而行政相对人却负有服从义务的行政法律关系。[1] 如国家与公务员的关系，公立学校与学生的在学关系，公立医院与患者的住院关系，监狱与服刑人员的在监关系等。特别权力关系理论源于 19 世纪德国宪政国家的行政法理论，后传入日本和我国台湾地区，对行政法的理论和实践产生了广泛而深远的影响。

在特别权力关系中，关系双方的权利和义务是极不对等的，行政主体具有概括性的强制命令权，而相对人只有服从的义务。而且依法行政、法律保留等原则并不适用，行政主体可以在没有法规依据的情况下限制相对人的自由，可以自行制定特别规则对相对人实施相应的惩戒权。行政相对人对行政主体的处理不服不得申请行政复议或者提起行政诉讼，只能向主管机关或上级机关提出申诉。

由于特别权力关系过于强调行政主体的特别权力，忽视相对人的权力诉求，而且排除司法审查的介入，与重视人权的理念相悖，因而在第二次世界大战后受到强

---

[1]　杨海坤、章志远：《中国行政法基本理论研究》，165 页，北京，北京大学出版社，2004。

烈的批判。但是由于特别权力关系对现实案件具有很强的解释力，因此法学家们并没有抛弃这一理论，而是对它进行不断的修正，促其完善和发展。1956年，德国法学家乌勒提出了"基础关系与管理关系"二分法，他认为，特别权力关系可区分为"基础关系"和"管理关系"。其中，基础关系是指有关特别权力关系的产生、变更及消灭的事项，其实质在于引起特别权力关系双方权利、义务存在及消灭的事项，如政府开除公务员，学校开除学生学籍、不授予学生学历证书和毕业证书等。管理关系是指行政主体为了达到特别权力关系的目的所实施的一切管理措施，其实质在于维系特别权力关系正常运行的事项，如学校对学生的日常教学管理，对违纪学生除开除以外的纪律处分等。基础关系被认为是行政行为，适用法律保留原则；而管理关系被认为是达成行政目的的内部规则，不适用法律保留原则，对处理不服不得提起行政诉讼。由于基础关系和管理关系是以具体事项来划分的，实践中很难区分清楚，于是一种新的观点逐渐被学界和实践认可，这就是1972年德国联邦宪法法院通过司法判例提出的"重要性理论"。该理论将特别权力关系分为"重要性关系"和"非重要性关系"，凡是法律保护的公民的基本权利等重要事项，不论是基础关系，还是管理关系，都属于重要性关系，公民的这些基本权利受到侵犯时均可请求法律救济。公民的基本权利均由宪法规定，因而容易界定。由于重要性理论合乎当代法治精神，受到法学界的肯定，并在德国联邦宪法法院的判例中得到应用。随后特别权力关系在日本得到不断修正。

　　我国行政法一直没有采用特别权力关系理论，但是伴随着"田永案""刘燕文案"等一系列新型教育行政案例的出现，行政法学界和教育法学界开始注重对特别权力关系理论的探讨，并开始运用特别权力关系解释学校与学生之间引发的行政争议。由于改良后的特别权力关系理论能够对我国学校与学生之间的管理关系作出合理的解释，因而受到不少学者的推崇。正如有学者所认为的那样，改良后的特别权力关系其合乎当代法治精神的合法性一面不容怀疑，将已经发生深刻变化的权力关系理论适当地、谨慎地引入我国行政法中很有必要。[1] 特别权力关系应是一种比较恰当地解释公立学校与学生之间关系的理论进路。[2]

　　按照特别权力关系理论和我国部分学者的观点，本书认为，学校与学生的关系可以认为是一种特别权力关系，这种特别权力关系可分为重要性关系和非重要性关系。重要性关系是与学生基本权利有关的关系，主要包括与学生受教育权有关的开除学籍、拒绝录取、不颁发毕业证书等，这些事项直接影响学生受教育权这一宪法赋予的基本权利，学生可以提起行政诉讼；非重要性关系是学校对学生的内部管理关系，如开除学籍以外的处分、取消对学生的奖励、对学生的考核评价等，这些事项学生不得提起行政诉讼，只能提出申诉。

---

①　杨海坤、章志远：《中国行政法基本理论研究》，165页，北京，北京大学出版社，2004。
②　湛中乐：《公立高等学校法律问题研究》，359页，北京，法律出版社，2009。

第二节　小学生的权利和义务

一、小学生的权利

小学生兼有受教育者、未成年人的法律地位，决定了小学生享有多方面的权利。

（一）小学生作为受教育者的权利

小学生作为受教育者的权利由教育法规定，其中最重要的是受教育权。

受教育权有广义和狭义之分。狭义的受教育权仅指接受教育的权利，即入学、升学的权利。广义的受教育权包括入学、在学和毕业等受教育的全过程，即入学时的学习机会权，在学过程中使用教育教学条件权，毕业时获得学业证书和公正评价权。

受教育权是宪法赋予每一位公民的基本权利，宪法第 46 条规定，中华人民共和国公民享有受教育的权利和义务。这一规定使受教育权成为宪法权利中经济、社会和文化权利的重要组成部分。公民的受教育权不仅在宪法中作了规定，而且也已为教育法、义务教育法等教育法律所内化，教育法第 9 条规定，中华人民共和国公民有受教育的权利和义务。义务教育法第 4 条规定，凡具有中华人民共和国国籍的适龄儿童、少年，不分性别、民族、种族、家庭财产状况、宗教信仰等，依法享有平等接受义务教育的权利，并履行接受义务教育的义务。从而使受教育权成为受教育者最核心的权利。教育法第 43 条以受教育权为核心，对受教育者的权利作了全面规定，具体包括五个方面。

1. 参加教育教学计划安排的各种活动，使用教育教学设施、设备、图书资料

参加教育教学计划安排的各种活动是学生受教育权的集中体现。学生参加教学计划安排的各种活动，如课堂教学、讲座、课堂讨论、观摩、实验、见习、实习、测验和考试等，这是学生接受教育和获得知识的基本途径，也是提高人才培养质量的基本保证，任何组织和个人都不得以任何借口非法剥夺学生参加教育教学活动的权利。为了保障学生教育教学活动权，义务教育法第 5 条第 3 款进一步规定，"依法实施义务教育的学校应当按照规定标准完成教育教学任务，保证教育教学质量"。

学校的教学设施、设备、图书资料是学生接受教育和学校开展教育教学活动的基本条件。学校作为实施教育的机构有义务向学生提供符合国家标准的教育教学设施，提供教学需要的教学仪器设备，提供必要的图书资料，学生则有权利免费使用这些设施、设备和图书资料。对于不具备基本办学条件的学校，教育行政部门有权予以取缔。

2. 按照国家有关规定获得奖学金、贷学金、助学金

奖学金、贷学金和助学金是国家为了保障学生实现受教育权，鼓励学生品学兼

优、取得优异成绩，帮助家庭困难学生获得资助完成学业而设立的，体现了国家对学生的关怀。奖学金、贷学金和助学金的来源以政府提供为主要渠道，同时鼓励学校、企业、社会团体以及个人设立奖学金、对家庭困难学生提供资助。对于小学生而言，新义务教育法实施以后，我国义务教育免除了学费、杂费，现在基本上不存在贷学金和助学金，但是奖学金在一些地方还是以各种形式予以保证。因此，按规定条件获得奖学金是小学生的一项权利，学校在评定奖学金时应当公平公正。

3. 在学业成绩和品行上获得公正评价，完成规定的学业后获得相应的学业证书、学位证书

学生在学业成绩和品行上获得公正评价是学生的权利，学生有权在德智体美劳等方面获得一视同仁的客观评价，这也是学校应履行的义务。学生的学业成绩和品行评价将会对他们一生的成长产生较大的影响和作用，特别是在中小学教育阶段，有时甚至与他们以后的升学息息相关。为此，学校和教师应当本着认真负责的态度，科学合理、实事求是、客观公正地对学生进行学业成绩和品行评价。

学业证书是学生的学历证明，学位证书是学生达到一定学术水平的证明，小学生只有学业证书。学业证书是小学生继续接受教育的重要依据，为此，国家建立了学业证书制度，学生完成国家规定的学习年限，有权获得相应的学业证书。

4. 对学校给予的处分不服向有关部门提出申诉，对学校、教师侵犯其人身权、财产权等合法权益，提出申诉或者依法提起诉讼

前面三项权利属于学生的受教育权，本项权利是学生受教育权等权利受到侵犯时寻求法律救济的权利，国家保障公民的申诉权。法律救济的途径有很多，如申诉、行政复议、仲裁、诉讼等，教育法根据学生的特点，把申诉和诉讼作为学生寻求法律救济的主要途径。

申诉是指公民、法人或其他组织认为对某一问题的处理结果不正确，而向国家的有关机关申述理由，请求重新处理的制度。学生申诉是指学生对学校给予的处分不服或者认为学校、教师侵犯其合法权益，请求有关部门处理的制度。学生申诉的范围包括：①对学校给予的处分不服向有关部门提出申诉；②对学校、教师侵犯其人身权、财产权等合法权益，也可以提出申诉。申诉的受理机关是作出行政行为的上一级机关，比如，学生对学校的处分不服，可以向学校所在的教育行政部门提出申诉。

诉讼包括行政诉讼和民事诉讼。行政诉讼是指人民法院解决行政争议的制度，行政诉讼和申诉都属于行政救济途径，但申诉的范围比行政诉讼的范围广。学生对学校的处分不服可以申诉，对学校、教师侵犯其基本权利（如受教育权）也可以申诉，但行政诉讼只针对后一种情形，对前一种情形学生不能提起行政诉讼。民事诉讼是人民法院解决民事纠纷的制度，学校、教师侵犯了学生人身权、财产权等合法权益时，学生可以提起民事诉讼。

5.法律、法规规定的其他权利

这是学生权利的开放性条款，学生除了享有以上四项权利外，还享有法律、法规规定的其他权利，例如，宪法规定的人身自由、言论自由、人格尊严等基本权利，民法规定的人身权、财产权，未成年人保护法规定的生存权、发展权、受保护权、参与权等。

（二）小学生作为未成年人的权利

小学生作为未成年人的权利由未成年人保护法规定，未成年人保护法第3条将未成年人的权利概括为生存权、发展权、受保护权、参与权四项。小学生作为未成年人，享有这些权利。

生存权是指学生享有其固有的生命权、健康权和获得基本生活保障等权利，包括学生享有生命、医疗保障、国籍、姓名、获得足够食物、拥有一定住所以及获得其他基本生活保障的权利。

发展权是指学生享有的充分发展其全部体能和智能的权利，主要包括信息权、受教育权、娱乐权、文化与社会生活的参与权、思想自由、个性发展权等。其主旨是保证未成年人在身体、智力、精神、道德、个性和社会性等诸方面均得到充分的发展。

受保护权是指学生不受歧视、虐待和忽视的权利，包括反对一切形式的对未成年人的歧视；每一个未成年人将得到平等对待；保护未成年人免受虐待、暴力或者疏忽照料以及对失去家庭和处于困境中的未成年人给予特别保护。

参与权是指学生参与家庭和社会生活，并就影响他们生活的事项发表意见的权利，成年人应当尊重未成年人的意见。

未成年人不仅享有以上四项权利，还平等享有四项权利。未成年人保护法第3条第2款规定，未成年人依法平等地享有各项权利，不因本人及其父母的民族、种族、性别、户籍、职业、宗教信仰、教育程度、家庭状况、身心健康状况等受到歧视。这一规定充分体现了法律面前一律平等的宪法原则。

需要说明的是，教育法所规定的受教育者的权利与未成年人保护法规定的未成年人的权利有所重叠，如发展权包括受教育权，但两者各有侧重，教育法侧重于受教育者的受教育权利，未成年人保护法侧重于未成年人的权利，这是由两部法律制定的目的所决定的。

二、小学生的义务

一定权利的享有对应一定义务的履行。学生是教育法律关系中的重要主体，享有法律规定的权利，同时为了保证教育教学活动的正常开展，提高教育教学质量，学生也必须履行相应的义务。教育法第44条规定了受教育者应当履行的四项义务，这些义务也是小学生应当履行的。

(一)遵守法律、法规

遵守法律、法规是所有公民的义务，小学生也不例外。小学生虽然法律意识还不强，但可以通过学校和家长的引导和教育，知道一些最基本的法律义务，如履行爱护公共财产、遵守劳动纪律、遵守公共秩序、尊重社会公德的义务；知道不得实施法律所禁止的行为，如不得打架斗殴、辱骂他人，不得盗窃、故意破坏财物，不得欺凌学生、索要他人财物等。学生应当从小树立遵守法律、法规的意识，养成遵守法律、法规的习惯。

(二)遵守学生行为规范，尊敬师长，养成良好的思想品德和行为习惯

2015年，教育部将《小学生守则》《中学生守则》和《小学生日常行为规范》三者合而为一，颁布了新的《中小学生守则》，共九条：①爱党爱国爱人民。了解党史国情，珍视国家荣誉，热爱祖国，热爱人民，热爱中国共产党。②好学多问肯钻研。上课专心听讲，积极发表见解，乐于科学探索，养成阅读习惯。③勤劳笃行乐奉献。自己事自己做，主动分担家务，参与劳动实践，热心志愿服务。④明礼守法讲美德。遵守国法校纪，自觉礼让排队，保持公共卫生，爱护公共财物。⑤孝亲尊师善待人。孝父母敬师长，爱集体助同学，虚心接受批评，学会合作共处。⑥诚实守信有担当。保持言行一致，不说谎不作弊，借东西及时还，做到知错就改。⑦自强自律健身心。坚持锻炼身体，乐观开朗向上，不吸烟不喝酒，文明绿色上网。⑧珍爱生命保安全。红灯停绿灯行，防溺水不玩火，会自护懂求救，坚决远离毒品。⑨勤俭节约护家园。不比吃喝穿戴，爱惜花草树木，节粮节水节电，低碳环保生活。这个守则体现了国家对中小学生在政治、思想和品德方面的基本要求，是小学生应当遵守的基本规范。

尊敬师长是中华民族的优良传统，是中华儿女的传统美德，教师无私关爱学生，学生也要懂得尊敬教师。尊敬教师就是要接受教师的教育，尊重教师的劳动，听取教师的教诲，感恩教师的关怀，理解、体谅教师。小学生应当通过遵守学生行为准则，尊敬师长，从小养成良好的思想品德和行为习惯。

(三)努力学习，完成规定的学习任务

努力学习，完成规定的学习任务是学生区别于其他公民的一项特殊义务，是由其受教育者的身份和地位决定的。学生应当以学为主，学生进入学校就意味着其主要任务就是学习科学文化知识，养成良好的学习习惯，为将来的个人发展打下坚实的基础。

完成规定的学习任务是指学生在学习期间应当按照规定的教学计划、教学大纲和教师的安排完成规定的学习任务。不同层次学校的学生，其学习任务的繁重程度有所不同，小学生的学习任务都是最基本的任务，学生应当认真完成这些任务，努力取得优良成绩。

(四)遵守所在学校的管理制度

学校为保证教育教学工作的顺利进行，制定了相关的管理制度，作为管理对象

的学生就有义务遵守所在学校的各项管理制度,包括遵守学校的思想政治教育管理制度,遵守学校的教学管理制度,遵守学校的学籍管理制度,遵守学校的安全管理制度,遵守学校的体育、卫生、图书、设施设备管理制度等。学校的管理制度从广义上讲,也是国家法律法规的具体化,因此,学生遵守学校的管理制度与遵守国家的法律法规在本质上也是一致的、统一的。

第三节　小学生权益保护

上一节介绍了小学生的权利,这些权利受到法律保护。未成年人保护法第3条规定,国家保障未成年人的生存权、发展权、受保护权、参与权。那么如何保障呢?未成年人保护法规定了"六大保护",即家庭保护、学校保护、社会保护、网络保护、政府保护和司法保护,初步构建了具有中国特色的未成年人保护体系。未成年人保护法内容丰富,亮点很多,以下主要从未成年人保护的原则和要求、未成年人保护制度、未成年人重要权益保护三个方面进行讨论。小学生作为未成年人,适用未成年人保护的所有规定。

一、未成年人保护的原则和要求

(一)保护的原则

未成年人保护法第4条规定,保护未成年人,应当坚持最有利于未成年人的原则。

最有利于未成年人的原则,就是在保护未成年人的各项合法权益过程中,要综合各方面因素进行权衡,选择最有利于未成年人的方案,采取最有利于未成年人的措施,实现未成年人利益的最大化。[1] 这一原则与《儿童权利公约》规定的"儿童利益最大化原则"的精神是一致的。《儿童权利公约》确立了儿童保护的四大原则,即不歧视原则、儿童利益最大化原则、确保儿童生存和发展的完整性原则、尊重儿童意见的原则,其中儿童利益最大化原则是最具宣言性的原则,为各国儿童保护立法所采用。我国未成年人保护法采用最有利于未成年人这一原则,是"儿童利益最大化原则"的中国表述,体现了我国积极与国际接轨,切实履行国际公约义务。

(二)保护的要求

根据未成年人保护法第4条的规定,处理涉及未成年人的事项时,应当符合以下要求:

1. 给予未成年人特殊、优先保护

未成年人身心尚未成熟,在许多方面需要给予更多的保护和照料,特别是需要

---

[1]　郭林茂:《中华人民共和国未成年人保护法释义》,9~10页,北京,法律出版社,2021。

法律给予特殊、优先保护。给予未成年人特殊保护，不仅包括不同于成年人的特殊保护，还包括对于留守未成年人、困境未成年人等特殊群体给予更多特殊照顾。给予未成年人优先保护，主要是指在制定法律法规、政策规划和配置公共资源等方面优先考虑未成年人，在不同群体利益难以兼顾时，优先保障未成年人的权利，满足未成年人的需求。

2. 尊重未成年人人格尊严

人格尊严是宪法赋予公民的一项基本人权，宪法第 38 条规定，中华人民共和国公民的人格尊严不受侵犯。禁止用任何方法对公民进行侮辱、诽谤和诬告陷害。未成年人作为公民，同样享有人格尊严。由于未成年人在生理、心理和社会政治经济地位等方面相对弱势，其人格尊严更容易受到侵害，实践中未成年人受到歧视、侮辱、体罚和变相体罚的情况时有发生，因此，在处理未成年人事项时，应当贯彻宪法精神，遵循尊重未成年人人格尊严的基本要求。

3. 保护未成年人的隐私权和个人信息

隐私权属于人格权，民法典规定，自然人享有隐私权。任何组织或者个人不得以刺探、侵扰、泄露、公开等方式侵害他人的隐私权。个人信息是基于人身自由、人格尊严产生的其他人格权益，民法典规定，自然人的个人信息受法律保护。由于未成年人对隐私的概念和范围不清，保护隐私和个人信息的意识相对较弱，个人隐私受到侵害、个人信息被泄露的情况时常可见，给未成年人的学习、生活造成重要影响，因此，在处理未成年人事项时，要特别注意保护其隐私权和个人信息。

4. 适应未成年人身心发展的规律和特点

未成年人身心发展有其自身的规律和特点，从未成年人生理发展来看，学龄前阶段为智力发育期，小学阶段为习惯养成期，中学阶段为青春期。从未成年人的民事行为能力来看，不满 8 周岁为无民事行为能力人，满 8 周岁不满 18 周岁为限制民事行为能力人。因此，在制定法律法规和处理未成年人事务时，要充分考虑不同年龄阶段未成年人身心发展的规律和特点，提出不同的保护要求，采取相应的保护措施，否则难以取得良好的效果。

5. 听取未成年人的意见

听取未成年人的意见，尊重其真实意愿，是满足其合理需求，保障其参与权得以实现的重要方式。《儿童权利公约》规定，应确保有主见能力的儿童有权对影响到其本人的一切事项自由发表自己的意见，对儿童的意见应按照其年龄和成熟程度给以适当的看待。民法典规定，未成年人的监护人在作出与被监护人利益有关的决定时，应当根据被监护人的年龄和智力状况，尊重被监护人的真实意愿。因此，听取未成年人的意见，既是履行国际公约的义务、贯彻民法典的精神，也是对未成年人意见及合理要求的重视。

6. 保护与教育相结合

对未成年人的保护和教育是未成年人保护工作的"鸟之双翼""车之双轮",两者相互结合,相辅相成,保护是外部手段,教育其学会自我保护才是终极目的。仅保护不教育达不到目的,仅教育不保护起不到效果。因此,处理未成年人事项时,在做好保护的同时要进行教育,在进行教育的同时要注意保护,通过保护和教育的双向活动,实现未成年人自我保护的目的。

二、未成年人保护制度

未成年人保护法创新、发展了一系列保护制度,主要包括以下八项制度。

(一)家庭监护制度

家庭监护制度主要包括父母或者其他监护人的监护职责、监护中不得实施的行为、代为照护制度、离婚家庭未成年人的监护、法律责任与处理五个方面。

1. 父母或者其他监护人的监护职责

监护未成年人是其父母或者其他监护人(以下统称父母)的法定职责,那么未成年人的父母具体应当履行哪些职责呢?未成年人保护法第 16 条对此作了列举,具体包括 10 个方面:①为未成年人提供生活、健康、安全等方面的保障;②关注未成年人的生理、心理状况和情感需求;③教育和引导未成年人遵纪守法、勤俭节约,养成良好的思想品德和行为习惯;④对未成年人进行安全教育,提高未成年人的自我保护意识和能力;⑤尊重未成年人受教育的权利,保障适龄未成年人依法接受并完成义务教育;⑥保障未成年人休息、娱乐和体育锻炼的时间,引导未成年人进行有益身心健康的活动;⑦妥善管理和保护未成年人的财产;⑧依法代理未成年人实施民事法律行为;⑨预防和制止未成年人的不良行为和违法犯罪行为,并进行合理管教;⑩其他应当履行的监护职责。

2. 监护中不得实施的行为

未成年人的父母除了履行以上监护职责外,还不得实施未成年人保护法第 17 条规定的 11 种禁止性行为:①虐待、遗弃、非法送养未成年人或者对未成年人实施家庭暴力;②放任、教唆或者利用未成年人实施违法犯罪行为;③放任、唆使未成年人参与邪教、迷信活动或者接受恐怖主义、分裂主义、极端主义等侵害;④放任、唆使未成年人吸烟(含电子烟,下同)、饮酒、赌博、流浪乞讨或者欺凌他人;⑤放任或者迫使应当接受义务教育的未成年人失学、辍学;⑥放任未成年人沉迷网络,接触危害或者可能影响其身心健康的图书、报刊、电影、广播电视节目、音像制品、电子出版物和网络信息等;⑦放任未成年人进入营业性娱乐场所、酒吧、互联网上网服务营业场所等不适宜未成年人活动的场所;⑧允许或者迫使未成年人从事国家规定以外的劳动;⑨允许、迫使未成年人结婚或者为未成年人订立婚约;⑩违法处分、侵吞未成年人的财产或者利用未成年人牟取不正当利益;⑪其他侵犯未成年人身心健康、财产权益或者不依法履行未成年人保护义务的行为。

3. 代为照护制度

所谓代为照护是指未成年人的父母因正当原因在一定期限内不能完全履行监护职责时，委托具有照护能力的完全民事行为能力人代为照护。代为照护制度是未成年人保护法创设的一项新的制度，全面规定了什么情况下可以委托他人代为照护，被委托人需要具备什么条件，哪些人不能作为被委托人，委托人应当履行哪些义务，谁来监督代为照护等，使我国代为照护制度基本完善。

（1）代为照护应当有正当理由。父母外出务工是未成年人保护法认可的正当理由，除此之外，城市也存在父母因异地工作、外出学习、外出长期就医等原因需要将其子女委托他人代为照护的情形。因此，代为照护的正当理由至少包括：父母双方外出务工、异地工作、外出学习、外出长期就医等。为了防止父母随意委托，特别是防止少数父母利用委托监护制度逃避监护责任的情况发生，未成年人保护法特别规定，"无正当理由的，不得委托他人代为照护"。

（2）被委托人应具备的条件。未成年人的父母应当按照以下要求确定被委托人：第一，被委托人应当是具有照护能力的完全民事行为能力人。第二，父母应当综合考虑被委托人各方面的情况。如被委托人的道德品质、家庭状况、身心健康状况、与未成年人生活情感上的联系情况等。第三，听取有表达意愿能力未成年人的意见。

（3）不能作为被委托人的情形。有以下四种情形之一的人不得作为被委托人：第一，曾实施性侵害、虐待、遗弃、拐卖、暴力伤害等违法犯罪行为的；第二，有吸毒、酗酒、赌博等恶习的；第三，曾拒不履行或者长期怠于履行监护、照护职责的；第四，其他不适宜担任被委托人的情形的。

（4）委托人的义务。委托他人代为照护，并不意味着监护职责的转移，代为照护强调的只是代为照护、看护，监护人许多监护职责，比如承担抚养费、教育、情感联系等都是不可以对外委托的。[①] 父母委托他人照护后，仍然需要履行一定的义务，主要包括：一是及时将委托照护情况书面告知未成年人所在学校和实际居住地的居民委员会、村民委员会；二是加强与未成年人所在学校沟通，及时了解未成年人学习、行为等情况；三是与未成年人、被委托人至少每周联系和交流一次，了解未成年人的生活、学习、心理等情况，给予未成年人亲情关爱；四是对心理或行为异常的未成年人应及时干预，父母接到被委托人、居民委员会、村民委员会、学校等关于未成年人心理、行为异常的通知后，应当及时采取干预措施。

（5）居（村）民委员会的监督。代为监护本身不利于未成年人健康成长，被委托人如果怠于履行照护职责，对未成年人将产生更大伤害，为此，居（村）民委员会应加强对被委托人的监督。居（村）民委员会应当协助政府有关部门监督未成年人委托照护情况，发现被委托人缺乏照护能力、怠于履行照护职责的，应当及时向政府有关

---

① 佟丽华：《〈未成年人保护法〉修订的十大变化》，载《预防青少年犯罪研究》，2021(1)。

部门报告,并告知未成年人的父母,帮助、督促被委托人履行照护职责。

4. 离婚家庭未成年人的监护

父母离婚在当今社会已很常见,为了保障未成年人的合法权益不因父母离婚而有所改变,需要妥善处理好离婚家庭未成年人的监护问题。未成年人保护法第24条对离婚时、离婚后的监护事宜作了规定:一是未成年人的父母离婚时,应当妥善处理未成年子女的抚养、教育、探望、财产等事宜,听取有表达意愿能力未成年人的意见。不得以抢夺、藏匿未成年子女等方式争夺抚养权。二是未成年人的父母离婚后,不直接抚养未成年子女的一方应当依照协议、人民法院判决或者调解确定的时间和方式,在不影响未成年人学习、生活的情况下探望未成年子女,直接抚养的一方应当配合,但被人民法院依法中止探望权的除外。

5. 法律责任与处理

根据未成年人保护法第108条、第118条规定,可根据情节严重程度,对不履行监护职责的父母采取两种处理措施。

(1)未成年人的父母不依法履行监护职责或者侵犯未成年人合法权益的,由其居住地的居民委员会、村民委员会予以劝诫、制止;情节严重的,居民委员会、村民委员会应当及时向公安机关报告。公安机关接到报告或者公安机关、人民检察院、人民法院在办理案件过程中发现未成年人的父母存在上述情形的,应当予以训诫,并可以责令其接受家庭教育指导。

不依法履行监护职责,主要是指不履行未成年人保护法第16条规定的职责。侵犯未成年人合法权益,主要是指主动实施了未成年人保护法第17条规定的禁止性行为。

(2)未成年人的父母不依法履行监护职责或者严重侵犯被监护的未成年人合法权益的,人民法院可以根据有关人员或者单位的申请,依法作出人身安全保护令或者撤销监护人资格。被撤销监护人资格的父母应当依法继续负担抚养费用。这是对"严重"情形的司法处置措施。

人身安全保护令是人民法院对被监护人作出人身安全保护的一种裁定。最高人民法院、最高人民检察院、公安部和民政部《关于依法处理监护人侵害未成年人权益行为若干问题的意见》对人身安全保护令作了详细规定,并规定了人身安全保护令的内容和被申请人拒不履行人身安全保护令的处置措施。根据未成年人保护法第108条的规定,作出人身安全保护令的情形有两种:①未成年人的父母不依法履行监护职责;②未成年人的父母严重侵犯被监护的未成年人合法权益。若未成年人的父母出现以上情形,人民法院在收到有关人员或者单位申请后,应当依法对被申请人作出人身安全保护令。被申请人拒不履行人身安全保护令的,公安机关可依法处理,人民法院可依法采取罚款、拘留等措施。

撤销监护资格是人民法院对监护人监护资格的一种判决。由于撤销监护资格比作出人身安全保护令的处理更为严重，因此，撤销监护资格的情形比作出人身安全保护令的情形更为严格，民法典第 36 条第 1 款和最高人民法院等《关于依法处理监护人侵害未成年人权益行为若干问题的意见》第 35 条对此作了具体规定，有兴趣的读者可延伸阅读。

(二)学校保护制度

未成年人保护法第三章对学校保护作了全面规定，同时，教育部专门制定了《未成年人学校保护规定》，共同构成我国未成年学生(以下简称学生)学校保护制度。学校保护制度主要包括保护工作机制、保护职责、管理要求、教育行政部门的支持与监督、法律责任与处理五个方面。

1. 保护工作机制

健全的工作机制是学校保护工作的组织保障，是学校保护工作顺利开展的前提和基础。《未成年人学校保护规定》第五章专门对学校保护机制作了具体规定，主要包括：

(1)明确校长是学校保护工作的第一责任人。除校长作为第一责任人外，学校还应当指定一名校领导直接负责学生保护工作，有条件的学校可设立学生保护专员。

(2)成立保护工作机构。有条件的学校，可以整合欺凌防治、纪律处分等组织组建学生保护委员会，统筹负责学生权益保护及相关制度建设。

(3)建立工作机制。包括：①教育机制。树立以生命关怀为核心的教育理念，开展与学生健康有关的各种教育。②专业辅导机制。组织相关人员和心理专业人员，对有不良行为的学生进行矫治和帮扶，配合有关部门对有严重不良行为的学生进行管教。③民主参与机制。在作出与学生权益有关的决定前告知家长，听取家长意见；对情节轻微的学生纠纷，可以安排学生代表参与调解。④家校沟通机制。建立学生重大生理、心理疾病报告制度，向家长及时告知学生身体及心理健康状况；发现学生身体状况或者情绪反应明显异常、突发疾病或者受到伤害的，及时通知家长。⑤及时报告机制。发现学生遭受或疑似遭受家庭暴力、虐待、遗弃、长期无人照料、失踪等不法侵害以及面临不法侵害危险的，及时向公安、民政、教育等有关部门报告。教职工发现学生权益受到侵害，职责范围内不能处理的，及时向学校报告或者直接向教育行政部门或公安部门报告。⑥首问负责机制。学生因遭受遗弃、虐待向学校请求保护的，学校不得拒绝、推诿，需要采取救助措施，应当先行救助。对身体、心理受到伤害的学生提供心理健康辅导、帮扶教育；对被欺凌学生的合理请求给予支持。

2. 保护职责

学校的保护职责分为一般保护职责和专项保护职责。

一般保护是对学生生存权、发展权、受保护权、参与权等权利的保护，其职责包括：①平等对待学生，不得因学生及其家长的民族、种族、性别、户籍、职业、宗教信仰、教育程度、家庭状况、身心健康情况等歧视学生或者对学生进行区别对待。②落实安全管理职责，保护学生在校期间的人身安全，及时依法处理学生伤害事故。③保护学生人身自由，不得设置侵犯学生人身自由的管理措施，不得对学生正当的言行自由设置不必要的约束。④尊重学生的人格尊严。⑤保护学生的隐私和个人信息。⑥保护学生的受教育权。⑦保护学生休息权。保证学生有休息、参加文体活动和体育锻炼的机会和时间；义务教育学校不得占用国家法定节假日、休息日及寒暑假，组织学生补课；不得以集体补课等形式侵占学生休息时间。⑧保护学生财产，不得采用损坏学生财物的方式对学生进行教育。⑨尊重学生肖像权。学校对外宣传或者公开使用学生个体肖像，应取得学生及其家长许可，并依法保护学生的权利。⑩尊重学生的参与权和表达权。指导、支持学生参与学校章程和校纪班规的制定；处理学生事务时，以适当的方式听取学生的意见。⑪对学生实施教育惩戒或者处分时，听取学生的陈述、申辩，遵循慎重、公平、公正的原则作出决定。

专项保护是对当前中小学校出现的突出问题的保护，主要针对学生欺凌和对学生的性侵害、性骚扰。学校应当建立学生欺凌防控和预防性侵害、性骚扰的专项制度，建立学生欺凌、性侵害、性骚扰行为的零容忍处理机制和受伤害学生的关爱、帮扶机制。

3. 管理要求

为了更好地保护学生，必须加强学校管理，对学校管理工作的要求包括：①健全规范教职工、学生行为的校规校纪。②加强教学管理，严格执行国家课程方案，规范校本课程，减轻学生作业负担和校外培训负担。③加强学生读物管理，防止有害学生身心健康的读物进入校园。④建立健全安全风险防控体系，完善安全管理制度，提供符合标准的设施设备，制定突发事件应急预案，开展安全教育和自护自救演练；加强校车管理；定期巡查校园周边环境，发现安全隐患及时处理，并及时报告。⑤加强药品、吸烟、饮酒管理，保障学生健康。⑥建立学生体质监测制度，保障学生体育锻炼必要的体育设施，提升学生体质。⑦建立学生心理健康教育管理制度，为学生提供心理咨询与健康辅导。⑧按法律规定和学校制度加强学生使用手机管理。⑨加强网络管理，防止未成年人学生沉迷网络。⑩严格执行入职报告和准入查询制度，不得聘用法律和规章禁止聘用的人员。⑪执行从业禁止制度，对不符合规定的拟聘人员或在职教职工给予调整工作岗位或解聘处理。⑫加强对教职工的管理，预防和制止实施法律、法规、规章以及师德规范所禁止的行为。

4. 教育行政部门的支持与监督

教育行政部门应当与人民检察院、人民法院、公安、司法、民政、应急管理等部门以及从事未成年人保护工作的相关群团组织协同配合，加强对学校学生保护工作的指导与监督。教育行政部门的支持与监督包括：①为学校执行从业禁止制度提供查询支持。②为学校提供法律咨询、心理辅导、行为矫正等专业服务。③指定专门机构或者人员承担学生保护的专门职责。④受理学生投诉。⑤建立学校学生保护工作评估制度，各级教育督导机构将学校学生保护工作情况纳入政府履行教育职责评价和学校督导评估的内容。

5. 法律责任与处理

学校未履行保护职责，违反管理要求，侵犯学生合法权利的，由主管教育行政部门责令改正，并视情节和后果，依照有关规定和权限分别对学校的主要负责人、直接责任人或者其他责任人员进行诫勉谈话、通报批评、给予处分或者责令学校给予处分；同时，可以给予学校1至3年不得参与相应评奖评优，不得获评各类示范、标兵单位等荣誉的处理。

学校未履行对教职工的管理、监督责任，致使发生教职工严重侵害学生身心健康的违法犯罪行为，或者有包庇、隐瞒不报、威胁、阻拦报案、妨碍调查、对学生打击报复等行为的，由主管教育部门对主要负责人和直接责任人给予处分或者责令学校给予处分；情节严重的，移送有关部门查处；构成违法犯罪的，依法追究相应法律责任。因监管不力、造成严重后果而承担领导责任的校长，5年内不得再担任校长职务。

学校未建立学生权利保护机制，或者制定的校规违反法律、法规、规章，由主管教育部门责令限期改正、给予通报批评；情节严重、影响较大或者逾期不改正的，可以对学校主要负责人和直接负责人给予处分或者责令学校给予处分。

(三)网络保护制度

网络已经深入人们生活的方方面面，网络空间成为未成年人仅次于学校、家庭的第三大活动场所，因此，加强未成年人网络保护十分必要。未成年人保护法单设网络保护一章，规定了国家、社会、学校和家庭应当形成合力，培养未成年人的网络素养；规定了网信、公安、教育等政府部门的具体职责；规定了公共场所网络提供者和智能终端产品制造者、销售者的保护义务；同时还对当前网络领域与未成年人有关的热点问题进行了回应，初步建立了我国网络保护的基本制度。以下就社会普遍关注的几个重点保护制度作一讨论。

1. 防止未成年人沉迷网络

2021年7月发布的《2020年全国未成年人互联网使用情况研究报告》显示，2020年我国未成年网民规模达到1.83亿，未成年人的互联网普及率为94.9%，高于全国互联网普及率。数据显示，未成年网民工作日平均每天上网时长在2小时以上的为11.5%，节假日平均上网时长在5小时以上的为12.2%。网络成瘾障碍作为一种较为严重的精神心理疾病，不仅困扰未成年人和其家庭，也成为整个社会需要面对和解决的问题。为了解决这一突出问题，2021年，国家新闻出版署发布了《国家新闻出版署关于进一步严格管理切实防止未成年人沉迷网络游戏的通知》，对网络游戏企业提出了两条硬性要求：一是严格限制向未成年人提供网络游戏服务的时间；二是严格落实网络游戏用户账号实名注册和登录要求。未成年人保护法则从四个方面分别规定了政府、学校、家庭以及网络产品和服务提供者的职责。

（1）政府的职责

政府应承担宣传教育、监督、指导三个方面职责：一是新闻出版、教育、卫生健康、文化和旅游、网信等部门应当定期开展预防未成年人沉迷网络的宣传教育；二是监督网络产品和服务提供者履行预防未成年人沉迷网络的义务；三是指导家庭、学校、社会组织互相配合，采取科学、合理的方式对未成年人沉迷网络进行预防和干预。

（2）学校的职责

学校应履行三项职责：一是合理使用网络开展教学活动。网络时代，使用网络开展教学活动已经成为学校的教学方式之一，但是学校应本着按需的原则合理使用网络教学，在特殊情况下（如疫情期间）开展线上教学，也要做到科学有序，指导家长督促学生科学规范使用网络，控制在线时间。二是规范对手机等智能终端的管理。未经学校允许，未成年学生不得将手机等智能终端产品带入课堂，带入学校的应当统一管理。需要说明的是，手机带入课堂有时是教学需要，但是，带入课堂需由学校根据教学需要统一做出安排，未经学校允许不得带入课堂。另外，学生的手机属于学生的私有财产，学生将手机带入学校，非教学需要时学校应当统一管理，放学后归还学生，不得没收。三是学校和家长合作，共同应对学生沉迷网络。学校发现未成年学生沉迷网络的，应当及时告知其父母，共同对未成年学生进行教育和引导，帮助其恢复正常的学习生活。

（3）家庭的职责

未成年人的父母应当履行两项职责：一是提高自身网络素养，规范自身使用网络行为，加强对未成年人使用网络行为的引导和监督。家长在知识和阅历方面可能胜于未成年人，但是部分家长在网络知识和技术方面不如未成年人，要想对未成年人进行网络引导和监督，首先自己必须适当学习网络知识，提高自身的网络素养，即使是文化程度不高的家长，也要具备最基本的合理使用网络的意识。另外，家长还应当规范自己使用网络的行为，家庭教育是潜移默化的教育，家长自己沉迷网络必然会对未成年人产生不良影响。二是在家庭的智能终端产品上安装未成年人网络保护软件，选择适合未成年人的服务模式和管理功能，避免未成年人接触危害或者可能影响其身心健康的网络信息，合理安排未成年人使用网络的时间，有效防止未成年人沉迷网络。

（4）网络产品和服务提供者、网络游戏服务提供者的义务

网络产品和服务提供者应当履行的义务：一是网络产品和服务提供者不得向未成年人提供诱导其沉迷的产品和服务；二是网络游戏、网络直播、网络音视频、网络社交等网络服务提供者应当针对未成年人使用其服务设置相应的时间管理、权限

管理、消费管理等功能；三是以未成年人为服务对象的在线教育网络产品和服务，不得插入网络游戏链接，不得推送广告等与教学无关的信息。

网络游戏服务提供者应当履行的义务：一是网络游戏经依法审批后方可运营；二是网络游戏服务提供者应当要求未成年人以真实身份信息注册并登录网络游戏，由国家建立统一的未成年人网络游戏电子身份认证系统进行认证；三是网络游戏服务提供者应当按照国家有关规定和标准，对游戏产品进行分类，作出适龄提示，并采取技术措施，不得让未成年人接触不适宜的游戏或者游戏功能；四是网络游戏服务提供者不得在每日 22 时至次日 8 时向未成年人提供网络游戏服务。

2. 保护未成年人个人信息

目前，非法处理个人信息以及个人信息泄露、窃取和倒卖等导致侵权、诈骗、盗窃等案件多发、高发，对信息主体的日常生活、财产安全和正常的社会秩序造成严重影响，对未成年人的影响更大。未成年人尤其是低龄未成年人认知能力有限，对非法处理个人信息和泄露个人信息可能带来的风险、后果认识不足，也不知道采取何种保护措施，其个人信息很容易被不当收集、使用、共享，可能对未成年人及其家庭造成严重影响。因此，需要对未成年人的个人信息采取有别于成年人的特别保护，未成年人保护法第 72 条对处理未成年人信息作了特别规定。

(1)信息处理者通过网络处理未成年人个人信息的，应当遵循合法、正当和必要的原则。遵循合法原则，是指信息处理者处理个人信息必须有合法性基础，且处理的方法应当符合法律法规的规定。遵循正当原则，是指处理个人信息的目的和手段应当遵循公序良俗和遵守诚实守信原则，并且要尽量满足透明的要求，以便能够充分保障信息主体的知情权。遵循必要原则，是指处理个人信息应当依据特定、明确的目的进行，禁止超出目的范围处理个人信息。

(2)处理不满 14 周岁未成年人个人信息，应当征得未成年人的父母同意，但法律、行政法规另有规定的除外。处理未成年人信息要征得其父母的同意，以多大年龄为临界点是个基础性问题，目前世界各国规定不一，如美国是 13 周岁以下，韩国是 14 周年以下，法国是 15 周年以下，欧盟和德国是 16 周岁以下。在我国，14 周岁是刑法规定的承担刑事责任的最低年龄，年满 14 周岁的未成年人已普遍具有了认知判断网络风险的能力，而不满 14 周岁的未成年人则不具备这种能力。因此，处理不满 14 周岁未成年人个人信息，应当征得其父母同意。

(3)未成年人、父母要求信息处理者更正、删除未成年人个人信息的，信息处理者应当及时采取措施予以更正、删除，但法律、行政法规另有规定的除外。

3. 禁止对未成年人实施网络欺凌

学生欺凌依据实施手段可分为身体欺凌、言语欺凌、关系欺凌、网络欺凌，网络欺凌是互联网普及后出现的一种新的欺凌手段，由于言语欺凌和关系欺凌可以通过网络来实现，因此网络欺凌成为学生欺凌中使用较多的一种方式。相关数据显示，

2018年我国多达71.11％的青少年遭遇过网络欺凌[①]，网络欺凌应当引起足够重视。未成年人保护法第77条规定：任何组织或者个人不得通过网络以文字、图片、音视频等形式，对未成年人实施侮辱、诽谤、威胁或者恶意损害形象等网络欺凌行为。遭受网络欺凌的未成年人及其父母有权通知网络服务提供者采取删除、屏蔽、断开链接等措施。网络服务提供者接到通知后，应当及时采取必要的措施制止网络欺凌行为，防止信息扩散。

4. 规范未成年人参与网络直播

近几年，网络直播越来越受到未成年人的青睐，相关数据显示，4.25亿网络直播用户中，青少年观看网络直播的比例达到45.2％[②]，其中不少未成年人直接担任网络主播。网络直播是把双刃剑，一方面未成年人通过网络直播、发布视频可以分享自己的兴趣爱好，展现自己的特长，同时还可以通过网络直播，凭借自己的本领获得一定的收益；另一方面，由于未成年人心智发展还不成熟，缺乏一定的判断力和自制力，若放任其上线直播，容易受到个别观众的挑唆诱导做出不良举动，如有的未成年人主播为吸引用户关注，在直播中展示自己的隐私部位等，有的未成年人在直播中被诱导泄露姓名及家庭地址等个人信息等。这一现象引起社会广泛关注，不少人建议应通过立法明确禁止未成年人担任网络主播。为了更好地保护未成年人，同时又不至于限制个人的行为自由，尊重个人的劳动权利，未成年人保护法第76条规定：网络直播服务提供者不得为未满16周岁的未成年人提供网络直播发布者账号注册服务；为年满16周岁的未成年人提供网络直播发布者账号注册服务时，应当对其身份信息进行认证，并征得其父母同意。

16周岁是民法典规定的合法劳动年龄，满16周岁的未成年人如果能以自己的劳动收入养活自己的，视为完全民事行为能力人。所以未成年人保护法只规定不得为未满16周岁的未成年人提供网络直播发布者账号服务。但是，满16周岁不满18周岁的还是未成年人，为其提供网络直播发布者账号注册服务时，应当征得其父母同意。

(四)国家监护制度

我国实行以家庭监护为基础、国家监护为兜底的未成年人监护制度。最高人民法院、最高人民检察院、公安部和民政部《关于依法处理监护人侵害未成年人权益行为若干问题的意见》对国家监护制度作了较为全面的规定，民法典则从国家法律层面确立了国家监护制度，未成年人保护法与民法典进行有效衔接，对国家监护制度进一步细化，规定了什么情形下进行临时监护，如何安置临时监护的未成年人，什么情况下进行长期监护，如何安置长期监护的未成年人，其他部门如何配合等，进一

---

① 数据来源：2018年6月，共青团中央、中国社会科学院与腾讯公司联合发布的《中国青少年互联网使用及网络安全情况调查报告》。

② 郭林茂：《中华人民共和国未成年人保护法释义》，236页，北京，法律出版社，2021。

步完善了我国国家监护制度。

1. 临时监护的情形

当未成年人监护人的确定有争议或者监护人被撤销监护资格的，就要依法为未成年人确定新的监护人，确认新的监护人需要一定的时间，这段时间未成年人实际上处于无人监护状态，这时需要国家对未成年人进行临时监护。未成年人保护法第92条规定，具有下列情形之一的，民政部门应当依法对未成年人进行临时监护，这些情形包括：①未成年人流浪乞讨或者身份不明，暂时查找不到父母或者其他监护人；②监护人下落不明且无其他人可以担任监护人；③监护人因自身客观原因或者因发生自然灾害、事故灾难、公共卫生事件等突发事件不能履行监护职责，导致未成年人监护缺失；④监护人拒绝或者怠于履行监护职责，导致未成年人处于无人照料的状态；⑤监护人教唆、利用未成年人实施违法犯罪行为，未成年人需要被带离安置；⑥未成年人遭受监护人严重伤害或者面临人身安全威胁，需要被紧急安置；⑦法律规定的其他情形。

需要说明的是，民法典规定的临时监护主体有四个，即被监护人住所地的居民委员会、村民委员会、法律规定的有关组织、民政部门。而未成年人保护法规定由民政部门承担临时监护职责，其意义在于：一方面增加了可操作性，避免了主体责任不清导致实践中可能发生的不同主体之间相互推诿。另一方面突出国家监护责任，体现了政府担当。[①]

2. 临时监护的安置

民政部门对临时监护的未成年人，可以采取以下三种方式进行安置。

（1）委托亲属抚养、家庭寄养。委托亲属抚养，一方面需要对被委托的亲属进行评估，确定其可以正常履行照料等职责；另一方面需要得到被委托人的同意。家庭寄养是指按照规定的程序，将民政部门临时监护的儿童委托在符合条件的家庭中养育的照料模式。《家庭寄养管理办法》规定，需要长期依靠医疗康复、特殊教育等专业技术照料的重度残疾儿童，不宜安排家庭寄养。寄养年满10周岁以上儿童的，应当征得寄养儿童的同意。

（2）交由未成年人救助保护机构或者儿童福利机构进行收留、抚养。未成年人救助保护机构是由县级以上人民政府及其民政部门根据需要设立，负责对生活无着落的流浪、乞讨、遭受监护侵害、暂时无人监护等未成年人实施救助，承担临时监护责任的专门机构，包括事业单位法人登记的未成年人保护中心、未成年人救助保护中心和设有未成年人救助保护科（室）的救助管理站。儿童福利机构是民政部门设立的，主要收留抚养由民政部门担任监护人的未满18周岁儿童的机构，包括事业单位法人登记的儿童福利院、设有儿童部的社会福利院。

（3）经民政部门评估，监护人重新具备履行监护职责条件的，民政部门可以将未

---

① 郭林茂：《中华人民共和国未成年人保护法释义》，284页，北京，法律出版社，2021。

成年人送回监护人抚养。

3. 长期监护的情形

当出现未成年人的父母死亡或者没有监护能力,又找不到其他监护人等情形时,未成年人就需要长期监护,这时国家应当承担起长期监护职责。未成年人保护法第94条规定,具有下列情形之一的,民政部门应当依法对未成年人进行长期监护,这些情形包括:①查找不到未成年人的父母或者其他监护人;②监护人死亡或者被宣告死亡且无其他人可以担任监护人;③监护人丧失监护能力且无其他人可以担任监护人;④人民法院判决撤销监护人资格并指定由民政部门担任监护人;⑤法律规定的其他情形。

4. 长期监护的处理

民政部门对长期监护的未成年人可采取以下方式处理。

(1)民政部门进行收养评估后,可以依法将长期监护的未成年人交由符合条件的申请人收养。民政部门对长期监护的未成年人有依法被收养的权利,被长期监护的未成年人中,丧失父母的孤儿、查找不到生父母的未成年人、生父母有特殊困难无力抚养的子女,民政部门可以依法交由符合条件的申请人收养。但收养需履行法定程序和条件:一是必须进行收养评估。民政部门优先采取委托的第三方机构开展收养评估,收养评估依据《收养能力评估工作指引》的规定进行。二是收养申请人必须符合法定条件。民法典第1098条规定,收养人应当同时具备以下条件:无子女或只有一名子女;有抚养、教育和保护被收养人的能力;未患有在医学上认为不应当收养子女的疾病;无不利于被收养人健康成长的违法犯罪记录;年满30周岁。

(2)收养关系成立后,民政部门与未成年人的监护关系终止。

5. 其他政府部门的配合与支持

民政部门承担临时监护和长期监护工作,是代表国家依法承担监护职责,财政、教育、卫生健康、公安等部门应当根据各自职责予以配合。财政部门要根据需要,统筹安排救助资金,保障经费到位;教育部门要强化适龄儿童保学促学、教育资助、送教上门、心理辅导等工作,为困境儿童就近入学提供支持;公安部门要及时受理有关报告,及时处理,依法追究失职父母或侵害人的法律责任;其他部门要在各自职责范围内积极配合民政部门监护工作。

县级以上人民政府及其民政部门应当根据需要设立未成年人救助保护机构、儿童福利机构,负责收留、抚养由民政部门监护的未成年人。近几年,随着国家困境儿童保障工作的不断推进,各级政府加大未成年人救助保护机构、儿童福利机构建设力度,据智研咨询发布的《2021—2027 年中国儿童福利院行业发展战略规划及投资方向研究报告》统计,截至 2020 年年底,全国各类民政服务机构集中养育孤儿5.9 万人。全国共有注册登记的儿童福利和救助保护服务机构 760 个,床位 10.1 万张,其中:儿童福利机构 508 个,床位 9.1 万张;未成年人救助保护机构 252 个,床位1.0万张。①

(五)强制报告制度

未成年人保护强制报告制度产生于美国20世纪60年代，后为许多国家所采纳。我国强制报告制度最早见于2011年国务院印发的《中国儿童发展纲要(2011—2020年)》，针对儿童虐待问题，提出"建立受暴力伤害儿童问题的预防、强制报告、反应、紧急救助和治疗辅导工作机制"。2013年，最高人民法院、最高人民检察院、公安部、司法部《关于依法惩治性侵害未成年人犯罪的意见》首次将强制报告制度具体化。随后，2014年最高人民法院等《关于依法处理监护人侵害未成年人权益行为若干问题的意见》、2015年《反家庭暴力法》、2016年《国务院关于加强农村留守儿童关爱保护工作的意见》等政策法律都确立了这一制度，并规定了强制报告的具体内容。为了推进强制报告制度在未成年人保护中全面落实，2020年最高人民检察院等九部门《关于建立侵害未成年人案件强制报告制度的意见(试行)》(以下简称《强制报告意见》)，对强制报告的责任主体、适用范围、法律责任作了较为全面、具体的规定。

在以上政策法规的基础上，未成年人保护法将强制报告制度运用于未成年人保护，总则部分第11条第2款规定，国家机关、居民委员会、村民委员会、密切接触未成年人的单位及其工作人员，在工作中发现未成年人身心健康受到侵害、疑似受到侵害或者面临其他危险情形的，应当立即向公安、民政、教育等有关部门报告。除了总则部分规定外，还在其他部分分别规定了中小学校(幼儿园)、住宿经营者、网络提供者等主体的强制报告义务。

1. 强制报告的适用范围

强制报告的适用范围概括起来有三种，即未成年人身心健康受到侵害、疑似受到侵害、面临其他危险情形。未成年人身心健康受到侵害，是指已有证据或者情况表明侵害已经发生；疑似受到侵害，是指证据并不充分，情况还不明确，但有迹象表明侵害可能发生；面临其他危险情形，是指虽然未发生侵害，但未成年人处于危险境地，面临身心健康受到侵害的较大风险。

《强制报告意见》对强制报告的适用范围进行了具体列举，包括九种情形：①未成年人的生殖器官或隐私部位遭受或疑似遭受非正常损伤的；②不满十四周岁的女性未成年人遭受或疑似遭受性侵害、怀孕、流产的；③十四周岁以上女性未成年人遭受或疑似遭受性侵害所致怀孕、流产的；④未成年人身体存在多处损伤、严重营养不良、意识不清，存在或疑似存在受到家庭暴力、欺凌、虐待、殴打或者被人麻醉等情形的；⑤未成年人因自杀、自残、工伤、中毒、被人麻醉、殴打等非正常原因导致伤残、死亡情形的；⑥未成年人被遗弃或长期处于无人照料状态的；⑦发现未成年人来源不明、失踪或者被拐卖、收买的；⑧发现未成年人被组织乞讨的；

---

① 数据来源：产业信息网。

⑨其他严重侵害未成年人身心健康的情形或未成年人正在面临不法侵害危险的。

2. 强制报告的责任主体

未成年人保护强制报告的责任主体(也称报告人)有四类:一是国家机关;二是居民委员会;三是村民委员会;四是密切接触未成年人的单位及其工作人员。前三类主体很明确,第四类主体需作进一步解释。

《强制报告意见》将密切接触未成年人的单位界定为:依法对未成年人负有教育、看护、医疗、救助、监护等特殊职责,或者虽不负有特殊职责但具有密切接触未成年人条件的企事业单位、基层群众自治组织、社会组织。主要包括:居(村)民委员会;中小学校、幼儿园、校外培训机构、未成年人校外活动场所等教育机构及校车服务提供者;托儿所等托育服务机构;医院、妇幼保健院、急救中心、诊所等医疗机构;儿童福利机构、救助管理机构、未成年人救助保护机构、社会工作服务机构;旅店、宾馆等。这些单位及工作人员在家庭之外与未成年人接触机会多,容易发现未成年人受侵害的情况,有必要纳入强制报告主体的范围。

以上密切接触未成年人的单位中,未成年人保护法明确规定了三类主体的强制报告义务。①学校。该法在学校保护一章中分别规定了学校发现学生实施严重欺凌行为的,发现性侵害、性骚扰未成年学生的,应当及时向公安、教育行政部门报告。另外,《未成年人学校保护规定》第 47 条规定,学校发现学生遭受或疑似遭受家庭暴力、虐待、遗弃、长期无人照料、失踪等不法侵害以及面临不法侵害危险的,应当及时向公安、民政、教育等有关部门报告。综言之,学校执行强制报告的情形有三种:学生遭受性侵害、性骚扰的;学生遭受严重欺凌行为的;学生在家庭遭受或疑似遭受不法侵害的。这三种情形,学校应当及时报告。②住宿经营者。未成年人保护法第 57 条规定,旅馆、宾馆、酒店等住宿经营者接待未成年人入住,或者接待未成年人和成年人共同入住时,应当询问父母的联系方式、入住人员的身份关系等有关情况;发现有违法犯罪嫌疑的,应当立即向公安机关报告,并及时联系未成年人的父母。③网络信息提供者。未成年人保护法第 80 条规定,网络服务提供者发现用户发布、传播含有危害未成年人身心健康内容的信息的,应当立即停止传输相关信息,采取删除、屏蔽、断开链接等处置措施,保存有关记录,并向网信、公安等部门报告;发现用户利用其网络服务对未成年人实施违法犯罪行为的,应当立即停止向该用户提供网络服务,保存有关记录,并向公安机关报告。

法律依法保障报告人履行强制报告责任,对报告人采取保护措施。依据《强制报告意见》的规定,对因依法报告而引发的纠纷,报告人不承担相应法律责任;对于干扰、阻碍报告的组织或个人,依法追究法律责任;接受报告部门对报案人的信息予以保密,违法窃取、泄露报告事项以及报告人信息的,依法依规予以严惩。

3. 强制报告的对象

根据未成年人保护法的规定,接受报告的有关部门主要包括公安、民政、教育等部门。这些部门与未成年人保护工作密切相关，在不同方面负有重要职责。强制报告责任主体可以根据发现的具体情况，选择向职责联系最紧密的一个或者多个部门报告。例如，学校发现未成年人遭受或者疑似遭受性侵害的，及时向公安、教育部门报告；发现学生遭受家庭暴力、遗弃、失踪等情形的，及时向公安、民政、教育部门报告。需要说明的是，法律虽没有具体规定报告的时间，但强调的是"立即""及时"，因此，强制报告不能拖延。

接受报告的有关部门在接到涉及未成年人的报告后，应当依法及时受理、处置，并以适当方式将处理结果告知相关单位和人员。根据《强制报告意见》的规定，公安机关在受案或者立案后三日内向报案单位反馈案件进展，并在移送审查起诉前告知报案单位。

4. 法律责任

依据未成年人保护法第117条规定，国家机关、居民委员会、村民委员会、密切接触未成年人的单位及其工作人员，未履行报告义务造成严重后果的，由上级主管部门或者所在单位对直接负责的主管人员和其他直接责任人员依法给予处分。

依据未成年人保护法第122条规定，住宿经营者未履行报告义务的，由有关部门按照职责分工责令限期改正，给予警告；拒不改正或者造成严重后果的，责令停业整顿或者吊销营业执照、吊销相关许可证，并处1万元以上10万元以下罚款。

依据未成年人保护法第127条规定，网络产品和服务提供者未履行报告义务的，由有关部门按照职责分工责令改正，给予警告，没收违法所得，违法所得100万元以上的，并处违法所得一倍以上十倍以下罚款，没有违法所得或者违法所得不足100万元的，并处10万元以上100万元以下罚款，对直接负责的主管人员和其他责任人员处1万元以上10万元以下罚款；拒不改正或者情节严重的，并可以责令暂停相关业务、停业整顿、关闭网站、吊销营业执照或者吊销相关许可证。

依据《未成年人学校保护规定》第57条规定，学校未履行报告义务的，主管教育行政部门应当责令改正，并视情节和后果，依照有关规定和权限分别对学校的主要负责人、直接责任人或者其他责任人员进行诫勉谈话、通报批评、给予处分或者责令学校给予处分；同时，可以给予学校1至3年不得参与相应评奖评优，不得获评各类示范、标兵单位等荣誉的处理。

（六）信息查询制度

近几年，密切接触未成年人行业的从业人员性侵害、虐待、拐卖、暴力侵害未成年人的事件时有发生，司法机关对此作了专门研究，研究表明：性侵害未成年人、暴力虐童、拐卖等犯罪具有屡犯性、再犯性高的特点，即使是经过刑事处罚的性侵犯罪行为人，当他回到未成年人密切接触的环境中，很可能再次犯罪。[1] 由此看来，单靠日常管理和事后惩处难以实现预防目的，只有限制有犯罪前科的人员接触未成

---

[1] 郭林茂：《中华人民共和国未成年人保护法释义》，302页，北京，法律出版社，2021。

年人,才能从源头上最大限度地防止再犯。因此,将预防关口前移至入职审查阶段,并采取严厉的从业禁止手段很有必要。为此,未成年人保护法第62条规定,密切接触未成年人的单位应当实行信息查询制度。

信息查询制度包括入职查询和定期查询。入职查询(也称录用查询、准入查询)是指密切接触未成年人的单位在招聘人员时,向公安机关、人民检察院查询应聘者是否有性侵害、虐待、拐卖、暴力伤害等违法犯罪记录;发现其具有前述行为记录的,不得录用。在职查询是指密切接触未成年人的单位每年定期向公安机关、人民检察院查询其工作人员是否有性侵害、虐待、拐卖、暴力伤害等违法犯罪记录;发现其工作人员具有上述行为的,应当及时解聘。

《未成年人学校保护规定》第36条第1款、第2款分别规定了学校入职查询和在职查询制度。第1款规定,发现应聘者有下列情形的不得聘用:①受到剥夺政治权利或者因故意犯罪受到有期徒刑以上刑事处罚的;②因卖淫、嫖娼、吸毒、赌博等违法行为受到治安管理处罚的;③因虐待、性骚扰、体罚或者侮辱学生等情形被开除或者解聘的;④实施其他被纳入教育领域从业禁止范围的行为的。第2款规定,学校在聘用教职工或引入志愿者、社工等校外人员时,应当要求相关人员提交承诺书;对在聘人员应当按照规定定期开展核查,发现存在前款规定情形的人员应当及时解聘。

目前,信息查询制度已在一些地方开始应用,并取得较好的效果。例如,2019年4月,上海市排查近27万人,共发现26名曾有猥亵、介绍卖淫等违法犯罪记录人员,相关学校和教育培训机构对上述人员全部清退或不予录用;2019年7月,重庆市各区县检察院为教育机构提供查询5.3万人次,教育机构对3名涉暴涉毒人员不予录用,对21名有故意伤害等前科的人员予以辞退或予以行政处分。[①]

信息查询制度作为未成年人保护的基本制度,要求责任单位必须执行,否则就会承担相应的法律责任。未成年人保护法第126条规定,密切接触未成年人的单位未履行查询义务,或者招用、继续聘用具有相关违法犯罪记录人员的,由教育、人力资源和社会保障、市场监督管理等部门按照职责分工责令限期改正,给予警告,并处5万元以下罚款;拒不改正或者造成严重后果的,责令停业整顿或者吊销营业执照、吊销相关许可证,并处5万元以上50万元以下罚款,对直接负责的主管人员和其他直接责任人员依法给予处分。

(七)防治学生欺凌制度

学生欺凌是世界各国存在的共同问题,2017年1月17日,联合国教科文组织在韩国首尔发布全球校园欺凌现状最新报告,报告显示:全世界每年有将近2.46亿儿童和青少年因体貌特征、性别与性取向、种族与文化差异这三个原因遭受欺凌。我国学生遭受欺凌的现象也时有发生,2016年,一项针对全国29个县104825名中

---

① 郭林茂:《中华人民共和国未成年人保护法释义》,194页,北京,法律出版社,2021。

小学生的抽样调查发现，经常遭受欺凌的比例为 4.7%，偶尔遭受欺凌的比例为 28.6%。针对这一问题，国家高度重视，先后出台了多部防治政策，2016 年 4 月国务院教育督导委员会办公室印发了《关于开展校园欺凌专项治理的通知》，同年 11 月教育部等 9 部门联合印发《关于防治中小学生欺凌和暴力的指导意见》，特别是 2017 年教育部等 11 部门联合印发《加强中小学生欺凌综合治理方案》(下称《学生欺凌治理方案》)，对学生欺凌提出了操作性极强的防治办法。未成年人保护法将学生欺凌纳入保护范围，界定了学生欺凌的概念，规定了学校的预防措施和处置办法，同时禁止任何组织或者个人对未成年人实施网络欺凌，《未成年人学校保护规定》将学生欺凌列入专项保护范围，从而在法律、规章和政策层面建立了我国防治学生欺凌的基本制度。

1. 学生欺凌的界定

未成年人保护法将学生欺凌界定为：发生在学生之间，一方蓄意或者恶意通过肢体、语言及网络等手段实施欺压、侮辱，造成另一方人身伤害、财产损失或者精神损害的行为。准确理解学生欺凌的含义需把握以下几点：

第一，学生欺凌的范围为学生之间。教师对学生的体罚、社会不法分子对学生的人身伤害不属于学生欺凌，而属于广义的校园暴力。学生欺凌与校园暴力、教师体罚有联系也有区别，违法犯罪的欺凌、对学生造成严重伤害的体罚属于校园暴力。学生欺凌不仅包括发生在校内，也包括发生在校外。

第二，学生欺凌的特点包括三个方面。一是欺凌者蓄意或者恶意。这是欺凌者存在的主观过错。二是持续性和反复性。欺凌不是偶尔的，一般持续时间较长，而且可能重复发生。三是恃强凌弱。欺凌者在年龄、身体或者人数等方面占优势，被欺凌者处于弱势。这些特点使学生欺凌与学生之间偶尔、善意的打闹嬉戏区别开来，不能将学生之间的打闹嬉戏认定为学生欺凌。

第三，学生欺凌采用的方式是通过肢体、语言及网络；实施的行为是欺压、侮辱；损害结果是人身伤害、财产损失或者精神损害。

2. 学生欺凌的类型

学生欺凌的类型可以从不同的角度划分。

依实施方式可分为五种类型：一是身体欺凌，即殴打、脚踢、掌掴、抓咬、推撞、拉扯等侵犯他人身体或者恐吓威胁他人；二是言语欺凌，即以辱骂、讥讽、嘲弄、挖苦、起侮辱性绰号等方式侵犯他人人格尊严；三是侵犯财产，即抢夺、强拿硬要或者故意毁坏他人财物；四是关系欺凌，即恶意排斥、孤立他人，影响他人参加学校活动或者社会交往；五是网络欺凌，即通过网络或者其他信息传播方式捏造事实诽谤他人、散布谣言或者错误信息诋毁他人、恶意传播他人隐私。《未成年人学校保护规定》采用的就是这种分类。

依情节严重程度可分为四种类型：一是较轻欺凌，指情节较轻微的欺凌；二是较重欺凌,指情节比较恶劣,对被欺凌学生身体和心理造成明显伤害的欺凌;三是严重欺凌,指屡教不改或者情节恶劣的欺凌;四是违法犯罪的欺凌,指涉及违反治安管理规定或者涉嫌犯罪的欺凌。

3. 学生欺凌防控措施

根据未成年人保护法、《未成年人学校保护规定》和《学生欺凌治理方案》,学校应当采取以下防控措施。

(1)建立工作机制。学校应当成立由校内相关人员、法治副校长、法律顾问、有关专家、家长代表、学生代表等参与的学生欺凌防治工作委员会,负责学生欺凌行为的预防和宣传教育、组织认定、实施矫治、提供援助等。

(2)开展教育培训。学校在开学时应集中开展一次教育;学期中在道德与法治等课程中设置教学模块,进行学生欺凌防治的专门教育;学校的共青团、少先队组织应开展法治宣传教育、安全教育与自护自救教育。同时还要对家长开展专题培训,引导家长增强法治意识,落实监护责任,帮助家长了解防治学生欺凌的相关知识。

(3)加强日常管理。一是制定完善防治学生欺凌工作的各项制度,包括相关岗位教职工防治学生欺凌的职责,学生欺凌事件应急处置预案,学生欺凌早期预警、事中处理、事后干预的具体流程,校规校纪中对实施欺凌学生的处理办法等。二是建立网上巡查机制。学校要推进学生欺凌防控设施建设,将校园视频监控系统、紧急报警装置等接入公安机关、教育部门监控和报警平台,方便日常巡查。三是加强教职工管理。教职工应当关注因身体条件、家庭背景或者学习成绩等可能处于不利或者特殊地位的学生,发现学生存在被孤立、排挤等情形的,应当及时干预;教职工发现学生有明显的情绪反常、身体损伤等情形,应当及时了解情况,可能存在被欺凌情形的,应当及时向学校报告。

4. 学生欺凌的处置

学生欺凌事件的处置以学校为主,按照调查—认定—处理的流程进行处置。

(1)调查。教职工发现、学生或者家长向学校举报的,学校应当按照学生欺凌处置预案和处理流程对事件及时进行调查。

(2)认定。由学校学生欺凌防治工作委员会依照学生欺凌的定义和类型对事件进行认定,包括是否属于学生欺凌,属于什么类型的欺凌,何种严重程度等。

(3)处理。按照欺凌情节严重程度进行分类处理:情节轻微的较轻欺凌事件,由学校进行批评教育、纪律处分,也可协商调解;情节比较恶劣、对被欺凌学生身体和心理造成明显伤害的较重欺凌事件,学校应当对实施欺凌的学生进行批评教育,同时可邀请公安机关参与警示教育或训诫,学校可视情节和危害程度给予实施欺凌学生纪律处分;屡教不改或者情节恶劣的严重欺凌事件,依据预防未成年人犯罪法的规定处理,属于严重不良行为的,送入专门(工读)学校进行教育、矫治;涉及违反治安管理或者涉嫌犯罪的学生欺凌事件,要立即执行强制报告制度,以公安机关、人民法院、人民检察院处理为主。

在学生欺凌事件处理中，要通知学生家长参与学生欺凌的处置，要与学生家长一起共同对与学生欺凌相关的学生进行教育、引导，对被欺凌的学生给予心理辅导和帮助。

（八）预防性侵害、性骚扰制度

性侵害、性骚扰未成年人与学生欺凌一样，也是世界各国共同存在的问题。据世界卫生组织 2016 年统计，每 5 名女生中就有 1 人被报告在童年时期遭受过性虐待。我国性侵害、性骚扰未成年人的案件近几年呈上升趋势，据最高人民检察院公布的数据，2017 年至 2019 年，全国检察机关起诉成年人强奸未成年人犯罪，2018年、2019 年同比分别上升 22.74％、39.33％，起诉强制猥亵、侮辱未成年人犯罪同比分别上升 34.74％、45.31％。从具体案件来看，2018 年某乡村小学班主任齐某性侵害未成年学生案引起最高人民检察院的重度重视。[①] 2018 年 10 月 19 日，最高人民检察院将中华人民共和国成立以来首份检察建议（"一号检察建议"）发至教育部。同年 12 月，教育部办公厅发出《关于进一步加强中小学（幼儿园）预防性侵害学生工作的通知》，随后在全国开展了整治性侵害未成年学生的专项行动。为了从根本上解决性侵害、性骚扰未成年人事件，未成年人保护法从法律层面建立了预防性侵害、性骚扰未成年人制度，《未成年人学校保护规定》也将预防性侵害、性骚扰未成年人纳入专项保护。

1. 学校的职责

根据未成年人保护法和《未成年人学校保护规定》，中小学校预防性侵害、性骚扰学生的职责主要包括五个方面。

(1)建立对学生性侵害、性骚扰行为的零容忍处理机制和受伤害学生的关爱、帮扶机制，包括建立健全教职工与学生交往行为准则、学生宿舍安全管理规定、视频监控管理规定等制度，建立预防、报告、处置性侵害、性骚扰的工作机制。

(2)及时报告和处理。性侵害、性骚扰属于强制报告的范围，学校对性侵害、性骚扰学生等违法犯罪行为不得隐瞒，应当及时向公安机关、教育行政部门报告，并配合相关部门依法处理。

(3)开展适合未成年学生年龄的性教育。中小学校要扭转性教育难登大雅之堂的局面，克服性教育内容在教学中一带而过的现象，通过开展适合未成年学生年龄的性教育，提高未成年学生防范性侵害、性骚扰的自我保护意识和能力。

---

① 2011—2012 年，某省乡村小学班主任齐某利用午休、晚自习及宿舍查寝等机会，在学校办公室、教室、无人的宿舍等地方多次对两名被害女童（均为 10 岁）实施奸淫、猥亵，并以外出看病为由将其中 1 名女童带回家中强奸。此外，齐某还在女生集体宿舍等地多次猥亵多名 10～11 岁的女童。2016 年 1 月 20 日，该省高级人民法院作出终审判决齐某有期徒刑十年，剥夺政治权利一年。该省检察院认为该案终审判决有错误，提请最高人民检察院抗诉。最高人民检察院经审查，认为该案适用法律错误，量刑不当，应予纠正。2017 年 3 月 3日，最高人民检察院依照审判监督程序向最高人民法院提出抗诉。2018 年 6 月 11 日，最高人民法院召开审判委员会会议审议该案。最终，最高法采纳了最高检的全部抗诉意见，依法改判齐某无期徒刑。

(4)加强教职工管理和校园管理。学校应当采取措施预防并制止教职工以及其他进入校园的人员实施以下行为：①与学生发生恋爱关系、性关系；②抚摸、故意触碰学生身体特定部位等猥亵行为；③对学生做出调戏、挑逗或者具有性暗示的言行；④向学生展示传播包含色情、淫秽内容的信息、书刊、影片、音像、图片或者其他淫秽物品；⑤持有包含淫秽、色情内容的视听、图文资料；⑥其他构成性骚扰、性侵害的违法犯罪行为。

(5)对遭受性侵害、性骚扰的学生采取保护措施。学生遭受性侵害后，容易出现恐惧、焦虑、愤怒、自卑、自责、羞愧等心理，严重的会出现自残、自杀等过激行为。因此，学校对遭受性侵害、性骚扰的学生应当及时采取保护措施，如心理辅导、帮助就医、通知家长共同保护等，同时要注意保守秘密，防止信息扩散。

2. 社会的责任

未成年人保护法的社会保护一章中规定，禁止对未成年人实施性侵害、性骚扰；禁止制作、复制、出版、发布、传播含有宣扬淫秽、色情的危害未成年人身心健康内容的图书、报刊、电影、广播电视节目、舞台艺术作品、音像制品、电子出版物和网络信息等；禁止制作、复制、发布、传播或者持有有关未成年人的淫秽色情物品和网络信息。需要特别强调的是，"持有"有关未成年人的淫秽色情物品和网络信息也会构成违法。

3. 司法机关的职责

未成年人保护法的司法保护一章中规定，公安机关、人民检察院、人民法院应当与其他有关政府部门、人民团体、社会组织互相配合，对遭受性侵害的未成年被害人及其家庭实施必要的心理干预、经济救助、法律援助、转学安置等保护措施；办理未成年人遭受性侵害案件，在询问未成年被害人、证人时，应当采取同步录音录像等措施，尽量一次完成；未成年被害人、证人是女性的，应当由女性工作人员进行。实行询问同步录音录像、一次完成的目的在于避免对遭受性侵害的未成年人造成"二次伤害"。

三、未成年人重要权益保护

未成年人保护法所保护的未成年人的权利很全面，如受教育权、人身自由、人格尊严、健康权、休息权、参与权、表达权、肖像权、隐私权、财产权等，我们无法一一涉及，以下就几项最重要的权利作一讨论。

(一)未成年人受教育权保护

在第六章我们根据义务教育法，讨论了政府保障适龄儿童少年免试就近入学、防止学生辍学的职责，下面重点讨论如何保障留守未成年人、困境未成年人和残疾未成年人受教育权，以及学校、家庭保障未成年人受教育权的职责。

1. 保障留守、困境和残疾未成年人接受教育

未成年人保护法第 83 条第 1 款规定，各级人民政府应当采取措施保障留守未成年人、困境未成年人和残疾未成年人接受教育。

留守未成年人是指父母双方外出务工或一方外出务工另一方无监护能力、不满十六周岁的未成年人。根据《国务院关于加强农村留守儿童关爱保护工作的意见》，保障留守未成年人接受义务教育的主要措施包括：一是教育行政部门要落实免费义务教育和教育资助政策，确保农村留守儿童不因贫困而失学。二是中小学校要对农村留守儿童受教育情况实施全程管理，利用电话、家访、家长会等方式加强与家长、受委托监护人的沟通交流，了解农村留守儿童生活情况和思想动态，帮助监护人掌握农村留守儿童学习情况，提升监护人责任意识和教育管理能力；及时了解无故旷课农村留守儿童情况，落实辍学学生登记、劝返复学和书面报告制度，劝返无效的，应书面报告县级教育行政部门和乡镇人民政府，依法采取措施劝返复学。

困境未成年人包括因家庭贫困导致生活、就医、就学等困难的未成年人，因自身残疾导致康复、照料、护理和社会融入等困难的未成年人，以及因家庭监护缺失或监护不当遭受虐待、遗弃、意外伤害、不法侵害等导致人身安全受到威胁或侵害的未成年人。根据《国务院关于加强困境儿童保障工作的意见》和《未成年人学校保护规定》，保障困境未成年人接受义务教育的主要措施包括：一是强化政府教育保障。对于家庭经济困难未成年人，要落实教育资助政策和义务教育阶段"两免一补"政策；对于残疾未成年人，要建立随班就读支持保障体系，为其中家庭经济困难的提供包括义务教育、高中阶段教育在内的 12 年免费教育；对于农业转移人口及其他常住人口随迁子女，要将其义务教育纳入各级政府教育发展规划和财政保障范畴；完善义务教育控辍保学工作机制，确保困境未成年人入学和不失学，依法完成义务教育。二是学校应当建立困境学生档案，配合政府有关部门做好关爱帮扶工作，避免学生因家庭因素失学、辍学。

残疾未成年人是指在心理、生理、人体结构上，某种组织、功能丧失或者不正常，全部或者部分丧失以正常方式从事某种活动能力的未成年人。残疾未成年人属于困境未成年人，但是我国对残疾未成年人有更加完善的法律保障，国务院专门制定《残疾人教育条例》，根据残疾未成年人残疾程度进行分类教育：适龄残疾儿童、少年能够适应普通学校学习生活、接受普通教育的，就近到普通学校入学接受义务教育；适龄残疾儿童、少年能够接受普通教育，但是学习生活需要特别支持的，根据身体状况就近到县级人民政府教育行政部门在一定区域内指定的具备相应资源、条件的普通学校入学接受义务教育；适龄残疾儿童、少年不能接受普通教育的，由县级人民政府教育行政部门统筹安排进入特殊教育学校接受义务教育；适龄残疾儿童、少年需要专人护理，不能到学校就读的，由县级人民政府教育行政部门统筹安排，通过提供送教上门或者远程教育等方式实施义务教育，并纳入学籍管理。

2. 义务教育学校不得开除或变相开除学生

开除学生就是开除学生学籍，即直接取消学生的受教育权，对于义务教育而言，义务教育法明确规定学校不得开除学生。何为变相开除，目前还没有一个明确的界定，有人认为，学校对义务教育阶段的学生勒令退学、劝退、以不让参加考试或者随意停止其在校接受教育等方式迫使其退学，这些都属于变相开除义务教育阶段学生行为。[①]为此，未成年人保护法和《未成年人学校保护规定》进一步强调，义务教育学校不得开除或者变相开除学生，不得以长期停课、劝退等方式，剥夺学生在校接受并完成义务教育的权利；对转入专门学校的学生，应当保留学籍，原决定机关决定转回的学生，不得拒绝接收。

义务教育学校开除学生、变相开除学生依照未成年人保护法第119条和《未成年人学校保护规定》第57条规定承担法律责任，由教育行政部门责令改正，并视情节后果，依照有关规定和权限分别对学校的主要负责人、直接责任人或者其他责任人员进行诫勉谈话、通报批评、给予处分或者责令学校给予处分；同时，可以给予学校1至3年不得参与相应评奖评优，不得获评各类示范、标兵单位等荣誉的处理。

3. 未成年人父母应保障其子女接受教育

未成年人保护法第16条把尊重未成年人受教育的权利，保障适龄未成年人依法接受并完成义务教育作为未成年人父母的十项职责之一。未成年人的父母有义务送适龄子女接受义务教育，如果未履行这一义务，将依据义务教育法第58条规定，由当地乡镇人民政府或者县级人民政府教育行政部门给予批评教育，责令限期改正。或者依据未成年人保护法第118条规定，由其居住地的居民委员会、村民委员会予以劝诫、制止；情节严重的由公安机关、人民检察院、人民法院予以训诫，并可以责令其接受家庭教育指导。

(二)未成年人人格尊严保护

人格尊严是一个人应有的最起码的社会地位，以及他人和社会最起码的尊重。人格尊严的内容非常广泛，由于人格权都以人身自由和人格尊严为价值基础，[②] 所以人格尊严的具体表现形式为人格权，但不限于人格权。人格权是民事主体享有的生命权、身体权、健康权、姓名权、名称权、肖像权、名誉权、荣誉权、隐私权等权利。宪法第38条规定，中华人民共和国公民的人格权不受侵犯。禁止以任何方式对公民进行侮辱、诽谤和诬告陷害。民法典第991条规定，民事主体的人格权受法律保护，任何组织或者个人不得侵害。未成年人作为公民和民事主体，其人格尊严同样受法律保护、不得侵害。实践中，特别是在中小学校，侵害学生人格尊严的现象时有发生，主要表现形式为体罚、变相体罚学生，歧视学生，侮辱学生人格。为了杜绝这些现象，义务教育法第29条明确规定，教师应当尊重学生的人格，不得歧

---

① 郭林茂：《中华人民共和国未成年人保护法释义》，95页，北京，法律出版社，2021。

② 黄薇：《中华人民共和国民法典释义》，下册，1812页，北京，法律出版社，2020。

视学生，不得对学生实施体罚、变相体罚或者其他侮辱人格尊严的行为。未成年人保护法在以上法律的基础上进一步规定，教职员工应当尊重未成年人人格尊严，不得对未成年人实施体罚、变相体罚或者其他侮辱人格尊严的行为。

侵害未成年学生人格尊严的行为主体主要是教职工，所以尊重、保护学生人格尊严的关键在于加强对教职工的管理。首先，教职工要增强法律意识，提高法律素养，做到依法执教；其次，在教育中应采用正确的方法，对违纪的未成年学生以教育为主，动之以情，晓之以理，并合理使用教育惩戒，但不能体罚、变相体罚，不能侮辱学生人格。

侵害学生人格尊严将承担相应的法律责任，学校对教职工管理不严的依照未成年人保护法第119条和《未成年人学校保护规定》第58条承担法律责任，教职工依据教师法规定承担法律责任，视情节给予处分或者解聘，构成犯罪的，依法追究刑事责任。

(三)未成年人隐私权保护

民法典第1032条第2款将隐私定义为：自然人的私人生活安宁和不愿为他人知晓的私密空间、私密活动、私密信息。从这一定义看，隐私的范围包括四个方面：①私人生活安宁。私人生活安宁是个人获得自尊心和安全感的前提和基础，自然人有权排除他人对其正常生活的骚扰。侵犯他人私人生活安宁的行为主要是指以电话、短信、即时通信工具、电子邮件、传单等方式侵扰他人的私人生活安宁。②私密空间。私密空间是指个人的私密范围，包括个人居所、私家车、日记、个人邮箱、个人的衣服口袋、身体的隐私部位以及旅客居住的宾馆客房等。自然人有权排除他人对自己私密空间的侵入，除法律另有规定或者权利人明确同意外，任何组织或者个人不得进入、拍摄、窥视他人的住宅、宾馆房间等私密空间；不得拍摄、窥视他人身体的私密部位。③私密活动。私密活动是指自然人所进行的与公共利益无关的个人活动，如日常生活、家庭活动、婚姻活动、男女之间的性生活等活动。每个自然人都享有私密活动不受他人侵扰的权利，除法律另有规定或者权利人明确同意外，任何组织或者个人不得拍摄、窥视、窃听、公开他人的私密活动。④私密信息。私密信息是指通过特定形式体现出来的有关自然人的病历、财产状况、身体缺陷、遗传特征、档案材料、生理识别信息、行踪信息等个人情况，这些信息都是自然人不愿为他人所知晓的个人信息。除法律另有规定或者权利人明确同意外，任何组织或者个人不得处理他人的私密信息。①

需要说明的是，隐私权中的私密信息和个人信息都是法律保护的范围，但私密信息与个人信息既有联系也有区别，私密信息属于个人信息，个人信息的范围比私密信息大，个人信息中自然人不愿为他人所知晓的信息才是私密信息，例如，自然人的姓名、性别、身份证号码、家庭状况、身体缺陷等都属于个人信息，但家庭状

---

① 黄薇：《中华人民共和国民法典释义》，下册，1913～1915页，北京，法律出版社，2020。

况、身体缺陷一般不愿为他人知晓，这些个人信息就属于私密信息，属于隐私。又如，学生考试的分数属于个人信息，得分高的学生不在意他人知晓，有时还愿意公开，就不是私密信息；但得分低的学生就不愿为他人知晓，就属于私密信息。所以《未成年人学校保护规定》规定，学校不得公开学生的考试成绩、名次等学业信息，其目的是防止对学生隐私权可能造成的侵害。

隐私权是自然人对隐私的权利，这一权利受法律保护。民法典第1032条第1款规定，自然人享有隐私权。任何组织和个人不得以刺探、侵扰、泄露、公开等方式侵害他人隐私权。未成年人作为自然人同样享有隐私权，保护未成年人的隐私权是未成年人保护工作的基本要求，未成年人保护法从三个方面进行了规定。

一是规定了对未成年人的私密空间和私密信息的保护。未成年人保护法第63条规定，任何组织或者个人不得隐匿、毁弃、非法删除未成年人的信件、日记、电子邮件或者其他网络通讯内容；除法定事由外，任何组织或者个人不得开拆、查阅未成年人的信件、日记、电子邮件或者其他网络通讯内容。（法定事由有三种：无民事行为能力未成年人的父母代未成年人开拆、查阅；因国家安全或者追查刑事犯罪依法进行检查；紧急情况下为了保护未成年人本人的人身安全）。《未成年人学校保护规定》进一步规定，学校在奖励、资助、申请贫困救助等工作中，不得泄露学生个人及其家庭隐私；学生的考试成绩、名次等学业信息，学校应当便利学生本人和家长知晓，但不得公开，不得宣传升学情况；除因法定事由，不得查阅学生的信件、日记、电子邮件或者其他网络通讯内容。

二是规定了网络服务提供者的提示义务。未成年人保护法第73条规定，网络服务提供者发现未成年人通过网络发布私密信息的，应当及时提示，并采取必要的保护措施。实践中，由于未成年人对私密信息的范围和发布私密信息所带来的不利后果缺乏足够的认识，容易主动或者受他人引诱而发布自己的私密信息，对此有必要对网络服务提供者规定相应的义务。网络信息提供者发现未成年人通过网络发布私密信息时，应当及时进行提示，告知未成年人其正在发布的信息属于私密信息，以及发布私密信息可能会带来的不利后果，通过提示让未成年人自行终止或者删除。

三是规定了司法机关处理未成年人有关案件时的保护义务。未成年人保护法第103条规定，公安机关、人民检察院、人民法院、司法行政部门以及其他组织和个人不得披露有关案件中未成年人的姓名、影像、住所、就读学校以及其他可能识别出其身份的信息，但查找失踪、被拐卖未成年人等情形除外。未成年人的姓名、影像、住所、就读学校属于个人信息，同时也是个人的隐私信息，因为对于涉嫌违法犯罪的案件，未成年人都不愿他人知道"是自己"，在这种情形下，个人信息也就成了隐私。因此，为了最大限度地保护未成年人的隐私，司法机关在处理未成年人有关案件时，除查找失踪、被拐卖等情形外，不得披露未成年人的个人信息。

案例 9-1

互联网时代怎样保护学生隐私权①

2020年线上教学期间，为解决孩子玩网络游戏及聊天上瘾的问题，某小学班主任召开网络家长会，家长们委托班主任在网课期间代为监管孩子们的学习情况。教师在管理过程中，采取远程指挥的方式检查了个别学生手机中下载的APP，甚至还要求学生打开聊天记录及电脑文件夹，查看里面的内容。事件在网络上曝光后引发热议，学校认识到此种管理方式有失妥当，对该教师进行了批评教育，明确今后进一步规范教师的教育教学行为。家长也回应，该事件得到妥善处理，教师的行为得到学生谅解。

案例分析

此案例是网络时代发生的涉及学生隐私权的事件，与之前教师私自翻看信件、日记等形式侵犯学生隐私权不同，此次事件的表现形式是通过网络远程手段侵犯学生隐私权，具有一定的代表性，值得关注和深入探讨。

民法典第1032条规定：自然人享有隐私权。任何组织或者个人不得以刺探、侵扰、泄露、公开等方式侵害他人的隐私权。隐私是自然的私人生活安宁和不愿为他人知晓的私密空间、私密活动、私密信息。手机是个人的私密空间，手机上学生不愿为他人知晓的内容是个人的私密信息。显然，学生的聊天记录一般是学生不愿为他人知晓的，属于学生的隐私范围，任何组织和个人不得侵害。教师以监管学生学习为由查看学生的聊天记录，尽管出发点是好的，但同样为法律所不许。这个案例给我们的启示是：首先，教师要带头学法。民法典规定了隐私权，未成年人保护法和《未成年人学校保护规定》等多部法律法规都规定了对学生隐私权的保护，教师应充分了解隐私的范围，了解保护隐私权的法律法规，不断增强法律意识，提高法律素养。本案中老师采取这种行为，明显是欠缺相关的法律知识。其次，学校要加强法制宣传教育。《全面推进依法治校实施纲要》要求，学校要全面提高教师依法执教的意识与能力。要认真组织教师的法制宣传教育，在教师的入职培训、岗位培训中，明确法制教育的内容与学时，建立健全考核制度，重要的和新出台的教育法律、法规要实现教师全员培训。本案中教师不懂相关法律，显然与学校未开展必要的宣传教育有关。最后，学校应当建立相关的管理制度。《未成年人学校保护规定》规定，学校应当制定规范教师、学生行为的校规校纪。学校应当遵照这一规定，建立健全学校的管理制度，建立防范教师侵犯学生合法权益的长效机制。

————————————————

① 见《中国教育报》，2021-09-15。

第四节　教育惩戒

一、教育惩戒的概念与特点

(一)教育惩戒的概念

教育惩戒是指学校、教师基于教育目的，对违规违纪学生进行管理、训导或者以规定方式予以矫治，促使学生引以为戒、认识和改正错误的教育行为。

教育惩戒有其存在的合理性。规模化、制度化的教育及其活动需要赋予学校和教师一定的权力来维持教育教学活动的正常进行。学生在其走向自律之前，他律是必经途径之一。学生对外在规范的学习与掌握必然不是一帆风顺的，存在着不断试误的过程。学生惩戒正是学校和教师以社会代言人的身份对学生进行的引导与矫正，其存在是必要的合理的，符合教育活动发展的需要。苏联著名教育家马卡连柯明确指出："凡是需要惩罚的地方，教师就没有权利不惩罚。在必须惩罚的情况下，惩罚不仅是一种权力，而且是一种义务。"[①]"合理的惩罚制度不仅是合法的，而且也是必要的。这种合理的惩罚制度有助于形成学生坚强的性格，能培养学生的责任感，锻炼他的意志和人格，以及抵抗诱惑和战胜诱惑的能力。"[②]鉴于此，教育部于2020年12月23日颁布了《中小学教育惩戒规则(试行)》，学校也应当依据《中小学教育惩戒规则(试行)》，结合本校学生特点，依法制定、完善校规校纪，明确学生行为规范，健全实施教育惩戒的具体情形和规则。

(二)教育惩戒的特点

在学校教育教学活动中，教育惩戒具有以下特点。第一，惩戒主体是特定的，即具有教书育人职责的学校和教师，其他未经法律法规授权的个人和组织不能成为惩戒的主体。只有合法的主体才能行使相应的惩戒权，做出适当的惩戒行为。第二，惩戒的对象是学生的违规违纪行为，而不是学生个人或其身体心灵，这是由惩戒的教育性质决定的。惩戒是为了教育学生戒除其不符合社会、学校规范的行为，促进其健康成长，其针对的只能是学生的不良行为而不是学生个人。第三，惩戒具有制裁和教育的双重性质，主要目的是教育。学校的职能是教育学生，因此学校和教师实施的惩戒在本质上是教育性的，其出发点是为了使学生受到教育而不仅仅是通过施加惩罚使学生感到痛苦和耻辱。第四，惩戒的范围只针对学生不合范的行为或不良行为，因此惩戒不包括行政处罚和刑事处罚。行政处罚和刑事处罚是一种法律制裁，而惩戒是一种教育措施。

---

① 吴式颖等：《马卡连柯教育文集》，下卷，57页，北京，人民教育出版社，1985。
② 吴式颖等：《马卡连柯教育文集》，上卷，94页，北京，人民教育出版社，1985。

(三)惩戒与体罚的区别

"惩戒"与"体罚"是一对联系较紧的词语,在实践中也经常被人们混用。体罚,常指利用各种方式对学生加以惩罚,使其身心感到痛苦,以促使其为避免痛苦而改变错误。在行使形式上,体罚可分为直接体罚和变相体罚。直接体罚是直接以学生的身体为对象,表现为有形暴力形式,如殴打;变相体罚是以侵害学生的身体为内容或给予肉体上的痛苦或极端疲劳,如罚站、罚跪等。体罚作为一种极端的惩戒形式,在教育实践中往往与对学生的肆意打骂、伤害和侮辱学生人格联系在一起,一直是有争议的且受到人们的批评和谴责。

我国现行法律对于体罚是明令禁止的,教师法第37条规定,教师体罚学生,情节严重,构成犯罪的,依法追究刑事责任。义务教育法第29条第2款规定,教师应当尊重学生的人格,不得歧视学生,不得对学生实施体罚、变相体罚或者其他侮辱人格尊严的行为,不得侵犯学生合法权益。未成年人保护法第27条规定,学校、幼儿园的教职员工应当尊重未成年人人格尊严,不得对未成年人实施体罚、变相体罚或者其他侮辱人格尊严的行为。

体罚和惩戒虽然都是以教育学生为目的,但体罚带有主观上的故意,而且会对学生的身体和心理造成损害或痛苦,会直接侵害学生的人身权利。而惩戒则不同,它不存在主观上的恶意,最终目的是纠正学生不合范的行为,从而避免其再次发生。因此,教育法规只禁止体罚,并不禁止惩戒。

长期以来,我国对惩戒的边界缺乏明确的法律规定,导致两种极端情况发生:一方面因惩戒过重而导致体罚;另一方面教师因担心体罚会承担法律责任而不敢对学生实施正常的教育惩戒。教育部《中小学教育惩戒规则(试行)》对教育惩戒的范围、方式作了明确规定,从而使教育惩戒有了可以遵循的法律依据。

案例 9-2

教师将违纪学生逐出教室,是否侵犯学生的受教育权?

某小学教师王某在上课时,学生郝某多次故意扰乱教学秩序,致使王某无法进行正常的教学。王某对郝某进行了多次警告。郝某不仅不听,反而变本加厉,更加肆无忌惮地大喊。王某只好让郝某离开教室。郝某不服,后在同学们的劝说下,郝某离开教室。事后,郝某家长找到学校领导,认为王某将郝某逐出教室的行为侵犯了郝某的受教育权,要求王某赔礼道歉。

案例分析

权利和义务是相统一的,权利的实现有赖于义务的履行,义务的履行确保权利的实现。学生上课的权利是学生受教育权(参加教育教学活动权)的具体表现形式,侵犯学生上课的权利也就侵犯了学生的受教育权。但是,学生享有受教育权,也有遵守学校管理制度的义务。同时，教师对学生承担着教育和管理的职责，对扰乱课堂秩序不遵守纪律的学生，教师有实施必要惩戒的权利。学生郝某享有受教育权，其他学生也享有受教育权。王某对郝某严重扰乱课堂纪律的行为多次警告无效后，如果不将其逐出课堂，教学就无法正常进行，其他学生的受教育权就不能保证。《中小学教育惩戒规则(试行)》对这种情况规定了处理办法，该规则第7条规定，学生扰乱课堂秩序的，教师应当予以制止并进行批评教育，确有必要的，可以进行教育惩戒。第11条规定，学生扰乱课堂或教育教学秩序，影响他人或者可能对自己及他人造成伤害的，教师可以采取必要措施，将学生带离教室或者教学现场，并予以教育管理。因此，王某将郝某逐出教室的行为并不违法，郝某家长要求王某赔礼道歉得不到法律支持。

二、教育惩戒的原则

实施教育惩戒，应当遵循以下原则。

(一)目的正当

目的正当是指，学校和教师实施教育惩戒时，要有明确而正当的理由，即惩戒的施行应有助于达成其所追求的教育目的。惩戒是为了达到教育目的而不得不给予学生的一种制裁手段，而不能单纯为惩戒而惩戒，强制被惩戒的学生顺从学校和教师意志。例如，一天熄灯后，某男生宿舍有两人说话，班级德育积分被扣。第二天早自习时，班主任拿到扣分单很是生气，便将该宿舍的8名男生叫到教室外面，想查出是谁在熄灯后说话。结果8人都说不知道。班主任一气之下，让8人都在教室外面站着。有错才有惩，这是施行惩戒的前提；无错却被罚，就缺乏正当理由。教师因个别学生的违规行为迁怒于学生团体，使无辜的学生被惩罚。这种缺乏正当理由的惩罚，只会削弱惩戒的威慑力，非但达不到应有的教育目的，而且会加重学生的逆反心理，造成师生间的隔阂。

(二)合法合规

合法合规是指教育惩戒严格依法依规进行。教育惩戒是对学生施加的否定性制裁，可能对学生的身心造成不利影响，惩戒过重很容易导致体罚，导致学生伤害事故发生。因此教育惩戒必须在现有法律和规则规定的范围内，不得实施法律和规则所禁止的惩戒行为。《中小学教育惩戒规则(试行)》对教育惩戒的范围、情形，惩戒的方式、措施，惩戒的程序等作了明确规定，教育惩戒必须符合这些规定，不能越界。

需要指出的是，《中小学教育惩戒规则(试行)》授权学校制定校纪校规和班规公约，健全实施教育惩戒的具体情形和规则，但是同时要求，校纪校规应当广泛征求教职工、学生和学生家长的意见，有条件的还可以组织学生、家长及有关方面代表参加听证；应当提交家长委员会、教职工代表大会讨论，经校长办公会议审议通过后施行，并报主管教育部门备案。班规公约需由学生、家长以民主讨论的形式共同制定，报学校备案后施行。因此，校纪校规和班规公约必须是经过合法程序形成的，未经合法程序制定的校纪校规和班规公约不能作为教育惩戒的依据。

（三）过罚适当

过罚适当是指教育惩戒的方式和措施应当与学生违反校规校纪的程度相当，对学生不同程度的违规违纪行为采取不同等级的惩戒方式和措施。《中小学教育惩戒规则（试行）》分别规定了学生轻微违纪实施一般惩戒，较重违纪实施较重惩戒，严重违纪实施严重惩戒的办法，这是对过罚适当原则的正确运用，如果学生轻微违纪而实施严重惩戒，或者学生严重违纪而实施一般惩戒，都是不可取的。因此教育惩戒应当根据学生的性别、年龄、个性特点、身心特征、认知水平、一贯表现、过错性质、悔过态度等，选择与学生过错相适应的惩戒措施，实现最佳教育效果。

三、教育惩戒的范围

《中小学教育惩戒规则（试行）》第7条对教育惩戒的范围进行了规定，包括6个方面：①故意不完成教学任务要求或者不服从教育、管理的；②扰乱课堂秩序、学校教育教学秩序的；③吸烟、饮酒，或者言行失范违反学生守则的；④实施有害自己或者他人身心健康的危险行为的；⑤打骂同学、老师，欺凌同学或者侵害他人合法权益的；⑥其他违反校规校纪的行为。

除以上情形之外，属于预防未成年人犯罪法规定的不良行为或者严重不良行为也属于教育惩戒的范围。学生实施严重不良行为，构成违法犯罪的，学校可以依据法定程序，配合有关部门，送入专门学校进行教育矫治。

四、教育惩戒的类型与方式

根据《中小学教育惩戒规则（试行）》，教育惩戒分为现场惩戒、较重惩戒、严重惩戒、强制措施四种类型，并针对这四种类型规定了相对应的惩戒方式。

（一）现场惩戒

在课堂教学、日常管理中，学生违规违纪情节较轻时，教师可采取现场教育惩戒，这些方式包括：①点名批评；②责令赔礼道歉、做口头或者书面检讨；③适当增加额外的教学或者班级公益服务任务；④一节课堂教学时间内的教室内站立；⑤课后教导；⑥学校校规校纪或者班规、班级公约规定的其他适当措施。教师实施现场惩戒后，可以适当方式告知学生家长。

（二）较重惩戒

学生违反校规校纪，情节较重或者经现场教育惩戒拒不改正的，可以实施较重教育惩戒，这些方式包括：①由学校德育工作负责人予以训导；②承担校内公益服务任务；③安排接受专门的校规校纪、行为规则教育；④暂停或者限制学生参加游览、校外集体活动以及其他外出集体活动；⑤学校校规校纪规定的其他适当措施。教师实施较重惩戒后，应当及时告知学生家长。

(三)严重惩戒

小学高年级学生违规违纪情节严重或者影响恶劣的，学校可以对其实施严重惩戒，这些方式包括：①给予不超过一周的停课或者停学，要求家长在家进行教育、管教；②由法治副校长或者法治辅导员予以训诫；③安排专门的课程或者教育场所，由社会工作者或者其他专业人员进行心理辅导、行为干预。学校实施以上严重惩戒，应当事先告知学生家长。

对违规违纪情节严重，或者经多次教育惩戒仍不改正的学生，学校可以给予警告、严重警告、记过或者留校察看的纪律处分。对有严重不良行为的学生，学校可以按照法定程序，配合家长、有关部门将其转入专门学校教育矫治。

学校对学生实施以上严重惩戒前或者给予纪律处分后，应当听取学生的陈述和申辩。学生或者家长申请听证的，学校应当组织听证。

学生受到教育惩戒或者纪律处分后，能够诚恳认错、积极改正的，可以提前解除教育惩戒或者纪律处分。

(四)强制措施

学生扰乱课堂或者教育教学秩序，影响他人或者可能对自己及他人造成伤害的，教师可以采取必要措施，将学生带离教室或者教学现场，并予以教育管理。因为如果不对扰乱课堂教学秩序又不听劝阻的学生带离教室暂时隔离，就会导致课堂教学无法正常进行，从而侵害其他学生接受教育的权利。

教师、学校发现学生携带、使用违规物品或者行为具有危险性的，应当采取必要措施予以制止；发现学生藏匿违法、危险物品的，应当责令学生交出并可以对可能藏匿物品的课桌、储物柜等进行检查。教师、学校对学生的违规物品可以予以暂扣并妥善保管，在适当时候交还学生家长；属于违法、危险物品的，应当及时报告公安机关、应急管理部门等有关部门依法处理。

五、教育惩戒禁止的行为

教育惩戒应当遵循的原则要求合法合规，过罚适当，如果实施教育惩戒不当，就有可能侵犯学生的人格尊严或者导致体罚，超越教育惩戒限度的行为是法律法规所禁止的。根据《中小学教育惩戒规则(试行)》的规定，学校和教师在教育教学管理、实施教育惩戒过程中，不得实施以下行为：①以击打、刺扎等方式直接造成身体痛苦的体罚；②超过正常限度的罚站、反复抄写，强制做不适的动作或者姿势，以及刻意孤立等间接伤害身体、心理的变相体罚；③辱骂或者以歧视性、侮辱性的言行侵犯学生人格尊严；④因个人或者少数人违规违纪行为而惩罚全体学生；⑤因学业成绩而教育惩戒学生；⑥因个人情绪、好恶实施或者选择性实施教育惩戒；⑦指派学生对其他学生实施教育惩戒；⑧其他侵害学生权利的。

教师违反以上禁止性惩戒行为时，情节轻微的，学校应当予以批评教育；情节严重的，应当暂停履行职责或者依法依规给予处分；给学生身心造成伤害，构成违法犯罪的，由公安机关依法处理。

复习与思考

1. 小学生作为受教育者享有哪些权利？作为未成年人享有哪些权利？
2. 未成年人父母应当履行哪些职责，不得实施哪些行为？
3. 简述代为监护制度。
4. 简述长期监护制度。
5. 试述强制报告制度。
6. 试述信息查询制度。
7. 何为学生欺凌？如何预防学生欺凌？如何处置学生欺凌？
8. 简述学校预防性侵害、性骚扰的职责。
9. 结合第六章和本章内容，论述如何保障未成年人的受教育权。
10. 何为隐私权？如何保障未成年人隐私权？

综合案例分析

1. 淇县人民法院铁西法庭受理一起特殊纠纷：11 岁的小学五年级学生李某告父母未经其同意翻看他的日记，侵犯了他的隐私权。李某的父母经营了一家砂石厂，李某是独子，成绩一直名列前茅。近来，砂石厂的生意红火，父母对李某的关心程度明显不足。最近一次小考，李某的成绩下降了十几名，家长向班主任了解情况，班主任说李某上课精力不集中，常与同学说话，对其学习成绩下降的真正原因并不知道。夫妻俩回家后，趁儿子上补习班，偷偷打开了儿子带锁的日记本，发现他竟然与同班女生在"谈恋爱"。暴怒之下，夫妻俩把李某从补习班里叫出来教训了一顿，不料倔强的小家伙不理不睬，还到法院状告父母。

请问：李某的父母是否侵犯了李某的隐私权？

2. 某小学教师齐某在上课时，逐个检查学生家庭作业的完成情况。当检查到未完成作业的学生时便让其站起来。当时共有包括学生王某在内的 12 名学生未完成作业。王某站了约 20 分钟，突然晕倒在地，牙齿被碰掉两颗，住院治疗共花医疗费 583 元。为此，王某家长找到学校，要求学校赔偿。理由是教师齐某的行为是体罚行为，是违法的，由此造成的损失应当由学校赔偿。而教师齐某则认为其行为是为了将完成作业的学生和未完成作业的学生加以区分，是教师享有的管理学生的权利，是一种教育管理手段，不是体罚。

请问:

1. 齐某的行为是否违法?

2. 王某的医疗费如何解决?

推荐阅读

1. 李晓燕 . 教育法学[M]. 2版 . 北京:高等教育出版社,2006.

2. 郭林茂 . 中华人民共和国未成年人保护法释义[M]. 北京:法律出版社,2021.

第十章　家庭教育责任

家庭是人生的第一课堂，父母是孩子的第一任老师，家庭教育工作开展得如何，关系到孩子的终身发展，关系到千家万户的切身利益，关系到国家和民族的未来。为发扬中华民族重视家庭教育的优良传统，引导全社会注重家庭、家教、家风，增强家庭幸福与社会和谐，培养德智体美劳全面发展的社会主义建设者和接班人，2021 年国家公布了《中华人民共和国家庭教育促进法》(以下简称家庭教育促进法)，使家庭教育从传统"家事"上升到重要"国事"。小学生作为未成年人，正是家庭教育的对象，家庭教育对小学生的成长具有重要作用。本章以家庭教育促进法为主要内容，结合其他政策法规，对家庭、国家、社会等主体在家庭教育中应承担的职责和责任作一讨论。

第一节　家庭教育概述

一、家庭教育的概念

家庭教育促进法第 2 条将家庭教育定义为：父母或者其他监护人为促进未成年人全面健康成长，对其实施的道德品质、身体素质、生活技能、文化修养、行为习惯等方面的培育、引导和影响。理解这一概念，需把握以下几点。

第一，家庭教育的主体是父母或者其他监护人(以下统称父母)，对象是未成年人。关于家庭教育的内涵，理论研究和立法实践中有以下几种观点：一是父母对未成年子女的影响；二是家庭中长辈对未成年晚辈的教育，不包括长辈对成年长辈的教育；三是家庭中长辈对晚辈的教育，包括对成年晚辈的教育；四是家庭中年长者对年少者的教育，包括同辈年长者对年少者的教育，如哥哥对弟弟的教育；五是家庭成员相互之间的教育；六是增进家人关系和家庭功能的教育。[①] 家庭教育促进法采用狭义的概念，将家庭教育限定为父母对未成年人实施的教育。

第二，家庭教育的目的是促进未成年人健康成长。促进未成年人健康成长是家庭教育的出发点和落脚点。要通过家庭教育创设适合未成年人健康成长的必要条件，保护未成年人的合法权利，促进未成年人全面发展。实践中，一些父母以"教育"为名对孩子实施错误引导和影响，如对孩子实施家庭暴力，纵容孩子的不法行为或违反公共道德的行为，不顾孩子身体健康强迫加重孩子学习负担等，这样的教育只会对孩子健康成长产生负面作用。我们提倡的家庭教育应当是正面的、积极的、有利于孩子健康成长的教育。因此，家庭教育是否促进未成年人健康成长，是衡量家庭教育好坏的主要标准。

第三，家庭教育的内容主要包括道德品质、身体素质、生活技能、文化修养和

---

① 张勇、蔡淑芬：《中华人民共和国家庭教育促进法释义》，6 页，北京，中国法制出版社，2021。本章主要参考该文献，在此特别致谢。

行为习惯。家庭教育的内容包括许多方面，概括起来主要是五个方面：一是道德品质。这是家庭教育的首要内容。习近平总书记指出："家庭教育涉及很多方面，但最重要的是品德教育，是如何做人的教育。"[①]家庭教育要从养成教育开始，培养孩子良好的道德品质。二是身体素质。未成年人处在身心快速发展时期，良好的身体素质是其健康成长的基础。家庭教育不仅要关注孩子的道德品质、智力发展等状况，还要关注孩子的身体素质，帮助孩子养成健康的体魄。三是生活技能。生活技能主要包括必要的科学知识、生活常识、安全知识、劳动技能、安全技能等。家庭教育要从小培养孩子必要的生活技能，为孩子将来离开父母，走向社会独立生活打下良好基础。四是文化修养。文化修养反映未成年人全面发展的水平，家庭教育要通过多种方式让孩子了解祖国、民族、家乡的历史和风土人情，培养孩子热爱祖国、热爱家乡的朴素情感，培育孩子正确的思想观念、价值取向和审美情操。五是行为习惯。家庭教育要在日常生活中，从细处入手，培养孩子养成良好的健康生活习惯、讲究卫生习惯、生活自理习惯、道德行为习惯、遵法守法习惯和学习习惯等。从小养成良好的习惯，将使孩子终身受益。

第四，家庭教育的方式主要有培育、引导和影响。家庭教育的方式有多种，主要的方式有培育、引导、影响。培育，即培养、抚育，两个方面密不可分。民法典第26条规定，父母对未成年子女负有抚养、教育和保护的义务。父母更多的是对孩子衣食住行等生活上的照料，为孩子健康成长提供必要的条件，同时还要与学校合作，对孩子进行教育，帮助孩子养成良好的生活习惯、学习习惯和行为习惯。引导，即家长有意识地通过言行引导孩子向正确方向全面发展。例如，通过讲述红色故事，培养孩子的家国情怀；通过讲述身边道德故事，培养孩子的道德品质；通过自己的良好行为，引导孩子尊敬长者、学会感恩、乐于助人、诚实守信等。影响，即家长用自己的言谈举止影响孩子。家庭教育更多是潜移默化的教育，家长的一言一行无不时刻对孩子产生潜移默化而又根深蒂固的影响。因此，家长在孩子面前要时刻注意自己的言谈举止，用正确的言语和良好的行为去影响孩子，促进孩子向正确的方向成长。

二、家庭教育的任务

关于家庭教育的任务，学界存在不同的看法，有的观点认为，与学校教育相似，体现德智体美劳五个方面，只不过在内容和侧重方面有所不同。有的观点认为，家庭教育除了德智体美劳外，还包括情感教育和人生指导。有的观点还认为，从如何帮助儿童适应社会的角度出发，家庭教育包括社会性教育、个性养成和道德教育。[②]

---

① 中共中央党史和文献研究院：《习近平关于注重家庭家教家风建设论述摘编》，18 页，北京，中央文献出版社，2021。

② 张勇、蔡淑芬：《中华人民共和国家庭教育促进法释义》，11 页，北京，中国法制出版社，2021。

以上观点虽有不同,但共同的一点是道德教育。习近平总书记指出,家庭教育最重要的是品德教育,是如何做人的教育。这为家庭教育的任务定下了总基调。家庭教育促进法第3条规定,家庭教育以立德树人为根本任务,培育和践行社会主义核心价值观,弘扬中华民族优秀传统文化、革命文化、社会主义先进文化,促进未成年人健康成长。根据这一规定,家庭教育的任务主要包括以下四个方面。

(一)家庭教育以立德树人为根本任务

培养什么人,是教育的首要问题。我国是工人阶级领导的社会主义国家,这就决定了我国教育必须把培养社会主义建设者和接班人作为根本任务。培养德智体美劳全面发展的社会主义建设者和接班人,归根到底就是立德树人。党的十八大提出,把立德树人作为教育的根本任务,培养德智体美劳全面发展的社会主义建设者和接班人。党的十九大强调,要全面贯彻党的教育方针,落实立德树人根本任务。党的二十大进一步强调,育人的根本在于立德。全面贯彻党的教育方针,落实立德树人根本任务,培养德智体美劳全面发展的社会主义建设者和接班人。因此,不管是学校教育,还是家庭教育,教育的本质和根本任务是共通的、一致的,就是"立德树人"。家庭教育必须落实这一根本任务。

家庭教育落实立德树人根本任务,应当在以下几个方面下功夫。一是在坚定理想信念上下功夫,引导未成年人立志为共产主义的远大理想和中国特色社会主义共同理想奋斗。二是在厚植爱国主义情怀上下功夫,以爱国主义为精神底色,教育引导未成年人爱党爱国。三是在加强品德修养上下功夫,教育引导未成年人以社会主义核心价值观为情感认同和行为习惯,学会做人,做有大爱大德大情怀的时代新人。四是在增长知识见识上下功夫,引导未成年人培养广泛兴趣爱好、健康审美追求。五是在培养奋斗精神上下功夫,引导未成年人养成良好学习习惯和吃苦耐劳的优秀品格。六是在增强综合素质上下功夫,培养未成年人良好生活习惯和行为习惯,增强科学探索精神、创新意识和能力。

(二)培育和践行社会主义核心价值观

富强、民主、文明、和谐,自由、平等、公正、法治,爱国、敬业、诚信、友善,这24个字是社会主义核心价值观的基本内涵。社会主义核心价值观是社会主义核心价值体系的内核,体现社会主义核心价值体系的根本性质和基本特征,反映社会主义核心价值体系的丰富内涵和实践要求,是社会主义核心价值体系的高度凝练和集中表达。在家庭教育中培育和践行社会主义核心价值观,对于促进未成年人健康成长和全面发展,促进家庭幸福、社会和谐、国家进步,对于全面建成小康社会、实现中华民族伟大复兴的中国梦,具有重要的现实意义和深远的历史意义。

培育和践行社会主义核心价值观要从小抓起、从日常抓起,要围绕立德树人根本任务,把社会主义核心价值观贯穿于家庭教育的各方面、各环节;要引导未成年人热爱党、热爱祖国、热爱人民、热爱中华民族;要积极传播中华民族传统美德,传递尊老爱幼、男女平等、夫妻和睦、勤俭持家、邻里团结的观念，倡导忠诚、责任、亲情、学习、公益的理念，推动人们在为家庭谋幸福、为他人送温暖、为社会做贡献的过程中提高精神境界、培育文明风尚；要引导广大家庭和社会各方面主动配合学校教育，以良好的家庭氛围和社会风气巩固学校教育成果，形成家庭、社会与学校携手育人的强大合力。

(三)弘扬中华优秀传统文化、革命文化、社会主义先进文化

中华优秀传统文化是中华民族在漫长历史长河中淘洗出来的智慧结晶，蕴含着丰富的哲学思想、人文精神、教化思想、道德观念等，它昭示了中华民族的璀璨历史，对于推进社会主义文化强国建设、提高国家文化软实力具有重要意义。例如，先天下之忧而忧，后天下之乐而乐；天下兴亡，匹夫有责；等等，体现了崇高的爱国情怀和民族气节，是爱国主义教育的经典教材。又如，崇德向善、孝悌忠信、礼义廉耻等观念，体现着评判是非曲直的价值标准，影响着中国人的行为方式。

革命文化是近代以来特别是五四新文化运动以来，在党和人民的伟大斗争中培育和创造的思想理论、价值追求、精神品格，如红船精神、井冈山精神、延安精神、沂蒙精神、西柏坡精神等，集中体现了马克思主义指导下的中国近代文化的发展及其成果，展现了中国人民顽强不屈、坚韧不拔的民族气节和英雄气概。革命文化既是中华民族革命斗争历史的高度凝练，也是中国精神在革命年代的主要表现形式，寄托着各族人民对美好生活的向往和追求。

社会主义先进文化是在党领导人民推进中国特色社会主义伟大实践中，在马克思主义指导下形成的面向现代化、面向世界、面向未来的社会主义文化，代表着时代进步潮流和发展要求。如解放思想、实事求是、改革开放、与时俱进、开拓创新、人类命运共同体等，这些社会主义先进文化萃取了中华优秀传统文化和革命文化的精华，凝聚了共产主义远大理想、马克思主义中国化的理论成果、社会主义核心价值观、以爱国主义为核心的民族精神和以改革创新为核心的时代精神，是对中华优秀传统文化和红色革命文化的深度融合，也是中华文化在当代中国的最新贡献。

中华优秀传统文化、革命文化和社会主义先进文化统一于中国特色社会主义事业的伟大历史进程，记载了中华民族长期奋斗过程中的精神活动、理性思维、文化成果，积淀着中华民族最深层次的精神追求，代表着中华民族独特的精神标识，共同支撑起当代中国文化的辉煌大厦，是中华民族生生不息、发展壮大的丰厚滋养。家庭教育作为文化传承的重要方式，应当大力弘扬中华优秀传统文化、革命文化、社会主义先进文化，这是每个家庭不可推卸的责任。

(四)促进未成年人健康成长

促进未成年人健康成长既是家庭教育的目的，也是家庭教育的任务。促进未成年人健康成长就是促进未成年人德智体美劳全面发展。德智体美劳全面发展包括品德、智力、体质、审美、劳动五个方面，对应德育、智育、体育、美育、劳动教育

五类教育活动。五类教育活动中，品德教育是首位、是核心、是重点，这是由家庭教育"重在品德教育，重在做人教育"这一特点所决定的。因此，家庭教育要在坚持德育首位的前提下，注重孩子德智体美劳全面发展。家庭教育强调德智体美劳全面发展，强调以品德教育为重点，有利于纠正当前家庭教育领域存在的"重智轻德"等过分重视孩子智力培养，而忽视品德、体质、审美、劳动等其他方面发展的不良倾向。

三、家庭教育的原则

家庭教育的原则是指根据家庭教育的目的和任务，遵循儿童身心发展规律和青少年成长规律，在总结成功家庭教育经验的基础上而提出的，家庭教育必须遵循的基本要求和指导原理。[①] 在家庭教育中，不论是父母实施的家庭教育，还是国家、社会为家庭教育提供的指导、支持和服务，都必须遵循家庭教育的原则。家庭教育促进法第5条规定，家庭教育应当符合以下五个方面的要求。

(一)尊重未成年人身心发展规律和个性差异

未成年人保护需要适应未成年人身心发展的规律，家庭教育同样需要尊重未成年人身心发展规律，按照未成年人身心发展规律顺势而为。2019年全国妇联等九部门修订的《全国家庭教育指导大纲》对未成年人身心发展的规律作了全面概括：0~3岁是个体神经系统结构发展的重要时期；4~6岁是儿童身心快速发展时期；7~12岁是儿童生理发展相对平稳、均衡发展期，入学学习是儿童生活中的一个重大转折；13~15岁是儿童从童年向成年过渡的时期；16~18岁儿童已经进入青春中后期。《全国家庭教育指导大纲(修订)》针对未成年人各个时期身心发展的规律和特点，就如何实施家庭教育提出了具体要求。教育部根据这些要求，在《关于加强家庭教育工作的指导意见》中提出，学龄前儿童家长要为孩子提供健康、丰富的生活和活动环境，培养孩子健康体魄、良好生活习惯和品德行为，让他们在快乐的童年生活中获得有益于身心发展的经验。小学生家长要督促孩子坚持体育锻炼，增长自我保护知识和基本自救技能，鼓励参与劳动，养成良好生活自理习惯和学习习惯，引导孩子学会感恩父母、诚实为人、诚实做事。中学生家长要对孩子开展性别教育、媒介素养教育，培养孩子积极学业态度，与学校配合减轻孩子过重学业负担，指导孩子学会自主选择。切实消除学校减负、家长增负，不问兴趣、盲目报班。

家庭教育还应尊重未成年人个性差异。每个孩子都是天赋其能、独一无二的自己，如果父母总是想把孩子培养成自己喜欢的那种类型，那么孩子就成为父母的私有复制品；如果让孩子总是与最优秀的孩子比肩，就无法尊重孩子的个性差异。有的孩子在小学一年级就显露聪慧的头脑，有的孩子在高年级才懂得学习的规律；有的孩子擅长通过看书学习新知识，有的孩子听课记得最牢固；有的孩子喜欢独自一人思考问题，有的孩子喜欢与同伴交往找到新思路。这些就是孩子的个性差异。

---

① 缪建东：《家庭教育学》，184页，北京，高等教育出版社，2009。

教育是顺势而为的艺术，而非拔苗助长的机械。每位父母都爱孩子，都有一颗望子成龙、望女成凤的心，要想真正实现这一愿望，就必须尊重孩子身心发展规律，尊重孩子个性差异，这样的家庭教育才是有效的教育。

(二)尊重未成年人人格尊严，保护未成年人隐私权和个人信息，保障未成年人合法权益

未成年人保护法规定，处理未成年人事项应当尊重未成年人人格尊严，保护未成年人隐私和个人信息，保护未成年人合法权益，这些原则要求也体现在家庭教育领域。尊重未成年人的人格尊严，就是要求未成年人父母在家庭教育中，不得因性别、身体状况、智力等歧视未成年人，不得实施家庭暴力或者其他侮辱人格尊严的行为。保护未成年人隐私和个人信息，就是不得隐匿、毁弃、非法删除未成年人的信件、日记、电子邮件或者其他网络通讯内容；除无民事行为能力人外，不得开拆、查阅其他未成年人的信件、日记、电子邮件或者其他网络通讯内容。保障未成年人的合法权益，就是应当履行未成年人保护法规定的监护职责，履行家庭教育促进法规定的家庭教育责任，不得实施法律禁止的行为，例如，不得虐待、遗弃、非法送养未成年人，不得对未成年人实施家庭暴力，不得放任或者迫使应当接受义务教育的未成年人失学、辍学，不得放任未成年人沉迷网络，接触危害或者可能影响其身心健康的图书、报刊、电影、广播电视节目、音像制品、电子出版物和网络信息等，切实保障未成年人的合法权益。

(三)遵循家庭教育特点，贯彻科学的家庭教育理念和方法

与学校教育、社会教育不同，家庭教育有其自身的特点。家庭教育的特点主要表现在：①教育内容生活化。家庭教育不是有计划有组织进行的，而是主要在日常生活中自然地进行的，对孩子起着潜移默化的作用。②教育过程情感化。家庭教育是亲子相伴的教育，亲子关系是家庭教育的逻辑起点[①]，伴随着家庭教育的整个过程。亲子关系中的情感力量无比巨大，使得家庭教育比其他教育更有力量，在家庭教育中，施以亲情关爱，子女不仅易于接受，还能受到独有的感染。③教育方式多样化。家庭教育以家庭为单位进行，没有固定的模式，比较自由，家长可以根据自己子女的情况，采取灵活多样的方式进行教育。家庭教育的这些特点，决定了家庭教育必须采取不同于学校教育的内容、方式和方法，使家庭教育与学校教育产生互补的效果。

家庭教育又是一门科学。随着自然科学、社会科学的不断发展，人们对家庭教育科学理念和方法的认识不断深入。实践中，许多家长也想教育好自己的孩子，但是不知道如何教育，有的采取不适当甚至错误的教育方法，对孩子的健康成长和全面发展带来严重不利影响。因此，广大家长要全面学习家庭教育知识，系统掌握家庭教育科学理念和方法，增强家庭教育本领，用正确思想、正确方法、正确行动教

---

① 缪建东：《家庭教育学》，85页，北京，高等教育出版社，2009。

育引导孩子；不断更新家庭教育观念，坚持立德树人导向，以端正的育儿观、成才观、成人观引导孩子逐渐形成正确的世界观、人生观、价值观；不断提高自身素质，重视以身作则和言传身教，要时时处处给孩子做榜样，以自身健康的思想、良好的品行影响和帮助孩子养成好思想、好品格、好习惯。

(四)家庭教育、学校教育、社会教育紧密结合、协调一致

家庭、学校、社会是促进未成年人健康成长的共同体，家庭、学校和社会这三方面以不同的空间和时间形式占据了未成年人的整个生活，无论哪一方面出现空白都可能出现不利影响。因此，家庭教育、学校教育、社会教育构成一个对未成年人教育的系统，三者各有侧重、相互关联、相互影响。家庭教育主要是为了挖掘和发现孩子的天赋潜能，培养孩子的性格、行为习惯而进行的个性化教育；学校教育主要是为了把学生培养成德智体美劳全面发展的社会人而进行的共性化专业化教育；社会教育主要是以培养与时俱进、积极向上的合格有用人才为目标的综合化教育。只有家庭、学校、社会协同共育，才能创造孩子美好的未来。

国家非常重视家庭教育、学校教育、社会教育三种教育类型的配合与协调。教育法第50条至53条规定：未成年人的父母应当为其未成年子女或者其他被监护人受教育提供必要的条件。未成年人的父母应当配合学校及其他教育机构，对其未成年子女或者其他被监护人进行教育。学校、教师可以对学生家长提供家庭教育指导。广播、电视台(站)应当开设教育节目，促进受教育者思想品德、文化和科学技术素质的提高。国家、社会建立和发展对未成年人进行校外教育的设施。学校及其他教育机构应当同基层群众性自治组织、企业事业组织、社会团体相互配合，加强对未成年人的校外教育工作。国家鼓励社会团体、社会文化机构及其他社会组织和个人开展有益于受教育者身心健康的社会文化教育活动。未成年人保护法第6条第2款规定：国家、社会、学校和家庭应当教育和帮助未成年人维护自身合法权益，增强自我保护的意识和能力。2004年《中共中央　国务院关于进一步加强和改进未成年人思想道德建设的若干意见》指出，要把家庭教育与社会教育、学校教育紧密结合起来。构建以家庭、学校和社会密切配合的全方位、多层次、立体化的大教育格局。《全国家庭教育指导大纲(修订)》也提出，家长要主动参与家校社协同教育，努力拓展家庭教育空间，不断创造家庭教育机会，积极主动与学校沟通孩子情况，支持孩子参加适合的社会实践，推动家庭教育和学校教育、社会教育有机整合。

(五)结合实际情况采取灵活多样的措施

每个家庭都具有一定的独特性，家庭教育不可能像学校教育那样，具有统一性、计划性。家庭教育通过家庭在日常生活中实施，灵活性强，不受时间、地点、场合、条件的种种限制。不同的家庭，对子女的期望值有所不同，家长的自身素质和家庭的教育条件也不一样，特别是教育对象又存在个性差异。因此，不管是父母实施的家庭教育，还是国家、社会提供的家庭教育指导服务，都应当结合教育对象的特点、

结合家庭的特点和不同家庭的实际，采取灵活多样的措施，实现理想的家庭教育效果。

第二节　家庭、国家、社会的职责

家庭教育需要家庭、学校、社会及国家共同参与，各方主体只有各司其职、各尽其职，才能保证家庭教育的成效。家庭教育促进法第 4 条明确了家庭、国家、社会的家庭教育职责：未成年人父母负责实施家庭教育；国家和社会为家庭教育提供指导、支持和服务；国家工作人员应当带头树立良好的家风，履行家庭教育责任。同时在第二章、第三章、第四章分别对家庭、国家、社会的职责作了具体规定。

一、家庭责任

父母承担家庭教育的主体责任，共同生活的具有完全民事行为能力的其他成员履行协助义务。父母或者其他监护人的主体责任主要包括以下几个方面。

(一)树立正确的家庭教育理念，学习家庭教育知识

正确的家庭教育理念，科学的家庭教育知识，是高质量实施家庭教育的基础和保证。实践中，虽然每位父母都有一颗望子成龙、望女成凤的心，但是部分家长不知道如何实施教育。有的家长认为教育是学校的事，家长只是配合学校；有的家长认为"抢跑能让孩子赢在起跑线上"，只关注孩子的学习，从小就逼迫孩子上各种培训班；有的家长坚信"不打不成器""棍棒底下出孝子"的错误观念，对孩子动辄施以拳脚；等等。这些都是缺乏正确家庭教育理念和知识的缘故。因此，树立正确的教育理念，学习科学的家庭教育知识，是每位家长实施家庭教育的首要责任。

家庭教育促进法第 14 条规定，父母应当树立家庭是第一个课堂、家长是第一任老师的责任意识，承担对未成年人实施家庭教育的主体责任，用正确思想、方法和行为教育未成年人养成良好思想、品行和习惯。责任意识、主体责任、正确教育这三点就是家长应当树立的家庭教育理念。家长应当充分认识家庭教育的重要性，强化责任意识、落实主体责任，用正确的思想、方式和行为教育未成年人养成良好的思想、品行和习惯。

家庭教育知识相当丰富，包括家庭教育理念、任务、原则、内容、方法以及未成年人身心发展的规律和特点，法律无法要求每位家长掌握所有的家庭教育知识，但是应当学习掌握最基本的知识，即家庭教育促进法第 18 条提到的，在孕期和未成年人进入婴幼儿照护服务机构、幼儿园、中小学校等重要时段，进行有针对性的学习。以了解未成年人本阶段的身心发展规律，实施有针对性的家庭教育。

(二)注重家庭建设

习近平总书记指出："家庭是社会的基本细胞，是人生的第一所学校，不论时代

发生多大变化，不论生活格局发生多大变化，我们都要重视家庭建设，注重家庭、注重家教、注重家风。"①家庭建设是家庭教育的重要保障，在家庭教育中起基础性作用。如何开展家庭建设，或者说家庭建设的路径是什么呢？有学者认为，家庭建设要做到"三个注重"，即注重家庭、注重家教、注重家风。注重家庭，就是要构建和谐的家庭关系，把爱家和爱国统一起来；注重家教，就是要帮助孩子"扣好人生的第一粒扣子"；注重家风，就是要为青少年成长创造良好的家庭氛围。②《中华人民共和国国民经济和社会发展第十四个五年规划和 2035 年远景目标纲要》提出，家庭建设的重点是建设文明家庭、实施科学家教、传承优良家风。《全国家庭教育指导大纲(修订)》指出，家庭建设是家庭教育的重要保障。家庭要倡导尊老爱幼、夫妻和睦、勤俭持家、亲子平等、邻里团结的家庭美德，创建民主、文明、和睦、稳定的家庭关系。家庭成员要共同构建优秀家庭文化、传承良好家风，为儿童健康成长营造和谐的家庭环境。家庭教育促进法第 15 条规定，未成年人的父母及其他家庭成员应当注重家庭建设，培育积极健康的家庭文化，树立和传承优良家风，弘扬中华民族家庭美德，共同构建文明、和睦的家庭关系，为未成年人健康成长营造良好的家庭环境。综合以上意见和要求，本书认为，家庭建设的路径和内容主要包括以下三个方面。

一是建设文明家庭，培育积极健康的家庭文化。建设文明家庭是家庭建设的核心内容，建设文明家庭必须培育积极健康的家庭文化。所谓家庭文化是指一个家庭在世代承续过程中形成和发展起来的较为稳定的生活方式、生活作风、传统习惯、家庭道德规范以及为人处世之道等。其内涵主要包括家庭的价值观、家庭内人际关系范型、家庭中的行为规范等。③ 家庭文化在文明家庭建设中处于价值内核地位，对家庭成员特别是未成年人的影响作用巨大。我国自古就有传统的优秀家庭文化，如"穷则独善其身，达则兼善天下"的修身济世之道，"修身、齐家、治国、平天下"的家国一体情怀，"家和万事兴"的家庭建设理念等。新时代，文明家庭应当传承中华民族优秀的家庭文化传统，践行社会主义核心价值观，把"爱国、敬业、诚信、友善"作为新时代家庭文化的内核，纳入文明家庭建设的核心内容。

二是实施科学家教，培养全面发展时代新人。家教是家庭建设的重要内容。习近平总书记指出："希望大家注重家教。家庭是人生的第一个课堂，父母是孩子的第一任老师。孩子们从牙牙学语起就开始接受家教，有什么样的家教，就有什么样

---

① 中共中央党史和文献研究院：《习近平关于注重家庭家教家风建设论述摘编》，3 页，北京，中央文献出版社，2021。

② 龚春芳：《家庭建设要在"三个注重"上下功夫》，载《人民论坛》，2018(6)。

③ 缪建东：《家庭教育学》，122、124 页，北京，高等教育出版社，2009。

的人。"①"要给孩子讲好'人生第一课'，帮助扣好人生第一粒扣子。"②足见家教在家庭建设中的重要地位和孩子培养中的先导作用。实施家教要注重两个方面：一方面家长要加强自身修养，率先垂范。《颜氏家训》云："父不慈则子不孝。""父母威严而有慈，则子女畏慎而生孝。"家庭教育是言传身教的教育，父母应当注重自身修养，注意一言一行，做孩子的表率。另一方面要科学施教。家庭教育要遵循未成年人身心发展的规律，运用合理的方法进行有针对性的教育，以品德教育、做人教育为重点，促进孩子德智体美劳全面发展。

三是传承优良家风，以家风促民风、带政风。家风是家庭建设的归宿，有什么样的家风，就会有什么样的民风、政风。习近平总书记指出："家风是社会风气的重要组成部分。家庭不只是人们身体的住处，更是人们心灵的归宿。家风好，就能家道兴盛、和顺美满；家风差，难免殃及子孙、贻害社会。"③习近平总书记同时强调，各级领导干部要"做家风建设的表率，把修身、齐家落到实处"。因此，在家庭建设中要把家风建设摆在重要位置，父母要发挥榜样和示范作用，教育引导子女传承尊老爱幼、男女平等、夫妻和睦、勤俭持家、亲子平等、邻里团结的家庭美德，践行爱国爱家、相亲相爱、向上向善、共建共享的社会主义新风尚。领导干部要做家风建设的表率，廉洁修身，清正齐家，以家风促民风，带政风，共同营造优良的社会风气。

(三)以家庭教育内容为指引，开展家庭教育

关于家庭教育的内容，理论和实践中有不同的认识。有的认为，家庭教育包括德智体美劳等方面的教育。有的认为，家庭教育除德智体美劳外，还包括情感教育和人生指导。有的认为，家庭教育包括健康教育、情感教育、智能教育、人生指导教育。④ 有的认为，家庭教育包括良好的家庭情感与家庭品质教育、基本的社会伦理与行为规范教育、基本的生活知识与技能教育、良好的身体和心理素质教育。⑤可见，在家庭教育内容的问题上，是仁者见仁，智者见智。如何厘清家庭教育与学校教育的关系，明确家庭教育的内容，是一个理论难题。家庭教育促进法根据家庭教育重在品德教育，如何做人教育的特点，结合新时代对家庭教育的要求，从家国情怀、道德和法治意识、科学探索精神及创新意识能力、生活习惯和行为习惯、安全意识、劳动观念和能力六个方面规定了家庭教育的内容，主要包括：①教育未成年人爱党、爱国、爱人民、爱集体、爱社会主义，树立维护国家统一的观念，铸牢

---

① 中共中央党史和文献研究院：《习近平关于注重家庭家教家风建设论述摘编》，18页，北京，中央文献出版社，2021。
② 中共中央党史和文献研究院：《习近平关于注重家庭家教家风建设论述摘编》，69页，北京，中央文献出版社，2021。
③ 中共中央党史和文献研究院：《习近平关于注重家庭家教家风建设论述摘编》，24页，北京，中央文献出版社，2021。
④ 李天燕：《家庭教育学》，116～131页，上海，复旦大学出版社，2007。
⑤ 缪建东：《家庭教育学》，149～166页，北京，高等教育出版社，2009。

中华民族共同体意识，培养家国情怀；②教育未成年人崇德向善、尊老爱幼、热爱家庭、勤俭节约、团结互助、诚信友爱、遵纪守法，培养其良好社会公德、家庭美德、个人品德意识和法治意识；③帮助未成年人树立正确的成才观，引导其培养广泛兴趣爱好、健康审美追求和良好学习习惯，增强科学探索精神、创新意识和能力；④保证未成年人营养均衡、科学运动、睡眠充足、身心愉悦，引导其养成良好生活习惯和行为习惯，促进其身心健康发展；⑤关注未成年人心理健康，教导其珍爱生命，对其进行交通出行、健康上网和防欺凌、防溺水、防诈骗、防拐卖、防性侵等方面的安全知识教育，帮助其掌握安全知识和技能，增强其自我保护的意识和能力；⑥帮助未成年人树立正确的劳动观念，参加力所能及的劳动，提高生活自理能力和独立生活能力，养成吃苦耐劳的优秀品格和热爱劳动的良好习惯。

未成年人父母应当切实担起家庭教育的责任，按照以上内容的指引开展家庭教育。实践中，有些家长把家庭教育作为学校教育的延伸，过分强调孩子对学科知识的学习，而忽视道德教育、劳动教育、探索精神和创新意识的培养、生活习惯和行为习惯的培养，这些都是错误的做法。

（四）合理运用方式方法，实施家庭教育

明确了家庭教育的内容，还必须掌握家庭教育的方式方法。家庭教育方式方法是家庭教育过程中的一个重要的组成部分，是家庭教育的基本要素之一，它直接影响着家庭教育的效果和孩子成长的方向。现实生活中，各个家庭情况不同，家庭教育的方式方法也有差异。有的家长采取放任的方式，有的家长采用严管甚至家庭暴力的方式，这些都是缺乏科学家庭教育理念和知识，不了解正确的家庭教育方式方法的缘故。

关于家庭教育方式方法，不少学者进行了有益探讨，提出了一些具有家庭教育特点的方式方法。有人认为，家庭教育的方法有环境潜移默化法、言语说服教育法、奖惩长善救失法和实践锻炼习惯养成法。[1] 有人认为，家庭教育的方法可分为：以语言传递为主的方法，包括谈话法和讨论法；以情感和意志培育为主的方法，包括环境陶冶法，文本、媒体感染法和暗示法；以行为训练为主的方法，包括实际锻炼法、生活训练法和奖励惩罚法。[2] 家庭教育促进法从关注未成年人身心发展状况、尊重未成年人参与权利出发，结合家庭教育主要是亲子陪伴、言传身教的特点，规定家庭教育可以采用九种方式方法，包括：①亲自养育，加强亲子陪伴；②共同参与，发挥父母双方的作用；③相机而教，寓教于日常生活之中；④潜移默化，言传与身教相结合；⑤严慈相济，关心爱护与严格要求并重；⑥尊重差异，根据年龄和个性特点进行科学引导；⑦平等交流，予以尊重、理解和鼓励；⑧相互促进，父母与子女共同成长；⑨其他有益于未成年人全面发展、健康成长的方式方法。

① 李天燕：《家庭教育学》，141～161页，上海，复旦大学出版社，2007。
② 缪建东：《家庭教育学》，211页，北京，高等教育出版社，2009。

案例 10-1

打碎玻璃的美国总统①

　　有个 11 岁的美国男孩在踢足球的时候，不小心打碎了邻居的玻璃。邻居向他索赔 12.5 美元，当时这笔钱可以购买大约 125 个生鸡蛋。闯了大祸的男孩向父亲认错后，父亲让他对自己的过失负责，男孩为难地说："我没钱赔人家。"父亲说："这 12.5 美元借给你，一年后还我。"从此，男孩一边学习一边打小工，终于在一年时间里挣足了 12.5 美元还给父亲。这名男孩就是后来成为美国总统的里根。他在回忆这件事时说：通过自己的劳动来承担过失，使我懂得了什么叫责任。

　　案例分析

　　当孩子犯错后，男孩的父亲并没有责怪，而是先帮助孩子解决问题，然后让孩子通过自己的劳动来弥补过失。这种家庭教育方法有三点值得肯定：其一，教育孩子出现问题后，知道如何去解决问题。其二，让孩子通过自己的劳动来承担过失，懂得什么叫责任。其三，培养了孩子劳动的习惯。如果家长在这种情况下，采用简单打骂的方法，可能起不到良好的效果。

（五）积极参加学校、社区提供的公益性家庭教育指导和实践活动

　　家庭教育是一个系统工程，需要家庭、学校、社会及国家的共同努力、相互配合。家庭教育促进法规定了国家、社会和学校对家庭教育的指导、支持和服务义务。学校和社区为履行这些法定职责，会定期开展家庭教育指导服务。学校和社区在开展家庭教育指导服务过程中，需要家长的配合才能起到较好的效果。为此，家庭教育促进法第 19 条规定，未成年人的父母应当与中小学校、幼儿园、婴幼儿照护服务机构、社区密切配合，积极参加其提供的公益性家庭教育指导和实践活动，共同促进未成年人健康成长。根据这一规定，未成年人的父母必须配合并积极参与学校、社区的指导服务和实践活动，不得拒绝或者以各种理由推脱。

（六）减轻未成年人学习负担，预防未成年人沉迷网络

　　当前家庭教育领域中，普遍存在两个突出问题：一是有的家长没有树立正确的成才观，只关注学习成绩，对未成年子女期望过高、施加的学习负担过重，造成未成年学生过早近视，身体素质下降；二是有的家长对未成年人沉迷网络等行为疏于管教，影响未成年人正常学习生活，损害身心健康。为此，家庭教育促进法第 22 条规定，未成年人的父母应当合理安排未成年人学习、休息、娱乐和体育锻炼的时间，避免加重未成年人学习负担，预防未成年人沉迷网络。

　　未成年人过重的学习负担与学校过重的作业量和校外过多的培训机构有关，但

---

　　①　林华民：《世界经典教育案例》，19 页，北京，农村读物出版社，2003。

也与家长对未成年子女过高的期望有关，因此，减轻未成年人过重的学习负担，不仅是政府和学校的责任，也是家庭的责任，需要政府、学校、社会和家庭相互配合，共同发力。2021年，中共中央办公厅、国务院办公厅《关于进一步减轻义务教育阶段学生作业负担和校外培训负担的意见》规定，要引导家长树立科学育儿观念，理性确定孩子成长预期，努力形成减负共识。学校和家长要引导学生放学回家后完成剩余书面作业，进行必要的课业学习，从事力所能及的家务劳动，开展适宜的体育锻炼，开展阅读和文艺活动。个别学生经努力仍完不成书面作业的，也应按时就寝。因此，家长应树立科学的育人观念，保障孩子的休息权，合理安排孩子的学习时间，切实减轻孩子的学习负担。

预防未成年人沉迷网络，是政府、社会、学校和家庭共同的责任。《国家新闻出版署关于进一步严格管理切实防止未成年人沉迷网络游戏的通知》要求家庭营造有利于未成年人健康成长的良好环境，履行好监护职责。未成年人保护法规定，父母不得放任未成年人沉迷网络，同时对未成年人父母提出了两点要求：一是提高网络素养，规范自身使用网络行为，加强未成年人使用网络行为的引导和监督；二是在家庭的智能终端产品上安装未成年人网络保护软件，选择适合未成年人的服务模式和管理功能，避免未成年人接触危害或者可能影响其身心健康的网络信息，合理安排未成年人使用网络的时间，有效防止未成年人沉迷网络。

(七)分居离异和代为照护家庭的责任

家庭教育促进法第20条规定了分居、离异家庭责任的规定，第21条规定了委托照护家庭的责任。

(1)分居、离异家庭的责任。实践中，未成年人的父母分居或者离异的，一方或者双方可能会拒绝或者怠于履行家庭教育责任，有时也会出现为了争夺抚养权而藏匿未成年人，一方拒绝另一方探望的情形。针对这一现象，家庭教育促进法要求，分居或离异家庭，父或母应继续履行家庭教育责任：①父母双方相互配合履行家庭教育责任。父母是实施家庭教育的责任主体，即使在分居或离异的情况下，仍然应当履行家庭教育义务。民法典第26条规定，父母对未成年子女负有抚养、教育和保护的义务。该法第1084条还规定，父母与子女间的关系，不因父母离婚而消除。因此，父母对子女实施家庭教育的主体责任不因父母分居或者离异而消失、转移，分居或者离异的父母双方仍有积极配合、共同履行家庭教育的义务。②不得拒绝或者怠于履行家庭教育责任。拒绝履行家庭教育责任，是指不对孩子进行基本的、必要的家庭教育，如在离异后未与孩子共同生活的一方，主观上不愿意探望孩子，不愿意与孩子联系。怠于履行家庭教育责任，是指不认真履行家庭教育责任，对孩子疏于教育，如父母一方以工作忙为由对孩子的情况不闻不问，发现孩子的不良行为甚至严重不良行为也不进行干预、矫治。③除法律另有规定外，一方不得阻碍另一方实施家庭教育。我国现行法律对离异家庭，不直接抚养未成年人的一方探望孩子持支持态度。民法典第 1086 条规定，离婚后，不直接抚养子女的父或者母，有探望子女的权利，另一方有协助义务。未成年人保护法第 24 条规定，未成年人的父母离婚时，应当妥善处理未成年子女的抚养、教育、探望、财产等事宜，听取有表达意愿能力未成年人的意见。不得以抢夺、藏匿未成年子女等方式争夺抚养权。未成年人的父母离婚后，不直接抚养未成年子女的一方应当依照协议、人民法院判决或者调解确定的时间和方式，在不影响未成年人学习、生活的情况下探望未成年子女，直接抚养的一方应当配合，但被人民法院依法中止探望权的除外。因此，按照我国现行法律，不直接抚养未成年人的一方探望孩子，另一方是不能拒绝的，除非不直接抚养一方被人民法院依法中止探望权。

（2）代为照护家庭的责任。代为照护是指父母双方因外出务工、学习、异地工作等原因在一定期限内不能完全履行家庭监护责任，委托具有照护能力的完全民事行为能力人代为照护的制度。代为照护是未成年人保护法在第二次修订时创设的一项新的制度，该法对代为照护制度作出具体规定，本书第九章第三节已作讨论。家庭教育促进法与未成年人保护法相衔接，家庭教育促进法第 21 条规定，未成年人的父母依法委托他人代为照护未成年人的，应当与被委托人、未成年人保持联系，定期了解未成年人学习、生活情况和心理状况，与被委托人共同履行家庭教育责任。

（八）家庭教育的禁止性规定

我们所提倡的家庭教育，是家长在日常生活中，用正确的理念、内容和方法，通过言传身教、情感交流等方式，对未成年人施加积极的正面影响的教育。但在实践中，有些家长实施的家庭教育并不一定都是正面的。例如，有些家长可能因未成年人的性别、身体状况、智力发展等因素对其差别对待，甚至施加以肢体暴力或者语言暴力，还有极少数家长胁迫、引诱、教唆、纵容、利用未成年人从事违反法律和社会公德的活动，这样的家庭教育只会对未成年人成长产生消极的负面影响。为了杜绝少数家长的上述不当行为，未成年人保护法"家庭保护"一章第 17 条，对未成年人的父母的 11 种不当行为进行了禁止性规定，家庭教育促进法参照未成年人保护法的规定，结合家庭教育实际，对未成年人的父母在家庭教育中的三种不当行为作出禁止性规定，包括：一是不得因性别、身体状况、智力等歧视未成年人；二是不得实施家庭暴力；三是不得胁迫、引诱、教唆、纵容、利用未成年人从事违反法律法规和社会公德的活动。

二、国家支持

家庭教育促进法第 4 条第 2 款规定，国家在家庭教育中承担指导、支持和服务职责。这里的"国家"是指代表国家行使权力的各级人民政府及其有关部门等行政机关和人民法院等司法机关。根据家庭教育促进法第三章的规定，国家支持主要包括以下几个方面。

(一)制定家庭教育指导大纲，编写家庭教育指导读本，制定家庭教育指导服务工作规范和评估规范

家庭教育促进法第24条规定，国务院应当组织有关部门制定、修订并及时颁布全国家庭教育指导大纲。省级人民政府或者有条件的设区的市级人民政府应当组织有关部门编写或者采用适合当地实际的家庭教育指导读本，制定相应的家庭教育指导服务工作规范和评估规范。

国务院的职责是制定全国家庭教育指导大纲。2010年，全国妇联、教育部等七部门颁布了《全国家庭教育指导大纲》。2019年，全国妇联、教育部、中央文明办等九部门对大纲进行了修订。《全国家庭教育指导大纲(修订)》明确了家庭教育的指导原则、核心理念，科学概括了未成年人各个成长阶段身心发展的特点和规律，并提出了有针对性的家庭教育措施，是每个家庭实施家庭教育和各类家庭教育指导服务机构开展家庭教育指导服务的重要依据和指南。鉴于大纲在家庭教育中的重要性，家庭教育促进法把制定全国家庭教育指导大纲的职责赋予国务院，有利于保证大纲的权威性和专业性。

省级人民政府或者有条件的设区的市级人民政府负责做好两项工作：第一，编写家庭教育指导读本。目前，家庭教育指导读本琳琅满目但良莠不齐，有的读本科学性和专业性不强，有的读本甚至会对家庭教育产生误导。鉴于这一情况，省级人民政府应当依据《全国家庭教育指导大纲(修订)》编写高质量的家庭教育指导读本，为家庭教育提供权威的专业指导。需要说明的是，家庭教育促进法并没有"一刀切"地要求所有省都必须组织编写家庭教育指导读本，也可以选用其他省编写的适合当地实际的家庭教育指导读本。第二，制定家庭教育指导服务工作规范和评估规范。目前我国家庭教育指导工作虽已广泛开展，但规范性、专业性和指导质量都有待提高，亟待制度化的标准引领。省级人民政府统一制定家庭教育指导服务工作规范和评估规范，有利于为家庭教育指导服务工作提供规范化指引。

(二)建设网络共享服务平台，提供线上家庭教育指导服务

传统的家庭教育指导工作，主要是通过家庭教育指导中心或者学校家长学校、社区家长学校等家庭教育指导服务站，组织专家为家长提供面对面的指导服务。近几年，随着互联网、大数据、人工智能等信息技术的快速发展，智能化服务得到广泛应用，一些地方已经开始利用新媒体服务平台，探索线上家庭教育指导服务。截至2021年，正值国家深入推进"互联网＋政务服务"，加快建设地方和部门政务服务平台的机遇期，省级以上人民政府应当利用这一机遇，组织有关部门统筹建设家庭教育信息化共享服务平台，利用平台开设公益性网上家长学校，开发网络课程，开通服务热线，为家庭教育提供优质、便捷的线上指导服务。

(三)督促落实"双减"，推进家校相互配合

中小学生过重的作业负担和校外培训负担是当前普遍存在、人民群众关注、社

会反映强烈的突出问题。为了有效减轻义务教育阶段学生过重作业负担和校外培训负担(简称"双减"),2021年,中共中央办公厅、国务院办公厅印发了《关于进一步减轻义务教育阶段学生作业负担和校外培训负担的意见》。"双减"工作涉及政府、学校、社会和家庭,需要各方积极配合、共同努力,其中政府起关键和重要作用,《关于进一步减轻义务教育阶段学生作业负担和校外培训负担的意见》要求政府要把"双减"工作作为重大民生工程,列入重要议事日程,纳入省(自治区、直辖市)党委教育工作领导小组重点任务,结合本地实际细化完善措施,确保"双减"工作落实落地。要联合开展专项治理行动,强化督促检查和宣传引导,推进家庭教育和学校教育相互配合。家庭教育促进法第26条规定,县级以上地方人民政府应当加强监督管理,减轻义务教育阶段学生作业负担和校外培训负担,畅通学校家庭沟通渠道,推进学校教育和家庭教育相互配合。因此,政府部门要根据《关于进一步减轻义务教育阶段学生作业负担和校外培训负担的意见》要求和家庭教育促进法的规定,切实履行职责,加强协调监督,回应社会关切,确保"双减"工作取得实效。

(四)确定家庭教育指导机构

家庭教育指导机构是由当地政府确定的,指导当地各类家长学校和家庭教育服务站点,开展家庭教育指导服务的专门机构。截至2021年,全国有社区家长学校2万所,学校家长学校34万所,网上家长学校2万个,新媒体服务平台2.2万个,[①]这些家庭教育指导服务机构是为家庭提供家庭教育服务的主要阵地,但由于其自身资源和能力有限,指导服务质量不高、效果不佳,需要政府确定专门机构对这些家庭教育指导服务机构提供专业化的指导。家庭教育促进法第28条第1款规定:县级以上地方人民政府可以结合当地实际情况和需要,通过多种途径和方式确定家庭教育指导机构。

县级以上地方人民政府确定家庭教育指导机构需明确两点:一是结合当地实际情况和需要确定。确定家庭教育指导机构,不是"一刀切"地要求县级人民政府必须设立,而是可以根据当地实际情况和需要设立,家庭教育指导机构的确定应当因地制宜。二是通过多种途径和方式确定。目前,地方开展家庭教育指导工作的基础和模式不尽相同,家庭教育指导机构的运作模式也不一样,有的地方专门设立事业单位性质的家庭教育指导机构,有的地方依托高等学校作为家庭教育指导机构,有的地方则通过政府购买服务的方式确定社会组织承担家庭教育指导职责。县级以上人民政府可以参照以上途径和方式,也可创新途径和方式确定家庭教育指导机构。

根据家庭教育促进法第28条第2款的规定,家庭教育指导机构的主要职能包括:第一,统筹辖区内社区家长学校、学校家长学校及其他家庭教育指导服务站点。第二,利用机构人员的专业优势开展家庭教育研究。第三,利用机构人才资源优势,服务当地家庭教育指导服务专业队伍建设,开展家庭教育指导服务人员培训。第四,

---

① 张勇、蔡淑芬:《中华人民共和国家庭教育促进法释义》,125页,北京,中国法制出版社,2021。

研发家庭教育公共服务产品。家庭教育指导机构除了履行以上职能外，家庭教育促进法第29条还规定，家庭教育指导机构应当及时向有需求的家庭提供服务。对于父母履行家庭教育责任存在一定困难的家庭(如留守儿童家庭和困境儿童家庭)，家庭教育指导机构应当根据具体情况，与相关部门协作配合，提供有针对性的服务。

需要强调的是，家庭教育指导机构是政府确定的承担公共服务职能的组织，国家已将其纳入城乡公共服务体系。[①] 家庭教育指导成为政府提供、惠及全民的一项公共产品，体现的是国家意志。因此，家庭教育指导机构的服务应当充分体现公共服务的公平性和公益性，不得从事营利性活动。家庭教育促进法第31条明确规定，家庭教育指导机构开展家庭教育指导服务活动，不得组织或者变相组织营利性教育培训。所谓营利性，是指以取得利润并分配给举办者、出资人或者有关成员为目的。区别营利性和非营利性，不是看是否取得利润，而是看利润是否分配给举办者、出资人或者有关成员。例如，家庭教育指导机构面向社会开展家庭教育指导业务培训，适当收取一定费用，用于开办培训班的成本支持或者维持本单位的基本运营支出，这不是法律所禁止的，但如果将培训取得的利润以不合理的方式分配给机构负责人或者成员，这就是变相营利[②]，为家庭教育促进法所禁止。

(五)加强家庭教育指导服务专业队伍建设

家庭教育指导服务是一项专业性很强的工作，其从业人员必须经过专门的教育和培训才能胜任。目前，不管是家庭教育指导机构，还是家庭教育指导服务机构(包括社区家长学校、学校家长学校和其他家庭教育服务站点)，从业人员的专业化程度还不高、数量也不足，各类家庭教育指导机构中主要都是兼职人员，受过专业教育和训练的较少或者没有。另外，较少开展对家庭教育指导从业人员的系统性专业化培训。因此，建设专业化的家庭教育指导服务队伍是当前一项迫切的任务。国家非常重视家庭教育学科建设和专业人才的培养，家庭教育促进法第11条规定，国家鼓励开展家庭教育研究，鼓励高等学校开设家庭教育专业课程，支持师范院校和有条件的高等学校加强家庭教育学科建设，培养家庭教育服务专业人才，开展家庭教育服务人员培训。除了高等学校培养家庭教育专业人才外，家庭教育促进法要求县级以上人民政府承担建设家庭教育指导服务专业队伍的职责，统筹做好本辖区家庭教育指导服务专业队伍的建设规划，加强对专业人员的培养，开展对从业人员的培训，整体提升指导服务队伍的水平。同时，鼓励社会工作者、志愿者参与家庭教育指导服务工作，壮大家庭教育指导服务队伍。

---

① 2011年国务院印发的《中国儿童发展纲要(2011—2020年)》规定，将家庭教育指导服务纳入城乡公共服务体系。2021年《中国儿童发展纲要(2021—2030年)》要求构建覆盖城乡的家庭教育指导服务体系。未成年人保护法第82条规定：各级人民政府应当将家庭教育指导服务纳入城乡公共服务体系。家庭教育促进法第7条规定：将家庭教育指导服务纳入城乡公共服务和政府购买服务目录，将相关经费列入财政预算，鼓励和支持以政府购买服务的方式提供家庭教育指导。

② 张勇、蔡淑芬：《中华人民共和国家庭教育促进法释义》，139页，北京，中国法制出版社，2021。

(六)为留守未成年人和困境未成年人家庭提供帮扶、支持

《国务院关于加强农村留守儿童关爱保护工作的意见》和《国务院关于加强困境儿童保障工作的意见》对保护留守未成年人和困境未成年人提出了总体要求和具体措施，明确了政府的保护职责。家庭教育促进法在以上规定的基础上，进一步从源头上为留守未成年人家庭和困境未成年人家庭提供支持，帮助其增强家庭功能，为留守未成年人和困境未成年人的父母实施家庭教育创造条件。

依据家庭教育促进法第30条第1款的规定，设区的市、县、乡级人民政府为留守未成年人和困境未成年人家庭提供的支持、帮扶措施主要包括两个方面：一是为留守未成年人和困境未成年人家庭建档立卡，建立留守未成年人、困境未成年人的信息档案，它是对未成年人进行关爱帮扶的前提和基础。二是为留守未成年人和困境未成年人家庭提供生活帮扶、创业就业支持等关爱服务。生活帮扶包括在生活居住、日间照料、义务教育、医疗卫生等方面提供帮助。创业就业支持包括为农民工返乡创业就业提供便利条件，为农民工开展创业就业培训等。为留守未成年人和困境未成年人家庭提供生活帮扶、创业就业支持，解决的是家庭的实际困难，有利于增强家庭抚育和教育能力。除了政府支持、帮扶外，家庭教育促进法第30条第2款还规定，教育行政部门、妇女联合会应当采取有针对性的措施，为留守未成年人和困境未成年人的父母实施家庭教育提供服务，引导其积极关注未成年人身心健康状况、加强亲情关爱。

(七)政府有关部门和人民法院提供家庭教育指导工作

婚姻登记机构和收养登记机构提供家庭教育指导。家庭教育促进法第32条规定，婚姻登记机构和收养登记机构应当通过现场咨询辅导、播放宣传教育片等形式，向办理婚姻登记、收养登记的当事人宣传家庭教育知识，提供家庭教育指导。

儿童福利机构和未成年人救助保护机构提供家庭教育指导。家庭教育促进法第33条规定，儿童福利机构、未成年人救助保护机构应当对本机构安排的寄养家庭、接受救助保护的未成年人的父母提供家庭教育指导。

妇女联合会提供家庭教育指导服务。家庭教育促进法第35条规定，妇女联合会发挥妇女在弘扬中华民族家庭美德、树立良好家风等方面的独特作用，宣传普及家庭教育知识，通过家庭教育指导机构、社区家长学校、文明家庭建设等多种渠道组织开展家庭教育实践活动，提供家庭教育指导服务。

人民法院提供家庭教育指导。家庭教育促进法第34条规定，人民法院在审理离婚案件时，应当对有未成年子女的夫妻双方提供家庭教育指导。离婚意味着婚姻关系的解除，父母离婚不可避免地对未成年子女产生一定影响，甚至会损害未成年子女的健康成长。为了确保父母离婚后未成年人子女继续接受良好的家庭教育，人民法院在审理离婚案件时，应当对夫妻双方提供家庭教育指导，向父母明确离婚并不免除家庭教育责任的理念，指导父母按照民法典和未成年人保护法等相关法律法规

的规定，妥善处理好抚养、教育、探望等事宜。

(八)采取扶持措施，培育家庭教育服务机构

家庭教育服务机构是指以未成年人父母为服务对象，有针对性地提供各类家庭教育指导服务，以满足家庭教育需求的服务机构。[①] 其业务上接受政府确定的家庭教育指导机构的指导。家庭教育服务机构的组织形式包括营利性机构和非营利性机构两种类型。自然人、法人和非法人组织可以依法设立非营利性家庭教育服务机构，也可以设立营利性家庭教育服务机构，政府扶持的是非营利性家庭教育服务机构。根据家庭教育促进法第36条第2款规定，政府的扶持措施包括：为家庭教育服务机构提供政府补贴；对优秀的家庭教育服务机构给予奖励激励；向家庭教育服务机构购买服务。除此之外，县级以上地方人民政府及有关部门还可通过其他扶持措施培育家庭教育服务机构，促进家庭教育服务机构的发展。

为促进家庭教育服务机构的健康有序发展，需要政府对家庭教育服务机构进行必要的指导和监督。家庭教育促进法第36条第3款规定，教育、民政、卫生健康、市场监督管理等有关部门应当在各自职责范围内，依法对家庭教育服务机构及从业人员进行指导和监督。根据本款规定，政府相关部门要加强对家庭教育服务机构和从业人员的管理，规范家庭教育服务市场，监督家庭教育服务行为，研究制定服务质量标准，建立行业认证体系等。

(九)将家风建设纳入单位文化建设，将家庭教育情况作为精神文明创建活动重要内容

注重家庭、注重家教、注重家风是中华民族的优秀传统，家风是一个家庭家族的传统风尚，是中华传统美德的现代传承，家风连着社风、民风、政风，是培育和践行社会主义核心价值观的重要抓手。习近平总书记对家风建设作过多次指示，特别是对领导干部在家风建设中的带头作用提出了明确要求。2021年6月，中共中央宣传部、中央文明办等七部门《关于进一步加强家庭家教家风建设的实施意见》指出，国家机关、企业事业单位、群团组织、社会组织应当将家风建设纳入单位文化建设，大力弘扬中华民族传统文化，传承优良家风家教。家庭教育促进法第4条第3款规定，国家工作人员应当带头树立良好家风，履行家庭教育责任。第37条第1款规定，国家机关、企业事业单位、群团组织、社会组织应当将家风建设纳入单位文化建设，支持职工参加相关的家庭教育服务活动。因此，国家工作人员带头树立优良作风，国家机关、企业事业单位、群团组织、社会组织将家风建设纳入单位文化建设，不仅是一项政策要求，同时还是一项法定职责。

文明城市、文明村镇、文明单位、文明社区、文明校园和文明家庭等创建活动是人民群众群策群力、共建共享、改造社会、建设美好生活的创举，是提升国民素

---

① 张勇、蔡淑芬：《中华人民共和国家庭教育促进法释义》，154～155页，北京，中国法制出版社，2021。

质和社会主义文明程度的有效途径，是把社会主义精神文明建设的任务要求落实到城乡基层的重要载体和有力抓手。家庭教育促进法第 37 第 2 款规定，文明城市、文明村镇、文明单位、文明社区、文明校园和文明家庭等创建活动，应当将家庭教育情况作为重要内容。将家庭教育情况作为重要内容，就是重视发挥家庭教育对精神文明的支撑作用，把群众性精神文明创建活动与家庭教育工作结合起来，有利于推动形成爱国爱家、相亲相爱、向上向善、共建共享的社会主义家庭文明新风尚，以良好的家风支撑良好的社会风气。

三、社会协同

根据家庭教育促进法第 4 条第 2 款的规定，社会在家庭教育中承担指导、支持和服务职责。根据家庭教育促进法第四章的规定，居民委员会、村民委员会、中小学校及相关社会组织的主要职责如下。

(一)居民委员会、村民委员会的职责

居民委员会、村民委员会是居民、村民自我管理、自我教育、自我服务的基层群众性自治组织，其最接近群众，最了解群众，也最为居民、村民所熟悉。根据城市居民委员会组织法和村民委员会组织法，居民委员会、村民委员会承担着服务群众的重要任务。当下，家庭教育服务日益成为普通家庭所需的基础性服务，居民委员会、村民委员会应当发挥自身职能作用，承担起家庭教育指导服务的职责。家庭教育促进法第 9 条规定，居民委员会、村民委员会等应当结合自身工作，积极开展家庭教育工作，为家庭教育提供社会支持。该法第 38 条对居民委员会、村民委员会的家庭教育工作职责作了具体的细化，主要包括以下几点。

1. 设立社区家长学校等家庭教育指导服务站点。家长学校是宣传普及家庭教育知识、提升家长素质的重要场所，是开展家庭教育指导服务的主阵地和主渠道。其主要任务是：面向广大家长宣传党的教育方针、相关法律法规和政策，宣传科学的家庭教育理念、知识和方法，引导家长树立正确的儿童观和育人观；组织开展形式多样的家庭教育实践活动，增进亲子之间的沟通和交流，使家长和儿童在活动中共同成长进步；通过多种形式为家长提供指导和服务，帮助解决家庭教育中的难点问题，提升家长教育培养子女的能力和水平；增进家庭与学校的有效沟通，努力构筑学校、家庭、社区"三结合"的未成年人教育网络，为儿童健康成长营造良好环境。家长学校主要包括社区家长学校、学校家长学校和机关、事业单位家长学校。社区家长学校主要由居民委员会、村民委员会设立。社区家长学校校长由主管妇联工作的领导兼任，与街道、社区(村)工作人员、志愿者、家长代表等人员共同组成管理委员会，负责家长学校、家庭教育指导机构的日常管理。为了建成覆盖城乡的家庭教育指导服务体系，国家对全国范围内建立社区家长学校提出了总体目标，《中国儿童发展纲要(2021—2030 年)》提出，95%的城市社区和 85%的农村社区(村)建立家

长学校或家庭教育指导服务站点。居民委员会、村民委员会要切实履行职责,按照以上法律和政策要求,设立社区家长学校等家庭教育指导服务站点,建立完善家庭教育指导服务体系。

2. 开展家庭教育知识宣传和家庭教育指导服务。居民委员会、村民委员会要充分利用社区家长学校这一主阵地、主渠道,积极开展家庭教育指导服务。家庭教育促进法第38条规定社区家长学校应履行两个方面的职责:一是配合家庭教育指导机构组织面向居民、村民的家庭教育知识宣传;二是为未成年人的父母提供家庭教育指导服务。社区家长学校如何提供家庭服务,全国妇联、教育部、中央文明办《关于进一步加强家长学校工作的指导意见》提出了具体要求:街道、社区(村)家长学校或家庭教育指导机构可依托妇女之家、基层文化活动中心(站)、党员活动室等场所,利用节假日和课余时间开展工作,每年至少组织2次家长指导、2次家庭教育实践活动。社区(村)家长学校要结合家长需求,充分利用农村党员干部现代远程教育网络等资源,宣传家庭教育知识,提供个性化、多元化的指导服务。要建立稳定的师资队伍、志愿服务队伍及专家指导队伍,有条件的地方可由政府购买公益岗,开展家庭教育指导服务。

(二)中小学校的职责

家庭教育需要家庭、学校、社会协同配合,开展家庭教育历来都是中小学校的职责之一。根据家庭教育促进法第39条至第43条的规定,中小学校的职责主要包括以下几个方面。

1. 将家庭教育指导服务纳入工作计划,作为教师业务培训的内容。《中国儿童发展纲要(2021—2030年)》提出,中小学、幼儿园健全家庭教育指导服务工作制度,将家庭教育指导服务纳入学校工作计划和教师业务培训。全国妇联等《关于进一步加强家长学校工作的指导意见》提出,把家庭教育指导纳入教师岗前培训、在岗培训和骨干培训中,纳入农村中小学现代远程教育中,纳入形式多样的教育教学活动中,纳入研究与督导评估中。教育部《关于加强家庭教育工作的指导意见》提出,将家庭教育工作纳入教育行政部门和中小学校长培训内容,将学校安排的家庭教育指导服务计入工作量。家庭教育促进法第39条规定,中小学应当将家庭教育指导服务纳入工作计划,作为教师业务培训的内容。

2. 建立家长学校。家长学校是普及家庭教育知识、提升家长素质的重要场所,是学校开展家庭教育指导服务的主阵地和主渠道。家庭教育促进法要求,中小学可以采取建立家长学校的方式开展家庭教育指导服务。根据全国妇联等《关于进一步加强家长学校工作的指导意见》,中小学校家长学校校长由分管德育工作的校长兼任,与德育主任、年级组长、班主任、家长代表等人员共同组成校务管理委员会,负责家长学校日常管理事务,每学期至少召开1次管理委员会会议。中小学校家长学校师资队伍可由学校教师、志愿者、优秀家长等组成,有条件的学校可聘请专家或社会工作者开展相关工作。家长学校每学期至少组织 1 次家长指导，如家庭教育讲座、家庭教育咨询等，1 次家庭教育实践活动。

3. 针对不同年龄段未成年人的特点，定期组织公益性家庭教育指导服务和实践活动。《全国家庭教育指导纲要（修订）》概括了未成年人不同年龄阶段身心发展的规律和特点，并提出了未成年人不同年龄阶段对应的家庭教育措施。中小学校应当以《全国家庭教育指导大纲（修订）》为指引，依据小学、中学不同年龄阶段未成年学生的特点，提供有针对性的家庭教育指导服务。如小学为习惯养成期，应当指导家长对孩子进行爱国情怀和道德教育，引导孩子养成良好的学习习惯、行为习惯和劳动习惯；中学为青春期和性格养成期，应当指导家长尊重孩子的人格和意见，开展价值观教育和性教育，增强孩子学习动力，构建良好的亲子关系。

4. 根据家长的需求，组织开展家庭教育指导服务和实践活动。实践中，有的家长不再满足于常规性的家庭教育服务，对家庭教育指导有更高的需求，如提高自身的家庭教育能力，对特殊孩子的教育方法。中小学校在做好常规性的家庭教育指导服务的同时，还应当根据家长的需求，开展高层次的家庭教育指导服务。根据家庭教育促进法第 41 条的规定，中小学校应履行好三个方面的职责：一是邀请有关人员传授家庭教育理念、知识和方法，以此增强家长的家庭教育能力。二是组织开展家庭教育指导服务和实践活动，如举办家长培训讲座，开展咨询服务，开展先进家庭教育理念和方法的指导，举办家庭教育经验交流会，开展家长和学生共同参与的参观体验、专题调查、研学旅行、红色旅游等。三是促进家庭与学校共同教育，形成家庭教育合力。

5. 为家庭教育指导服务站点提供支持服务。实践中，虽然社区家长学校等家庭教育指导服务站点数量很多，但是一些站点由于缺乏必要的师资、场地支持，无法满足家庭多层次、个性化的需求，造成家庭教育指导服务活动缺乏吸引力和号召力，其主阵地作用发挥有限。而中小学校在师资、场地方面有自己的优势。为此，家庭教育促进法赋予中小学校支持家庭教育指导服务站点的职责。该法第 42 条规定，具备条件的中小学校、幼儿园应当在教育行政部门的指导下，为家庭教育指导服务站点开展公益性家庭教育指导服务活动提供支持。理解这一职责，需把握三点：一是有条件的中小学校提供支持服务。法律并不要求所有的中小学校都应当提供支持服务，只对具备较强师资力量和指导经验的中小学校提出了这一要求。二是在教育行政部门的指导下提供支持服务。中小学校在为家庭教育指导服务站点提供支持服务时，应当向当地教育行政部门报告，由教育行政部门作出统筹安排，一方面是为了保证支持服务的效果，另一方面也避免对中小学校正常的教育教学活动产生影响。三是家庭教育指导服务要坚持公益性。家庭教育指导服务站点不得利用中小学校的支持开展营利性指导服务活动，中小学校也不得为营利性的服务站点提供支持。

6. 及时对违纪学生和不良行为、严重不良行为学生进行干预。根据家庭教育促进法第 43 条的规定，中小学校发现未成年学生严重违反校规校纪，情节严重的，应当依据《中小学生教育惩戒规则(试行)》的规定实施教育惩戒，及时制止、管教，并及时告知家长，同时为家长进行有针对性的教育提供指导服务。发现未成年学生有不良行为或者严重不良行为的，应当按照预防未成年人犯罪法的有关规定处理，进行干预或者矫治。

(三)社会组织的职责

1. 医疗保健机构的职责。家庭教育促进法第 45 条规定，医疗保健机构在开展婚前保健、孕产期保健、儿童保健、预防接种等服务时，应当对有关成年人、未成年人的父母开展科学养育知识和婴幼儿早期发展的宣传和指导。

2. 公共文化服务机构和新闻媒体的职责。家庭教育促进法第 46 条规定，图书馆、博物馆、文化馆、纪念馆、美术馆、科技馆、体育场馆、青少年宫、儿童活动中心等公共文化服务机构和爱国主义教育基地每年应当定期开展公益性家庭教育宣传、家庭教育指导服务和实践活动，开发家庭教育类公共文化服务产品。广播、电视、报刊、互联网等新闻媒体应当宣传正确的家庭教育知识，传播科学的家庭教育理念和方法，营造重视家庭教育的良好社会氛围。

3. 家庭教育服务机构应当加强自律管理。近年来，随着全社会对家庭教育重视程度的提高，家庭教育服务机构的数量不断增加，发展迅速。与此同时，市场上的家庭教育服务机构鱼龙混杂，有的管理不规范，有的条件不具备，有的从业人员素质不高，严重影响家庭教育的质量，制约家庭服务行业的发展。家庭教育服务机构又是促进家庭教育事业发展的重要力量，国家对其发展采取鼓励支持和监督规范的方针，对此家庭教育促进法第 10 条、第 39 条有明确的规定。作为家庭教育机构自身而言，应当加强自律管理。家庭教育促进法第 47 条规定，家庭教育服务机构应当加强自律管理，制定家庭教育服务规范，组织从业人员培训，提高从业人员的业务素质和能力。加强行业自律管理应当做到四点：一是认真学习贯彻中央有关家庭教育的政策精神。二是严格遵守相关法律法规的规定。三是制定管理制度和服务规范。四是自觉接受主管和相关部门的指导和监督。

第三节　法律责任

家庭教育促进法规定了家庭、国家、社会及学校的职责，这些主体如果未履行职责将承担相应的法律责任。

一、父母的法律责任

家庭教育促进法第 48 条、第 49 条、第 53 条对父母或者其他监护人的违法行为及其所承担的法律责任作了如下规定。

(一)拒绝、怠于履行家庭教育职责的法律责任

家庭教育促进法第 48 条规定，未成年人住所地的居民委员会、村民委员会、妇女联合会，未成年人的父母所在单位，以及中小学校、幼儿园等有关密切接触未成年人的单位，发现父母拒绝、怠于履行家庭教育责任，或者非法阻碍其他监护人实施家庭教育的，应当予以批评教育、劝诫制止，必要时督促其接受家庭教育指导。未成年人的父母依法委托他人代为照护未成年人，有关单位发现被委托人不依法履行家庭教育责任的，适用前款规定。

依据本条规定，父母承担法律责任的行为有两种：①拒绝、怠于履行家庭教育责任。拒绝履行家庭教育责任是指能够履行而故意不履行，怠于履行家庭教育责任是指虽未明确表示不履行但消极履行。前者是作为，后者是不作为，都是存在过错的违法行为。家庭教育促进法第二章关于家庭责任的规定，都是家长或者其他监护人应当履行的法定责任，父母不得拒绝或者怠于履行这些责任。②非法阻碍其他监护人实施家庭教育。主要是指存在其他监护人的情况下，阻碍其他监护人实施家庭教育。比如，违反家庭教育促进法第 20 条规定，未成年人的父母分居或者离异的，一方阻止另一方实施家庭教育。

以上两种行为承担的法律责任为：由发现的居民委员会、村民委员会等有关单位给予批评教育、劝诫制止，必要时督促其接受家庭教育指导。

需要强调的是，根据家庭教育促进法第 21 条的规定，未成年人的父母依法委托他人代为照护未成年人的，应当与被委托人、未成年人保持联系，定期了解未成年人学习、生活情况和心理状况，与被委托人共同履行家庭教育责任。可见，在"代为照护"情况下，被委托人与委托人应当共同履行家庭教育责任。居民委员会、村民委员会等有关单位发现被委托人不履行共同教育职责的，被委托人按照家庭教育促进法第 48 条规定承担法律责任。

(二)不正确履行家庭教育责任的法律责任

家庭教育促进法第 49 条规定，公安机关、人民检察院、人民法院在办理案件过程中，发现未成年人存在严重不良行为或者实施犯罪行为，或者未成年人的父母不正确实施家庭教育侵害未成年人合法权益的，根据情况对父母予以训诫，并可以责令其接受家庭教育指导。

依据本条规定，父母承担法律责任的行为有两种：①监护对象存在严重不良行为或者实施犯罪行为。父母对未成年人负有法定监护职责，未成年人属于无民事行为能力人或限制行为能力人，其实施严重不良行为或者犯罪行为，由其父母承担法律责任。②不正确实施家庭教育侵害未成年人合法权益。家庭教育促进法第二章对家庭的责任作了详细规定，这些都是父母应当正确履行的法定责任，如果父母不正确履行这些责任，并侵害了未成年人合法权益，就属于违法行为。比如，施加错误

的教育内容，采取错误的教育方式，父母分居或离异时一方拒绝另一方履行家庭教育责任，不与被委托人共同履行家庭教育责任，放任未成年人沉迷网络等。如果这些行为对未成年人的合法权益造成侵害，就要承担法律责任。

以上两种行为承担的法律责任为：由公安机关、人民检察院、人民法院根据情况予以训诫，并可以责令其接受家庭教育指导。

(三)对未成年人实施家庭暴力的法律职责

家庭教育促进法第53条规定，未成年人的父母在家庭教育过程中对未成年人实施家庭暴力的，依照《中华人民共和国未成年人保护法》《中华人民共和国反家庭暴力法》等法律的规定追究法律责任。

家庭暴力是指家庭成员之间以殴打、捆绑、残害、限制人身自由以及经常性谩骂、恐吓等方式实施的身体、精神等侵害行为。这种行为是法律明令禁止的。未成年人保护法第17条规定了家庭禁止的11种行为，其中禁止的第一种行为就是对未成年人实施家庭暴力。反家庭暴力法第3条规定，反家庭暴力是国家、社会和每个家庭的共同责任。国家禁止任何形式的家庭暴力。父母对未成年人实施家庭暴力的，由执法部门依据未成年人保护法和反家庭暴力法进行处置，构成犯罪的，追究刑事责任。

二、政府部门、机构的法律责任

依据家庭教育促进法第50条的规定，负有家庭教育工作职责的政府部门、机构承担责任的情形有三种。

(1)不履行家庭教育工作职责。家庭教育促进法第三章规定了各级政府、政府相关部门、机构的职责，这些职责是政府及其部门、机构的法定职责，比如，家庭教育促进法第30条规定，设区的市、县、乡级人民政府应当结合当地实际采取措施，对留守未成年人和困境未成年人家庭建档立卡，提供生活帮扶、创业就业支持等关爱服务，为留守未成年人和困境未成年人的父母实施家庭教育创造条件。教育行政部门、妇女联合会应当采取有针对性的措施，为留守未成年人和困境未成年人的父母实施家庭教育提供服务，引导其积极关注未成年人身心健康状况、加强亲情关爱。第33条规定，儿童福利机构、未成年人救助保护机构应当对本机构安排的寄养家庭、接受救助保护的未成年人的父母提供家庭教育指导。负有家庭教育工作职责的政府部门、机构如果不履行这些职责，就是一种失职行为。

(2)截留、挤占、挪用或者虚报、冒领家庭教育工作经费。家庭教育促进法第7条对家庭教育经费保障作了明确规定，县级以上人民政府应当制定家庭教育工作专项规划，将家庭教育指导服务纳入城乡公共服务体系和政府购买服务目录，将相关经费列入财政预算，鼓励和支持以政府购买服务的方式提供家庭教育指导。如果县级人民政府在经费预算、使用中截留、挤占、挪用或者虚报、冒领，就是一种违法行为。

(3)其他滥用职权、玩忽职守或者徇私舞弊的情形。"滥用职权"是指国家机关工作人员超越职权、违法决定、处理其无权决定、处理的事项，或者违反规定处理公务的行为。"玩忽职守"是指国家机关工作人员不负责任，不履行或者不认真履行职责的行为。"徇私舞弊"是指国家机关工作人员为徇个人私情、私利、不秉公执法，置国家和人民利益而不顾的行为。

负有家庭教育工作职责的政府部门、机构有以上行为的，由其上级机关或者主管单位责令限期改正；情节严重的，对直接负责的主管人员和其他直接责任人员依法予以处分。

三、家庭教育指导机构的法律责任

家庭教育促进法第51条规定，家庭教育指导机构、中小学校、幼儿园、婴幼儿照护服务机构、早期教育服务机构违反本法规定，不履行或者不正确履行家庭教育指导服务职责的，由主管部门责令限期改正；情节严重的，对直接负责的主管人员和其他直接责任人员依法予以处分。

家庭教育促进法第28条第2款、第29条、第31条规定了家庭教育指导机构的职责，第39条、第41条、第42条、第43条规定了中小学校、幼儿园的职责，第44条规定了婴幼儿照护服务机构、早期教育服务机构的职责。以上这些主体如果不履行或不正确履行以上相关条款规定的职责，就要按第51条规定承担法律责任。

四、家庭教育服务机构的法律责任

依据家庭教育促进法第52条规定，家庭教育服务机构承担法律责任的违法行为包括以下三种情形。

(1)未依法办理设立手续。家庭教育促进法鼓励自然人、法人和非法人组织依法设立非营利性家庭教育服务机构，但并不禁止设立营利性家庭教育服务机构。不管是设立非营利性机构还是营利性机构，都必须办理相关手续。根据我国相关规定，设立非营利性家庭教育服务机构，需要到民政部门办理相关设立手续；设立营利性家庭教育服务机构，需要到市场监管部门依法登记，办理相关手续。如果未办理相关手续，就属于违法行为。

(2)从事超出许可业务范围的行为或作虚假、引人误解宣传，产生不良后果。实践中，有些家庭教育服务机构出现超出服务范围的情况。市场上，也有一些营利性家庭教育服务机构为了达到营利目的，发布一些虚假、引人误解的宣传，导致家长上当受骗。家庭教育促进法第47条规定，家庭教育服务机构应当加强自律管理，制定家庭教育服务规范。如果家庭教育服务机构超出许可业务范围，或者作虚假、引人误解的宣传，产生不良后果，就属于违法行为。

（3）侵犯未成年人及其父母合法权益。未成年人及其父母的合法权益非常广泛，未成年人的合法权益主要是未成年人保护法规定的未成年人基本权益，包括生存权、发展权、受保护权、参与权等。未成年人父母的合法权益主要指宪法赋予公民的基本权利，如基本政治自由、宗教信仰自由、人身自由、人格尊严、隐私权和通信自由等。家庭教育服务机构在提供家庭教育服务过程中，不得侵犯服务对象的合法权益。

家庭教育服务机构出现以上情形，承担的法律责任为：由主管部门责令限期改正；拒不改正或者情节严重的，由主管部门责令停业整顿、吊销营业执照或者撤销登记。

复习与思考

1. 如何理解家庭教育的含义？
2. 家庭教育的主要任务是什么？
3. 家庭教育应当遵循哪些原则？
4. 家庭在家庭教育中承担什么责任？具体有哪些责任？
5. 国家在家庭教育中承担什么职责？具体有哪些职责？
6. 中小学校在家庭教育中有哪些职责？
7. 未成年人父母及其他监护人应承担哪些法律责任？

综合案例分析

某日，上海的李女士接10岁女儿放学，因停车不方便，便让女儿拿着自己的手机去路边小店买个馕吃。没想到，女儿误将密码当成金额输了进去，一不小心支付了数千元！知道自己犯了错，女孩也吓得哭个不停。

妈妈知道后，并没有责怪女儿，而是第一时间安抚女儿情绪："妈妈知道你不是故意的。别担心，每个人都有失误，失误了就吸取教训，去解决这个问题就好了。"

看女儿还是闷闷不乐，李女士就拿出馕来，开玩笑地对女儿说："来，咱们一人一半，黄金大饼，我长这么大第一次吃这么贵的饼。"女儿被妈妈的话逗乐了，大口大口地啃起馕来。

安抚好女儿的情绪后，接下来，李女士就带着女儿去解决问题。她先电话联系到老板，说明了情况，老板让他们两小时后再去店里。

到了店里，李女士带着女儿一起向老板说明了情况，老板也将钱都退了回来，一场"危机"就这样化解了。

分析：该案例中母亲采用了哪些教育方法？有何借鉴意义？

推荐阅读

1. 张勇，蔡淑芬. 中华人民共和国家庭教育促进法释义[M]. 北京：中国法制出版社，2021

2. 缪建东. 家庭教育学[M]. 北京：高等教育出版社，2009.

参 考 文 献

教育政策部分(第一章至第三章)

1. 陈振明. 政治学:概念、理论和方法[M]. 北京:中国社会科学出版社,2004.

2. 范国睿等. 教育政策的理论与实践[M]. 上海:上海教育出版社,2011.

3. 黄明东. 教育政策与法律[M]. 武汉:武汉大学出版社,2007.

4. 黄忠敬. 教育政策导论[M]. 北京:北京大学出版社,2011.

5. 刘复兴. 教育政策的价值分析[M]. 北京:教育科学出版社,2003.

6. 宁骚. 公共政策学[M]. 北京:高等教育出版社,2003.

7. 祁型雨. 利益表达与整合:教育政策的决策模式研究[M]. 北京:人民出版社,2006.

8. 孙绵涛. 教育政策学[M]. 北京:中国人民大学出版社,2010.

9. 吴志宏等. 教育政策与教育法规[M]. 上海:华东师范大学出版社,2003.

10. 袁振国. 教育政策学[M]. 南京:江苏教育出版社,2001.

11. 张芳全. 教育政策导论[M]. 台北:台湾五南图书出版公司,2001.

12. 查尔斯·林德布洛姆. 决策过程[M]. 竺乾威,胡君芳,译. 上海:上海译文出版社,1988.

教育法规部分(第四章至第十章)

13. 褚宏启. 学校法律问题分析[M]. 北京:法律出版社,1998.

14. 郭林茂. 中华人民共和国未成年人保护法释义[M]. 北京:法律出版社,2021.

15. 黄崴. 教育法学[M]. 广州:广东高等教育出版社,2002.

16. 黄薇. 中华人民共和国民法典释义[M]. 北京:法律出版社,2020.

17. 姜明安. 行政法与行政诉讼法[M]. 北京:北京大学出版社,高等教育出版社,1999.

18. 金国华. 教育行政法新论[M]. 北京:中国政法大学出版社,2008.

19. 劳凯声. 变革社会中的教育权与受教育权:教育法学基本问题研究[M]. 北京:教育科学出版社,2003.

20. 李连宁等. 学校教育法制基础[M]. 北京:教育科学出版社,1997.

21. 李天燕. 家庭教育学[M]. 上海:复旦大学出版社,2007.

22. 李晓燕. 教育法学[M]. 2版. 北京:高等教育出版社,2006.

23. 马俊驹,余延满. 民法原论[M]. 2版. 北京:法律出版社,2005.

24. 缪建东. 家庭教育学[M]. 北京:高等教育出版社,2009.

25. 阮成武. 小学教育政策与法规[M]. 北京:高等教育出版社,2006.

26. 申素平. 教育法学:原理、规范与应用[M]. 北京:教育科学出版社,2009.

27. 宋连斌 . 仲裁理论与实务[M]. 长沙：湖南大学出版社，2005.

28. 谭兵 . 中国仲裁制度的改革与完善[M]. 北京：人民出版社，2005.

29. 魏振瀛 . 民法[M]. 北京：北京大学出版社，高等教育出版社，2000.

30. 翁岳生 . 行政法（上册）[M].2 版 . 北京：中国法制出版社，2009.

31. 肖远军 . 教师的法律视野[M]. 杭州：浙江大学出版社，2001.

32. 信春鹰 . 中华人民共和国义务教育法释义[M]. 北京：法律出版社，2006.

33. 杨海坤，章志远 . 中国行政法基本理论研究[M]. 北京：北京大学出版社，2004.

34. 杨颖秀 . 教育法学[M]. 北京：中国人民大学出版社，2008.

35. 应松年 . 行政法学新论[M]. 北京：中国方正出版社，2004.

36. 余中根 . 小学教育政策与法规[M]. 北京：教育科学出版社，2013.

37. 湛中乐 . 公立高等学校法律问题研究[M]. 北京：法律出版社，2009.

38. 张勇，蔡淑敏 . 中华人民共和国家庭教育促进法释义[M]. 北京：中国法制出版社，2021.

39. 张维平，石连海 . 教育法学[M]. 北京：人民教育出版社，2008.

40. 张文显 . 法理学[M]. 北京：北京大学出版社，高等教育出版社，1999.

41. 郑贤君 . 公民受教育权的法律保护[M]. 北京：人民法院出版社，2004.

42. 中共中央党史和文献研究院 . 习近平关于注重家庭家教家风建设论述摘编[M]. 北京：中央文献出版社，2021.

　　《小学教育政策法规》是北京师范大学出版社组织编写的高等院校小学教育专业系列教材之一，本教材以小学教育政策、法规为对象，简要介绍了教育政策、教育法规的基本原理，重点介绍了我国小学教育政策、政府的教育责任，小学的权利和责任、小学教师的权益及保护、小学生的权益及保护、家庭教育责任，同时运用教育法原理分析我国小学教育实践中出现的教育政策法规现象和问题，是一本专门论述小学教育政策法规的教科书，可作为高等院校小学教育专业教育政策与法规课程的教材，中小学教师学习教育政策法规的参考资料，中小学教师资格考试参考用书。

　　本教材的特点是：第一，适用性强。教材以《教师教育课程标准》《小学教师专业标准》《中小学和幼儿园教师资格考试标准》为依据，结合教育政策学、教育法学的理论体系确定内容框架，既具系统性，又具适用性。读者通过阅读本教材，可以掌握教育政策法规最基本的知识，了解小学教育政策法规的全貌，以满足小学依法治校的需要。第二，案例教学。学习教育政策法规的目的，在于运用教育政策法规原理分析解释小学教育实践中出现的教育政策法规现象和问题。为此，本教材精选了一些有代表性的教育政策法规案例，读者通过阅读分析这些案例，可以进一步了解小学教育执法、守法、司法的实际状况，并能运用基本原理分析解释小学教育政策法规运行中的问题。第三，学思结合。学思结合是当前提倡的人才培养模式，是坚持以学生为主体培养反思型人才的有效途径。本教材除了精选传统的思考题外，各章还精选了案例分析题，引导读者对这些问题进行判断、分析，提高反思问题的能力。同时对目前理论界尚存争议的问题指出了思考的方向和路径，激发读者进一步学习的动力和兴趣。

　　本教材第一版由石正义任主编，徐蕾、张黎娜任副主编，由相关高校长期从事教育政策、教育法规教学的教师共同编写。各章编写人是：第一章（胡旋），第二章（邓玉洁、杨竞、王亦璁），第三章（徐蕾），第四章（石正义），第五章（徐唐炼），第六章（邓志祥），第七章（刘慧），第八章（张黎娜），第九章（吕衍），第十章（张炜），附录（郭义坤）。徐蕾负责教育政策部分的统稿，并对部分章节进行了修改；张黎娜负责教育法规部分的初审；石正义对部分章节作了修改、补充。全书最后由石正义统稿。

2022 年根据出版社的意见，对教材第一版进行了修订。第二版修订的主要内容有：①补充了 2015 年以后特别是党的十九大以来我国与小学教育有关的新的教育政策和法规。②重新编写了三章。一是 2020 年全国人大修订了《中华人民共和国未成年人保护法》，未成年人保护法修订的幅度较大，从字数看，由原来的 0.6 万字增加到 1.6 万字，增加了 1 万字；从内容看，由原来的"四大保护"增加为"六大保护"，新增了政府保护和网络保护，同时增加了许多新的保护制度，如家庭监护制度、国家监护制度、强制报告制度、信息查询制度、网络保护制度以及学生欺凌防治和预防性侵害等，因此，很有必要对小学生权益及保护一章进行重新编写，补充修订后未成年人保护法的新内容。二是 2021 年我国公布了《中华人民共和国家庭教育促进法》，因此根据家庭教育促进法对第十章进行了重新编写，标题也由"家庭和社会的义务与责任"改为"家庭教育责任"。③由于本书为小学教育政策法规，在讨论政府的教育责任时，应以政府在义务教育方面的责任为宜，因此对政府的教育责任一章进行了重新编写，主要以义务教育法为依据讨论政府的教育职责和法律责任。本教材第二版修订，本想依据新教师法对教师的权益及保护一章进行修改的，但由于新修订的教师法还没有正式公布，很遗憾无法作出修改，这一章的内容只能等到第三版修订了。

本教材第二版修订工作分工为：徐蕾负责修订第一章、第二章、第三章；张黎娜负责修订第五章、第八章；石正义负责修订第四章、第七章，重新编写第六章、第九章、第十章，并对全书进行统稿。

本教材第二版修订得到北京师范大学出版社的大力支持，出版社在审稿时非常负责，提出了许多很好的意见，在此衷心感谢。本教材在撰写过程中参考、引用了国内外一些教科书、法律释义、学术著作、学术论文、北大法宝案例库、中国裁判文书网案例库的文献，在此一并致谢。

由于编写人员水平有限，加之小学教育政策法规许多理论与实践问题有待进一步研究探讨，因此书中难免出现错误或遗漏之处，敬请同行专家学者和广大读者提出批评意见，以便再版时修正。

石正义